DVJJ (Hrsg.)

Recht auf Jugend –
100 Jahre Jugendgerichtsgesetz

Dokumentation des 32. Deutschen Jugendgerichtstages
vom 15. bis 18. September 2023 in Berlin

MG 2024
Forum Verlag Godesberg

Gefördert durch:

Bundesministerium
der Justiz

aufgrund eines Beschlusses
des Deutschen Bundestages

Bibliographische Information der Deutschen Nationalbibliothek

Die Deutsche Nationalbibliothek verzeichnet diese Publikation in der Deutschen Nationalbibliographie; detaillierte bibliografische Daten sind im Internet über [http://dnb.d-nb.de] abrufbar.

Impressum

Herausgeber:
Deutsche Vereinigung für Jugendgerichte und Jugendgerichtshilfen e. V.

Vorstand:
Prof. Dr. Theresia Höynck, Maria Kleimann, Daniela Kundt, Anja Schneider, Jana Winter

Anschrift:
Lützerodestr. 9, 30161 Hannover

Lektorat und Satz:
Dr. Elke Flatau, Lektorat Kopfnote, Einhausen

© 2024 Forum Verlag Godesberg GmbH, Mönchengladbach
  Gesamtherstellung: Books on Demand GmbH, Norderstedt
  Printed in Germany
  0942-3516 (ISSN)
  978-3-96410-042-9 (Printausgabe)
  978-3-96410-043-6 (Online-Ausgabe/PDF-Dokument)

Vorwort

Der 32. Deutsche Jugendgerichtstag fand vom 15. bis 18. September 2023 unter dem Titel *Recht auf Jugend – 100 Jahre Jugendgerichtsgesetz* an der Freien Universität Berlin statt. Dieser Jugendgerichtstag war pandemiebedingt die erste Gelegenheit, nach 2017 im gewohnten großen Rahmen zusammenzukommen.

An der Veranstaltung nahmen rund 650 Personen aus allen Berufsgruppen teil, die am Jugendstrafverfahren beteiligt sind oder sich wissenschaftlich mit Jugenddelinquenz und dem Jugendkriminalrecht befassen, darunter insbesondere Praktiker*innen aus den Bereichen Justiz, Jugendstrafvollzug, Jugendhilfe und Polizei sowie Wissenschaftler*innen. Die Teilnehmer*innen tauschten sich über verschiedene aktuelle und grundlegende Themen aus dem breiten Spektrum des Jugendkriminalrechts, der Kriminologie und der Sozialen Arbeit mit straffällig gewordenen jungen Menschen aus.

Die Zahl der Anmeldungen hat uns noch einmal das hohe Engagement der Menschen, die in diesem Bereich arbeiten, vor Augen geführt. Daher haben wir uns auch ganz besonders über die Würdigung der Arbeit durch die persönlichen Grußworte von Prof. Dr. Günter M. Ziegler (Präsident der Freien Universität Berlin), Dr. Marco Buschmann (Bundesminister der Justiz) und Esther Uleer (Staatssekretärin für Zentrales und Verbraucherschutz Berlin) sowie über die Videogrußworte der Bundesjugendministerin Lisa Paus (Bundesministerium für Familie, Senioren, Frauen und Jugend) und Rita Schwarzelühr-Sutter (Parlamentarische Staatssekretärin des Innern und für Heimat) gefreut.

Wie auf jedem Jugendgerichtstag fanden zahlreiche Arbeitskreise und Forenvorträge sowohl zu berufsgruppenübergreifenden als auch zu berufsgruppenspezifischen Themen statt. Daneben machte bereits der Titel des Jugendgerichtstages *Recht auf Jugend – 100 Jahre Jugendgerichtsgesetz* deutlich, dass vor allem der Rückblick auf die letzten 100 Jahre Jugendgerichtsgesetz in den Fokus gerückt wurde. Denn 2023 war für uns inhaltlich ein besonderes Jahr, da das – das Arbeitsfeld maßgeblich prägende – Jugendgerichtsgesetz sein 100-jähriges Jubiläum feierte. Daher wurden neben den üblichen wichtigen Themen die Frage nach Entstehung und Entwicklung des JGG besonders in den Blick genommen.

Dies geschah u. a. durch die eröffnenden Plenarvorträge, in denen die Referent*innen sich in unterschiedlicher Weise wichtigen Aspekten der Geschichte des Feldes widmeten. Zunächst beleuchtete Prof. Dr. Wolfgang Schröer, Universität Hildesheim, in seinem Vortrag mit dem Titel *100 Jahre Jugend – Jahrhundert der Jugend oder ein vertanes Jahrhundert der Verwirklichung der Rechte* *junger Menschen* ‚die Jugend' und ihre Lebenslagen in den Blick und erläuterte die Ausdehnung der Jugendphase bis in das dritte Lebensjahrzehnt. Im folgenden Eröffnungsvortrag *Spiegel des Jugendstrafrechts? 100 Jahre Strafrechtsentwicklung* befasste sich Prof. Dr. Dr. Milan Kuhli, Universität Hamburg, mit den für das Jugendstrafrecht bedeutsamen Aspekten der Geschichte des Strafrechts. Frau Dr. Anja Schüler, Heidelberg Center of American Studies der Universität Heidelberg, schloss die Reihe der Eröffnungsvorträge mit dem Thema *Jugendgerichtshöfe – (auch) eine Frauensache.* Sie machte insbesondere den sozialreformerischen Ursprung des Jugendstrafrechts deutlich.

Am zweiten und dritten Tag wurde in zahlreichen Arbeitskreisen und bei Forenvorträgen zu verschiedenen aktuellen Entwicklungen diskutiert. Beispielhaft sind die ausgeweitete Pflichtverteidigung, die geplante Cannabislegalisierung, die Neufassung der Polizeidienstvorschrift für Jugendsachen (PDV 382), das Kinder- und Jugendstärkungsgesetz, Änderungen im Sexualstrafrecht sowie spezielle Kooperationsformate wie Häuser des Jugendrechts und Fallkonferenzen zu nennen. Außerdem wurde der Blick auf aktuelle Entwicklungen des Jugendstrafrechts im europäischen und internationalen Vergleich gerichtet. Als ‚Dauerbrenner-Themen', also Themen, deren Relevanz sich immer wieder aufs Neue zeigt, sind exemplarisch die Herausforderungen der interdisziplinären Zusammenarbeit, das Spannungsfeld Migrationsrecht-Strafrecht-Jugendhilfe, der Jugendmedienschutz sowie Themen aus der Jugendforensik anzuführen.

Zudem wurde am zweiten Tag des Jugendgerichtstages das Jubiläum des JGG in den Mittelpunkt gerückt. Neben der Jubiläumsausstellung, die mit ihren Zitaten aus den vergangenen Jugendgerichtstagen das gesamte Wochenende rahmte, gab es nach den Beratungen in den Arbeitskreisen drei Jubiläumsvorträge. Zunächst stellte Dr. Mario Bachmann, Universität Köln, die Entwicklung des JGG unter dem Titel *100 Jahre JGG – Bilanz einer Zeitenwende* vor. Im Anschluss widmete sich Lukas Pieplow, Köln, in seinem Vortrag *Behutsames Verantwortlichmachen* dem Erziehungsgedanken im Jugendstrafrecht. Abschließend referierte Prof. em. Dr. Wolfgang Heinz, Universität Konstanz, zum Thema *'Blindflug'?! Normsetzung und Normanwendung in der Jugendkriminalrechtspflege im Lichte der empirischen Sanktions- und Wirkungsforschung.*

Am letzten Veranstaltungstag richteten Prof. Dr. Kirsten Drenkhahn (FU Berlin), Prof. Dr. Ralf Kölbel (LMU München), Pamela Busse (Kommunaler Sozialer Dienst Mülheim an der Ruhr und Sprecherin der BAG JuhiS) Maria Kleimann (Direktorin des Amtsgerichts Neustadt am Rübenberge und Mitglied des Bundesvorstandes der DVJJ) sowie Tilman Wesely (KHK, LKA Niedersachsen, Fachspartenvertreter der Polizei im Geschäftsführenden Ausschuss der DVJJ) in der Abschlussveranstaltung den Blick in die Zukunft des JGG. Die Teilnehmer*innen des Podiums waren sich einig darin, dass das Jugendgerichtsgesetz ein im Kern modernes und gut funktionierendes Gesetz ist. Der für das Gesetz zentrale Erziehungsgedanke steht für maßvolle und am Einzelnen ausgerichtete Reaktionen auf Straftaten junger Menschen, denn junge Menschen sind anders als Erwachsene und haben ein Recht darauf, entsprechend behandelt zu werden – auch und gerade dann, wenn die Lage schwierig ist, weil Straftaten begangen wurden.

Insgesamt fanden auf diesem Jugendgerichtstag viele interessante wissenschaftliche und praxisnahe Vorträge für alle Berufsgruppen statt, die am Jugendstrafverfahren mitwirken, mit straffällig gewordenen jungen Menschen arbeiten oder sich wissenschaftlich mit Fragen der Jugendkriminalität und der Jugendstrafrechtspflege befassen. Deutlich wurde die Vielfalt der wichtigen Themen aus dem Bereich des Jugendkriminalrechts, auch wenn es an dieser Stelle leider nicht möglich ist, auf alle Vorträge und Themen einzugehen. Daher ist es besonders erfreulich, dass in diesem Tagungsband viele der Plenarvorträge, Impulsreferate der Arbeitskreise und Forenvorträge zusammengetragen sind.

An dieser Stelle einen herzlichen Dank an alle Autor*innen, Referent*innen, Moderator*innen und an alle Teilnehmer*innen, die den engagierten Austausch auf dem Jugendgerichtstag möglich machten. Gedankt sei auch dem Bundesministerium der Justiz für die Förderung des Jugendgerichtstages einschließlich dieses Tagungsbandes.

Ich hoffe, das Lesen dieses Tagungsbandes wird Ihnen viel Freude bereiten und Anregungen liefern. Die Dokumentationen der Jugendgerichtstage sind auch digital über die Homepage der DVJJ zugänglich, wo Sie zudem weitere Informationen zu wichtigen Themen und Veranstaltungen finden.

Ich hoffe sehr, dass die DVJJ Sie 2026 auf dem nächsten Jugendgerichtstag begrüßen darf!

Hannover, im Januar 2024
Dr. Stephanie Ernst

Inhaltsverzeichnis

Vorwort 5
Stephanie Ernst

Teil 1: Grußworte

Begrüßung und Eröffnung des 32. Deutschen Jugendgerichtstages 17
Theresia Höynck

Grußwort 21
Günter M. Ziegler

Grußwort 23
Marco Buschmann

Grußwort zum 32. Jugendgerichtstag 27
Esther Uleer

Videobotschaft 31
Lisa Paus

Konzept und Programm des 32. Deutschen Jugendgerichtstages 33
Theresia Höynck

Jubiläumsausstellung: 100 Jahre JGG – Zitatesammlung 35

Teil 2: Eröffnungsvorträge

100 Jahre Jugend: Das Recht auf Erziehung und die Verwirklichung der
Rechte junger Menschen 45
Wolfgang Schröer

Ein Spiegelbild des allgemeinen Strafrechts? Zur Entwicklung des
materiellen Jugendstrafrechts seit 1923 65
Milan Kuhli & Judith Papenfuß

Jugendgerichtshöfe – (auch) eine Frauensache? Das Vorbild Chicago............ 81
Anja Schüler

Teil 3: Jubiläumsvorträge

Behutsames Verantwortlichmachen – Der Erziehungsgedanke im
Jugendstrafrecht Ein neuer alter Blick 99
Lukas Pieplow

‚Blindflug'?! – Normsetzung und Normanwendung in der
Jugendkriminalrechtspflege im Lichte der empirischen Sanktions- und
Wirkungsforschung 111
Wolfgang Heinz

Teil 4: Referate aus den Arbeitskreisen

Ungenutzte Potenziale – Die frühzeitige polizeiliche Information der
Jugendhilfe (im Strafverfahren) nach § 70 Abs. 2 JGG 137
Bernd Holthusen

Wie sprichst du denn mit mir? – Ziele und Methoden der
Gesprächsführung der Jugendhilfe im Strafverfahren 157
Thomas Krestel

Schnittstellen zwischen Jugendstrafvollzug und den anderen am
Jugendstrafverfahren beteiligten Berufsgruppen – Die Sicht des
Jugendgerichts 169
Frank Rose

Acht Jahre Jugendhilfe als verlängerter Arm restriktiver Migrationspolitik –
Kritik der vorläufigen Inobhutnahme am Beispiel Bremen 175
Holger Dieckmann

Krimmigrationsrecht – Verflechtung (jugend-)strafrechtlicher mit
migrationsrechtlicher Kontrolle 197
Christine Graebsch

Rechtliche Aspekte der Reform der bundesweiten Polizeidienstvorschrift
382 (PDV 382 – *Bearbeitung von Jugendsachen*)...211
Markus Thiel

Restorative Justice – Aktuelle Entwicklungen im europäischen Vergleich.....227
Frieder Dünkel & Ineke Pruin

Teil 5: Vorträge in den Foren

Die Entwicklung des Jugendstrafrechts im europäischen und
internationalen Vergleich – Abstract...251
Frieder Dünkel

Jugendhilfe und Jugendstrafrecht – Nebeneinander und Wechselwirkungen,
Entwicklungen, Brüche, Konsequenzen und Herausforderungen 253
Thomas Trenczek

Neue Gesetzeslage, veränderte Aufgaben, neue Praxis? – Die Jugendhilfe
im Strafverfahren und ihre Adressat*innen nach der JGG-Reform 2019 269
Annemarie Schmoll & Dirk Lampe

Jugendstärkung?! Das Kinder- und Jugendstärkungsgesetz und seine
Bedeutung im jugendstrafrechtlichen Kontext...303
Brigitta Goldberg

Zusammenhänge zwischen Entwicklungstraumata und Gewaltstraftaten –
Abstract 331
Johannes Lohner

§ 63 StGB – Maßregelvollzug bei Jugendlichen und Heranwachsenden 333
Frank Häßler

Teil 6: Abschlussveranstaltung

Zusammenfassung und Verabschiedung...343
Theresia Höynck

Teil 7: Ergebnisse der Arbeitskreise

Arbeitskreis 1: (Ver-)störendes Verhalten – Verstörende Beziehungen –
Verstörende Erziehungskontexte: Herausforderungen an die Kooperation
von Justiz, Jugendhilfe und KJPP 353
Regine Drewniak & Janél Stieber

Arbeitskreis 2: Wer zuerst kommt ... Die Bedeutung der frühzeitigen
polizeilichen Information der Jugendhilfe (im Strafverfahren) vor der
Beschuldigtenvernehmung (§ 70 Abs. 2 JGG) 355
Annemarie Schmoll, Bernd Holthusen & Jürgen Kußerow

Arbeitskreis 3: Kinder und Jugendliche in unruhigen Zeiten –
Was brauchen sie? Wie begleiten wir sie? 369
Anja Pokorný & Marcus König

Arbeitskreis 4: Wie sprichst du denn mit mir? – Ziele und Methoden
der Gesprächsführung in den am Jugendstrafverfahren beteiligten
Berufsgruppen 375
Konstanze Fritsch, Tilman Wesely & Stefan Lücke

Arbeitskreis 5: Förderkontinuum der Jugendhilfe – Schnittstellen
zwischen Vollzug und den anderen am Jugendstrafverfahren beteiligten
Berufsgruppen 385
Bill Borchert, Daniela Kundt & Frank Rose

Arbeitskreis 6: Spannungsfeld Migrationsrecht-Strafrecht-Jugendhilfe......... 387
Pamela Busse & Etienne Fischer

Arbeitskreis 7: ‚Collateral Consequences' im Jugendstrafrecht – Zu den
(straf-)rechtlichen Nebenfolgen eines jugendstrafrechtlichen Verfahrens 391
Stefanie Glück

Arbeitskreis 8: Die Reform der bundesweiten Polizeidienstvorschrift 382
(PDV 382) – Verlaufsbericht der Beratungen 397
Werner Kunath

Arbeitskreis 9: Cannabislegalisierung – Kontrollierte Abgabe von Cannabis und Veränderungen für Handlungsfelder der Jugendhilfe und Justiz 399
Michael Reckfort

Arbeitskreis 10: Frühe Verteidigung in Jugendstrafverfahren –
Herausforderungen für Polizei, Justiz und Verteidigung 405
Florian Knauer

Arbeitskreis 11: Ergebnisse AK 11: Häuser des Jugendrechts – Anspruch und Wirklichkeit 407
Brigitta Goldberg

Arbeitskreis 12: Restorative Justice im europäischen Vergleich – Aktuelle Entwicklungen und gute Praxismodelle 417
Susanne Zinke

Arbeitskreis 14: Jugendforensik 419
Verina Speckin

Anhang

32. Deutscher Jugendgerichtstag *Recht auf Jugend – 100 Jahre Jugendgerichtsgesetz* – Programmübersicht 425
Übersicht Arbeitskreise 429
Übersicht Forenvorträge 435
Verzeichnis der Mitwirkenden 441

Teil 1

Grußworte

Begrüßung und Eröffnung des 32. Deutschen Jugendgerichtstages

Prof. Dr. Theresia Höynck, Vorsitzende der DVJJ

Ich freue mich ganz außerordentlich, Sie hier so zahlreich zum 32. Deutschen Jugendgerichtstag begrüßen zu dürfen. Rund 650 Menschen aus Praxis und Wissenschaft haben sich aufgemacht, gemeinsam über das Jugendstrafrecht zu sprechen, sich zu informieren und auszutauschen. Es war und ist nicht einfach, nach der Pandemie Präsenz wieder aufzunehmen, Zustand von Sorge und Erschöpfung weit verbreitet, viel Druck in den Arbeitsbereichen. Umso wunderbarer, dass so viele Menschen hier sind, seien Sie herzlich willkommen.

Besonders möchte ich diejenigen Ehrengäste begrüßen, die nicht im Rahmen der Eröffnungsveranstaltung zu Wort kommen werden und den Weg hierher gefunden haben:

- Aus den Bundesministerien: Dr. Michael Gebauer (BMJ), Dr. Julian Sigmund (BMJ), Sebastian Bockemühl (BMJ), Jennifer Dathan (BMI), Dr. Christian Klos (BMI), Michael Leidert (BMFSFJ), Reinhard Wiesner (ehemals BMFSFJ).
- Aus den kooperierenden Verbänden: Stefan Daniel (Geschäftsführendes Vorstandsmitglied Stiftung Deutsches Forum für Kriminalprävention BMI), Herr Ruben Franzen (Vertreter Fachgruppe Strafrecht NRV), Andreas Hautz und Daniel Schmitzberger (Vereinigung der Österreichischen Richterinnen und Richter, Fachgruppe Jugendstrafrecht).
- Aus der örtlichen Praxis: Dr. Christoph Mauntel (Vizepräsident Landgericht Berlin), Dr. Knut Messer (Vizepräsident Amtsgericht Pankow), Dr. Rüdiger Reiff (Amtsanwaltschaft Berlin, Oberstaatsanwalt).
- Ehemalige Vorstandsmitglieder der DVJJ: Prof. Dr. Bernd-Rüdeger Sonnen, Prof. Dr. Christian Pfeiffer, Ulrich Röder, Lukas Pieplow, Dr. Michael Sommerfeld, Achim Wallner.
- Sponsoren/Unterstützende: Dr. Christine Vondenhoff (FU Berlin), Anke Trötzsch (Nomos Verlag).

Bitte sehen Sie mir nach, wenn ich weitere gesondert zu begrüßende Personen übersehen haben sollte: Vertreter*innen aus Ministerien, Parteien, kooperierenden Institutionen, Menschen, die die DVJJ seit Jahrzehnten prägen – gern würde ich alle namentlich begrüßen.

Ehrengäste, Funktionsträger*innen und Mitwirkende sind wichtig. Genauso wichtig sind alle anderen Teilnehmende des Jugendgerichtstages aus Polizei, Justiz und Jugendhilfe, um nur die drei größten Gruppen zu nennen: Sie haben sich diese Tage freigeschaufelt, um vier Tage hier sein zu können. Manche von Ihnen müssen dafür Urlaub nehmen und die Kosten selbst tragen, bei den meisten warten hinterher Berge liegengebliebener Arbeit, manche müssen sich noch die Frage gefallen lassen, ob sie nicht genug zu tun haben, wenn sie zu Tagungen und Fortbildungen fahren.

Wir hoffen sehr, dass Sie am Sonntag finden, dass sich Ihr Engagement gelohnt hat.

Jeder Jugendgerichtstag ist auf seine Weise besonders, die letzten und der heute beginnende sind besonders besonders ...

2017 – auch hier in Berlin – war es der Geburtstag der DVJJ, der Feierlaune machte, trotz allerlei nicht ganz einfacher Themen im Feld.

2020 sollte ein normaler JGT, und zwar in Bonn sein, doch dann kam die Pandemie und es gab eine sehr besondere nämlich digitale Ausgabe 2021 unter dem schon für 2020 vorgesehenen Titel *Jugend, Recht und Öffentlichkeit – Selbstbilder, Fremdbilder, Zerrbilder*, bei dem wir als übergreifendes Fragen die Wahrnehmung, aber auch die Darstellung von Jugendstrafverfahren aufgegriffen haben sowie das Problem der Vermittlung kriminologischer sowie kriminalpolitischer Themen in der Öffentlichkeit und die dortige Wahrnehmung von Fachdebatten. Diese Perspektive hat nicht an Aktualität verloren im Gegenteil: gefühlte Wahrheiten, diffuse Ängste, die Diskreditierung von Differenziertheit und Kompromissen sind weiterhin riesige Probleme, die auch bei den Themen dieses Jugendgerichtstages eine Rolle spielen werden.

Nun 2023, nach sechs Jahren, sind wir wieder in Präsenz zusammen, erneut in Berlin, und begehen unter dem Titel *Recht auf Jugend – 100 Jahre JGG* den Geburtstag des für unsere Themen zentralen Gesetzes.

Dieses JGG ist – so bin ich überzeugt, weiß mich in guter Gesellschaft vermutlich sehr sehr vieler hier Anwesender und hoffe, dass dieser Jugendgerichtstag dies auch zeigen wird – kein verstaubtes Relikt aus alten Zeiten, sondern ein im Kern modernes und gut funktionierendes Gesetz. Zentrale Grundlage ist die Erkenntnis, dass junge Menschen anders sind als Erwachsene und ein Recht darauf haben, entsprechend behandelt zu werden – auch und gerade dann, wenn die Lage schwierig ist, weil Straftaten begangen wurden. Was es konkret im Detail bedeutet, jugendgemäß mit Straftaten umzugehen, jungen Menschen das Recht zuzugestehen, Grenzen zu testen und daraus zu lernen, und auf diese

Weise Straftaten möglichst zu minimieren, muss allerdings immer wieder neu betrachtet und diskutiert werden.

Wie wir uns diesen Fragen nähern möchten, welches Konzept diesem JGT zugrunde liegt, dazu später, da einige der Menschen, die freundlicherweise Grußworte zu uns sprechen werden, terminliche Engpässe haben.

Hinweisen möchte ich auf die uns digital übermittelten Grußworte von Frau Bundesministerin für Familie, Senioren, Frauen und Jugend Lisa Paus und von Frau Rita Schwarzelühr-Sutter, Parlamentarische Staatssekretärin im Bundesminsterium des Inneren und für Heimat. Beide finden Sie auf der Webseite der DVJJ.

Wir hören nun drei Grußworte, zunächst als ,Hausherr', Prof. Günter Ziegler, Präsident der FU Berlin, (Mathematiker), dann der Bundesminister der Justiz Marco Buschmann, den ich in diesen Kreisen ganz bestimmt nicht vorstellen muss. Wir sind ganz besonders dankbar, dass Sie hier sind, denn wir wissen – nichts für ungut an alle anderen – dass Ihr Terminkalender besonders voll und das Jugendstrafrechtssystem im Spektrum der Sie beschäftigenden Themen nur ein kleiner Baustein ist.

Grußwort

Prof. Dr. Günter M. Ziegler, Präsident der Freien Universität Berlin

Sehr geehrte Damen und Herren, sehr geehrte Frau Professorin Höynck, verehrter Herr Bundesminister Dr. Buschmann, sehr geehrte Frau Staatssekretärin Uleer, verehrte Expertinnen und Experten, liebe Tagungsgäste,

ich heiße Sie herzlich willkommen zur Eröffnung des 32. Jugendgerichtstages hier im Henry-Ford-Bau der Freien Universität Berlin.

> „Die Jugend von heute liebt den Luxus, hat schlechte Manieren und verachtet die Autorität. Sie widersprechen ihren Eltern, legen die Beine übereinander und tyrannisieren ihre Lehrer."

Viele von Ihnen kennen das Zitat sicher und werden mir zustimmen, das könnte aus einem Klagebrief Erziehungsberechtigter aus dem 19. Jahrhundert stammen, von einem Schuldirektor in der Weimarer Republik oder gar der eigenen Großtante. Diejenigen, die den Ausspruch bisher nicht kannten, werden überrascht sein, dass er aus der Feder von Sokrates stammt und beinahe zweieinhalb tausend Jahre alt ist. Da offenbart sich doch mit einem großen Schmunzeln, dass sich manche Beziehungen und Perspektiven, vor allem aber welches Unverständnis und welche intergenerationellen Barrieren seit Menschengedenken scheinbar dieselben sind.

Ich bin ja grundsätzlich immer dafür, mit Menschen oder Personengruppen zu sprechen anstatt über sie – das gelingt hier beim Kongress selbst natürlich nur ganz bedingt, inhaltlich geht es aber ja trotzdem genau darum, an kriminelle oder kriminalitätsgefährdete Jugendliche heranzukommen, sie abzuholen und aufzufangen.

Bei den Beiträgen zu 100 Jahren Jugendgerichtsgesetz, der das zentrale Thema des Kongresses ist, vor allem aber bei Ihrer aller tagtäglichen Beschäftigung mit der Straftätigkeit von Jugendlichen ist ein wichtiges Motiv ja stets, die Ursachen von Kriminalität zu erkennen und zu analysieren, um ihnen als übergeordnetes Ziel entgegenwirken zu können. Dass dies auf unterschiedlichsten Ebenen, aus diversen Perspektiven und mit vereinten Bemühungen getan werden kann und muss, zeigt die Vielfältigkeit der Angehörigen der Deutsche Vereinigung für Jugendgerichte und Jugendgerichtshilfen (DVJJ). Justiz, Jugendhilfe, Politik und Behörden sind hier gefragt – und genauso die Wissenschaft und die Universitäten. Einerseits, weil sich Rechtswissenschaftlerinnen und Rechtswissenschaftler, aber auch Sozial- und Kulturwissenschaftlerinnen und -wissenschaftler und Angehörige vieler anderer Disziplinen mit Jugendkriminalität und Gerichtsbarkeiten auseinandersetzen. Darüber hinaus sind die Universitäten aber andererseits auch gefordert, weil sie Orte für Austausch und Vernetzung sind und ganz elementar für Bildung in der Gesellschaft stehen.

Bildung, da werden Sie mir zustimmen, ist der nachhaltigste Ausweg aus der Perspektivlosigkeit, die wiederum Nährboden für Kriminalität ist. Dies, ich sagte es bereits, ist doch das gemeinsame Ziel einer Institution wie der DVJJ und eines Kongresses wie dem Jugendgerichtstag: zu schauen, was sind strukturelle Aufgaben und Probleme, wie haben sie sich über die Zeit verändert, wo stehen wir heute und was können wir tun, um angemessen auf die Herausforderungen unserer Zeit reagieren zu können? Ihnen und uns allen ist doch klar, eine Gesellschaft kann nur stark sein, bestehen, konkurrenzfähig sein und sich weiterentwickeln, wenn sie das Potenzial aller ihrer Mitglieder ausschöpft und keine sozialen Gruppen abhängt. Und wo ist es da sinnvoller und wichtiger anzusetzen als bei ganz jungen Menschen, die nicht nur schutzbefohlen sind, sondern die Gesellschaft von morgen sein werden?!

In diesem Sinne, meine Damen und Herren, begrüße ich Sie nochmal ganz herzlich, bin sicher, dass die Freie Universität in den kommenden drei Tagen den für Vernetzung und Inspiration nötigen Raum bietet und wünsche Ihnen allen einen erfolgreichen Kongress.

Grußwort

Dr. Marco Buschmann, MdB, Bundesminister der Justiz

Sehr geehrte Frau Professor Höynck, sehr geehrter Herr Professor Ziegler, sehr geehrte Teilnehmerinnen und Teilnehmer des Deutschen Jugendgerichtstages!

Haben Sie vielen Dank für die Einladung. Ich freue mich sehr, zu Beginn dieser wichtigsten interdisziplinären Fachtagung zum Jugendkriminalrecht zu Ihnen sprechen zu dürfen.

Längst haben sich die Jugendgerichtstage etabliert: als verlässlicher Seismograph für den aktuellen Zustand des Jugendstrafrechts und als Impulsgeber für die einschlägige Gesetzgebung. Daran wird zweifellos auch die diesjährige Veranstaltung anknüpfen. Dieser Jugendgerichtstag steht darüber hinaus im Zeichen eines ganz besonderen Jubiläums, nämlich des 100. Geburtstages des Jugendgerichtsgesetzes. Solche Jahrestage laden dazu ein, den Blick zu weiten und das Bestehende in einen größeren zeitlichen Kontext einzuordnen. Und das geschieht nicht aus einem rein historischen Interesse: Die Betrachtung der geschichtlichen Entwicklung erlaubt nämlich, den Ist-Zustand kritisch zu analysieren und zugleich zukunftsweisende Perspektiven zu entwerfen.

Das Jugendgerichtsgesetz kann zu seinem 100. Geburtstag durchaus als ein Erfolgsmodell bezeichnet werden. Am 1. Februar 1923 war kaum abzusehen, dass dieses Gesetz einmal ein solch stolzes Jubiläum würde feiern können. Geradezu revolutionär erschien seinerzeit die Leitidee des Gesetzes: Als strafrechtliche Reaktion auf die Tat eines jungen Menschen sollte fortan nicht mehr ausschließlich ein repressives Übel zur Vergeltung der Schuld stehen. Stattdessen wollte man vorrangig auf Mittel der Erziehung zurückgreifen, um Rückfälle zu vermeiden.

Dieser wirkungsorientierte Ansatz, der im Jahr 2007 auch ausdrücklich gesetzlich verankert wurde, kennzeichnet das Jugendstrafrecht bis heute. Nicht zuletzt drückt sich in ihm ein übergeordnetes „Recht auf Jugend" aus, wie es im Motto dieser Veranstaltung ganz zutreffend heißt. Ein solches Recht auf Jugend erfordert bei der strafrechtlichen Reaktion die Berücksichtigung der Entwicklungsprozesse, die diesen Lebensabschnitt prägen. Denn nur wenn man diese Prozesse beachtet, kann man sinnvoll versuchen, auf eine positive Verhaltensänderung der Betroffenen hinzuwirken.

Das Jugendgerichtsgesetz trägt der besonderen Lebenssituation junger Beschuldigter in einer zukunfts- und integrationsorientierten Weise Rechnung. Und zwar nicht lediglich durch eine pauschal mildere Bestrafung junger Straftäter, wie es landläufig mitunter missverstanden wird. Vielmehr geht es um Anpassung des Strafverfahrens an die Fähigkeiten und Bedürfnisse junger Beschuldigter. Hinzu kommt ein differenziertes Rechtsfolgensystem, das im Einzelfall angemessene und spezialpräventiv wirksame Reaktionen ermöglicht.

In seiner resozialisierungsbezogenen Ausrichtung hat sich das Jugendgerichtsgesetz in den vergangenen Jahrzehnten immer wieder auch als Schrittmacher für Reformen im allgemeinen Strafrecht erwiesen. Beispielhaft hierfür stehen die Regelungen zur Strafaussetzung zur Bewährung, zu ambulanten Maßnahmen als Alternativen zum Freiheitsentzug und nicht zuletzt der Täter-Opfer-Ausgleich. Sie alle wurden zunächst im Jugendstrafrecht erprobt und anschließend auch im allgemeinen Strafrecht implementiert.

Meine Damen und Herren, selbst die besten Intentionen können missbraucht werden. Das lehrt uns auch die Geschichte des Jugendgerichtsgesetzes. Es war nämlich gerade der pädagogische Ansatz des Gesetzes von 1923, der von den Nationalsozialisten ideologisch instrumentalisiert und zur Disziplinierung oder gar Verfolgung unliebsamer Bevölkerungsgruppen eingesetzt werden konnte.

Mit der Reform von 1953 konnte das Jugendgerichtsgesetz von nationalsozialistischem Gedankengut aber überwiegend befreit werden. Einen großen Reformschub brachte dann vor allem das 1. JGG-Änderungsgesetz von 1990, dessen neue ambulante Maßnahmen und Diversionsmöglichkeiten das differenzierte Rechtsfolgensystem sinnvoll erweiterten.

Und doch war das Jugendstrafrecht in den folgenden drei Jahrzehnten immer wieder gegenläufigen kriminalpolitischen Strömungen ausgesetzt. Ein Beispiel sind die steigende Zahl junger Tatverdächtiger in den 1990er Jahren und die Diskussion um das Phänomen von jungen „Intensivtätern". Auch im Anschluss an einzelne aufsehenerregende Gewalttaten junger Menschen wurden wiederholt Forderungen laut nach der Preisgabe bewährter Prinzipien des erzieherisch und spezialpräventiven Jugendkriminalrechts.

Erst in diesem Frühjahr wurde anlässlich des schrecklichen Tötungsgeschehens in Freudenberg etwa erneut die Strafmündigkeitsgrenze von 14 Jahren in Frage gestellt. Fakt ist aber: fachwissenschaftliche Befunde zur Reifeentwicklung junger Menschen, die durch neurowissenschaftliche Untersuchungen unterfüttert sind, zeigen uns regelmäßig, dass die aktuelle Strafmündigkeitsgrenze gut begründet ist.

Das 100-jährige Jubiläum des Jugendgerichtsgesetzes beschreibt in gleicher Weise einen Grund zum Feiern wie eine fortwährende Verpflichtung: das Jugendstrafrecht im fortschrittlichen Geiste seiner Wegbereiter zu pflegen und im Sinne einer rationalen, faktenbasierten Kriminalpolitik auf der Grundlage fachwissenschaftlicher Befunde und empirischer Erkenntnisse aus der Praxis weiterzuentwickeln.

Das Bundesministerium der Justiz nimmt diesen Auftrag sehr ernst. Wie Sie wissen, wurden im Jahr 2019 die Verfahrensrechte junger Beschuldigter gestärkt. Dabei wurde unter anderem auch die Einbeziehung der Jugendhilfe im Strafverfahren, der Jugendgerichtshilfe, verbessert. Das Gesetz zur Bekämpfung sexualisierter Gewalt gegen Kinder konkretisierte die Qualifikationsanforderungen an Jugendrichter und Jugendstaatsanwälte. Die Umsetzung dieser Regelungen in der Praxis beobachten wir aufmerksam und fördern sie im Rahmen unserer Möglichkeiten.

Wir werden auch zukünftig fortlaufend prüfen, ob weitere gesetzgeberische Anpassungen erforderlich sind. So kann ich Ihnen ankündigen, dass wir gegenwärtig einen Referentenentwurf zur Änderung des Jugendgerichtsgesetzes vorbereiten. Dieser Entwurf greift Kritikpunkte auf, die in der Fachwelt schon länger geäußert werden, und bezieht auch Rückmeldungen aus der jugendgerichtlichen Praxis ein. Wir planen beispielsweise, nationalsozialistisch geprägte Begriffe wie „schädliche Neigungen" und „Zuchtmittel", die sich immer noch im Gesetzestext finden, endlich zu ersetzen. Außerdem sollen die Rechtsmittelbeschränkung in § 55 Absatz 1 des Jugendgerichtsgesetzes gestrichen und flexible Lösungen für eine sachgerechte Vermögensabschöpfung im Jugendstrafrecht geschaffen werden. Dabei werden wir die Stellungnahmen aus der jugendgerichtlichen Praxis selbstverständlich besonders berücksichtigen.

Doch der weitere Erfolg des Jugendstrafrechts hängt nicht allein ab von gesetzgeberischen Reformen. Er wird auch maßgeblich von den Akteuren abhängen, die in der jugendkriminalrechtlichen Praxis tätig sind. Denn erst ihre Fach- und Sozialkompetenz, ihre fallbezogenen Kooperationsbemühungen und ihr tägliches Engagement übertragen die gesetzgeberischen Absichten in die Wirklichkeit. Sie sind es, deren Interventionen im Einzelfall für die Entwicklung eines jungen Beschuldigten tatsächlich hilfreich sind und die letztlich auch unserer Gesellschaft zugutekommen.

Deshalb ist es umso erfreulicher, dass hier auf dem Jugendgerichtstag Vertreterinnen und Vertreter keineswegs nur der Justiz, sondern auch der Polizei und Jugendhilfe sowie aus anderen betroffenen Fachdisziplinen zusammenfinden. Es ist für das Jugendstrafrecht ganz entscheidend, dass sie hier Erfahrungen und Erkenntnisse austauschen und gemeinsam nach Lösungen von Problemen und nach Verbesserungsmöglichkeiten suchen. Ich danke allen Teilnehmerinnen und Teilnehmern sowie den Veranstaltern hierfür!

Der essenziellen Bedeutung qualifizierter Rechtsanwender war sich der Gesetzgeber von Anfang an bewusst: In seiner Sitzung vom 1. Februar 1923 ließ der Reichstag dem soeben angenommenen Jugendgerichtsgesetz direkt noch eine Entschließung folgen, in der er die Reichsregierung ersuchte, „dahin zu wirken, dass für das Amt des Jugendrichters ... gerade die bestbefähigten Richter herangezogen werden".

Ich glaube, das ist eine Anforderung, die für alle Professionen gilt, die sich für eine gute Entwicklung und Integration problembelasteter junger Menschen einsetzen. Jugendgerichtstage wie dieser sind ein wertvoller Baustein für diese Befähigung. Ich wünsche *ihm* viel Erfolg und *Ihnen* fachlich und persönlich anregende Tage. Auf die Ergebnisse bin ich sehr gespannt.

Grußwort zum 32. Jugendgerichtstag

Esther Uleer, Staatssekretärin und Amtschefin der
Senatsverwaltung für Justiz und Verbraucherschutz

Sehr geehrter Herr Bundesminister Dr. Buschmann,
sehr geehrte Frau Prof. Dr. Höynck,
sehr geehrter Herr Prof. Dr. Ziegler,
sehr geehrte Damen und Herren,

ich freue mich wirklich sehr, heute zur Eröffnung des 32. Jugendgerichtstages
für das Land Berlin hier zu sein.

„Recht auf Jugend – 100 Jahre Jugendgerichtsgesetz" – das ist ein großes
Thema. Es fordert die Justiz jeden Tag aufs Neue und vielleicht auch jeden Tag
ein wenig mehr heraus. Jugenddelinquenz und das Recht auf Jugend fordern
uns gerade hier in einer Stadt wie Berlin: groß, vibrierend, faszinierend wie wir
sie kennen und lieben, aber eben auch eine Stadt mit tiefgreifenden Problemen,
die immer auch und in besonderer Weise die Jugend betreffen. Wer den Film
„Sonne und Beton" schaut, bekommt eine – wie ich finde künstlerisch hervor-
ragende – Vorstellung davon.

Aber bei dieser Tagung geht es natürlich nicht um Filmvorlagen, sondern es
geht um das Leben junger, straffällig gewordener Menschen und es geht um die
Antwort und den Umgang durch die Justiz damit. Das war auch bereits 1909
so, als der erste Jugendgerichtstag stattfand, oder wenig später, als hier in Berlin
die Deutsche Vereinigung für Jugendgerichte und Jugendgerichtshilfen, die
DVJJ, gegründet wurde.

„Recht auf Jugend" – das formuliert den Anspruch, junge Menschen, die
straffällig geworden sind, ganz individuell in den Fokus zu nehmen und unter
Berücksichtigung ihrer aktuellen Lebenssituation zu betrachten – das formuliert
einen Erziehungsgedanken. Dieser fordert uns und setzt voraus, uns intensiv,
unabhängig und insbesondere frei von einfach gestrickten Forderungen mit Jugendkriminalität auseinanderzusetzen. Unser Ziel dabei muss immer sein: die
rechtsstaatliche und justizielle Verantwortung wahrzunehmen, um einem Rück-
fall in Straffälligkeit bestmöglich vorzubeugen und gleichzeitig die jungen Menschen in ihrer weiteren Entwicklung zu stärken. Es geht also um Differenzierung, ohne die Strafverantwortung des Staates zu vernachlässigen.

Das Jugendgerichtsgesetz eröffnet hierfür seit 100 Jahren den kooperierenden Beteiligten im Jugendstrafverfahren in einzigartiger Weise Handlungsspielräume und Flexibilität, nicht nur im Bereich des individuellen Strafverfahrens, sondern auch für den ebenso wichtigen Bereich der Präventionsarbeit. Denn gerade hier kann in besonderer Weise aktuellen Entwicklungen im Bereich der Jugenddelinquenz durch maßgeschneiderte Strategien entgegengewirkt werden. Das diesjährige Programm des 32. Deutschen Jugendgerichtstages zeugt einmal mehr von der Vielfalt der aktuellen Themen, die Praxis und Wissenschaft gleichermaßen beschäftigen, um neue Erkenntnisse und aktuelle Entwicklungen bestmöglich aufgreifen und in die tägliche jugendgerichtliche Praxis umzusetzen.

Dabei ist die Jugendgerichtsbarkeit ihrer Zeit voraus, gesellschaftliche Entwicklungen zeigen sich hier früher: vom sich verändernden Familienbild, der zeitweilig starken Zunahme geflüchteter junger Menschen bis hin zur Notwendigkeit, das JGG teilweise auf Sachverhalte aus Bürgerkriegsgebieten unter dem Dach des Strafsenats eines Oberlandesgerichtes anzuwenden. Die Jugendgerichte sind häufig die ersten Spruchkörper, die sich mit neuartigen Problemlagen befassen müssen – das ist eine wahrhaftig fordernde, aber auch spannende Aufgabe.

Ich habe es erwähnt: Eine Großstadt wie Berlin ist dabei häufig in besonderer Weise gefordert. Hier entwickeln sich schnell neue Phänomene, hier liegt oft ein Fokus medialer Aufmerksamkeit, gerade im Bereich der Jugendkriminalität. Wie wesentlich im Zuge dessen eine besonnene, fachlich fundierte interdisziplinäre Zusammenarbeit und klare Analyse der tatsächlichen Bedarfe ist, hat hier in Berlin ganz aktuell der Gipfel gegen Jugendgewalt gezeigt.

Ferner wird in Berlin bereits seit der Einführung des „Neuköllner Modells" im Jahre 2008 ein besonderes Augenmerk auf eine sehr schnelle und effiziente Reaktion auf jugendliches Fehlverhalten gelegt.

Zum Schluss noch einige wenige Worte zum Jugendgerichtstag. Er bietet mit seiner über 100-jährigen Tradition und der großen, bundesweiten Expertise – die hier zusammenkommt – ein wichtiges Forum für intensiven fachlichen Austausch, Diskussionen und Vernetzung. Hier werden neue Impulse gesetzt und bedarfsgerechte Empfehlungen an den Gesetzgeber formuliert. Damit leistet der Jugendgerichtstag auch 100 Jahre nach der Einführung des JGG einen wesentlichen Beitrag zu einem zeitgemäßen, effektiven Umgang mit Jugenddelinquenz in Verbindung mit dem „Recht auf Jugend".

Ich freue mich daher besonders, dass nach dem pandemiebedingten digitalen Jugendgerichtstag 2021 dieser Austausch nun wieder in Präsenz hier in Berlin stattfinden kann.

In diesem Sinne wünsche ich dem diesjährigen Deutschen Jugendgerichtstag viel Erfolg und gutes Gelingen!

Videobotschaft

Lisa Paus, MdB, Bundesministerin für Familie, Senioren, Frauen und Jugend

Sehr geehrte Damen und Herren, liebe Teilnehmende,

ich grüße Sie ganz herzlich aus dem Bundesjugendministerium!
„Recht auf Jugend. 100 Jahre Jugendgerichtsgesetz" – das ist das Thema des Jugendgerichtstages. Das „Recht auf Jugend" betont den Erziehungsgedanken – als Leitbild und als Ordnungsprinzip des Jugendstrafrechts.

Wir wissen: Kinder und Jugendliche werden nicht kriminell, gewalttätig oder aggressiv geboren. Wenn sie Straftaten begehen, dann fehlt es meist am sozialen Umfeld oder sie wachsen unter schlechten Bedingungen auf. Diese Bedingungen entschuldigen kriminelle Handlungen nicht. Sie können aber ihre Ursache erklären – und sie sind die zentralen Ansatzpunkte für Prävention und Reaktion.

Wenn ein junger Mensch falsch abbiegt, dann müssen die zuständigen Stellen schnell und abgestimmt handeln. Besonders wichtig ist es, dass die Jugendhilfe früh in Strafverfahren eingebunden wird und das Jugendamt und Strafverfolgungsbehörden gut zusammenarbeiten. Nur so ist es möglich, passgenau auf die Situation jedes einzelnen jugendlichen Straftäters einzugehen.

Mit dem Kinder- und Jugendstärkungsgesetz haben wir die gesetzliche Grundlage für eine verbesserte Kooperation geschaffen. So können sich alle relevanten Akteure zusammensetzen und wirksame Maßnahmen mit den Jugendlichen und ihren Eltern besprechen.

Ich danke Ihnen allen dafür, dass Sie sich in Ihren unterschiedlichen Berufen für ein „Recht auf Jugend" einsetzen. Sie geben damit jungen Menschen eine neue Chance.

Und nun wünsche ich Ihnen einen guten Austausch und einen spannenden Kongress.

Ihre Lisa Paus

Konzept und Programm des 32. Deutschen Jugendgerichtstages

Theresia Höynck

Nach diesen Grußworten, für die ich ganz herzlich danke, leite ich über zum Programm im engeren Sinne und will, bevor wir starten, das Konzept dieses Jugendgerichtages kurz vorstellen und einige wenige organisatorische Anmerkungen machen.

Das Konzept des Jugendgerichtstages ähnelt trotz des Jubiläums bzw. Geburtstages insgesamt denen der vorherigen Jugendgerichtstage und hat wie immer mit der Herausforderung umzugehen, dem Leitthema, aber auch den vielen aktuellen Einzelfragen im Feld Raum zu geben, die anzusprechen, die schon sehr viele Jugendgerichtstage miterlebt haben, und solche, die zum ersten Mal dabei sind.

Es gibt heute drei Eröffnungsreferate, für die wir spannende, hochkarätige Menschen gewinnen konnten. Doch dazu sogleich.

Nach den Eröffnungsvorträgen, nach einer ausreichend langen Pause mit einer Stärkung, finden um 17:30 die Berufsgruppentreffen statt. Für alle, die das nicht kennen – es handelt sich nicht um closed shops eingefleischter Aktivist*innen, sondern um im Einzelnen unterschiedlich gestaltete Treffen, bei denen eher berufsgruppenspezifische Belange besprochen werden. Schauen Sie einfach vorbei, auch wenn Sie nicht angemeldet sein sollten!

Am morgigen Samstagvormittag finden nur die Arbeitskreise statt, alle jeweils parallel, die dazu einladen, bestimmte Themen etwas vertiefter zu diskutieren.

Morgen Nachmittag geht es dann, wie schon heute, aber etwas weniger übergreifend, sondern im engeren Sinne jugendstrafrechtlich-kriminologisch, um das Jubiläum 100 Jahre JGG. Parallel wird für diejenigen, die den Nachmittag lieber im Hier und Jetzt und nah an den jungen Menschen verbringen möchten, der Film *Kalle Kosmonaut* gezeigt, mit einem anschließenden Gespräch mit den Regisseur*innen. Der dokumentarische Film behandelt zehn Jahre im Leben eines Berliner Jugendlichen, den wir im Fachjargon als mehrfach auffällig und mehrfach belastet bezeichnen würden.

Der Samstagabend gehört dann Ihnen und Ihrem eigenen Programm.

Das Programm des Jugendgerichtstages geht dann weiter am Sonntag. Vorträge von einer guten Stunde Dauer am Vormittag in zwei Blöcken, bei denen Sie jeweils einen von zwölf auswählen können.

Nach der Mittagspause am Sonntag findet wie gewohnt die Mitgliederversammlung der DVJJ statt.

Dieses Mal am Sonntagabend gibt es die Party, für alle, die 2017 da waren, an bekanntem Ort. Zu dieser Party haben sich rund 550 Personen angemeldet, wir freuen uns darauf.

Am Montag, dem letzten Tag des Jugendgerichtstages treffen wir uns wieder hier, erst um 10 Uhr, damit Sie nach der Party nicht ganz übernächtigt sind. Dort erwartet uns ein neues Format: ein moderiertes Podium besetzt mit Vertreter*innen aus Praxis und Wissenschaft, die sich gemeinsam fragen, wie es wohl um die Zukunft des JGG bestellt ist. Wir haben zwar keine Glaskugel, aber geballte Kompetenz und Erfahrung, so dass wir sicher am Ende der Diskussion etwas klarer sehen.

Aufgefallen ist manchen vielleicht, dass es dieses Mal keinen klassischen Markt der Möglichkeiten mehr gibt, das Format scheint nicht mehr anzusprechen, vermutlich weil es ein hoher Aufwand für Ausstellende ist und neue digitale Möglichkeiten der eigenen Präsentation bestehen.

Aber es gibt eine eigene Ausstellung aus Anlass des Jubiläums: Wir haben in alten Materialien, vorwiegend Jugendgerichtstagungsbänden, gestöbert nach prägnanten Zitaten, die zur eigenen Verortung im Jugendstrafrecht und seinen Grundlagen anregen. Sie finden die Ausstellung auf der Empore: *100 Jahre JGG. Idee – Entstehung – Weiterentwicklung. Perspektiven auf das Gesetz und seine Grundlagen.* Ich hoffe, die Lektüre macht Ihnen genauso viel Freude, wie es das Stöbern gemacht hat.

Ich wünsche uns allen einen wunderbar anregenden Jugendgerichtstag!

Jubiläumsausstellung: 100 Jahre JGG
Idee – Entstehung – Weiterentwicklung
Perspektiven auf das Gesetz und seine Grundlagen

Zitatesammlung

„Erziehung ist nun und nimmermehr Abrichtung und Drill."

Dr. Frieda Duensing, Geschäftsführerin der Deutschen Zentrale für Jugendfürsorge

Einige Gedanken über Erziehung von Arbeiterkindern
Arbeiterjahrbuch 1908, Berlin, S. 121

„Unser verehrter Herr Sitzungsleiter, Amtsgerichtsrat Dr. Köhne, hat einmal im vorigen Herbst in einer Versammlung ausgeführt, Jugendgericht und Jugendgerichtshilfe gehörten zusammen wie Mann und Frau; ihre Tätigkeit in der Strafrechtspflege ergänze und bedinge sich, wie die Tätigkeit von Mann und Frau in der Leitung und Ordnung des Haushaltes und in der Kindererziehung. Ich finde, das ist ein sehr schöner und treffender Vergleich, besonders wenn man noch das kleine frauenrechtlerische Schwänzchen dranhängt: ,in völliger Gleichberechtigung.'"

Dr. Frieda Duensing, Geschäftsführerin der Deutschen Zentrale für Jugendfürsorge

Verhandlungen des 1. Deutschen Jugendgerichtstages, S. 63
15. – 17. März 1909 in Berlin

„Der Jugendrichter ist – das Wort im weiten Sinne genommen – Erziehungsrichter, Erziehung ohne Persönlichkeit ist aber ein leeres Wort."

Dr. Frieda Duensing, Geschäftsführerin der Deutschen Zentrale für Jugendfürsorge

Verhandlungen des 1. Deutschen Jugendgerichtstages, S. 65 f.
15. – 17. März 1909 in Berlin

„Die Zukunft wird vielleicht denen recht geben, die nur Erziehung und niemals Strafe wollen. Gegenwärtig können wir noch nicht so weit gehen."

Amtsgerichtsrat Dr. Levi

Verhandlungen des 5. Deutschen Jugendgerichtstages, S. 20
27. – 28. September 1920 in Jena

© *Theresia Höynck 2023*

„Dieser Gedanke, Erziehung statt Strafe kann sich nur dann durchsetzen, wenn hinter ihm eine geschlossene Macht von Menschen steht, die den festen Glauben daran hat, daß dieser Gedanke richtig ist. Dieser Glaube fehlt uns heute noch."

Geh. Justizrat Prof. Dr. Liepmann

Verhandlungen des 5. Deutschen Jugendgerichtstages, S. 36
27. – 28. September 1920 in Jena

„Wir brauchen in erster Linie eine *Jugend*hilfe und nicht eine Jugend*gerichts*hilfe."

Dr. Koppel

Verhandlungen des 5. Deutschen Jugendgerichtstages, S. 40
27. – 28. September 1920 in Jena

„Auf der Basis: Sind Strafe und Erziehung qualitativ verschieden?, kann man nicht diskutieren. Man wusste schon vor hundert Jahren, daß Strafe Jugendlichen gegenüber nichts hilft. Eine eigenartige Entwicklung hat dann dazu geführt, daß all dies von anderen Gesichtspunkten aufgebaut und mit anderen Dingen vermischt worden ist."

Prof. Dr. Christian Jasper Klumker

Verhandlungen des 5. Deutschen Jugendgerichtstages, S. 41
27. – 28. September 1920 in Jena

„Wir machen nicht selten die tragische Feststellung, daß wir dem Einzelfall nicht so gerecht werden können, wie wir möchten, nicht etwa darum, weil wir nicht wollten oder weil wir die Zeit unserer Ausbildung nicht genutzt hätten, sondern *weil uns das notwendige Wissen um den jungen Menschen in seiner leiblichen und seelischen Not fehlt.* Wir gelangen dann zu Entscheidungen, die zwar formaljuristisch durchaus richtig sind, die aber – und das ist das Entscheidende – pädagogisch verfehlt sind […]."

Amtsgerichtsrat Ludwig Clostermann

Bericht über die Verhandlungen des 7. Deutschen Jugendgerichtstages, S. 43
8. – 10. September 1927 in Stuttgart

„Die berühmte Lücke zwischen Jugendarrest und Jugendstrafe (4 Wochen bis 6 Monate) ist also noch größer geworden. Sie muß aber in Kauf genommen werden, da kurzfristige Freiheitsstrafen erzieherisch wertlos, ja sogar erziehungswidrig sind."

Landgerichtsdirektor Dr. R. Messerer

Wiedergabe der Verhandlungen des 9. Deutschen Jugendgerichtstages, S. 90
8. – 9. Oktober 1953 in München

„Es geht darum, Helfer zu finden: erzieherisch befähigte, von tiefem Verständnis für die Jugend, ihre Eigenarten, Schwächen und Nöte, vor allem aber von wirklicher Nächstenliebe erfüllte Menschen, die auch noch in dem gefallenen, oft tief in Schuld und Verbrechen abgesunkenen Jugendlichen den kranken, ihrer Hilfe bedürfenden Bruder sehen."

Jugendrichter Amtsgerichtsrat Karl Holzschuh

Wiedergabe der Verhandlungen des 9. Deutschen Jugendgerichtstages, S. 174
8. – 9. Oktober 1953 in München

„Keine Maßnahme ist so jugendgemäß, keine so beweglich, individuell und anpassungsfähig wie die Weisung. [...] Sie sollte unter den Maßnahmen des Jugendstrafrechts den ersten Platz einnehmen. [...] Die auf ein positives Tun gerichtete Weisung ist sinnvoller, erzieherisch wertvoller als ein Verbot."

Jugendrichter Amtsgerichtsrat Karl Holzschuh

Wiedergabe der Verhandlungen des 9. Deutschen Jugendgerichtstages, S. 171 f.
8. – 9. Oktober 1953 in München

„Die Jugendgerichtstage sind also, wie schon kurz gesagt, nie ein Juristenklub gewesen, sondern es ist immer das Gespräch und die Zusammenarbeit mit allen Sparten gesucht worden, von denen man erwarten und hoffen konnte, daß sie zur Erziehungsarbeit an den gefährdeten Jugendlichen einen wertvollen Beitrag leisten könnten."

Oberlandesgerichtsrat Prof. Dr. Rudolf Sieverts

Bericht über die Verhandlungen des 11. Deutschen Jugendgerichtstages, S. 13
22. – 24. Oktober 1959 in Stuttgart

„Erziehung wird nicht über Menschen ‚gestülpt', sondern dem Menschen ange-
tragen und angeboten mit der Aufforderung zum Mitmachen. Erziehung verlangt Aktivität. Damit bewahrt der Erziehungsgedanke vor der Passivität, die so
oft mit dem Strafvorgang verbunden ist."

Prof. Dr. Karl Peters

Bericht über die Verhandlungen des 13. Deutschen Jugendgerichtstages, S. 22
14. – 16. Oktober 1965 in Münster i. W.

„Der Erziehungsgedanke, von dem seit dem Inkrafttreten des Jugendgerichtsgesetzes vor mehr als 40 Jahren so oft gesprochen wird, muß neu belebt, tiefer
durchdacht und entschieden verwirklicht werden. Tragen Sie mit dazu bei, daß
von dem Jugendgerichtstag 1965 in Münster neue geistige Impulse ausgehen."

Prof. Dr. Karl Peters

Bericht über die Verhandlungen des 13. Deutschen Jugendgerichtstages, S. 28
14. – 16. Oktober 1965 in Münster i. W.

„Da ist zunächst das Erziehungsrecht. Das klingt zwar sehr schön, aber gerade
hier liegt das Problem. Die jungen Menschen, denen wir begegnen, wollen ja
gar keine Erziehung [...]."

Dr. Ruarus, Psychologe beim Justizministerium, Veenendaal/Holland

Bericht über die Verhandlungen des 13. Deutschen Jugendgerichtstages, S. 144
14. – 16. Oktober 1965 in Münster i. W.

„Könnte es denn sein, daß wir Juristen wirklich überfordert sind, die Polarität
zwischen den Straftatbeständen des StGB und den Rechtsfolgen des JGG durchweg im pädagogischen Sinn aufzulösen? Oder ist vielleicht der Begriff ‚Erzie-
hungsstrafrecht' selbst ein Unbegriff?"

Prof. Dr. Horst Schüler-Springorum

Bericht über die Verhandlungen des 14. Deutschen Jugendgerichtstages, S. 34
3. – 5. Oktober 1968 in Braunschweig

„Ich meine, es bleibt trotz allem keine Wahl. Wir sollten uns, wenn überhaupt Reform diskutiert wird, einsetzen *für* ein umfassend verstandenes Erziehungsrecht und ernst machen mit differenzierten Hilfe- und Behandlungsvorschlägen."

Prof. Dr. Horst Schüler-Springorum
Bericht über die Verhandlungen des 14. Deutschen Jugendgerichtstages, S. 36
3. – 5. Oktober 1968 in Braunschweig

„Angesichts der seit 1950 ständig steigenden Kinderkriminalität und der nach einigen Jahren Stillstand wieder wachsenden Zahl jugendlicher Straftäter drängt sich die Frage auf, ob der bisher unser Jugendstrafrecht kennzeichnende Kompromiß zwischen Vergeltungsdenken und Erziehungsgedanken heute noch sinnvoll und zweckmäßig ist [...]."

Prof. Dr. Berthold Simonsohn
Bericht über die Verhandlungen des 14. Deutschen Jugendgerichtstages, S. 140
3. – 5. Oktober 1968 in Braunschweig

„[...] [S]chließlich war dieser Arbeitskreis belastet durch den Widerspruch zwischen Strafrecht und Erziehung, der m. E. von Generationen von Strafrechtslehrern und Pädagogen nicht befriedigend gelöst werden konnte und den freilich ein Arbeitskreis wie der unsere auch nicht lösen konnte."

Prof. Dr. Mollenhauer
Bericht über die Verhandlungen des 14. Deutschen Jugendgerichtstages, S. 147
3. – 5. Oktober 1968 in Braunschweig

„*Erziehung ist auf Dauer angelegt.* Sie umfaßt den *Kontakt* und *Dialog.* Solche Bedingungen liegen im Jugendstrafverfahren nicht vor. Richter können darum allenfalls Erziehung ermöglichen, sie selbst aber nicht durch das Verfahren praktizieren. Sie werden entgegnen, daß ihnen immer noch die Aufgabe des Sanktionierens verbliebe. Wenn schon das Strafen an sich keine Aussicht auf Erfolg verspricht, dann gilt dies noch mehr für eskalierende Sanktionen."

Hans Jörg Plewig, Diplom-Pädagoge
Bericht über die Verhandlungen des 18. Deutschen Jugendgerichtstages, S. 391
29. September – 3. Oktober 1980 in Göttingen

„In der Erziehungswissenschaft und pädagogisch reflektierter Praxis besteht ferner Übereinstimmung darin, daß eine Erziehung mit dem vorherrschenden Druck von Drohungen und häufigem Strafen abzulehnen ist. Auftretenden Erziehungsschwierigkeiten ist in pädagogisch durchdachter Weise zu begegnen, nicht durch kurzschlüssiges Strafen."

Jugendrichter Dr. Ernst Bussmann

Bericht über die Verhandlungen des 18. Deutschen Jugendgerichtstages, S. 362
29. September – 3. Oktober 1980 in Göttingen

„Aber wer erzieht denn nun? Die Jugendhilfe oder die Justiz? Um meine Antwort gleich vorwegzunehmen: Die Jugendhilfe erzieht."

Ilse Schwenkel-Omar, Amt für Jugend, Hamburg

Dokumentation des 23. Deutschen Jugendgerichtstages, S. 405
23. – 27. September 1995 in Potsdam

„Zusammenfassend kann man feststellen, daß es *den* Erziehungsbegriff des JGG nicht gibt. Erziehung im JGG ist trotz der normativen Einbrüche in die alte Gesetzessubstanz von 1923 gleichwohl auch heute noch in der Funktion erkennbar, gegen ein ‚Zuviel' an Strafe gerichtet zu sein."

Lukas Pieplow, Rechtsanwalt

Dokumentation des 24. Deutschen Jugendgerichtstages, S. 531
18. – 22. September 1998 in Hamburg

„Der Gesetzesbegriff ‚Erziehung' im JGG darf nicht mit Pädagogik verwechselt werden. Er ist nicht korruptionsfest, wie jede juristische Begrifflichkeit. Er hat das überkommene Strafrecht ein erhebliches Stück in seine Schranken verwiesen. Ob er auf diesem Weg weiter fruchtbar sein kann, ist unsicher."

Lukas Pieplow, Rechtsanwalt

Dokumentation des 24. Deutschen Jugendgerichtstages, S. 532
18. – 22. September 1998 in Hamburg

„Allerdings ist (noch) nicht geklärt, was ‚Erziehung' im Rahmen des Jugendstrafrechts bedeutet, „zumal [...] zunächst einmal die Fragen vorangehen sollten, um was für Erziehungsvorstellungen es sich im Jugendgerichtsgesetz eigentlich handelt, und ob diese strafrechtlichen Vorstellungen von Erziehung überhaupt

vereinbar sind mit Erziehungs- und Bildungsvorstellungen einer selbstbestimmten, gegenstandsbezogenen und theoretisch fundierten Sozialen Arbeit".*
Insofern besteht die grundlegende Herausforderung, dass der juristische ‚Erzie-
hungs'gedanke und erziehungswissenschaftliche Interpretationen von ‚Erziehung' nicht (immer) deckungsgleich sind."

> * Bettinger, F. (2015). Wider die Unterordnung Sozialer
> Arbeit unter die Logik des Jugendstrafrechts, S. 170.

Dr. Anne Kaplan

Dokumentation des 31. Deutscher Jugendgerichtstages, S. 404 f.
16. – 18. September 2021, online

Teil 2

Eröffnungsvorträge

100 Jahre Jugend – Das Recht auf Erziehung und die Verwirklichung der Rechte junger Menschen[*]

Wolfgang Schröer

Die Jugendgerichtstage waren in der Geschichte der Jugendwohlfahrtspolitik und der Kinder- und Jugendhilfe immer eine wegweisende Institution. An diesen Tagen wurde nicht nur um die Ausrichtung der heute so bezeichneten ‚Jugendhilfe im Strafverfahren' gestritten, sondern auch um die Möglichkeiten von öffentlicher Erziehung junger Menschen und nicht zuletzt darum, wie Jugend in der jeweiligen Gesellschaft zu begreifen sei, wie sie positioniert wird und sich positioniert. Dementsprechend waren sie auch Orte der professionellen Selbstvergewisserung und -mahnung: So stellte der Vorsitzende vor 50 Jahren, also 1953, in der Eröffnungsrede zum 9. Jugendgerichtstag in München die Frage, „ob wir bisher der uns anvertrauten Jugend gerecht geworden sind; ob wir immer unsererseits alles getan haben, um die Gefahren der ungewöhnlichen Situation einer Jugendgerichtsverhandlung für den jungen Angeklagten, für das Finden der Gerechtigkeit zu bannen".[1]

Jugendgerichtstage sind Orte, an denen fachlich und interdisziplinär ausgehandelt wird, wie Jugend in unserer Gesellschaft und Politik sowie die Positionierungen der jungen Menschen in unserer Gesellschaft begriffen werden und welche Konsequenzen dies für den sozialpädagogischen Zugang zu den jungen Menschen hat, wenn sie sich Strafverfahren stellen müssen. Dabei war in der Geschichte der Sozialpädagogik die Diskussion um die sog. Jugenddelinquenz auch immer ein Seismograph für die Verortung und die aktuelle Wahrnehmung der Jugend in der Gesellschaft.

Wenn vor diesem Hintergrund in diesem Beitrag angesichts des 100-jährigen Jubiläums des Jugendgerichtsgesetzes und des Jugendwohlfahrtsgesetzes von 100 Jahren Jugend gesprochen wird, dann ist dies nicht nur ein rhetorischer Anknüpfungspunkt, sondern meint ganz explizit, dass mit diesen Gesetzen Marksteine in der historischen Entwicklung von Jugendpolitik in unserer Gesellschaft gesetzt wurden, die in eine breite transnationale Entwicklung eingebettet waren. Gleichzeitig ist zu diskutieren, wie die Ausgestaltung in Deutsch-

---

[*] Der Beitrag beruht auf dem Eröffnungsvortrag zum 32. Deutschen Jugendgerichtstag am 15.09.2023 und ist inhaltsgleich in der ZJJ 1/2024, S. 4–11 erschienen.

[1] Sieverts, 1955, S. 9.

land, ein Recht auf Erziehung zu formulieren, die Kinder- und Jugendhilfe geprägt, einen Pfad gelegt hat und was dieses für die jungen Menschen und ihre rechtliche Stellung im institutionellen Gefüge des Aufwachsens heute bedeutet.

Dabei wird in vier Schritten vorgegangen. Zunächst wird – erstens – die historische Entwicklung der Kinder- und Jugendhilfe in groben Zügen skizziert und dabei argumentiert, dass zwar ein Recht auf Erziehung, aber nicht eigenständige einklagbare Rechte junger Menschen in Bezug auf ihre gleichberechtigte soziale Teilhabe verankert wurden. Zweitens wird das gegenwärtige Jugendalter unter den Stichworten der Ermöglichung sozialer Teilhabe und Entgrenzung von Jugend diskutiert. Weiter wird – drittens – am Beispiel der Covid-19-Pandemie danach gefragt, wie Jugend in diesem Zusammenhang gesellschaftspolitisch prozessiert wird. Abschließend wird angesichts der gegenwärtigen Machtasymmetrien gegenüber der jungen Generation eine stärkere Verankerung der Rechte junger Menschen vorgeschlagen.

1   Das Recht auf Erziehung – 100 Jahre Kinder- und Jugendhilfe

100 Jahre Jugend – fast alle Organisationsformen von Jugend, die wir gegenwärtig kennen, haben in den vergangenen 100 Jahren entweder grundlegende Wandlungen erfahren, sind in dieser Zeit entstanden oder wurden in dieser Zeit insbesondere institutionalisiert. Jugend als so bezeichneter gesellschaftlicher Integrationsmodus[2] hat in den vergangenen 100 Jahre sein bis heute bestehendes Gepräge bekommen. Letztlich wurde mit dem Jugendwohlfahrtsgesetz (1922) und dem Jugendgerichtsgesetz (1923) der Pfad grundgelegt, an dem sich bis heute das institutionelle Gefüge von öffentlicher Erziehung der Jugend orientiert.

In diesem Zusammenhang hat Walter Hornstein in seinen historischen Rekonstruktionen darauf hingewiesen, dass vor 100 Jahren nicht ein allgemeines Kindheits- und Jugendrecht verankert wurde,[3] sondern eine rechtliche Neuordnung und Vereinheitlichung öffentlicher Erziehung.[4] Es wurde den jungen Menschen ein Recht auf Erziehung zugestanden und das Aufwachsen von jungen Menschen war nunmehr ein per Gesetz im Rahmen des öffentlichen Wächteramtes anvertrautes, nationales Gut. Es wurde in § 1 RJWG eine „Orientierung

---

2   Siehe unten BT-Drs. 18/11050.
3   Ausführlich hat der Autor die folgenden Ausführungen zur historischen Entwicklung in Scheiwe, Schröer et al., 2021, entfaltet.
4   Hornstein, 2004.

an Erziehung und Erwerbsfähigkeit" festgeschrieben, „die jede sorgepflichtige Person oder Behörde dem Kind schuldig ist" und in ihrem pädagogischem „Anspruch" für die pädagogischen Institutionen der Zeit durchaus „einigen Sprengstoff in sich barg".[5]

Dennoch: Es wurden für junge Menschen keine eigenständigen sozialen Teilhaberechte verankert und auch kein neues „Rechtssystem für den gesellschaftlichen Teilbereich Jugend" geschaffen, das „durchaus vergleichbar mit der Entwicklung des Arbeitsrechts zur Regelung der Rechtsposition des Arbeitnehmers gegenüber Betrieb und Staat"[6] hätte sein können und in Anlehnung an die liberale Sozialreform z. B. der ,fabian socialists' in England durchaus auch in Deutschland diskutiert wurde. Entsprechend resümiert Christoph Sachße bspw. die ,Erfolge' der Sozialdemokratin Marie Juchacz in den Auseinandersetzungen z. B. mit den katholischen Positionen in der Zentrum-Partei um das Reichsjugendwohlfahrtsgesetz folgendermaßen: „Immerhin: Das Recht des Kindes auf Erziehung war im Gesetz verankert, die Amtsvormundschaft eingeführt, der Schutz der Pflegekinder rechtseinheitlich geregelt, die Jugendpflege als Aufgabe des JA [Jugendamt, d. Verf.] anerkannt: allesamt Errungenschaften, die von katholischer Seite als ,sozialistische Tendenz' gebrandmarkt wurden."[7]

Es wurde ein „Jugend*hilfe*recht" verabschiedet, „das den Maßnahmen von Erziehungsinstitutionen eine gesetzliche Grundlage geben sollte".[8] Letztlich wurde mit dieser Entwicklung in den 1920er Jahren der Pfad für eine protektionistische – und sozialpädagogisch orientierte – Jugendpolitik[9] in Deutschland gelegt.

Auch Gertrud Bäumer, die in den 1920er Jahren die Entwicklung der Jugendwohlfahrt entschieden aus der bürgerlichen Frauenbewegung und der kulturprotestantischen Sozialreform mitgestaltet hat, stellte 1929 heraus, dass eine gesellschaftliche „Mehrleistung" in der öffentlichen Erziehung notwendig geworden sei, da sich „die Grundlage des öffentlichen Erziehungssystems" gewandelt habe und die tradierten Orte der Erziehung – insbesondere die Familienerziehung und Schule – nur so gesichert werden könnten.[10] Sie begriff das ,Recht auf Erziehung' als eine soziale „Mehrleistung" für diejenigen Jugendlichen, die ihre Persönlichkeitsbildung angesichts des gesellschaftlichen Strukturwandels

---

5 Niemeyer, 2003, S. 442.
6 Hering & Münchmeier, 2000, S. 132 f.
7 Sachße, 2018, S. 52.
8 Hering & Münchmeier, 2000, S. 132.
9 Hornstein, 2004.
10 Bäumer, 1929, S. 25.

nicht in der „Mitte" und damit im ‚Wesenszusammenhang'[11] der sozialen
Kräfte, der Ordnungen von Familie, Schule und, man muss für Bäumer hinzu-
fügen, der Kirchengemeinde finden.

Bäumers Position verdeutlicht, dass das RJWG nicht nur als Jugendamtsge-
setz[12] bezeichnet werden kann, sondern auch darauf abzielte, Erziehung aus einem „rechtsfreien, von Ungleichheit und Abhängigkeit geprägten Raum"[13] in
einen wohlfahrtstaatlichen sowie wohlfahrtsverbandlichen Organisations- und
Regulationskontext zu überführen. Doch nur langsam, so Sachße, sei dabei die
Geschichte der Verrechtlichung von Erziehung – wie insgesamt das Fürsorge-
recht – im 20. Jahrhundert bestimmt von einer „sukzessiven Ankoppelung an
die herrschenden gesellschaftlichen Prinzipien von individueller Rechtssubjek-
tivität, Freiheit und Gleichheit".[14]

Dieser grundlegende Pfad blieb bis zu den Reformen des Kinder- und Jugendhilferechts am Ende des 20. Jahrhunderts weitgehend erhalten und wurde
mit der Einführung des achten Sozialgesetzbuches (SGB VIII) ebenfalls 1990
nicht grundsätzlich aufgebrochen. Im Ergebnis blieb durch „die Formulierungen von § 1 RJWG und § 1 KJHG die Frage offen [...], ‚inwieweit das Kind oder
der Jugendliche (nur) Objekt einer von Erwachsenen bestimmten zielgerichte-
ten Handlung oder (auch) Subjekt einer von ihm selbst (mit)bestimmten Sozia-
lisation ist'".[15]

Allerdings wurde 1990 im SGB VIII versucht, die Nebenfolgen dieser Un-
bestimmtheit in der Subjektposition von jungen Menschen im § 1 SGB VIII u. a.
durch eine Reihe von Beteiligungsrechten der jungen Menschen auszugleichen[16] und dadurch einen stärkeren Subjektstatus der jungen Menschen zu berücksichtigen. Mit anderen Worten: In der Grundfigur blieb die Grundorientie-
rung an einem Recht auf Erziehung im Mittelpunkt der rechtlichen Kodifizie-
rung der Kinder- und Jugendhilfe. Damit diese aber nicht in ein Erziehungsver-
ständnis ‚kippen' kann, durch das junge Menschen als Objekte im Erziehungs-
verhältnis gesehen werden, wurden Beteiligungsrechte eingeführt, die ihnen einen Subjektstatus verleihen und pluralisierte „Pfade der Subjektentwicklung"[17]
in der Jugend ermöglichen sollten.

---

11 Bäumer, 1929.
12 Peukert, 1986.
13 Sachße, 2018, S. 131.
14 Sachße, 2018, S. 131.
15 Niemeyer, 2003, S. 95.
16 Vgl. Scheiwe, 2009.
17 Vgl. Junge, 2004.

In gewisser Hinsicht sind diese Beteiligungsrechte als reflexive *Gegengifte*[18] im Modernisierungsprozess öffentlicher Erziehung zu verstehen. Sie sollen die Kinder- und Jugendhilfe davor bewahren, nicht einem linearen Erwachsenen-zentrierten und paternalistischen Erziehungs- und Sozialisationsverständnis zu verfallen und anerkennen, dass der Subjektstatus des jungen Menschen – soweit möglich – Ausgangspunkt *und* Perspektive der pädagogischen Interdependenzen in Kindheit und Jugend ist.

Im Sommer 2021 wurde mit dem Kinder- und Jugendstärkungsgesetz (KJSG) ein weiterer Schritt gegangen, auch weil eine Reihe von empirischen Untersuchungen in den vergangenen Jahren gezeigt haben, dass z. B. die Beteiligungsrechte junger Menschen in der Kinder- und Jugendhilfe nicht durchgängig in den Verfahren, Leistungen und Angeboten der Kinder- und Jugendhilfe verwirklicht wurden. Man könnte zugespitzt sagen, die *Gegengifte* aus dem SGB VIII von 1990 waren zu schwach. Zudem war mit der Vorbereitung auf eine inklusive Öffnung der Kinder- und Jugendhilfe durch das KJSG eine Erweiterung notwendig geworden, da junge „behinderte" Menschen, sich in ihrem Recht auf diskriminierungsfreie Teilhabe nicht in der bisherigen Formel berücksichtigt fanden.

Nunmehr heißt es in § 1 SGB VIII: „Jeder junge Mensch hat das Recht auf Förderung seiner Entwicklung und auf Erziehung zu einer selbstbestimmten, eigenverantwortlichen und gemeinschaftsfähigen Persönlichkeit" und in Absatz 3 Satz 2 ist ergänzt: Kinder- und Jugendhilfe soll „jungen Menschen ermöglichen oder erleichtern, entsprechend ihrem Alter und ihrer individuellen Fähigkeiten in allen sie betreffenden Lebensbereichen selbstbestimmt zu interagieren und damit gleichberechtigt am Leben in der Gesellschaft teilhaben zu können".

Es bleibt zwar weiterhin der Grundpfad der Kinder- und Jugendhilfe der vergangenen 100 Jahre erhalten. Doch es wird im SGB VIII Selbstbestimmung nicht nur als zu förderndes rechtliches Gut herausgestellt, sondern sie wird mit der Ergänzung in Absatz 3 auch als unhintergehbares Element der Ermöglichung von Teilhabe von jungen Menschen anerkannt. Dabei ist ein weiter Begriff von Teilhabe angesprochen, der auf ein selbstbestimmtes Interagieren bei der Teilnahme an allen Lebensbereichen des institutionellen Gefüges des Aufwachsens und der informellen Orte des Alltagshandelns abzielt.

Inwieweit diese sukzessive Reform öffentlicher Erziehung *und* Ermöglichung sozialer Teilhabe den Lebenslagen junger Menschen in der heutigen Gesellschaft entspricht, wird in den kommenden Jahren diskutiert werden müssen.

---

[18]　Beck, 1988.

Zudem verpflichten internationale Abkommen wie die UN-Kinderrechtekonvention (UN-KRK) und die UN-Kommission für die Rechte von Menschen mit Behinderungen (UN-BRK) die Kinder- und Jugendpolitik, stärker die eigenständigen Rechte der jungen Menschen in den Vordergrund der Kinder- und Jugendpolitik zu rücken. Damit ist der Fokus auf Beteiligung über die Verfahren der Kinder- und Jugendhilfe hinaus zu öffnen und die öffentliche Erziehung stärker an einer sozialen Teilhabeorientierung auszurichten. Dies bedeutet somit, dass Kinder- und Jugendhilfe und öffentliche Erziehung sich einerseits fragen müssen, wie sie heute die soziale Teilhabe junger Menschen – nicht nur kompensatorisch – ermöglichen, und andererseits, wie sie junge Menschen als eigenständige subjektive Rechtsträger*innen institutionalisieren.

2   Entgrenzung von Jugend: Jugend ermöglichen

In diesem Zusammenhang ist es von grundlegender Bedeutung wahrzunehmen, wie die soziale Teilhabe junger Menschen heute jugendtheoretisch und -politisch gefasst werden kann. Wenn der 15. Kinder- und Jugendbericht die Jugendpolitik darauf verpflichten möchte, Jugend zu ermöglichen, dann wird genau die Frage angesprochen, wie das institutionelle Gefüge von Jugend und die Kinder- und Jugendhilfe den Jugendlichen Bedingungen der sozialen Teilhabe zur Verfügung stellt, damit sie die Anforderungen, die an sie im Jugendalter gestellt werden, bewältigen können.

Jugend wird in diesem Zusammenhang als ein gesellschaftlicher Integrationsmodus gefasst.[19] Damit ist gemeint, dass Jugend in unserer Gesellschaft ein Lebensalter darstellt, in dem die Institutionen in der generationalen Ordnung spezifische Erwartungen formulieren und darauf gerichtet den jungen Menschen unterschiedliche Ressourcen zur sozialen Teilhabe und Verwirklichung ihrer Rechte zur Verfügung gestellt werden. Entsprechend ist die öffentliche Erziehung Teil dieser Erwartungs- und Ermöglichungsstruktur sowie gesellschaftlichen Zuschreibungen. Im 15. Kinder- und Jugendbericht heißt es: „Demzufolge wird thematisiert, welche Kernherausforderungen den gesellschaftlichen Integrationsmodus Jugend innerhalb der generationalen Ordnung charakterisieren, wie diese institutionell arrangiert werden, mit welchen Zuschreibungen, sozialstrukturellen Unterschieden und damit Erwartungen sie verbunden sind und wie Jugendliche in ihren jeweiligen sozialen Handlungsspielräumen agie-

---

[19]   BT-Drs. 18/11050.

ren und diese (mit-)gestalten. Als Kernherausforderungen des Jugendalters im Horizont der generationalen Lagerung werden in diesem Jugendbericht die Anforderungen Qualifizierung, Verselbstständigung und Selbstpositionierung beschrieben, die jeweils auf diese spezifischen gesellschaftlich-funktionalen Zuschreibungen an das Jugendalter antworten:

- Mit Qualifizierung wird dabei verknüpft, dass junge Menschen eine soziale und berufliche Handlungsfähigkeit erlangen sollen.
- Mit Verselbstständigung wird verknüpft, dass junge Menschen eine individuelle Verantwortung übernehmen sollen.
- Mit den Prozessen der (Selbst-)Positionierung wird verknüpft, dass junge Menschen eine Integritätsbalance zwischen subjektiver Freiheit und sozialer Zugehörigkeit ausbilden sollen".[20]

In diesem Zusammenhang konnte in den vergangenen Jahren beobachtet werden, dass sich Prozesse insbesondere der Qualifizierung, aber auch der Verselbstständigung bis weit in das dritte Lebensjahrzehnt hinein verschoben haben. Es wird festgestellt, dass sich die Übergänge ins Erwachsenenalter in den vergangenen 40 Jahren grundlegend verändert haben. Es wird „von einer neuen Form des Übergangs" ins Erwachsenenalter ausgegangen, dessen „bestimmende Merkmale ihre Offenheit und Ungewissheit sind".[21] Die abgebildete Graphik von Anne Berngruber und Andreas Herz verdeutlicht, wann sich welche zentralen Ereignisse der Verselbstständigung, Selbstpositionierung und Qualifizierung im Lebensverlauf gegenwärtig im Lebensverlauf ereignen.

20   BT-Drs. 18/11050, S. 94.
21   Walther, 2000, S. 59.

Abbildung 1: *Medianalter (Kaplan-Meler-Schätzungen) beim Durchlaufen erster Verselbstständigungsschritte (in Jahren) nach dem angestrebten bzw. erreichten Schulabschluss*

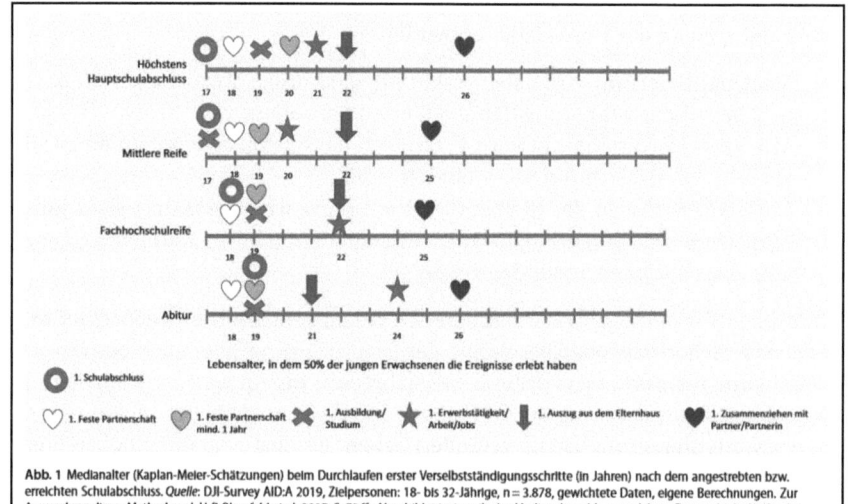

Abb. 1 Medianalter (Kaplan-Meler-Schätzungen) beim Durchlaufen erster Verselbstständigungsschritte (in Jahren) nach dem angestrebten bzw. erreichten Schulabschluss. *Quelle:* DJI-Survey AID:A 2019, Zielpersonen: 18- bis 32-Jährige, n = 3.878, gewichtete Daten, eigene Berechnungen. Zur Anwendung dieser Methode vgl. H.-P. Blossfeld et al. 2007, S. 72 ff.: Abgebildet ist jeweils das Medianalter, d.h. zu welchem Zeitpunkt die Hälfte der befragten jungen Menschen bestimmte Verselbstständigungserfahrungen bereits durchlaufen haben und die andere Hälfte noch nicht. Die verwendeten Kaplan-Meler-Schätzungen erlauben es damit auch sogenannte rechtszensierte Fälle zu berücksichtigen, die die jeweiligen Erfahrungen bis zum Befragungszeitpunkt noch nicht gemacht haben. Mit dem Verfahren werden weder diejenigen, die diese Erfahrung bereits gemacht haben, überschätzt, noch diejenigen, die sie noch nicht gemacht haben, unterschätzt

Quelle: Berngruber & Herz, 2023, S. 128

In der internationalen Lebenslaufforschung[22] – „emerging adulthood"[23] – wird darum immer häufiger das junge Erwachsenenalter als eigenständiger Lebensabschnitt analysiert, da sich in Wissensgesellschaften das Jugendalter ausdifferenziert habe und gegenwärtig weit in das dritte Lebensjahrzehnt hineinreiche. Diese Entgrenzung von Jugend[24] wird in Deutschland seit den 1980er Jahren beobachtet: Spätere Qualifikationen, wachsende Studierendenzahlen, entstrukturierte Übergänge in Arbeit, veränderte Wohnformen im jungen Erwachsenenalter, späteres Heiratsalter etc. stellten die empirischen Eckdaten dar. Seit den 1990er Jahren liegen europäische Vergleichsuntersuchungen[25] vor, die sich ins-

[22] Vgl. Walther, 2000.
[23] Arnett, 2000.
[24] Olk, 1985; Schröer, 2004.
[25] Walther, 2000.

besondere auf die „transitions to adulthood" und die in diesem Lebensabschnitt ergebenden Bildungsherausforderungen angesichts der Verschiebung des ökonomischen, qualifikatorischen und sozialen Verselbstständigungsprozesses ins junge Erwachsenenalter beziehen.[26]

Die Sachverständigenkommission zum 15. Kinder- und Jugendbericht der Bundesregierung hat 2017 die Bildungs- und Sozialpolitik aufgefordert, diese Veränderungen systematisch anzuerkennen: Junge Menschen befinden sich demnach im dritten Lebensjahrzehnt seither immer häufiger in einer Lebenskonstellation, in der sie den Statusdruck des Erwachsenenalters – Verselbstständigung Selbstpositionierung, Qualifizierungsabschluss – erfahren, sich aber weiterhin in Bildungs- und Qualifizierungspositionen befinden, in denen sie noch nicht über eine ökonomische und arbeitsweltbezogene Selbstständigkeit verfügen.[27] In diesem Zusammenhang ist auch der Trend zu weiterführendem Schulbesuch (und Studium), unbesetzten Ausbildungsstellen (vor allem im Handwerk und Einzelhandel) sowie der anhaltend hohen Anteil von Ausbildungsabbrüchen zu sehen.[28] 2023 hat der Berufsbildungsbericht weiterhin aufgezeigt, dass ca. 17 % der 18- bis 35-jährigen jungen Menschen in Deutschland über keine anerkannte Berufsqualifizierung verfügen.[29]

Gefragt wird in diesem Zusammenhang auch, ob das pädagogische Jugendmodell, nach dem Jugend als Lebensphase aus der Erwerbsarbeitsgesellschaft herausgenommen wird und sich in einem Moratorium entwickeln und qualifizieren kann, um dann mit einem so gewonnenen Status in die Gesellschaft eingegliedert zu werden (Integration durch Separation), brüchig geworden ist: Die Jugendzeit sei vielmehr ein „dauerhaft-transitorische[r] Zustand, eine permanente Zwischenposition".[30] Insbesondere wird auf einen Druck zur ‚Selbstoptimierung' im jungen Erwachsenenalter hingewiesen. Zumindest wird dieses Lebensalter zunehmend als das Lebensalter angesehen, in dem junge Menschen sich in ihrem sozialen Status zu platzieren haben und platziert werden.[31]

Vor diesem Hintergrund geht es gegenwärtig auch um die Frage, wie das Verhältnis von Jugend bzw. jungem Erwachsensein zu der Vorstellung eines eigenverantwortlichen Lebens bestimmt wird. Diese Frage findet Ausdruck in neueren differenziellen Jugendtheorien, in denen versucht wird, die Spann-

26 Stauber & Walther, 2013.
27 BT-Drs. 18/11050.
28 Rahner, 2018; BIBB, 2022.
29 BIBB, 2023.
30 Castel, 2000, S. 412.
31 BMFSFJ, 2017.

breite zwischen einer Verbleibs- und einer Übergangsorientierung auszuloten.[32] Für die Jugendforschung wurde entsprechend herausgestellt, dass diese einen Nachholbedarf habe, die neuen Verflechtungen von Arbeit, Qualifikation, Medien, Familie, Freiraum, geschlechtlichen Positionierungen, Mobilität im „Skript des modernen Jugendlebens" zu lesen und die „alltägliche Lebensführung" sowie den jugendlichen Eigensinn im persönlichen Leben entsprechend zu analysieren.[33]

Jutta Ecarius hat zudem darauf hingewiesen, dass die Erziehungsvorstellungen den neuen Konstruktionen des Jugendalters anzupassen seien. Sie fasst Erziehung im Jugendalter heute vor allem als Beratung und betont dadurch die Anerkennung der subjektiven Handlungsfähigkeit der jungen Menschen in ihren Lebenslagen.[34] Dieser Zugang erscheint auch angesichts der unterschiedlichen psychischen Belastungen junger Menschen weiterführend.

3   Jugendpolitik in der Corona-Krise – ein Beispiel, wie Jugend in Krisenzeiten prozessiert wird

Insgesamt sieht es der 15. Kinder- und Jugendbericht[35] als gerechtigkeitspolitische Nagelprobe an, wie es der Jugendpolitik angesichts der Entgrenzungen und Diversität in der Lebenslage Jugend[36] gelingt, den jungen Menschen gleichberechtigte und diskriminierungsfreie Teilhabechancen in der Jugend zu ermöglichen und die sozialen und persönlichen Rechte junger Menschen zu verwirklichen.

Die Krisen der vergangenen Jahre – insbesondere die Regulationen während der Covid-19-Pandemie – haben gleichzeitig verdeutlicht, welchen Stellenwert die Verwirklichung der Rechte junger Menschen und die Sicherung der sozialen Teilhabemöglichkeiten haben. Sie sind ein Seismograph dafür, wie krisenfest die Kinder- und Jugendpolitik sowie -hilfe sind. Während der Hauptfokus zur Zeit der Covid-19-Pandemie auf einer Aufrechterhaltung der Qualifizierung und Betreuungsinfrastruktur lag, rückten die Kinder- und Jugendhilfe und die Sicherung der sozialen Teilhabe von jungen Menschen mit Behinderungen und sozialen Benachteiligungen in den Hintergrund. Junge Erwachsene standen zudem

---

32 Vgl. Reinders, 2006.
33 Lange, 2003, S. 113.
34 Ecarius, Berg et al., 2017.
35 Vgl. BMFSFJ, 2017.
36 El-Mafaalani, 2022.

gar nicht im Fokus der Politik. Hochschulen blieben bspw. von den Bildungseinrichtungen am längsten geschlossen – ohne dass es eine weiterführende
Problematisierung gab, was diese Schließungen für den Alltag der jungen Erwachsenen bedeuteten.

Zudem: Um das Homeschooling zu organisieren, wurde in den politischen
Entscheidungsgremien schnell Kontakt mit den Lehrer*innenverbänden und etwas später mit den Elternvertretungen aufgenommen. Es ist viel Zeit vergangen,
bevor überhaupt die Schüler*innen einbezogen wurden. Warum erscheint diese
Beobachtung grundlegend? Sie verweist darauf, wie die Rechte auf Gehör und
Beteiligung, wie sie z. B. in der UN-KRK Grund gelegt sind, oder auf diskriminierungsfreie Teilhabe, wie sie z. B. in der UN-BRK formuliert sind, in Krisenzeiten verwirklicht werden. Zudem zeigen Studien während der Covid-19-Pan-
demie, dass die Frage, welche Ressourcen jungen Menschen zur Verfügung
standen, keineswegs nur eine Frage von mehr weniger Freizeiträumen ist.

Im Folgenden werden in diesem Zusammenhang einige Ergebnisse vor allem der Jugend und Corona-Studien (JuCo-Studien) präsentiert. Die JuCo-Studien des Forschungsverbunds der Universitäten Frankfurt und Hildesheim gehörten in Deutschland zu den sehr frühen Befragungen im Kontext der Covid-
19-Pandemie. Mit den ersten Studienergebnissen konnte gezeigt werden, in welchem Ausmaß sich der Alltag junger Menschen durch die Begrenzung des öffentlichen Lebens und insbesondere der Bildungsinstitutionen und Freizeitein-
richtungen veränderte.[37] Essenziell für die Studien war der Ansatz, jungen Menschen über eine Befragung Zugänge zu eröffnen, Gehör zu finden, sich zu positionieren sowie Erfahrungen zu kommunizieren und zu bewerten – dies
wurde unter dem Dach des multidimensionalen Konzeptes von Well-Being erfasst.[38]

Über den konzeptionellen Well-Being-Zugang werden Befunde zu sozialen
Kontakten und Freizeitmöglichkeiten sowie psychischen Belastungen gesam-
melt. Das Fehlen sportlicher Aktivitäten im Verein fällt z. B. besonders ins Ge-
wicht: Nur 8 % der jungen Menschen in JuCo II konnten im November 2020
Sport treiben.[39] Es entstehen außerdem neue Abhängigkeiten im häuslichen
Zusammenleben. Die hohe Bedeutung der sozialen Ausgestaltung des häus-

---

37 Andresen, Lips et al., 2020a; 2022; Lips, 2021.
38 U. a. Andresen, Wilmes & Möller, 2019; nähere Informationen zu den JuCo- und KiCo-
Studien online unter: https://www.uni-hildesheim.de/fb1/institute/institut-fuer-sozial-
und-organisationspaedagogik/forschung/laufende-projekte/juco-und-kico/ (letzter Abruf
am: 03.03.2024).
39 Andresen, Heyer et al., 2020.

lichen Umfelds für das Wohlbefinden junger Menschen weist u. a. Lips anhand der Daten der JuCo I Erhebung nach.[40] In verschiedenen Studien wird auch von einer Zunahme häuslicher Gewalt ausgegangen.[41]

Mit JuCo II konnte am Ende des ersten Pandemiejahres 2020 beschrieben werden, mit welchen Belastungen die Corona-Maßnahmen für junge Menschen einhergingen.[42] Die Studien kamen zu dem Ergebnis, dass sich weit über der Hälfte der Befragten von Politik und Gesellschaft nicht anerkannt und wahrgenommen sah. Die Mehrheit der Befragten sah zudem keine Möglichkeit der politischen Beteiligung – ein Mangel an Beteiligung von Jugendlichen und jungen Erwachsenen, der bereits vor der Pandemie empirisch belegt wurde,[43] sich allerdings mit dem politischen Krisenmanagement während der Pandemie verschärfte.

Zudem gab fast die Hälfte der in JuCo II Befragten an, Sorgen bezüglich ihrer persönlichen Zukunft zu haben.[44] Doch auch der gegenwärtige Alltag mit den Anforderungen, nicht vor Ort, sondern sich meist allein und digital Lernstoff aneignen zu müssen, sei es in der weiterführenden Schule, der Berufsschule, in der Weiterbildung, der Berufsqualifizierung oder im Studium, fiel jungen Menschen eher schwer. In JuCo II stimmte die Hälfte der Studierenden der Aussage zu, dass das Lernen zu Hause schwerfiel. In JuCo II trat zudem der, auch international beobachtete, Befund der Einsamkeit hervor, denn 35 % stimmten der Aussage (sehr) zu bzw. zu, sich einsam zu fühlen.[45] Insbesondere junge Menschen mit Fluchthintergrund erlebten Einsamkeit.[46]

Anhand der Daten aus JuCo III lässt sich diskutieren, wer zu der Gruppe gehörte, die voll zustimmten, psychisch belastet zu sein und Zukunftsängste zu haben. Eine erste Gruppe waren diejenigen, deren eigene finanzielle Sorgen seit Corona größer geworden waren: In JuCo II stimmten 25,9 % derjenigen, die eigene finanzielle Sorgen haben, voll zu, unter psychischen Belastungen zu leiden; in JuCo III waren es 34,1 %. Der Anteil mit Zukunftsangst war bei jungen Menschen mit finanziellen Sorgen von 32,4 % in JuCo II auf 41,1 % in JuCo III gestiegen.

---

40 Lips, 2021.

41 U. a. Petermann, Potts et al., 2020; Usher, Bullhar et al., 2020.

42 Andresen, Heyer et al., 2020; 2021.

43 U. a. Andresen, Wilmes & Möller, 2019.

44 Andresen, Heyer et al., 2020.

45 Andresen, Heyer et al., 2020, S. 9; Rauschenberg, Reininghaus et al., 2020; s. a. umfangreiche Studien zu Einsamkeit von Vögele, 2020.

46 Entringer, Jacobsen et al., 2021.

Eine weitere Gruppe bildeten diejenigen, die angaben, dass ihnen die Möglichkeit fehlte, ihren Hobbys nachgehen zu können. Hier ist der Anteil derjenigen, die voll zustimmten, dass sie sich psychisch belastet fühlten, von 18,5 % bei JuCo II auf 32,1 % bei JuCo III gestiegen und bei der Zustimmung zur Zukunftsangst von 21,3 % in 2020 auf 34,6 % in 2021. Die Gruppe junger Menschen, denen Orte zum Abhängen fehlten, gehörte in JuCo III ebenfalls zu denjenigen, bei der Zukunftsangst und psychische Belastungen nicht zurückgegangen waren. Hier war der Anteil, der voll zugestimmt hat, psychische Belastungen zu erleben, bei JuCo II mit 27,6 % bereits hoch, in JuCo III waren es sogar 40 %. Bei der Frage nach Zukunftsangst waren es in dieser Teilgruppe in JuCo II 30,2 %, die diesbezüglich voll zugestimmt haben und in JuCo III waren es 44,4 %.

Insgesamt verweisen die Daten, vor allem auf zwei Zusammenhänge in Bezug auf das Jugendalter. Erstens scheint es einen Unterschied im Wohlbefinden und in Bezug auf die psychischen Belastungen zu machen, welche Jugendräume den jungen Menschen ermöglicht werden. Es scheint nicht ein einfaches Surplus im Jugendalter zu sein, ob offene Räume – Hobbys nachgehen, Orte zum Abhängen etc. – vorhanden sind. Zweitens wird durchgehend deutlich, dass die Bewältigung in den unterschiedlichen Phasen der Pandemie stark von den sozialen und materiellen Ressourcen abhängig war. Anna Lips, Lea Heyer und Severine Thomas fassen darum die Ergebnisse folgendermaßen zusammen: „So waren die vor der Pandemie sichergestellten Zugänge zu Bildungsinstitutionen und individueller Förderung im Rahmen der gesetzlichen Schulpflicht im Zuge der Pandemie nicht mehr für alle junge Menschen und ihre Familien gleichermaßen zu meistern. Das Vorhandensein eines ungestörten Raumes, die digitale Ausstattung und Unterschiede in der Netzgeschwindigkeit oder in der grundlegenden Verfügbarkeit eines Internetanschlusses eröffneten Jugendlichen in unterschiedlichem Maße Zugänge zu Bildung und Freizeit. So wurde das häusliche Umfeld bei manchen zu einem multifunktionalen Lern-, Lebens- und Arbeitsraum und war bei anderen von Einsamkeits- und Überforderungsgefühlen geprägt, wenn diese räumliche Mehrdimensionalität nicht aus den eigenen Ressourcen heraus hergestellt, genutzt oder bewältigt werden konnte."[47]

---

47 Lips, Heyer & Thomas, 2022, S. 85.

4   Ausblick: Soziale Teilhabe junger Menschen ermöglichen – Rechte junger Menschen verwirklichen

Jugendgerichtstage – so wurde zu Beginn formuliert – sind diskursive Marksteinsetzungen in der Fachöffentlichkeit, um sich über die Lebenslagen junger Menschen, das Verständnis von Jugend sowie rechtliche Kodifizierungen von Jugend zu vergewissern. Sie sind Orte der fachlichen Positionierung und dabei auch der Auseinandersetzung, was öffentliche Erziehung leisten muss und wie die soziale Teilhabe junger Menschen ermöglicht werden kann.

2022 haben fast alle politischen Vertretungen und u. a. der deutsche Ethikrat eingestanden, dass sie die junge Generation während der Covid-19-Pandemie zu wenig beachtet und politisch nicht entsprechend berücksichtigt hätten. Es wurde allenthalben Besserung versprochen. Die Vorsitzende des Ethikrats – Alena Buyx – stellte heraus, dass der jungen Generation „große Solidarität abverlangt" wurde: „Aber diejenigen, die selbst in Notlagen gerieten, erhielten nicht zuverlässig die erforderliche Beachtung und Unterstützung. Wir schulden als Gesellschaft Kindern, Jugendlichen und jungen Erwachsenen nicht nur Dank und Respekt, sondern konkretes Handeln."[48] Auch das Bundesverfassungsgericht hat sich 2022 in diesem Zusammenhang geäußert und die Notwendigkeit gesehen, darauf hinzuweisen, dass junge Menschen ein Recht auf eine bestimmte Qualität von Bildung und nicht nur eine Schulpflicht haben. Doch wo ist 2024 diese versprochene Aufmerksamkeit angesichts der aktuellen Krisen in unserer Gesellschaft zu erkennen?

Wird der Jugendgerichtstag als Ort der fachpolitischen Vergewisserung gesehen, dann sollte mit den Ausführungen verdeutlicht werden, dass eine stärkere Aufmerksamkeit gegenüber der Jugend, den jungen Menschen, ihren Chancen und Belastungen und der Verwirklichung ihrer Rechte auf soziale Teilhabe sowie eine intensive Diskussion über die Entgrenzungen im Jugendalter notwendig ist. Bisher kann der Eindruck gewonnen werden, dass jugendpolitisch die Veränderungen des Jugendalters und bspw. das junge Erwachsenenalter noch nicht in ihren lebenslaufentscheidenden Bedeutungen gesehen werden. Es hätte gerade für die Kinder- und Jugendhilfe in Strafverfahren eine zentrale Bedeutung, das junge Erwachsenenalter – so paradox es klingen mag – neu als Lebensalter öffentlicher Erziehung anzusehen.

Zudem: Junge Menschen als aktive Grundrechtsträger*innen auch als eigenständige rechtliche Subjekte anzuerkennen, Verwirklichungsbedingungen dis-

---

48   Ethikrat, 2022, S. 1.

kriminierungsfreier sozialer Teilhabe zu gestalten und dieses als Ausgangspunkt pädagogischen Handelns zu begreifen, erscheint für die Kinder- und Jugendhilfe noch einige Herausforderungen mit sich zu bringen. In den pädagogischen Fachdiskussionen wird diese rechtebasierte Perspektive weiterhin durchaus ambivalent gesehen: So wird in unterschiedlichen Kontexten darauf hingewiesen, dass das „Recht [...] ein Potenzial" habe, die sozialen und kommunikativen Voraussetzungen von Erziehung und Bildung zu destruieren, in denen „Kinder einen Eigenwillen entwickeln können, der dafür notwendig ist, um überhaupt als rechtlich relevanter Akteur mit einer bestimmten Position auftreten zu können. Wenn Kinder und ihre familialen Bezugspersonen vor dem Recht nur noch als Träger individueller Rechte gesehen werden, wird dies [...] gerade Kindern nicht gerecht. Das Recht hat demnach dann paradoxale Folgen, wenn es dazu animiert, die kindliche Abhängigkeit von anderen, zu denen starke affektive Bindungen bestehen, und die kommunikative Herausbildung ihres Eigenwillens nicht als konstitutive Merkmale ihrer Entwicklung zu autonomen Subjekten zu begreifen".[49]

Mit diesen Hinweisen werden die Rechte junger Menschen in eine pädagogische Ordnungsfigur gebracht, die deren eigenständigen Rechtsstatus relativieren kann. Hier wird mehr als deutlich, dass das Verhältnis von Erziehung und Jugend aktuell offen zu diskutieren ist. Sozialpädagogisches Handeln mit jungen Menschen steht heute in vielschichtigen und unauflösbaren Spannungsfeldern, die wiederum für pädagogisches und soziales Handeln mit jungen Menschen in unserem Rechtsstaat konstitutiv sind. So sind alltägliche und sozialpädagogische Prozesse grundsätzlich zur Ermöglichung selbstbestimmter Lebensführung in unserer Gesellschaft darauf angewiesen, dass sich junge Menschen in der Jugend als eigenständige rechtliche Akteure erfahren können. Zudem ist die Formulierung eines eigenständigen subjektiven Rechtsstatus zentral, um einen Machtausgleich rechtlich zu ermöglichen, Machtmissbrauch entgegenzuwirken sowie einer umfänglichen Pädagogisierung von jungen Menschen in unserer Gesellschaft vorzubeugen, die z. B. wiederum Beteiligungs- oder soziale Teilhaberechte verdecken kann.

Bisher hat sich keine Jugendpolitik in Deutschland durchgesetzt, die zunächst von den Rechten und der Lebenslage Jugend ausgeht sowie damit die Rechte von jungen Menschen als Grundlage der Institutionalisierung von Jugend und öffentlicher Erziehung setzt. Die Lebenslage Jugend umfasst einerseits die politischen, rechtlichen und sozialen Vorstellungen von Jugend, durch

---

49 Sutterlüty, 2017, S. 78.

die mitbestimmt wird, welche Bedürfnisse, Rechte und Ausgestaltungen des persönlichen Lebens Kindern und Jugendlichen zugestanden und anerkannt sowie welche Erwartungen an sie gerichtet werden. Anderseits werden mit dem Begriff Lebenslage aber auch die materiellen, sozialen und kulturellen Ressourcen (Wohnverhältnisse, verfügbares Familieneinkommen, Bildungssituation usw.) analysiert, die Jugendlichen in ihrem alltäglichen Handeln zur Verfügung stehen. Somit beinhaltet der Begriff Lebenslage „grundsätzlich alle Elemente und Bedingungen menschlicher Existenz, die als durch politische Maßnahmen beeinflussbar gelten" und wird „seinem empirischen Gehalt nach erst durch eine Analyse politischer Intentionen und Maßnahmen bestimmt".[50]

Diese grundlegenden Diskussionen sind gerade 100 Jahre nach dem Jugendwohlfahrtsgesetz und Jugendgerichtsgesetz umso dringlicher, da beide Gesetzesreformen einen Pfad grundgelegt haben, in dem zwar ein Recht auf öffentliche Erziehung verankert wurde, aber nicht eigenständige Teilhaberechte junger Menschen. Zudem haben diese Gesetze der Fachöffentlichkeit einen Auftrag gegeben, sich jeweils neu über das Verhältnis von öffentlicher Erziehung und der Lebenslage Jugend in unserer Gesellschaft zu vergewissern – ohne diese Vergewisserung ist öffentliche Erziehung nicht möglich. Weiterhin erscheint heute von besonderer Bedeutung, die Rechte junger Menschen in den Vordergrund zu rücken, da die Machtposition junger Menschen angesichts des demographischen Wandels politisch geschwächt ist und gleichzeitig die Erwartungen an die jungen Menschen in all ihren sozialen Ungleichheiten und Diversitäten strukturell steigen und zu einem diffusen Druck gegenüber der jungen Generation führen.

Literaturverzeichnis

Andresen, S., Heyer, L., Lips, A., Rusack, T., Thomas, S., Schröer, W. & Wilmes, J. (2020). „Die Corona-Pandemie hat mir wertvolle Zeit genommen". Jugendalltag 2020. Hildesheim Universitätsverlag. Online verfügbar unter: https://hilpub.uni-hildesheim.de/server/api/core/bitstreams/d9515680-fac1-4cdf-90cc-ec41791560f6/content (letzter Abruf am: 21.02.2024).
Andresen, S., Lips, A., Möller, R., Oezdemir, E., Schröer, W., Thomas, S. & Wilmes, J. (2024). JuCo IV – Der Einfluss der Corona-Pandemie auf das Wohlbefinden junger Menschen. Hildesheim: Universitätsverlag. Trends und anhaltende Auswirkungen. Online verfügbar unter: https://hilpub.uni-hildesheim.de/server/

---

50   Kaufmann, 2002, S. 60.

api/core/bitstreams/bd4f68ee-1af3-4b1a-a4fe-6a12e3fed5cd/content (letzter Abruf am: 21.02.2024).

Andresen, S., Lips, A., Möller, R., Rusack, T., Thomas, S., Schröer, W. & Wilmes, J. (2020a). Erfahrungen und Perspektiven von jungen Menschen während der Corona-Maßnahmen. Erste Ergebnisse der bundesweiten Studie JuCo. Hildesheim: Universitätsverlag. Online verfügbar unter: https://hilpub.uni-hildesheim.de/server/api/core/bitstreams/dcfebb6e-eecb-4da2-af9e-138d9655ebef/content (letzter Abruf am: 22.02.2024).

Andresen, S., Lips, A., Möller, R., Rusack, T., Thomas, S., Schröer, W. & Wilmes, J. (2020b). Kinder, Eltern und ihre Erfahrungen während der Corona-Pandemie. Hildesheim: Universitätsverlag. Online verfügbar unter: https://hilpub.uni-hildesheim.de/server/api/core/bitstreams/a45a4018-281c-42cc-ac67-ee5bf03eeeb4/content (letzter Abruf am: 22.02.2024).

Andresen, S., Lips, A., Rusack, T., Thomas, S., Schröer, W. & Wilmes, J. (2022). Verpasst? Verschoben? Verunsichert? Junge Menschen gestalten ihre Jugend in der Pandemie. Hildesheim: Universitätsverlag. Online verfügbar unter: https://hilpub.uni-hildesheim.de/server/api/core/bitstreams/3b737bc7-bc8a-4486-bd22-a35c56ad6b89/content (letzter Abruf am: 21.02.2024).

Andresen, S., Lips, A., Rusack, T., Thomas, S., Schröer, W. & Wilmes, J. (2020). Nachteile von Kindern, Jugendlichen und jungen Erwachsenen ausgleichen. Politische Überlegungen im Anschluss an die Studien JuCo und KiCo. Hildesheim: Universitätsverlag. Online verfügbar unter: https://hilpub.uni-hildesheim.de/server/api/core/bitstreams/d6432e61-c1c7-4250-b395-d503e2def14d/content (letzter Abruf am 21.02.2024).

Andresen, S., Wilmes, J. & Möller, R. (2019). Children's Worlds+. Eine Studie zu Bedarfe von Kindern und Jugendlichen in Deutschland. Gütersloh: Bertelsmann Stiftung.

Arnett, J. J. (2000). Emerging adulthood: A theory of development from the late teens through the twenties. American Psychologist, 55 (5), S. 469–480.

Bäumer, G. (1929). Die historischen und sozialen Voraussetzungen der Sozialpädagogik und ihre Theorie. In H. Nohl & L. Pallat (Hrsg.), Handbuch der Pädagogik, Band 5. (S. 3–29). Langensalza: Julius Beltz.

Beck, U. (1988). Gegengifte – Die organisierte Unverantwortlichkeit. Frankfurt/Main: Suhrkamp.

Berngruber, A. & Herz, A. (2023). Verselbstständigung als eine zentrale Herausforderung des Jugendalters. Wann im Leben findet was zum ersten Mal statt und inwiefern hat die Corona-Pandemie junge Menschen ausgebremst? Sozial Extra, 47 (3), S. 126–131.

Bundesinstitut für Berufsbildung (BIBB) (2023). Datenreport zum Berufsbildungsbericht 2023. Bonn: BIBB.

Bundesinstitut für Berufsbildung (BIBB) (2022). Datenreport zum Berufsbildungsbericht 2022. Bonn: BIBB.

Castel, R. (2000). Metamorphosen der sozialen Frage. Eine Chronik der Lohnarbeit.
Konstanz: Universitätsverlag.

Ecarius, J., Berg, A., Serry, K. & Oliveras, R. (2017). Spätmoderne Jugend – Erziehung
des Beratens – Wohlbefinden. Wiesbaden: Springer VS.

El-Mafaalani, A. (2022). Das Integrationsparadox: Wandlungsdynamiken, Konfliktli-
nien und Krisenerscheinungen in der superdiversen Klassengesellschaft. Levia-
than, 50 (39), S. 139–157.

Entringer, T., Jacobsen, J., Kröger, H. & Metzing, M. (2021). Geflüchtete sind auch
in der Corona-Pandemie psychisch belastet und fühlen sich weiterhin sehr einsam. DIW Wochenbericht, (12), S. 227–233. Online verfügbar unter: https://
www.diw.de/documents/publikationen/73/diw_01.c.813947.de/21-12-1.pdf (letzter Abruf am: 20.02.2024).

Ethikrat (2022). Kinder, Jugendliche und junge Erwachsene in gesellschaftlichen
Krisen nicht alleinlassen. Pressemitteilung 6. Online verfügbar unter: https://
www.ethikrat.org/mitteilungen/mitteilungen/2022/ethikrat-kinder-jugendliche
-und-junge-erwachsene-in-gesellschaftlichen-krisen-nicht-alleinlassen/ (letzter
Abruf am: 29.02.2024).

Hering, S. & Münchmeier, R. (2000). Geschichte der Sozialen Arbeit. Eine Einführung. Weinheim, München: Juventa.

Hornstein, W. (2004). Jugendpolitik – wider ihren Ruf verteidigt. Walter Hornstein
im Gespräch mit Werner Schefold und Wolfgang Schröer. DISKURS, 14 (2),
S. 45–55.

Junge, M. (2004). Sozialisationstheorien vor dem Hintergrund von Modernisierung,
Individualisierung und Postmodernisierung. In D. Hoffmann & H. Merkens
(Hrsg.), Jugendsoziologische Sozialisationstheorie (S. 35–50). Weinheim, Mün-
chen: Juventa.

Kaufmann, F.-X. (2002). Sozialpolitik und Sozialstaat: Soziologische Analysen.
Wiesbaden: Springer.

Lange, A. (2003). Theorieentwicklung in der Jugendforschung durch Konzeptim-
port. Heuristische Perspektiven des Ansatzes ‚Alltägliche Lebensführung'. In
J. Mansel, H. M. Griese & A. Scherr (Hrsg.), Theoriedefizite der Jugendforschung (S. 102–118). Weinheim, München: Juventa.

Lips, A. (2021). The Situation of Young People at Home During COVID-19 Pan-
demic. Childhood Vulnerability, 3, S. 61–78. https://doi.org/10.1007/s41255-021-
00014-3.

Lips, A., Heyer, L. & Thomas, S. (2022). Jugendliches Raumerleben während der
Corona-Pandemie. Diskurs Kindheits- und Jugendforschung, (1), S. 72–88.
https://doi.org/10.3224/diskurs.v17i1.05.

Niemeyer, C. (2003). Sozialpädagogik als Wissenschaft und Profession. Weinheim, München: Juventa.

Olk, T. (1985). Jugend und gesellschaftliche Differenzierung – Zur Entstrukturierung der Jugendphase. Zeitschrift für Pädagogik, Beiheft 19, S. 290–301.

Petermann, A., Potts, A., O'Donnnell, M., Thompson, K., Shah, N., Oertelt-Prigione, S. & van Gelder, N. (2020). Pandemics and Violence Against Women and Children. Center for Global Development, Working Paper 528. Washington, DC: Center for Global Development. Online verfügbar unter: https://www.cgdev.org/sites/default/files/pandemics-and-vawg-april2.pdf (letzter Abruf am: 21.09.2023).

Peukert, D. J. K. (1986). Grenzen der Sozialdisziplinierung. Aufstieg und Krise der Jugendfürsorge. Köln: Bund.

Rahner, S. (2018). Fachkräftemangel und falscher Fatalismus. Entwicklung und Perspektiven eines neuen Politikfeldes. Frankfurt/Main, New York: Campus.

Rauschenberg, C., Reininghaus, U., Schick, A., Riedel-Heller, S. G., Seidler, A. & Apfelbacher, C. (2020). Digitale Public Mental Health Ansätze zur Verminderung der psychosozialen Folgen der COVID-19 Pandemie. Online verfügbar unter: https://www.public-health-covid19.de/images/2020/Ergebnisse/Hintergrundpapier_-_PMH_Interventionen_-_revised_-_final.pdf (letzter Abruf am: 21.09.2023).

Reinders, H. (2006). Jugendtypen zwischen Bildung und Freizeit. Münster: Waxmann.

Sachße, C. (2018). Die Erziehung und ihr Recht. Vergesellschaftung und Verrechtlichung von Erziehung in Deutschland 1870–1990. Weinheim, Basel: Beltz Juventa.

Sieverts, R. (1955). Einführung. In Deutsche Vereinigung für Jugendgerichte und Jugendgerichtshilfen (Hrsg.), Neue Wege zur Bekämpfung der Jugendkriminalität (S. 9–10). Köln, Berlin: Karl Heymanns Verlag.

Scheiwe, K. (2009). Vom Objekt zum Subjekt? Kinderrechte zwischen Rechtsrhetorik und Realisierbarkeit. Zeitschrift für Kindschafts- und Jugendrecht, 4 (1), S. 6–10.

Scheiwe, K., Schröer, W., Wapler, F. & Wrase, M. (Hrsg.) (2021). Der Rechtsstatus junger Menschen im Kinder- und Jugendhilferecht: Beiträge zum ersten Forum Kinder- und Jugendhilferecht. Baden-Baden: Nomos.

Schröer, W. (2004). Befreiung aus dem Moratorium. Zur Entgrenzung von Jugend. In K. Lenz, W. Schröer & W. Schefold (Hrsg.). Entgrenzte Lebensbewältigung (S. 19–73). Weinheim, München: Juventa.

Stauber, B. & Walther, A. (2013). Junge Erwachsene – eine Lebenslage des Übergangs. In W. Schröer, B. Stauber, A. Walther, L. Böhnisch & K. Lenz (Hrsg.), Handbuch Übergänge (S. 270–291). Weinheim, Basel: Beltz Juventa.

Sutterlüty, F. (2017). Normative Paradoxien der rechtsstaatlichen Sorge um das Kindeswohl. In F. Sutterlüty & S. Flick (Hrsg.), Der Streit um Kindeswohl (S. 52–87). Weinheim, Basel: Beltz Juventa.

Usher, K., Bhullar, N., Durkin, J., Gyamfi, N. & Jackson, D. (2020). Family violence and COVID-19: Increased vulnerability and reduced options for support. International Journal of Mental Health Nursing, 29 (4), S. 549–552. https://doi.org/10.1111/inm.12735.

Vögele, C. (2020). Ängste, Stress und Einsamkeit: Welche Spuren die soziale Isolation in der Bevölkerung hinterlässt. Universität Luxemburg.

Walther, A. (2000). Spielräume im Übergang in die Arbeit. Junge Erwachsene an den Grenzen der Arbeitsgesellschaft in Großbritannien, Italien und Deutschland. Weinheim: Juventa.

Ein Spiegelbild des allgemeinen Strafrechts? – Zur Entwicklung des materiellen Jugendstrafrechts seit 1923[*]

Milan Kuhli & Judith Papenfuß

Die Einführung des Jugendgerichtsgesetzes im Jahr 1923 änderte nichts daran, dass das materielle Jugendstrafrecht in Teilen weiterhin mit dem allgemeinen Strafrecht (Erwachsenenstrafrecht) verwoben blieb. Dieser Befund gibt Anlass, die historische(n) Entwicklung(en) beider Rechtsgebiete nicht getrennt voneinander, sondern wechselseitig in den Blick zu nehmen. Wir wollen dabei aufzeigen, unter welchen Bedingungen das Jugendstrafrecht und das allgemeine Strafrecht als (eher) separierte bzw. (eher) zusammenhängende Rechtsmaterien zu verstehen sind. Dabei wird sich zeigen, warum der Gesetzgeber in den letzten Jahrzehnten dem Verhältnis zwischen dem Jugendstrafrecht und dem allgemeinen Strafrecht nicht immer hinreichend Rechnung getragen hat.

1 Einleitung

Auch wenn über den Umgang mit Jugenddelinquenz bereits im ausgehenden 19. Jahrhundert debattiert wurde, lässt sich das Jahr 1923 mit einer gewissen Berechtigung als Geburtsstunde eines eigenständigen Jugendstrafrechts in Deutschland bezeichnen.[1] In diesem Jahr trat bekanntlich das Jugendgerichtsgesetz (JGG) in Kraft,[2] das als eigenes Gesetz spezielle Regelungen für jugendliche Delinquent*innen vorsah.[3] Dies betraf etwa die Rechtsfolgen, nämlich bestimmte Erziehungsmaßregeln und Strafrahmen,[4] aber auch die Gerichts-

---

[*]   Der Beitrag beruht auf dem Eröffnungsvortrag zum 32. Deutschen Jugendgerichtstag am 15.09.2023 und ist im Wesentlichen inhaltsgleich in der ZJJ 1/2024, S. 12–17 erschienen.

[1]   Vgl. in diesem Zusammenhang auch Laubenthal, Baier & Nestler, 2015, Rn. 20, denen zufolge in Deutschland „die jugendstrafrechtliche Gesetzgebung in den zwanziger Jahren des 20. Jahrhunderts ihren Anfang" nahm (im Original mit Hervorhebung); siehe auch Stolp, 2015, S. 25; Kraft, 2004, S. 19 ff.; vgl. zur historischen Verwobenheit von Jugendgerichtsgesetz und Jugendwohlfahrtsrecht Wiesner, 2023, S. 140 ff.

[2]   RGBl. I 1923, S. 135; dieses Gesetz wird im Folgenden mit „JGG (1923)" zitiert.

[3]   Hierunter fiel nach § 1 JGG (1923) eine Person, die „über vierzehn, aber noch nicht achtzehn Jahre alt ist".

[4]   §§ 5 ff. JGG (1923).

verfassung[5] sowie weitere Aspekte des Strafverfahrens.[6] Laubenthal, Baier & Nestler ist deshalb zuzustimmen, wenn sie das JGG von 1923 als „Sonderstrafrecht für jugendliche Täter" bezeichnen.[7] Zugleich ist aber auch zu konstatieren, dass sich das JGG von 1923 nur bis zu einem gewissen Grad als eigenständiges Jugendstrafrecht charakterisieren lässt. Die materiellen Bestrafungsvoraussetzungen, also die fraglichen Straftatbestände und die Regelungen des Allgemeinen Teils des Strafrechts, ergaben sich im Wesentlichen[8] nicht aus dem JGG, sondern weiterhin aus dem allgemeinen Strafrecht[9] (Erwachsenenstrafrecht), vor allem also aus dem Reichsstrafgesetzbuch (RStGB).[10] Das Jugendstrafrecht blieb demnach auch nach der Einführung des Jugendgerichtsgesetzes 1923 mit dem allgemeinen Strafrecht eng verbunden.

Ungeachtet dieses Umstands stößt man in der Geschichtsschreibung zum Jugendstrafrecht häufig auf zwei Formen der Erzählung, die den eben skizzierten Zusammenhang zwischen dieser Rechtsmaterie und dem allgemeinen Strafrecht weitgehend ausblenden. Stattdessen wird teilweise eine Geschichte geschildert, die den hauptsächlichen bzw. alleinigen Fokus auf das Jugendstrafrecht legt.[11] Oder es finden sich Gesamtdarstellungen der Strafrechtsgeschichte seit 1923, in denen der Schwerpunkt im Wesentlichen auf dem Erwachsenenstrafrecht liegt und in denen das Jugendstrafrecht nur als eine von mehreren Spezialmaterien Erwähnung findet.[12] Beide Formen der Geschichtsschreibung haben durchaus ihre Berechtigung, schließlich tragen sie jedenfalls dem Umstand Rechnung, dass das Jugendstrafrecht der letzten einhundert Jahre zahlreiche Besonderheiten aufweist, die es zu einer eigenen Disziplin machen.

---

5   §§ 17 ff. JGG (1923).

6   So normierte etwa § 31 Abs. 2 JGG (1923) die Frage der Einbeziehung der Eltern des*der Beschuldigten in das Strafverfahren.

7   Laubenthal, Baier & Nestler, 2015, Rn. 28; von einem „Sonderstrafrecht" spricht auch Kölbel in Eisenberg & Kölbel, 2023, Einl. Rn. 13.

8   Eine Ausnahme gilt etwa für die Frage der Strafmündigkeit, die in § 2 JGG (1923) normiert war, und für § 3 JGG (1923), der ein Erfordernis der positiven Feststellung der Einsichts- und Handlungsfähigkeit vorsah, vgl. hierzu Laubenthal, Baier & Nestler, 2015, Rn. 28.

9   Vgl. hierzu Kölbel in Eisenberg & Kölbel, 2023, Einl. Rn. 13.

10   T. Vormbaum, 2019, S. 162 bezeichnet das JGG von 1923 deshalb als „Rechtsfolgensonderstrafrecht".

11   So z. B. Stolp, 2015; Laubenthal, Baier & Nestler, 2015, Rn. 20 ff.; Wolff, 2003, S. 65 ff.; Voß, 1986.

12   So z. B. Rüping & Jerouschek, 2011, Rn. 254 ff.; auch der Autor Kuhli bildet mit seiner Darstellung der Grundzüge des Strafrechtsgeschichte seit dem 18. Jahrhundert in dieser Hinsicht keine Ausnahme; vgl. Kuhli 2021b, S. 21 ff.; 2021c, S. 271 ff.

Allerdings möchten wir mit unserem Beitrag darlegen, dass es sich aus verschiedenen Gründen lohnen kann, die Entwicklung(en) des allgemeinen Strafrechts und des Jugendstrafrechts gemeinsam und wechselseitig in den Blick zu nehmen.[13] Soweit hier und im Folgenden vom (Jugend-)Strafrecht die Rede ist, soll der Fokus vor allem auf dem materiellen Strafrecht liegen, also auf den Bestrafungsvoraussetzungen sowie den Rechtsfolgen und Sanktionen. Dabei möchten wir im Folgenden anhand ausgewählter Beispiele der vergangenen 100 Jahre beleuchten, aus welchen Gründen das Jugendstrafrecht und das allgemeine Strafrecht in bestimmten Kontexten als (eher) separierte bzw. als (eher) zusammenhängende Rechtsmaterien behandelt wurden. Dabei wird sich unter anderem zeigen, dass der Gesetzgeber in den letzten Jahrzehnten dem Verhältnis zwischen dem Jugendstrafrecht und dem allgemeinen Strafrecht nicht immer hinreichend Rechnung getragen hat.[14]

2   Kaiserreich und Weimarer Republik

Zwar bildet die Einführung des Jugendgerichtsgesetzes im Jahr 1923 den Ausgangspunkt unserer Betrachtung, doch kann das Verhältnis zwischen dem Jugendstrafrecht und dem allgemeinen Strafrecht nur dann angemessen erfasst werden, wenn man den Blick zurück bis in die Zeit des deutschen Kaiserreichs richtet. Im ausgehenden 19. Jahrhundert existierte in Deutschland kein eigenständiges Jugendstrafgesetz.[15] Das im Jahr 1872, also kurze Zeit nach der Gründung des deutschen Kaiserreichs, in Kraft getretene RStGB[16] sah für die Gruppe von Delinquent*innen unter 18 Jahren aber einige wenige Sonderregelungen vor (beispielsweise zur Strafmündigkeit ab Vollendung des zwölften Lebensjahres).[17]

---

13 Die in diesem Beitrag enthaltenen Ausführungen zur Geschichte des allgemeinen Strafrechts beruhen auf Kuhli, 2021b, S. 21 ff. und 2021c, S. 271 ff.

14 Vgl. in diesem Kontext Mitsch, 2020, S. 543, der nach überblicksartigem Beleuchten der Entwicklungen in Gesetzgebung, Rechtsprechung, Wissenschaft und Lehre die nicht zu unterschätzende Wichtigkeit des Faches betont.

15 Vgl. Laubenthal, Baier & Nestler, 2015, Rn. 20.

16 Offizieller Titel: Strafgesetzbuch für das Deutsche Reich; Fundstelle: RGBl. 1871, S. 127; diese Fassung wird im Folgenden mit „RStGB (1871)" zitiert.

17 § 55 RStGB (1871).

Der Zeitraum bis zum Ausbruch des Ersten Weltkriegs (1914) brachte vergleichsweise wenige Änderungen im RStGB.[18] Allerdings wurden außerhalb dieses Gesetzes zahlreiche neue Straftatbestände eingeführt, so etwa in den Rechtsbereichen der Wirtschaft, der Presse und der Infrastruktur, die – zur Erinnerung – für Jugendliche und Erwachsene grundsätzlich gleichermaßen Anwendung fanden.[19] Der Umstand, dass sich das RStGB in dieser Zeit kaum änderte, steht in Kontrast dazu, dass ab der Jahrhundertwende intensiv über eine grundlegende Reform des Strafrechts diskutiert wurde. Insbesondere bei einer Unterscheidung zwischen verschiedenen Typen von Täter*innen, wie sie von Franz von Liszt vorgenommen wurde,[20] musste das dem RStGB zugrunde liegende Bild eines sittlich freien und durch Strafdrohung motivierbaren Menschen[21] kritikwürdig erscheinen.[22] Neben die Debatten über die Ausrichtung des Strafrechts allgemein trat die Diskussion über den Umgang mit Jugenddelinquenz.[23]

Die ab der Jahrhundertwende geführte Reformdebatte zog sich zumindest für das allgemeine Strafrecht letztlich bis 1930 hin. Sie umfasste die Veröffentlichung und Diskussion diverser Entwürfe der Politik, der Praxis und der Wissenschaft.[24] Mit Unterschieden im Einzelnen kreiste die Auseinandersetzung dabei unter anderem um den Sinn und Zweck der Strafe, um die Anwendbarkeit sog. sichernder und bessernder Maßnahmen jenseits von Strafen, um die Strafzumessung und um die Altersgrenze der Strafmündigkeit.[25] Allerdings konnte die Idee einer umfassenden Strafrechtsreform zunächst nicht verwirklicht werden. In der Schlussphase der Weimarer Republik kam dieses Vorhaben bis auf weiteres zum Erliegen.[26] Eines vieler Reformvorhaben fand aber deutlich früher

---

18 Vgl. hierzu T. Vormbaum, 2019, S. 138 ff.; Koch in Hilgendorf, Kudlich & Valerius, 2019, § 8 Rn. 29.
19 Zur Entwicklung im Detail: Weber, 1999; vgl. hierzu auch T. Vormbaum, 2019, S. 140.
20 Liszt, 1882/83, S. 218 ff. unterscheidet zwischen den Unverbesserlichen, den Besserungsbedürftigen und den Gelegenheitsverbrechern.
21 Vgl. hierzu und zu den Ursprüngen dieser Anschauung: Rüping & Jerouschek, 2011, Rn. 254.
22 Vgl. in diesem Kontext auch Roxin & Greco, 2020, § 4 Rn. 2 f.
23 Vgl. auch T. Vormbaum, 2019, S. 143 ff., 164 ff.
24 Vgl. hierzu Schmidt, 1965, § 327 ff., § 334; Jescheck & Weigend, 1996, S. 99 f.; Goltsche, 2010, S. 19 ff.
25 Vgl. hierzu T. Vormbaum, 2019, S. 143 ff., 164 ff.
26 Vgl. Schmidt, 1965, § 334; T. Vormbaum, 2019, S. 172.

Umsetzung, gemeint ist das 1923 in Kraft getretene Jugendgerichtsgesetz, durch das beispielsweise die Strafmündigkeitsgrenze auf 14 Jahre[27] angehoben wurde. Bereits diese kurze Skizze dürfte deutlich machen, dass die Entstehungsgeschichte des Jugendgerichtsgesetzes keineswegs losgelöst von der allgemeinen Strafrechtsentwicklung war, sondern lange Zeit über in das Bemühen um eine strafrechtliche Gesamtreform eingebettet war.[28] Der Prozess der allmählichen Separierung der jugendstrafrechtlichen Gesetzgebung von der allgemeinen Strafrechtsreform wird von Gustav Radbruch im Jahr 1923 vergleichsweise drastisch wie folgt umschrieben:

„Nach dem Scheitern der Strafprozeßreform von 1909 wird das Jugendgerichtsverfahren von dem sinkenden Wrack auf den rettenden Kahn eines Sonderentwurfs übergeladen".[29]

Radbruch bezieht sich hiermit auf den letztlich gescheiterten[30] Entwurf eines Gesetzes über das Verfahren gegen Jugendliche von 1912, über dessen Inhalt im Reichstagsausschuss gerungen wurde.[31] Bei Radbruch lesen wir hierzu:

„Im Ausschusse wird beantragt, die Strafmündigkeitsgrenze auf 14 Jahre heraufzusetzen. ‚Der Staatssekretär des Reichsjustizamts warnt davor, diese Frage in den Entwurf einzubeziehen. Darüber, ob die jetzige Altersgrenze zu niedrig gegriffen sei, könne man verschiedener Ansicht sein... Durch die Annahme des Antrages werde der Gesamtreform in bedenklicher Weise vorgegriffen.'"[32]

Als das Jugendgerichtsgesetz 1923 verabschiedet wurde, wurde dieses Werk von zeitgenössischen Wissenschaftler*innen und Praktiker*innen mitunter als bloße „Behelfslösung"[33] angesehen. Radbruch bemühte gar den Gemeinspruch, „daß der Sperling in der Hand besser ist als die Taube auf dem Dache".[34] Das JGG sollte aus der Sicht mancher Zeitgenoss*innen keinen dauerhaften Bestand

---

27 § 2 JGG (1923).
28 Wolff, 1992, S. 7.
29 Radbruch, 1923, S. 250.
30 Vgl. Wolff, 1992, S. 7.
31 Radbruch, 1923, S. 250.
32 Radbruch, 1923, S. 250; die Anführungsstriche innerhalb dieses Zitats beziehen sich auf einen schriftlichen Bericht, den Radbruch hier wiedergibt.
33 Wolff, 1992, S. 7.
34 Radbruch, 1923, S. 251.

haben.[35] So forderte etwa der Jurist Heinrich Webler in seinem 1929 erschienenen Beitrag „Wider das Jugendgericht" eine Anhebung der Strafmündigkeitsgrenze auf 18 Jahre.[36] Dem zugrunde lag Weblers Ansatz,

> „im einzelnen darzulegen, daß der Jugendliche bis zum 18. Lebensjahre in der Entwicklung begriffen, d. h. unreif ist, daß damit die Voraussetzung zur Strafbarkeit überhaupt fehlt, weiter, daß er als unfertiger, erziehungsbedürftiger Mensch ein Recht auf Erziehung hat und diese Erziehung in ihrer reinen Form im heutigen Rechtsstrafverfahren – auch im ,erzieherischen' – nicht verwirklicht werden kann, weil sich beide, Rechtsstrafverfahren und Erziehung, absolut widersprechen".[37]

Weblers Forderung der Heraufsetzung der Strafmündigkeitsgrenze hätte zur Konsequenz gehabt, dass in Bezug auf Personen unter 18 Jahren ein eigenständiges Jugendstrafrecht obsolet geworden wäre.[38] Eine andere Angriffsrichtung gegen ein selbständiges Jugendstrafrecht sollte sich nach 1933 bei Roland Freisler zeigen – dazu später mehr.

3   NS-Staat

Im NS-Staat blieb das RStGB dem Grunde nach in Kraft. Allerdings wurden zentrale Schutzprinzipien zwischen 1933 und 1945 faktisch oder sogar im Wege der Gesetzgebung ausgehöhlt bzw. vollständig beseitigt. Dies betraf vor allem das strafrechtliche Gesetzlichkeitsprinzip, das seit dem ausgehenden 19. Jahrhundert zum festen Bestandteil des deutschen Strafrechts gehörte und das auch im RStGB von 1871 normiert war. § 2 Abs. 1 RStGB garantierte:

> „Eine Handlung kann nur dann mit einer Strafe belegt werden, wenn diese Strafe gesetzlich bestimmt war, bevor die Handlung begangen wurde."[39]

Aus diesem Prinzip werden bis heute unter anderem ein Rückwirkungsverbot, ein Bestimmtheitsgrundsatz und ein Analogieverbot im Strafrecht abgeleitet.[40] Allerdings zeigten die Nationalsozialist*innen bereits im Jahr 1933, dass sie

---

35 Vgl. hierzu die Darstellung bei Wolff, 1992, S. 7.
36 Webler, 1929, S. 216; vgl. hierzu Wolff, 1992, S. 7.
37 Webler, 1929, S. 213.
38 Wolff, 1992, S. 7.
39 § 2 Abs. 1 RStGB (1871).
40 Vgl. hierzu Kuhli, 2010, S. 72 f.

gewillt waren, das Rückwirkungsverbot schlichtweg mit Füßen zu treten. So endete der Prozess um den Reichstagsbrand vom Februar 1933 mit einer Hinrichtung, obwohl diese Sanktionsform im Zeitpunkt der Tat für die betreffenden Delikte gar nicht gegolten hatte.[41] Zudem wurde das Analogieverbot dadurch entwertet,[42] dass § 2 des Reichsstrafgesetzbuchs im Jahr 1935 folgende neue Fassung erhielt (sog. Analogienovelle):

> „Bestraft wird, wer eine Tat begeht, die das Gesetz für strafbar erklärt oder die nach dem Grundgedanken eines Strafgesetzes und nach gesundem Volksempfinden Bestrafung verdient. Findet auf die Tat kein bestimmtes Strafgesetz unmittelbar Anwendung, so wird die Tat nach dem Gesetz bestraft, dessen Grundgedanke auf sie am besten zutrifft."[43]

Zu Recht wird aber in der heutigen Forschung darauf hingewiesen, dass die analoge Anwendung von Straftatbeständen im NS-Staat auch nach 1935 die Ausnahme bleiben konnte, denn zahlreiche NS-Strafvorschriften waren in ihren Voraussetzungen ohnehin so unbestimmt, dass vieles unter sie subsumiert werden konnte.[44]

Eine solche Gesetzgebung demonstrierte sicherlich auf der einen Seite pure Machtausübung. Doch sah sie sich zugleich im Einklang mit einer aufwendig begründeten zeitgenössischen Strafrechtstheorie, die die Frage des Schutzes potenzieller Täter*innen vor der Strafmacht weitgehend ausblendete. So bestimmte etwa der Rechtswissenschaftler Friedrich Schaffstein in einem Beitrag von 1935 die Strafwürdigkeit primär aus der Perspektive der Gemeinschaft,[45] also letztlich mit Bezug zum deutschen Volk. Eine Straftat erschien unter diesem Blickwinkel nicht als Verletzung eines individuellen Rechtsguts, sondern mitunter als Verstoß gegen einen Gemeinschaftswert, also als Pflichtverletzung.[46] Mit dieser Sichtweise auf einer Linie lag es auch, dass die – vor den Verbrecher*innen zu schützende – Gemeinschaft festlegen sollte, was Verbrechen ist.

Auch im Jugendstrafrecht zeigte sich ein solches Kollektivdenken. So wurde etwa bereits Ende 1934 in einer Sitzung der Akademie für Deutsches Recht ein

---

41 Vgl. im Einzelnen Schwahn, 1998, S. 2569; T. Vormbaum, 2019, S. 189 f.; Kuhli, 2021a, S. 45 ff.
42 Vgl. auch Rüping & Jerouschek, 2011, Rn. 278.
43 RGBl. I 1935, S. 839.
44 Werle & M. Vormbaum, 2021, S. 1165.
45 Schaffstein, 1935, S. 285, 290.
46 Schaffstein, 1935, S. 285, 290.

Erziehungskonzept postuliert, dem zufolge straffällige Jugendliche zugunsten der Gemeinschaft zurückgewonnen werden sollten.[47] Zu dieser Zeit war das Jugendgerichtsgesetz von 1923 noch in Kraft. Dieses oben als Behelfslösung tituliert Gesetzeswerk überdauerte die ersten Jahre des NS-Staates, obwohl es auch unter den Nationalsozialist*innen bereits frühzeitig angegriffen wurde. So referierte etwa Roland Freisler in einem Beitrag von 1934 die Ansicht, dass sich die Idee eines volkstümlichen Strafrechts nicht mit dem Umstand vertrage, dass einige Strafvorschriften in Nebengesetzen enthalten sind:

> „Nicht alles, was in den Nebengesetzen steht, wird dem Bewußtsein des Volkes nahegebracht werden können. Da ein volkstümliches Strafrecht geschaffen werden soll, wird man deshalb mancherlei Strafbestimmungen aus Nebengesetzen (z. B. das Jugendgerichtsgesetz vom 16. 2. 1923 [...]) in das künftige StGB. einzubeziehen haben."[48]

Demgegenüber postulierte die sog. Reichsjugendführung im NS-Staat die Beibehaltung eines grundsätzlich eigenständigen Jugendstrafrechts[49] – ein Ansatz, der sich letztlich in der NS-Gesetzgebung durchsetzte. Konkrete Rechtsänderungen im Jugendstrafrecht erfolgten zunächst im Wege von Verordnungen,[50] bevor im Jahr 1943 das Reichsjugendgerichtsgesetz (RJGG) verabschiedet wurde.[51] Darin wurde angeordnet, dass zwölf- und 13-jährige Delinquent*innen grundsätzlich[52] wie Jugendliche zur Verantwortung gezogen werden, „wenn der

---

47 Vgl. im Einzelnen und mit weiteren Nachweisen Wolff, 1992, S. 9 f.
48 Freisler, 1934, S. 10 (im Original mit Hervorhebung); vgl. auch S. 16: „Die strafrechtliche Verantwortlichkeit der Jugendlichen war bisher in einem besonderen Gesetz, dem Jugendgerichtsgesetz, geregelt. Sie wird jedoch in Zukunft in dem Allgemeinen Teil des StGB. behandelt werden müssen. Dieser Fragenkomplex ist zu wichtig, als daß er in einem Nebengesetz geregelt werden könnte" (im Original mit Hervorhebung); dem zustimmend Schoetensack, 1935, S. 157.
49 Vgl. hierzu die Darstellung bei Wolff, 1992, S. 9 f.
50 Die Verordnung zum Schutz gegen jugendliche Schwerverbrecher vom 4. Oktober 1939, RGBl. I 1939, S. 2000, regelte eine Lockerung der Altersgrenzen bestimmter Sanktionen des Erwachsenenstrafrechts; vgl. Stolp, 2015, S. 53. Die Verordnung zur Ergänzung des Jugendstrafrechts vom 4. Oktober 1940, RGBl. I 1940, S. 1336, führte den Jugendarrest ein; vgl. Stolp, 2015, S. 54 ff. 1941 folgte die Verordnung über die unbestimmte Verurteilung Jugendlicher, RGBl. I 1941, S. 567, die eine Verurteilung zu einer Freiheitsstrafe von unbestimmter Dauer ermöglichte; vgl. Laubenthal, Baier & Nestler, 2015, Rn. 31; Stolp, 2015, S. 63 ff.
51 RGBl. I 1943, S. 637; dieses Gesetz wird im Folgenden mit „RJGG (1943)" zitiert.
52 Nach § 3 Abs. 2 S. 2 Halbs. 2 RJGG (1943) werden jedoch „die Vorschriften über jugendliche Schwerverbrecher [...] nicht angewendet"; siehe dazu weiter unten in diesem Beitrag.

Schutz des Volkes wegen der Schwere der Verfehlung eine strafrechtliche Ahndung fordert".[53] Wolff, Egelkamp & Mulot sehen in dieser Vorschrift zutreffend den Zwang zur „Abkehr von einem täterbezogenen Jugendstrafrecht hin zum Vorrang der Volksgemeinschaft, dem sich auch Kinder schon unterordnen mußten".[54] Erwähnenswert ist zudem, dass das RJGG von 1943 eine Regelung für sog. jugendliche Schwerverbrecher*innen vorsah:

> „War der Jugendliche zur Zeit der Tat sittlich und geistig so entwickelt, daß er einem über achtzehn Jahre alten Täter gleichgestellt werden kann, so wendet der Richter das allgemeine Strafrecht an, wenn das gesunde Volksempfinden es wegen der besonders verwerflichen Gesinnung des Täters und wegen der Schwere der Tat fordert.

> [...] Dasselbe gilt, wenn der Jugendliche zur Zeit der Tat nach seiner sittlichen und geistigen Entwicklung zwar einem Erwachsenen nicht gleichgestellt werden kann, aber die Gesamtwürdigung seiner Persönlichkeit und seiner Tat ergibt, daß er ein charakterlich abartiger Schwerverbrecher ist und der Schutz des Volkes diese Behandlung fordert."[55]

4   Zeitraum seit 1945

Nach dem Ende des Zweiten Weltkriegs beseitigte der Alliierte Kontrollrat einzelne als nationalsozialistisch eingeordnete Regelungen, zum Beispiel diskriminierende Strafvorschriften.[56] Das RStGB galt auch nach der Gründung der DDR[57] und der Bundesrepublik Deutschland weiter. Spätestens ab seiner Neubekanntmachung im Jahr 1953 trug es in Westdeutschland den offiziellen Namen „Strafgesetzbuch".[58] Dieses Gesetz beinhaltete auch solche Schutzprinzipien, deren Vorläufer im Dritten Reich ausgehöhlt worden waren, so beispielsweise das strafrechtliche Gesetzlichkeitsprinzip.[59] Dessen Bedeutung wird bis

---

53 § 3 Abs. 2 S. 2 Halbs. 1 i.V.m. § 1 Abs. 1 S. 2 RJGG (1943).
54 Wolff, Egelkamp & Mulot, 1997, S. 127.
55 § 20 RJGG (1943); vgl. hierzu Stolp, 2015, S. 72.
56 T. Vormbaum, 2019, S. 217.
57 M. Vormbaum in Hilgendorf, Kudlich & Valerius, 2019, § 10 Rn. 3.
58 BGBl. I 1953, S. 1083; offizielle Erwähnung findet der Name „Strafgesetzbuch [...] für das Deutsche Reich" letztmalig im Kontrollratsgesetz Nr. 11 vom 30. Januar 1946, Amtsblatt des Kontrollrats in Deutschland, S. 55.
59 BGBl. I 1953, S. 737.

heute dadurch sichtbar, dass es sowohl im Grundgesetz[60] als auch an prominenter vorderster Stelle des Strafgesetzbuchs normiert ist.[61]

In beiden deutschen Staaten wurden Anfang der 1950er Jahre neue Jugendgerichtsgesetze eingeführt, in der DDR im Jahr 1952,[62] in der Bundesrepublik Deutschland 1953,[63] somit blieb die separate Regelung gegenüber dem allgemeinen Strafrecht grundsätzlich weiterhin bestehen. Während das westdeutsche JGG die partielle Einbeziehung von Heranwachsenden ins Jugendstrafrecht vorsah,[64] konnten Aspekte wie die Unerfahrenheit von über 18 Jahre alten Delinquent*innen in Ostdeutschland im allgemeinen Strafrecht im Rahmen der Strafzumessung Berücksichtigung finden.[65] Allerdings enthielt das DDR-JGG von 1952 auch Regelungen, die Erwachsene betrafen, so zum Beispiel:

> „Bei jeder Verfehlung eines Jugendlichen ist [...] die Verantwortlichkeit eines Erziehungspflichtigen sorgfältig zu prüfen. Erziehungspflichtige, die sich einer schweren Verletzung ihrer Pflicht zur Beaufsichtigung eines Jugendlichen schuldig machen, werden [...] bestraft, [...].“[66]

In Westdeutschland wurde in den 1950er Jahren die in der Weimarer Republik zum Erliegen gekommene Idee einer umfassenden Reform des allgemeinen Strafrechts wieder aufgenommen.[67] Die Reformarbeiten erstreckten sich über viele Jahre und mündeten schließlich in verschiedenen Gesetze, die in der Zeit ab 1969 verabschiedet wurden.[68] So wurde etwa das Sexualstrafrecht durch das 1973 erlassene vierte Strafrechtsreformgesetz[69] mit einer grundlegend neuen Schutzrichtung versehen: Maßgeblich sollte nicht mehr sein, ob das betreffende Verhalten unmoralisch ist,[70] sondern nur noch, ob es sich um „Straftaten gegen die sexuelle Selbstbestimmung"[71] handelt. Wie Thomas Vormbaum zutreffend

---

60   Art. 103 Abs. 2 GG.

61   Vgl. hierzu auch Kuhli, 2023, S. 274 f.; Werle & M. Vormbaum, 2021, S. 1165.

62   Hier zitiert nach Plath, 2005, S. 211 ff. (Anlage); vgl. Plath, 2005, S. 1; dieses Gesetz wird im Folgenden mit „DDR-JGG (1952)" zitiert.

63   BGBl. I 1953, S. 751; dieses Gesetz wird im Folgenden mit „BRD-JGG (1953)" zitiert.

64   §§ 1 Abs. 2, 105 ff. BRD-JGG (1953); vgl. Beulke & Swoboda, 2020, Rn. 106.

65   Plath, 2005, S. 15.

66   § 7 DDR-JGG (1952); vgl. hierzu auch Plath, 2005, S. 20.

67   Roxin & Greco, 2020, § 4 Rn. 16.

68   Überblick bei T. Vormbaum, 2019, S. 235 ff.

69   BGBl. I 1973, S. 1725.

70   Vgl. Eisele in Schönke & Schröder, 2019, Vor. §§ 174 ff. StGB Rn. 1 m.w.N.

71   So die im 4. Strafrechtsreformgesetz, BGBl. I 1973, S. 1725 f., enthaltene und auch heute geltende Überschrift des entsprechenden Abschnitts im StGB (§§ 174 ff. StGB).

hervorhebt, schlug das „liberale kriminalpolitische Klima der 6oer- und der frühen 7oer-Jahre [...] in der Mitte der 7oer-Jahre um".[72] Als einer der wesentlichen Gründe für diese Veränderung sind die Terrorakte der RAF (Rote Armee Fraktion) zu nennen, auf die der westdeutsche Staat unter anderem mit deutlichen Verschärfungen des Strafrechts antwortete.[73]

In Ostdeutschland wurde im Rahmen der Einführung eines neuen allgemeinen DDR-Strafgesetzbuchs 1968 das bis dato bestehende DDR-Jugendgerichtsgesetz von 1952 gestrichen.[74] Das DDR-Strafgesetzbuch enthielt fortan auch einzelne jugendstrafrechtliche Bestimmungen.[75] Jennifer Plath konstatiert deshalb zutreffend:

> „Von der ursprünglichen Vorstellung, jugendlichen Straftätern mit einem vom Erwachsenenstrafrecht unabhängigen Strafsystem besser gerecht zu werden, hatte man sich in der ehemaligen DDR dementsprechend gelöst".[76]

Demgegenüber existierte in Westdeutschland und nach der Wiedervereinigung auch in Gesamtdeutschland stets ein gesondertes Jugendgerichtsgesetz. Dieses ist allerdings – wie schon das JGG von 1923 – nur teilweise eigenständig. So sieht das JGG auch heute eigene Rechtsfolgen bei Straftaten Jugendlicher[77] und – unter bestimmten Voraussetzungen – Heranwachsender[78] vor, wohingegen sich die anwendbaren Delikte und Straftatbestände weitgehend aus dem allgemeinen Strafrecht ergeben.[79] Für den hierin zum Ausdruck kommenden engen Zusammenhang im materiellen Strafrecht lässt sich an eine von Ralf Kölbel zum Ausdruck gebrachte Überlegung anknüpfen, wonach das Jugendstrafrecht „der Einübung von konformem Verhalten in einer gemeinsamen Legalordnung" dienen soll.[80] Aus der Logik der hier skizzierten Verzahnung zwischen dem materiellen Jugendstrafrecht und dem allgemeinen Strafrecht folgt aber zugleich, dass eine – in den letzten Jahrzehnten keineswegs seltene – gesetzgebe-

---

72 T. Vormbaum, 2019, S. 247.
73 T. Vormbaum, 2019, S. 247.
74 Dieses Gesetz wird im Folgenden mit „DDR-StGB (1968)" zitiert; vgl. hierzu Plath, 2005, S. 170 f.
75 Z. B. § 65 DDR-StGB (1968); vgl. allgemein Plath, 2005, S. 171.
76 Plath, 2005, S. 171.
77 § 5 JGG.
78 §§ 5, 105 JGG.
79 § 1 Abs. 1 JGG; vgl. hierzu Kölbel in Eisenberg & Kölbel, 2023, § 1 Rn. 33, § 2 Rn. 26.
80 Vgl. Kölbel in Eisenberg & Kölbel, 2023, § 2 Rn. 26.

rische Strafbarkeitserweiterung im allgemeinen Strafrecht in der Regel auch Jugendliche und Heranwachsende betrifft, soweit keine abweichenden Sonderregelungen bestehen.[81]

Zu einem Problem wird eine solche Verzahnung dann, wenn sie vom Gesetzgeber nicht hinreichend reflektiert wird – ein Phänomen, das von Kölbel treffend als „[k]ollaterale (Jugend-)Strafgesetzgebung" bezeichnet wird.[82] So hat er festgestellt, dass bei den zwischen 1990 und 2020 ergangenen Legislativakten, die zu einer Kriminalisierung führten, die Auswirkungen auf junge Delinquent*innen nur in einem verschwindend geringen Anteil der Fälle vom Gesetzgeber zum Thema gemacht wurden.[83] Dies bedeutet letztlich, dass die meisten Strafbarkeitserweiterungen der letzten Jahre auch Jugendliche und Heranwachsende betrafen, ohne dass hinreichend berücksichtigt wurde, ob die entwicklungstypischen Spezifika dieser Personengruppen nicht bereits auf der Ebene der Deliktsbildung Beachtung finden müssten.[84] Eine mögliche Erklärung für diese Vernachlässigung liegt darin, dass moderne Kriminalpolitik häufig einen besonderen (problematischen) Fokus hat, nämlich die Schließung vermeintlicher Strafbarkeitslücken und die Bekämpfung als sozialschädlich angesehener Verhaltensweisen.[85]

5   Schlussüberlegungen

Man mag das Gesagte zu der These verallgemeinern, dass die Besonderheiten des Jugendstrafrechts in der deutschen Geschichte eher dann Gehör finden, wenn der gesellschaftliche Fokus nicht allein auf Aspekten der Sozialschädlichkeit liegt. Eine Kriminalpolitik hingegen, die den Schwerpunkt auf den Schutz der Gemeinschaft legt, dürfte jedenfalls im Bereich der Ausbuchstabierung von Deliktskategorien für jugendtypische Besonderheiten wenig übrighaben. Dieser Befund gilt in gewisser Weise für den bundesdeutschen Gesetzgeber der letzten Jahrzehnte. In einer extremen Ausprägung jedoch zeigte sich die Ausblendung jugendtypischer Besonderheiten im NS-Staat, in dem sogar diverse Sanktionen in den Dienst des vermeintlichen Gemeinschaftsschutzes gestellt wurden.

---

81   Vgl. Kölbel, 2021, S. 40.
82   Kölbel, 2021, S. 40; vgl. auch S. 41, 43; Kölbel in Eisenberg & Kölbel, 2023, Einl. Rn. 27.
83   Kölbel, 2021, S. 41.
84   Kölbel, 2021, S. 40.
85   Dahin gehend auch die Interpretation bei Kölbel, 2021, S. 40, 43.

Literaturverzeichnis

Beulke, W. & Swoboda, S. (2020). Jugendstrafrecht. Eine systematische Darstellung (16. Aufl.). Stuttgart: Verlag W. Kohlhammer.

Eisenberg, U. & Kölbel, R. (2023). Jugendgerichtsgesetz (24. Aufl.). München: C.H. Beck.

Freisler, R. (1934). Ergebnisse der Beratungen des Zentralausschusses der Strafrechtsabteilung der Akademie für Deutsches Recht. In H. Frank (Hrsg.), Grundzüge eines Allgemeinen Deutschen Strafrechts. Denkschrift des Zentralausschusses der Strafrechtsabteilung der Akademie für Deutsches Recht (S. 7–24). Berlin: R. v. Decker's Verlag.

Goltsche, F. (2010). Der Entwurf eines Allgemeinen Deutschen Strafgesetzbuchs von 1922. Berlin: De Gruyter.

Hilgendorf, E., Kudlich, H. & Valerius, B. (Hrsg.) (2019). Handbuch des Strafrechts, Band 1: Grundlagen des Strafrechts. Heidelberg: C. F. Müller.

Jescheck, H.-H. & Weigend, T. (1996). Lehrbuch des Strafrechts. Allgemeiner Teil (5. Aufl.). Berlin: Duncker & Humblot.

Kölbel, R. (2021). Kollaterale (Jugend-)Strafgesetzgebung. Zeitschrift für Jugendkriminalrecht und Jugendhilfe, 32 (1), S. 40–49.

Kraft, B. (2004). Tendenzen in der Entwicklung des Jugendstrafrechts seit der Jugendgerichtsbewegung. Frankfurt am Main u.a.: Peter Lang.

Kuhli, M. (2023). Vergangenes Unrecht und geltendes Strafrecht. Zur Reflexion des NS- und SED-Unrechts in der Juraausbildung. In R. Broemel, S. Kuhlmann & A. Pilniok (Hrsg.), Forschung als Handlungs- und Kommunikationszusammenhang. Beiträge zur Verarbeitung gesellschaftlichen Wandels im Recht. Festschrift für Hans-Heinrich Trute zum 70. Geburtstag (S. 265–277). Tübingen: Mohr Siebeck.

Kuhli, M. (2021a). Die Weimarer Reichsverfassung und das Verbot rückwirkender Strafverschärfung. Miscellanea Historico-Iuridica, 20 (2), S. 45–56.

Kuhli, M. (2021b). Grundzüge der Strafrechtsgeschichte. Vom 18. Jahrhundert bis zur Gegenwart – Teil 1. Zeitschrift für das Juristische Studium, (1), S. 21–29.

Kuhli, M. (2021c). Grundzüge der Strafrechtsgeschichte. Vom 18. Jahrhundert bis zur Gegenwart – Teil 2. Zeitschrift für das Juristische Studium, (3), S. 271–281.

Kuhli, M. (2010). Das Völkerstrafgesetzbuch und das Verbot der Strafbegründung durch Gewohnheitsrecht. Zur Frage der Zulässigkeit von strafgesetzlichen Verweisungen auf Völkergewohnheitsrecht im Hinblick auf das Verbot der Strafbegründung durch Gewohnheitsrecht nach Art. 103 Abs. 2 GG. Berlin: Duncker & Humblot.

Laubenthal, K., Baier, H. & Nestler, N. (2015). Jugendstrafrecht (3. Aufl.). Berlin & Heidelberg: Springer.

Mitsch, W. (2020). Jugendstrafrecht. In G. Steinberg, A. Koch & A. Popp (Hrsg.), Strafrecht in der alten Bundesrepublik 1949–1990. Grundlagen, Allgemeiner Teil und Rechtsfolgenseite im zeitgeschichtlichen Spiegel von Gesellschaft und Politik (S. 529–544). Baden-Baden: Nomos Verlagsgesellschaft.

Plath, J. (2005). Das Jugendgerichtsgesetz der DDR von 1952. Eine darstellende und vergleichende Untersuchung. Hamburg: Verlag Dr. Kovač.

Radbruch, G. (1923). Jugendgerichtsgesetz vom 16. Februar 1923 (RGBl. I. S. 135). Mit Erläuterungen. Zentralblatt für Vormundschaftswesen, Jugendgerichte und Fürsorgeerziehung, XIV, S. 249–264.

Roxin, C. & Greco, L. (2020). Strafrecht, Allgemeiner Teil, Band 1: Grundlagen – Der Aufbau der Verbrechenslehre (5. Aufl.). München: C.H. Beck.

Rüping, H. & Jerouschek, G. (2011). Grundriss der Strafrechtsgeschichte (6. Aufl.). München: C.H. Beck.

Schaffstein, F. (1935). Das Verbrechen eine Rechtsgutsverletzung? [Ausschnitt]. In T. Vormbaum (Hrsg.), Moderne deutsche Strafrechtsdenker (2011, S. 284–290). Berlin, Heidelberg: Springer.

Schmidt, E. (1965). Einführung in die Geschichte der deutschen Strafrechtspflege (3. Aufl.; Nachdr.: 1995). Göttingen: Vandenhoeck & Ruprecht.

Schoetensack, A. (1935). Bemerkungen über das Verfahren gegen Jugendliche im künftigen Strafprozeßrecht. Der Gerichtssaal, Zeitschrift für Zivil- und Militärstrafrecht und Strafprozeßrecht sowie die ergänzenden Disziplinen, S. 156–159.

Schönke, A. & Schröder, H. (Begr.) (2019). Strafgesetzbuch. Kommentar (30. Aufl.). München: C.H. Beck.

Schwahn, H.-J. (1998). Zehn Jahre keine Todesstrafe mehr auf deutschem Boden. Neue Juristische Wochenschrift, 51 (35), S. 2568–2571.

Stolp, I. (2015). Die geschichtliche Entwicklung des Jugendstrafrechts von 1923 bis heute. Eine systematische Analyse der Geschichte des Jugendstrafrechts unter besonderer Berücksichtigung des Erziehungsgedankens. Baden-Baden: Nomos.

Von Liszt, F. (1882/83). Der Zweckgedanke im Strafrecht [Ausschnitt]. In T. Vormbaum (Hrsg.), Moderne deutsche Strafrechtsdenker (2011, S. 211–223). Berlin, Heidelberg: Springer.

Vormbaum, T. (2019). Einführung in die moderne Strafrechtsgeschichte (4. Aufl.). Berlin, Heidelberg u.a.: Springer.

Voß, M. (1986). Jugend ohne Rechte. Die Entwicklung des Jugendstrafrechts. Frankfurt am Main, New York: Campus Verlag.

Weber, R. (1999). Die Entwicklung des Nebenstrafrechts 1871–1914. Baden-Baden: Nomos Verlagsgesellschaft.

Webler, H. (1929). Wider das Jugendgericht. In W. Polligkeit, H. Scherpner & H. Webler (Hrsg.), Fürsorge als persönliche Hilfe. Festgabe für Christian Jasper Klumker zum 60. Geburtstag am 22. Dezember 1928 (S. 211–232). Berlin: Carl Heymanns Verlag.

Werle, G. & Vormbaum, M. (2021). Nationalsozialistisches Unrecht, SED-Unrecht und juristische Ausbildung – Zur Reform von § 5a DRiG. Juristenzeitung, 76 (23), S. 1163–1167.

Wiesner, R. (2023). Das Jugendhilferecht und seine Bezüge zum Jugendstrafrecht – Zur Rechtsentwicklung anlässlich des 100. Geburtstag zweier Gesetze. Zeitschrift für Jugendkriminalrecht und Jugendhilfe (ZJJ), S. 104–111.

Wolff, J. (2003). Das Jugendstrafrecht zwischen Nationalsozialismus und Rechtsstaat. In H. Ostendorf & U. Danker (Hrsg.), Die NS-Strafjustiz und ihre Nachwirkungen (S. 65–80). Baden-Baden: Nomos Verlagsgesellschaft.

Wolff, J. (1992). Jugendliche vor Gericht im Dritten Reich. Nationalsozialistische Jugendstrafrechtspolitik und Justizalltag. München: C.H. Beck.

Wolff, J., Egelkamp, M. & Mulot, T. (1997). Das Jugendstrafrecht zwischen Nationalsozialismus und Demokratie. Die Rückkehr der Normalität. Baden-Baden: Nomos Verlagsgesellschaft.

Jugendgerichtshöfe – (auch) eine Frauensache? – Das Vorbild Chicago[*]

Anja Schüler

Das vor 100 Jahren verabschiedete deutsche Jugendgerichtsgesetz wurde zum einen von einer um 1900 entstandenen, breit angelegten Reformdebatte in westlichen Industriestaaten getragen. Zum anderen war die Jugendgerichtsbarkeit ein besonderes Anliegen der Frauenbewegungen auf beiden Seiten des Atlantiks, deren Mitglieder mit dem Argument der ‚organisierten Mütterlichkeit' damit auch das Recht auf Ausbildung und Berufsausübung, gerade in der Justiz, einforderten. Insbesondere die amerikanischen Settlements, in deren Umfeld 1900 das Chicagoer Jugendgericht als weltweit erstes Jugendgericht entstanden war, dienten deutschen Frauen dabei als Vorbild.

1 Einleitung

Als das Parlament der immer noch jungen Weimarer Republik am 16. Februar 1923 das Jugendgerichtsgesetz (JGG) verabschiedete, geschah dies vor dem Hintergrund einer langjährigen und durchaus kontroversen Debatte. Zwar waren Jugendgerichte in Deutschland bereits seit 1908 vereinzelt als besondere Abteilungen der Strafgerichte eingerichtet worden; in den Jahren vor dem Ersten Weltkrieg hatte sich selbst die kaiserliche Obrigkeit kurzzeitig für das Primat des Erziehungsgedankens im Strafrecht erwärmen können, diese Reform aber nach heftigen Protesten von konservativer Seite schnell wieder fallen gelassen.[1] Ein Reichsgesetz aber, das die Strafmündigkeit auf 14 Jahre hochsetzte und die Einrichtung spezieller Jugendgerichte verankerte, die statt Strafen Verwarnungen aussprechen, Heimunterbringung anordnen oder gemeinnützige Arbeit auferlegen konnten, eine Gerichtsbarkeit, die auf ein erzieherisches Miteinander von Gericht, Eltern, Polizei, Schule und Jugendamt setzte, hatte auf sich warten lassen.

---

[*] Teile dieses Textes wurden bereits auf dem HCA Graduate Blog veröffentlicht, online verfügbar unter: https://hcagrads.hypotheses.org/4575 (letzter Abruf am 20.02.2024); inhaltsgleich ist er ebenfalls erschienen in der ZJJ 01/2024, S. 18–23.

[1] Schmitz-Scholemann, 2018.

In der Geschichte des JGG bleiben zwei Konstellationen oft im Hintergrund: Zum einen war die Forderung nach einer separaten Jugendgerichtsbarkeit nur eine von vielen Reformforderungen einer reformfreudigen Epoche, die sich nicht auf einen nationalen Kontext beschränkten. Sie wurden von einer internationalen und insbesondere einer transatlantischen Reformgemeinschaft vorangetrieben. Zum anderen war die Jugendgerichtsbarkeit eins von zahlreichen Projekten der um die Jahrhundertwende erstarkenden Frauenbewegungen auf beiden Seiten des Atlantiks. Die Protagonistinnen und Protagonisten[2] der Debatte, die der Verabschiedung des JGG vorausging, verwiesen immer wieder auf die Ursprünge und den Vorbildcharakter der Jugendgerichte in den USA, auch wenn die tragende Rolle von Frauen bei der Genese und Umsetzung dieses Reformprojektes in Deutschland zumeist unerwähnt blieb. Letzteres muss uns heute verwundern, denn die Berufung von Frauen als Vormünder, Schöffinnen, Rechtsanwältinnen und Richterinnen war ein zentrales Anliegen der deutschen Frauenbewegung im Kaiserreich und in der Weimarer Republik.

2   Eine transatlantische Reformgemeinschaft

Werfen wir also zunächst einen Blick auf die transatlantische Reformgemeinschaft, die sich um die Wende zum 20. Jahrhundert konstituiert hatte und eine intensive, transnationale Diskussion über Sozialpolitik und Sozialgesetzgebung führte. Reformerinnen und Reformer in Paris, Chicago, London und Berlin diskutierten die Probleme und das Elend des Großstadtlebens, die Unsicherheiten der Lohnarbeit, die soziale Rückständigkeit auf dem Lande und eben auch die Frage, ob 14-Jährige demselben Strafrecht unterliegen sollten wie Erwachsene. Auf Studienreisen überquerten die Mitglieder dieser Gemeinschaft den Atlantik immer wieder in beide Richtungen; auf Kongressen und in Briefen tauschten sie sich regelmäßig über soziale Missstände aus. Sie waren mit den Slums des Londoner East End genauso vertraut wie mit dem Berliner Wedding, kannten die Kohlereviere von Pittsburgh, Essen und Birmingham, verfolgten die Debatten im neuen Fach Soziologie an den Universitäten in Berlin und Chicago und schufen so eine Welt gemeinsamer Bezugspunkte.[3]

---

2   Aufgrund der spezifischen Fragestellung dieses Textes wird vom Gendern mit dem Genderstern abgesehen.

3   Zur transatlantischen Reformgemeinschaft nach wie vor einschlägig Kloppenberg, 1986; Rodgers, 2000; Schäfer, 2000 und Schüler, 2004.

Amerikanische Reformerinnen und Reformer der Progressive Era pflegten vornehmlich Kontakte nach England, sahen aber insbesondere in deutschen Institutionen und Reforminitiativen ein Vorbild, das es auf ihrer Seite des Atlantiks umzusetzen galt. So führten sie immer wieder das deutsche Bildungswesen und die deutsche Sozialversicherungsgesetzgebung als nachahmenswert an; die deutsche Verwaltung wurde zum Vorbild für die Reform des amerikanischen Civil Service. Wichtige Theoretiker und Praktikerinnen der amerikanischen Sozialreform hatten Deutschland bereist oder dort studiert und kannten die deutsche Reformlandschaft und ihre Debatten aus eigener Anschauung; sozialpolitisch einflussreiche Organisationen wie der Verein für Sozialpolitik wurden zum Vorbild für die Gründung der American Economic Association oder der American Academy of Political and Social Sciences. Der Gründer des weltweit ersten Universitätsinstituts für Soziologie an der University of Chicago, Albion Small, hatte bei Gustav Schmoller in Berlin studiert. Amerikanische Sozialreformerinnen und -reformer waren mit der deutschen Arbeitsschutzgesetzgebung, den Bismarck'schen Sozialgesetzen, den Gewerkschaftsprogrammen, dem kommunalen Wohnungsbau oder der Ausbildung in den deutschen Berufsschulen vertraut. Sie plädierten immer wieder für eine stärkere Rolle des Staates bei der Lösung sozialer Probleme.[4]

Im Vergleich zu Deutschland wies die amerikanische Reformlandschaft wiederum eine Besonderheit auf: Auf dieser Seite des Atlantiks gab es zwar schon früh staatliche Armenpfleger; da der öffentliche Dienst aber Frauen noch weitgehend verschlossen war, wurde die Armenpflege zu einer männlichen Bastion. In den USA dagegen dominierte bis in die 1930er Jahre die private Wohltätigkeit, in der sich vornehmlich Frauen engagierten. Viele von ihnen gehörten der ersten Generation von Universitätsabsolventinnen an und suchten nach ihrem Abschluss nach einer Lebensperspektive. Um 1900 waren tausende von ihnen in die Einwandererviertel amerikanischer Großstädte gezogen, in sog. ‚Settlement Houses‘, autonome soziale Projekte, in denen sie die Probleme der Slums aus erster Hand kennenlernen und lösen wollten. Die Arbeit dieses spezifisch amerikanischen Reformprojektes wiederum wurde in Deutschland, insbesondere in der deutschen Frauenbewegung, mit großem Interesse zur Kenntnis genommen wurde.[5]

Der transatlantische Austausch über Sozialreformen war also keine Einbahnstraße. Während die progressive reformers in den USA vor allem die ‚klas-

---

4   Rodgers, 2004, S. 52 ff.
5   Schüler, 2004, S. 169 ff.

sischen' Errungenschaften des deutschen Sozialstaates zur Nachahmung emp-
fahlen, erschien deutschen Reformerinnen und Reformern insbesondere die
prominente Stellung von Frauen bei der Planung und Umsetzung von Reformvorhaben als vorbildlich. Dabei beriefen sich die amerikanischen Reformerinnen und ihre deutschen Zeitgenossinnen durchaus auf ihre traditionelle Mut-
terrolle, die allerdings nicht auf die eigenen vier Wände beschränkt bleiben
durfte. „Der Platz der Frau ist in ihrem Heim", schrieb die amerikanische Frau-
enrechtlerin Rheta Childe Dorr 1910. „Aber ein Heim ist nicht auf vier Wände
beschränkt [...]. Die Gemeinde ist das Heim. Eine Stadt voller Menschen ist die
Familie. Und Heim und Familie bedürfen dringend einer Mutter."[6] Vertreterinnen der deutschen Frauenbewegung argumentierten ähnlich, auch und gerade
in der Debatte um die Einrichtung von Jugendgerichtshöfen. So betont eine Petition des Bundes Deutscher Frauenvereine zum Entwurf eines Gesetzes über
das Strafverfahren gegen Jugendliche aus dem Jahr 1913, Frauen hätten als
„Mütter der Familie und auch in der Mitarbeit an öffentlichen Volkserziehungen
hundertfach bewiesen, dass sie erzieherische Aufgaben mit Ernst und Verständnis"[7] leisten können.

3   Amerikanische Settlements und Jugendgerichtsbarkeit

Schauen wir also zunächst auf die Ursprünge der Jugendgerichtsbarkeit in den
Einwandervierteln Chicagos. Für sozialpolitisch interessierte Amerikarei-
sende aus dem Kaiserreich war das dortige Hull House Settlement ein Fixpunkt,
und seine Gründerin Jane Addams galt ihnen als *die* zentrale Persönlichkeit der
amerikanischen Sozialreform. Einschlägige Publikationen wie die Zeitschrift
Volkswohl, das *Archiv für Soziale Gesetzgebung* und *Die Frau* berichteten seit Mitte
der 1890er Jahre regelmäßig über die dortigen Aktivitäten. Dazu gehörte seit
1899 auch der Chicagoer Jugendgerichtshof, dessen Gründung eng mit Hull
House verknüpft war. Jane Addams selbst war eine frühe Befürworterin von Jugendgerichten; sie hielt es für grausam und ungerecht, Kinder vor dieselben Gerichte wie Erwachsene zu stellen und sie in denselben Strafanstalten unterzubringen.[8]

---

6   Dorr, 1910, S. 327.
7   Petition des Bundes Deutscher Frauenvereine betr. Entwurf eines Gesetzes über das Straf-
     verfahren gegen Jugendliche, Januar 1913, zitiert nach Röwekamp, 2011, S. 215.
8   Addams, 1906; 1909.

Seit der Gründung des Settlements im Jahr 1889 war seine Arbeit von den unmittelbaren Bedürfnissen der Nachbarschaft geprägt; die Reformerinnen wandten sich insbesondere den Problemen von Frauen und Kindern zu. Sie setzten sich für die Beschränkung der Kinderarbeit und die Schulpflicht ein, boten Kinderbetreuung an und richteten auf dem Nachbargrundstück den ersten öffentlichen Spielplatz der Stadt ein. Das Engagement der Hull-House- Bewohnerinnen für die Jugendgerichtsbarkeit ergab sich ebenfalls aus ihrer täglichen Arbeit: Wurden minderjährige Jungen und Mädchen wegen geringfügiger Vergehen auf den Polizeiwachen der Nachbarschaft eingeliefert, so übernahmen Mitarbeiterinnen des Settlements zunächst die Aufsicht, stellten Nachforschungen in der Familie an und versuchten, Anzeigen abzuwenden.[9]

Diese ‚Fürsorgedamen‘ in halboffizieller Stellung waren die Vorläufer der probation officers, eine Art Fallmanager am Chicagoer Jugendgerichtshof, der 1899 als erster Jugendgerichtshof der USA und der Welt eingerichtet wurde. Seine gesetzliche Grundlage, der Illinois Juvenile Court Act, führte außerdem explizit aus, dass Kinder unter 16 Jahren nicht ‚Verbrecher‘ genannt und nicht in ein reguläres Gefängnis überwiesen werden durften, sondern in ein Jugendgefängnis (reformatory prison), das in erster Linie erzieherisch wirken sollte.[10]

Die Jugendkriminalität in Chicago hatte durchaus erhebliche Ausmaße. Im späten 19. Jahrhundert durchliefen jedes Jahr hunderte von Kindern das Strafrechtssystem. Die allermeisten kamen aus Einwanderer- und anderen einkommensschwachen Familien. Im Jahr 1882 waren mehr als 250 Kinder im Alter von unter 14 Jahren im Cook County Gefängnis inhaftiert, mindestens 20 von ihnen waren unter 11 Jahre alt. Sie waren oft wegen geringfügiger Vergehen in Handschellen abgeführt worden, hatten Nächte auf Polizeistationen verbracht und trafen nach ihrer Verurteilung im Gefängnis auf hartgesottene Kriminelle. In einem Fall wartete ein 10-jähriger Junge, der ein Paar Schuhe gestohlen hatte, fast zwei Wochen im Bezirksgefängnis für Erwachsene darauf, dass sein Fall vor Gericht kam. Es waren Fälle wie dieser, die die Sozialreformerinnen auf den Plan riefen.[11]

Die oben erwähnte Praxis, straffälligen Kindern und Jugendlichen halbamtliche Helfer zur Seite zu stellen, hatte sich in Chicago bereits einige Jahre vor der Einrichtung des Jugendgerichtshofes etabliert. Zwei Bewohnerinnen des Settlements, die Juristin Julia Lathrop und die Philanthropin Lucy Flower, waren

---

9   Schüler, 2004, S. 78 ff.; Addams, 1906.
10 Shepherd, 1999, S. 15 f.
11 Myers, 2019.

bei der Verwirklichung des Projektes federführend und konnten sich dabei auf ihre ausgedehnten Reformnetzwerke stützen, die von Kirchenführern bis zur Chicagoer Anwaltsvereinigung reichten.

Lathrop arbeitete als Sozialarbeiterin im Hull House; in den frühen 1890er Jahren hatte sie alle Gefängnisse im Staate Illinois bereist und Haftbedingungen dort dokumentiert. Sie brachte zudem fundierte Kenntnisse über das Strafrechtssystem mit. Lucy Flower dagegen stammte aus der Chicagoer Oberschicht und verfügte über beste Verbindungen zu deren einflussreichsten Mitgliedern. Diese konnte sie für die Idee einer separaten Jugendgerichtsbarkeit gewinnen. Flowers Vision war ein sog. ‚Elterngericht', in dem der Staat den Erziehungsauftrag der Eltern übernehmen sollte.[12] Die Reformerinnen fanden sich im Jugendgerichtsausschuss zusammen, der die nötigen Mittel für ein Jugendgericht beschaffen sollte und dessen erste Vorsitzende Julia Lathrop wurde. Eine andere Hull-House-Bewohnerin, Alzina Stevens, fungierte als erste Bewährungshelferin.[13]

Für die Reformerinnen stand außer Frage, dass gerade Frauen mit dieser Arbeit einem Erziehungsauftrag außerhalb der eigenen Familie nachgingen. Daher versuchten sie nach Kräften, auch Einfluss auf die Ernennung der Chicagoer Jugendrichter zu nehmen, der sie zumindest informell zustimmen mussten. 1907 bezog der Chicagoer Jugendgerichtshof dann ein eigenes Gebäude gegenüber von Hull House, wo viele probation officers wohnten. Zudem waren andere ältere Institutionen der Jugendhilfe in der Nachbarschaft angesiedelt.

Die Verfahren des ersten Jugendgerichts waren absichtlich informell gestaltet; sie waren eher auf Erziehung als auf Strafe angelegt. Statt einer Richter- und einer Anklagebank nahmen die Kinder, ihre Familien und die Vertreter der Justiz an einem runden Tisch Platz; der Richter sollte im besten Interesse des Kindes handeln. Die Reformerinnen und Reformer hofften, dass dieser Ansatz es den Richtern und Bewährungshelfern ermöglichen würde, individuelle Lösungen für jedes Kind zu finden und den Erziehungseffekt so zu maximieren. Vor dem Jugendgericht hatten die Kinder keine Anwälte; stattdessen sollten die Bewährungshelfer den Richter darauf hinweisen, was ihrer Meinung nach im besten Interesse des Kindes war. Es gab kein Recht auf Zeugenvernehmung, kein Recht auf einen Rechtsbeistand und schon gar kein Recht auf ein Schwur-

---

12   Lucy Flower in Jane Addams Digital Edition.
13   Alzina Stevens in Jane Addams Digital Edition.

gerichtsverfahren. Die Art und Weise, wie die Fälle entschieden wurden, war extrem informell, beispielsweise war Hörensagen zulässig.[14]

Der Chicagoer Jugendgerichtshof war von Anfang an nicht allein als eine juristische Institution angelegt; vielmehr wollten die Reformerinnen und Reformer einen Ort schaffen, an dem Fachleute zusammenkamen, die nicht nur die von Kindern begangenen Straftaten ahndeten, sondern auch den emotionalen Zustand des Kindes, seinen familiären Hintergrund und sein häusliches Umfeld begutachteten. Anstatt sie zu Gefängnisstrafen zu verurteilen, wurden straffällige Jugendliche in Jugendgefängnisse oder Pflegefamilien eingewiesen, um sie zu rehabilitieren und zu erziehen. Um dies zu gewährleisten, stellte in Chicago das 1901 gegründete Juvenile Court Committee Straftätern und -täterinnen bis zum fünfundzwanzigsten Lebensjahr Bewährungshelfer zur Seite. Seit 1905 zahlte die Stadt für diese Tätigkeit auch ein Gehalt.[15]

Das Chicagoer Modell verbreitete sich schnell. Bis 1905 hatten 24 Bundesstaaten Jugendgerichtshöfe eingerichtet; bis 1925 verfügten alle US-Staaten außer Maine und Wyoming über eine Art Jugendgerichtssystem. Zudem fand das Modell international viele Nachahmer und wurde in etwa zwanzig Länder exportiert. Auch deutsche Sozialreformerinnen und -reformer waren sehr interessiert.[16]

4   Die deutsche Rezeption

Einer der frühesten deutschen Berichte über die amerikanischen Jugendgerichtshöfe findet sich bei Emil Münsterberg. Der Leiter des städtischen Armenwesens in Berlin und spätere Vorsitzende des Deutschen Vereins für Armenpflege und Wohltätigkeit hatte enge Verbindungen zu den USA; einer seiner Brüder, der Psychologe Hugo Münsterberg, lehrte seit 1892 in Harvard; seine Tochter Else Münsterberg übersetzte Jane Addams' 1910 erschienenen Memoiren ins Deutsche.[17] Emil Münsterberg berichtete dem Deutschen Verein für Armenpflege und Wohltätigkeit regelmäßig über das ‚ausländische Armenwesen'. Sein Bericht von 1901 erwähnt das zwei Jahre zuvor erlassene Jugendgerichtsgesetz von Illinois nur am Rande; 1906 jedoch lieferte Münsterberg einen ausführlichen Bericht über die Arbeitsweise der amerikanischen Jugendgerichts-

---

14   Shepherd, 1999, S. 15 f.
15   Myers, 2019.
16   Schüler, 2004, S. 58.
17   Maier, 1998; Bringmann & Lück, 2005; Addams, 1913.

höfe. Er betont deren Ursprünge in der privaten Wohltätigkeit und geht insbesondere auf die Arbeit der probation officers ein. Dass diese „Helfer und Fürsorger, Detektives [sic] und Untersuchungsrichter, Freunde und Erzieher"[18] häufig Frauen waren, lässt Münsterberg allerdings unerwähnt. Aber sein Fazit ist geradezu überschwänglich: „Es gibt, vielleicht abgesehen von der Bekämpfung der Tuberkulose, kein Werk auf dem Gebiet sozialer Tätigkeit, das in kürzester Zeit so reißende Fortschritte gemacht hätte wie die *juvenile courts*".[19]

Aus dem folgenden Jahr, 1907, datiert ein erster Kommentar der Juristin Alix Westerkamp über die amerikanischen Jugendgerichte, eine Besprechung von Joseph Baernreithers Studie *Jugendfürsorge und Strafrecht in den Vereinigten Staaten von Amerika*. Interessant sind die Schwerpunkte, die Westerkamp hier setzt. Sie betont, dass in den USA „die Erziehung der verlassenen, verwahrlosten und straffälligen Kinder" als „Nationalaufgabe" betrachtet wird.[20] Überhaupt sieht sie den Erziehungsgedanken im amerikanischen Jugendstrafrecht als zentral an: Es geht von dem Gedanken aus „daß Eltern, die ihre Kinder nicht erziehen *wollen*, sie auch nicht *gut* erziehen";[21] die Kinder in die Obhut des Staates zu nehmen, werde daher als „geringeres Übel"[22] angesehen. Westerkamps Fazit: „Die Kinderschutzbewegung [befindet] sich in den Vereinigten Staaten in einem viel fortgeschritteneren Stadium als bei uns. [...]. Die Amerikaner sind kühn in ihren legislativen Experimenten; [...] es hindert sie kein ewiges Rückwärtsschauen. Und wir können von ihnen lernen!"[23]

Für Alix Westerkamp, die 1907 als erste Juristin in Deutschland promovierte, sollte die Jugendfürsorge und die Jugendgerichtsbarkeit ein Lebensthema bleiben. Nach ihrer Promotion leitete sie vier Jahre lang die Rechtsschutzstelle für Frauen in Frankfurt am Main; von 1911 bis 1913 fungierte sie als Geschäftsführerin der Deutschen Zentrale für Jugendfürsorge in Berlin. Und Alix Westerkamp war, wie Emil Münsterberg und seine Tochter Else, Teil der transatlantischen Reformgemeinschaft: 1913 verbrachte sie einige Monate im Chicagoer Commons Settlement und konnte sich ein eigenes Bild vom dortigen Jugendgerichtshof machen. Nach ihrer Rückkehr berichtete sie „aus amerikanischen

---

18   Münsterberg, 1906, S. 95.
19   Münsterberg, 1906, S. 97, Hervorhebung im Original.
20   Westerkamp, 1906/07, S. 111.
21   Westerkamp, 1906/07, S. 113, Hervorhebung im Original.
22   Westerkamp, 1906/07, S. 113.
23   Westerkamp, 1906/07, S. 111, 113 f.

Settlements", auch über die enge Zusammenarbeit zwischen Hull House und dem Chicagoer Jugendgericht.[24]

Neben Frieda Duensing, von der später noch die Rede sein wird, war es vor allem Alix Westerkamp, die als Juristin in der Sozialen Arbeit tätig war und wichtige Beiträge zu ihrer Professionalisierung leistete. So lehrte sie als Dozentin an Alice Salomons Sozialer Frauenschule in Berlin und war 1919 Mitbegründerin der Jugendpflegeschule in Berlin, ein Gemeinschaftsprojekt der Deutschen Zentrale für Jugendfürsorge, der Zentralstelle für Volkswirtschaft und der Sozialen Arbeitsgemeinschaft Berlin-Ost, einem Settlement nach amerikanischem Vorbild, als dessen Geschäftsführerin Westerkamp viele Jahre fungierte.

Der Gründer der Sozialen Arbeitsgemeinschaft, der Berliner Pfarrer Friedrich Siegmund-Schultze, wurde 1917 in Berlin Direktor des ersten Jugendamtes in Deutschland. Bei einem Besuch in Chicago 1911 hatte auch er sich mit der Arbeit von Hull House und dem Jugendgerichtshof vertraut gemacht und publizierte nach seiner Rückkehr über beide Institutionen.[25] Sein Bericht über den Chicagoer Jugendgerichtshof lobt die eher legere und zügige Art der Verhandlung und würdigt den ganzheitlichen Ansatz der Jugendgerichtsbarkeit. Er beschreibt das sog. detention home in den oberen Stockwerken des Gerichtsgebäudes, wo die Jugendlichen entweder die Tage vor ihrem Gerichtstermin verbringen oder nach der Gerichtsentscheidung bleiben müssen. Ein Hauselternpaar führte ein mehr oder weniger strenges Regiment, aber nichts, so Siegmund-Schultze, „erinnert an Gefängnis oder Polizeistation. Im Gegenteil! Was bedeutet für die verwahrlosten Kinder Chicagos hübsche, reine Kleidung, gute Nahrung und hygienische Fürsorge."[26] In drei Räumen war eine Volksschule untergebracht, die Kinder erhielten Kochunterricht und waren für alle Aufgaben des Haushalts verantwortlich. Die meisten der hauptamtlichen probation officers hatten im Gebäude des Jugendgerichtshofes eine Wohnung. Auch Siegmund-Schultze maß in seinem Bericht der Arbeit des Chicagoer Jugendgerichts „größte Bedeutung" für Deutschland zu.[27]

Eine weitaus differenziertere Darstellung findet sich in den Reiseskizzen von Elsa von Liszt aus dem Jahr 1910. Die Tochter des bekannten Strafrechtlers (und Begründers des Jugendgerichtstages) Franz von Liszt hatte sich auf einer dreimonatigen Studienreise durch die Vereinigten Staaten mit einer Reihe von

24 Westerkamp, 1917–1919.
25 Siegmund-Schultze, 1911.
26 Siegmund-Schultze, 1911, S. 229.
27 Siegmund-Schultze, 1912, S. 229.

Reformprojekten vertraut gemacht und auch Verhandlungen der Jugendgerichtshöfe besucht. Die Verhandlungsart der Richter, die Siegmund-Schultze als
amerikanisch-leger und zügig beschreibt, empfindet Liszt in den Jugendgerichtshöfen in New York und Pennsylvania als chaotisch, die Richter als bestenfalls desinteressiert. Ihr Urteil über die Arbeit der Jugendgerichte in Baltimore
und der amerikanischen Hauptstadt dagegen fällt positiver aus. Durchaus kritisch bewertet Elsa von Liszt die Tatsache, dass die probation officers Ehrenamtliche sind und aus Organisationen wie der Society for Prevention of Cruelties
against Children stammen, die im Ruf steht, Kinder oft vorschnell von ihren
Eltern zu trennen. Liszts Urteil über die amerikanischen Jugendgerichtshöfe
fällt zwiespältig aus. „Von einer einheitlichen, durchweg vorbildlichen Einrichtung des Jugendgerichts [kann] nicht gesprochen werden,"[28] so ihr Fazit.

5   Eine transnationale Reformgemeinschaft der Frauen

Im Spektrum der zeitgenössischen deutschen Literatur über amerikanische Re-
formprojekte in den USA sind diese Berichte von Münsterberg, Westerkamp,
Siegmund-Schultze und Liszt allerdings in einer Hinsicht untypisch – sie schreiben Frauen keine besondere Rolle in diesem Reformprojekt zu. Dies steht im
Gegensatz zu zahlreichen Berichten deutscher Reformerinnen aus den USA, die
die Reformlandschaft in den USA vor allem deshalb als exemplarisch darstellen,
weil sie Frauen die Möglichkeit sozialpolitischen Engagements boten.

Der immer wiederkehrende Hinweis auf die spezifische Reformmission von
Frauen und die Legitimation ihres sozialpolitischen Engagements mit der ‚weiblichen Eigenart‘ war in dieser Zeit so etwas wie ein ‚Markenkern‘ und das ver-
bindende Element der Frauenbewegungen auf beiden Seiten des Atlantiks. Prominente Reformerinnen in den USA und Deutschland propagierten unermüd-
lich das ‚municipal housekeeping‘ und die ‚organisierte Mütterlichkeit‘, und
Frauen in einem breiten Spektrum von Reformvereinigungen machten sich dieses Argument zu eigen: Es legitimierte die Arbeit der amerikanischen Tempe-
renzbewegung ebenso wie die der deutschen Sittlichkeitsbewegung; es rechtfer-
tigte die Forderung nach Arbeitsschutzgesetzen, nach einem Verbot der Kinderarbeit und der Anstellung von Fabrikinspektorinnen und Bewährungshelferin-
nen. Deutsche Sozialreformerinnen untermauerten so Forderungen nach Unab-

---

[28] Liszt, 1910, S. 73.

hängigkeit von männlich dominierten Bürokratien genauso wie nach Einbeziehung von Frauen in ebendiese Bürokratien.

Nicht zuletzt sollte diese Argumentation Frauen den Zugang zu beruflichen Qualifikationen und den entsprechenden Arbeitsfeldern öffnen. Dabei erwiesen sich in Deutschland die Vorbehalte gegen Juristinnen als besonders hartnäckig. Sie konnten lange Zeit nur im Ausland studieren und wurden erst 1922 zu den Staatsexamina zugelassen, also etwa zwei Jahrzehnte später als Ärztinnen oder Lehrerinnen.[29]

Der Bund Deutscher Frauenvereine hatte sich bereits im Kaiserreich für die Zulassung von Frauen als Rechtsanwältinnen und Richterinnen eingesetzt – ein zunächst recht aussichtsloses Unterfangen, bis man meinte, in der Jugendgerichtsbarkeit ein Einfallstor gefunden zu haben. Dies schien unter anderem vielversprechend, weil es sich bei den Jugendgerichten um relativ junge Institutionen handelte, in denen es noch keine festen Hierarchien gab. Frauenverbände forderten also, Juristinnen als Jugendanwältinnen, Beistände, Mitglieder von Fürsorgeausschüssen oder Erforschungsbeamtinnen einzusetzen – und perspektivisch auch als Schöffinnen, in der richterlichen Vormundschaft sowie als Richterinnen. Jugendsachen boten sich an, um diese Forderungen der Frauenbewegung durchzusetzen, denn es gab bereits einen relativ breiten gesellschaftlichen Konsens, dass Frauen nicht nur für diese Arbeit besonders geeignet waren, sondern ihre Eignung auch schon unter Beweis gestellt hatten. Das über lange Zeit wiederkehrende Argument war einerseits, dass Frauen ein Korrektiv in der unmenschlichen (männlichen) Justiz darstellen würden; andererseits forderte die Frauenbewegung durchaus auch unverbrämt eine Teilhabe an staatlichen Aufgaben.[30]

Exemplarisch für diese Entwicklung steht die Arbeit von Frieda Duensing, eine der wichtigsten Wegbereiterinnen der Jugendgerichtsbarkeit in Deutschland, die sie als nahezu ideale Form der Zusammenarbeit von Männern und Frauen im ,großen sozialen Haushalt' ansah. Auch Duensing rekurrierte auf das ,weibliche Korrektiv' und die ,weibliche Eigenart', die Frauen speziell die Zuständigkeit für soziale Aufgaben in der Gesellschaft zuschrieb. Gleichzeitig forderte sie eine gleichberechtigte Ausbildung und Berufsausübung ein. Auf den Verhandlungen des Ersten Deutschen Jugendgerichtstages 1909 unterschrieb sie die weithin herrschende Auffassung, dass sich die Tätigkeiten von Männern und Frauen in Jugendgericht und Jugendpflege ergänzen und bedingen, so wie

---

29   Röwekamp, 2011, S. 196 ff.
30   Röwekamp, 2011, S. 208 ff.

die Tätigkeit von Mann und Frau in Haushalt und Kindererziehung. „Ich finde,"
so Duensing, „das ist ein sehr schöner und treffender Vergleich, besonders,
wenn man noch das kleine frauenrechtlerische Schwänzchen dranhängt: ‚in völliger Gleichberechtigung.'"[31]

Wie für Alix Westerkamp war auch für Frieda Duensing die Jugendhilfe und
die Jugendgerichtsbarkeit ein Lebensthema. Für ihre Promotion an der Universität Zürich 1902 über *Die Verletzung der Fürsorgepflicht gegenüber Minderjährigen*
hatte sie sich Einblicke in die Lebensverhältnisse von Kindern und Jugendlichen
in den Slums der Großstädte verschafft und sich mit den Folgen von Kinderarbeit, Kindesmisshandlung, Jugendkriminalität sowie psychischer und physi-
scher Verwahrlosung vertraut gemacht. In ihrer Dissertation zeigte Duensing
dann die Problematik der uneingeschränkten elterlichen Gewalt auf und plä-
dierte für die Ausweitung staatlicher Kompetenzen zum Wohle von Minderjährigen.[32]

Mit der Konstituierung des weibliches Vormunds- und Pflegschaftswesens
ab 1900 eröffnete sich für Duensing ein entsprechendes Berufsfeld. 1904 über-
nahm sie die Geschäftsführung der Zentralstelle für Jugendfürsorge, wo sie zunächst Räumlichkeiten finden, finanzielle Mittel beschaffen und ehrenamtliche
Mitarbeiterinnen werben musste. In den folgenden Jahren war es vor allem Du-
ensings Verdienst, dass in Berlin ein dichtes Netzwerk zwischen der Zentrale
für Jugendfürsorge, den Berliner Fürsorgevereinen und den Vormundschafts-
gerichten entstand. Sie organisierte Fachkonferenzen und erarbeitete Gesetzes-
vorlagen, u. a. zum Jugendstrafrecht. Es scheint fast kein Problem gegeben zu
haben, dessen sie sich in der Berliner Zentralstelle nicht angenommen hätte:
Adoption, Vormundschaft, Alimentenprozesse, Schutz vor Kindesmisshandlung, Unterbringung psychisch erkrankter Kinder und Jugendlicher in Thera-
pieeinrichtungen, Einrichtung von Schulspeisungen und Kinderhorten.

1907 wurde Duensing Geschäftsführerin der Deutschen Zentrale für Jugendfürsorge, eine Stelle, auf der sie vier Jahre später Alix Westerkamp ablöste.
Wie auch Westerkamp unterrichtete Duensing in der Folge Rechtskunde an Sozialen Frauenschulen und unternahm Vortragsreisen im In- und Ausland. Die
Jugendfürsorge aber beschäftigte sie weiter: Schon vor dem Ersten Weltkrieg
war sie für die Errichtung kommunaler Jugendämter eingetreten, und bis kurz

---

[31] Duensing, 1909, S. 63.
[32] Duensing, 1903.

vor ihrem Tod 1921 brachte sie ihren theoretischen Sachverstand und ihre praktische Erfahrung in die Entwicklung des Reichsjugendwohlfahrtsgesetzes ein.[33]

Duensing hat immer wieder insbesondere die Arbeit männlicher Vormünder scharf kritisiert und ihnen vorgeworfen, dass sie sich kaum um ihre Mündel kümmerten und lieblose Berichte verfassten. Auf dem Gebiet des Vormundschafts- und Pflegschaftswesens sah Duensing das ideale Betätigungsfeld für die ‚brachliegenden mütterlichen Kräfte‘ speziell unverheirateter Frauen.[34] Ganz ähnlich argumentierte die Heidelberger Juristin Camilla Jellinek 1909 in einer Petition des BDF zur Reform des Strafgesetzbuches. Dort heißt es, Frauen seien die „für das Kindergemüt berufene Sachverständige[n], die mit sicherem und schnellem Instinkt in den Zusammenhang eines Tatbestandes eindringen und das Vertrauen des Kindes gewinnen" könnten sowie – in höherem Maße als Männer – die ‚Verirrungen‘ heranwachsender Mädchen verstünden.[35]

So war es nur folgerichtig, dass der Bund Deutscher Frauenvereine neben zahlreichen Petitionen an den Reichstag Anfang 1913, zwischen der ersten und der zweiten Lesung des *Gesetzes über das Verfahren gegen jugendliche Rechtsbrecher*, eine reichsweite Offensive mit Aufsehen erregenden Großkundgebungen startete, auf denen die Einbeziehung von Frauen in der Rechtspflege gefordert wurde. Gerade weil am Jugendgericht das Moment der Erziehung im Vordergrund stehe, so das Argument, müssten Frauen dort als Schöffinnen und letztlich als Richterinnen zugelassen werden.[36]

Wie sehr dieses Konzept die Frauenbewegungen in Deutschland und den USA verband, zeigt sich exemplarisch in Agnes von Zahn-Harnacks Werk *Die Frauenbewegung* von 1928. Dort ist die Rede von „Organized Motherhood" – Zahn-Harnack verwendet den englischen Begriff –, einem Konzept, mit dem Frauen nicht nur ihre Berufstätigkeit in Krippen, Kindergärten und Schulen einforderten, sondern auch ihre politische Tätigkeit in „Ministerien und Parlamente[n]. [...] Frauen", so Hahn-Zarnack, „empfinden sich als Mütter über alles, was da Kinder heißt."[37]

Die Überzeugung, dass Frauen aufgrund ihrer ‚weiblichen Eigenart‘ dazu bestimmt und auch berechtigt waren, Einfluss auf alle Bereiche des öffentlichen Lebens zu nehmen, motivierte Frauen über Parteigrenzen hinweg zu gemein-

---

33 Zeller, 1999, S. 133 ff.
34 Zeller, 1999, S. 133 ff.
35 Jellinek, Petition des Bundes Deutscher Frauenvereine zur Reform des StGB und der Strafprozessordnung, 1909, S. 64, zitiert nach Röwekamp, 2011, S. 209.
36 Vgl. die Darstellung bei Röwekamp, 2011, S. 214 f.
37 Zahn-Harnack, 1928, S. 77.

samem Handeln – der Kampf um das Frauenwahlrecht hatte dies auf beiden Seiten des Atlantiks gezeigt. Die in den Worten von Agnes Zahn-Harnack „Sicherung des ausschlaggebenden Fraueneinflusses"[38] konnte dann in der ersten deutschen Demokratie parteiübergreifend in der parlamentarischen Arbeit von Frauen zum Tragen kommen, vor allem, wenn es um schutzwürdige Gruppen ging, so bei Fragen des Mutterschutzes und im Bereich der Jugendwohlfahrt – die Verabschiedung des Jugendstrafrechts 1923 ist eines der besten Beispiele. Ihre Grenzen fand eine überparteiliche Frauenpolitik zumeist dort, wo es um Gleichstellungs- und andere weltanschauliche Fragen ging: um die Zulassung von Frauen zum Richteramt, die Liberalisierung des Scheidungsrechts, die Stellung unehelicher Kinder und besonders in der Debatte um den Paragraph 218.[39]

Auch wenn Paragraph 109 der Weimarer Verfassung Frauen als „grundsätzlich" gleichberechtigt anerkannte und sich ihnen in der ersten deutschen Republik viele Ämter in der Wohlfahrtspflege öffneten, erfolgte die Zulassung zum Richteramt, zu Schöffengerichten und als Rechtsanwältin nur zögerlich. Dabei, so die hessische DDP-Abgeordnete Karoline Balser, waren „mehr Herz, mehr Gemüt und mehr Liebe [...] wahrlich keine Eigenschaften, die beim Richteramt schaden können."[40] Die ‚Konkurrentin Frau' auf der Richterbank, der die Zeitschrift *Die Woche* 1925 ein Titelbild widmete, blieb jedoch, anders als in der Jugendfürsorge und anderen sozialen Berufen, noch eine Weile eine Seltenheit.

Der Diskurs über die ‚weibliche Eigenart' hielt sich also auch im Jahrzehnt nach dem Ersten Weltkrieg. Über ein halbes Jahrhundert hinweg, von den 1880er bis in die 1930er Jahre, war er zentral für das Selbstverständnis von Reformerinnen auf beiden Seiten des Atlantiks, die damit größere gesellschaftliche und politische Partizipation einforderten. Im amerikanischen Kontext diente er vor allem dazu, bestimmte Themen wie die Jugendgerichtsbarkeit auf die politische Agenda zu bringen und umzusetzen. In Deutschland argumentierten Reformerinnen mit der ‚weiblichen Eigenart', um Zugang zu von Männern dominierten Arbeitsbereichen wie der Wohlfahrtspflege oder der Rechtsprechung zu erhalten. Darüber hinaus muss dieser Diskurs als Teil eines übergreifenden transnationalen Dialogs verstanden werden, der den Mitgliedern einer transatlantischen Reformgemeinschaft immer wieder wichtige Impulse gab und Reformpotenziale im jeweils anderen gesellschaftlichen und politischen Kontext offenlegte. Die deutsche Rezeption der amerikanischen Jugendgerichtshöfe,

---

38   Zahn-Harnack, 1928, S. 79.
39   Gerhard, 1990, S. 339 ff.
40   Balser zitiert nach Förster, 2018, S. 199.

deren Ursprung eng mit einem weiblichen Reformprojekt verbunden war, ist dafür ein prägnantes Beispiel.

Literaturverzeichnis

Addams, J. (1913). Zwanzig Jahre Soziale Frauenarbeit in Chicago. Berechtigte Übersetzung von Else Münsterberg. München: C.H. Beck.

Addams, J. (1909). The Bad Boy of the Street. Ladies' Home Journal, 26 (October), S. 17 ff.

Addams, J. (1906). Probation Work Under Civil Service. Charities and The Commons, 15 (March), S. 881–882.

Bringmann, W. & Lück, H. (2005). Hugo Münsterberg. In H. Lück & R. Miller (Hrsg.), Illustrierte Geschichte der Psychologie (S. 178–180). Weinheim: Beltz.

Dorr, R. (1910). What Eight Million Women Want. Boston: Small, Maynard & Co.

Duensing, F. (1909). Zusammenwirken mit Behörden und Vereinen [Berichtserstattung]. In Deutsche Zentrale für Jugendfürsorge (Hrsg.), Verhandlungen des Ersten Deutschen Jugendgerichtstages, 15. bis 17. März 1909 (S. 63–73). Berlin und Leipzig: B. G. Teubner.

Duensing, F. (1903). Die Verletzung der Fürsorgepflicht gegenüber Minderjährigen. Ein Versuch zu ihrer strafrechtlichen Behandlung. München: Schweitzer.

Förster, B. (2018). Die ersten Politikerinnen im Volksstaat Hessen. In D. Linnemann (Hrsg.). Damenwahl! 100 Jahre Frauenwahlrecht (S. 196–199). Frankfurt/M.: Societätsverlag.

Gerhard, U. (1990). Unerhört! Die Geschichte der deutschen Frauenbewegung. Reinbek bei Hamburg: Rowohlt.

Jane Adams Digital Edition (o. J.). Online verfügbar unter: https://digital.janeaddams.ramapo.edu/ (letzter Abruf am: 02.01.2024).

Kloppenberg, J. (1986). Uncertain Victory: Social Democracy and Progressivism in European and American Thought, 1870–1920. New York: Oxford University Press.

Liszt, E. von (1910). Soziale Fürsorgetätigkeit in den Vereinigten Staaten. Reiseskizzen. Berlin: J. Guttentag.

Maier, H. (1998). Münsterberg, Emil. In H. Maier (Hrsg.), Who is who der Sozialen Arbeit (S. 412–415). Freiburg: Lambertus.

Münsterberg, E. (1906). Amerikanisches Armenwesen. Leipzig: Duncker & Humblot.

Myers, Q. (2019). How Chicago Women Created the World's First Juvenile Justice System. WBEZ Chicago, May 11, 2019. Online verfügbar unter: https://www.wbez.org/stories/how-chicago-women-created-the-worlds-first-juvenile-justice-system/e1c8262c-a6ae-4c20-8fd3-f9ed4ab26ba9 (letzter Abruf am: 02.01.2024).

Rodgers, D. (2000). Atlantic Crossings: Social Politics in a Progressive Age. Cambridge, Massachusetts: Belknap Press.

Röwekamp, M. (2011). Die ersten deutschen Juristinnen. Eine Geschichte ihrer Professionalisierung und Emanzipation (1900–1945). Köln: Böhlau.

Schäfer, A. (2000). American Progressives and German Social Reform, 1875–1920: Social Ethics, Moral Control and the Regulatory State in a Transatlantic Context. Stuttgart: Steiner.

Schmitz-Scholemann, C. (2018). Der Reichstag verabschiedet das erste Jugendgerichtsgesetz. DLF Kalenderblatt, 16.02.2018. Online verfügbar https://www.deutschlandfunk.de/vor-95-jahren-der-reichstag-verabschiedet-das-erste-100.html (letzter Abruf am 03.01.2024).

Schüler, A. (2004). Frauenbewegung und soziale Reform. Jane Addams und Alice Salomon im transatlantischen Dialog, 1885–1933. Stuttgart: Steiner.

Shepherd, R. (1999). The Juvenile Court at 100 Years: A Look Back. Juvenile Justice, 6 (2), S. 13–21.

Siegmund-Schultze, F. (1912). Das Jugendgericht von Chicago. Monatsschrift für Kriminalpsychologie und Strafrechtsreform, 9 (1), S. 223–233.

Siegmund-Schultze, F. (1911). Jane Addams. Neue Zeiten, Aufgaben und Pflichten der christlichen Frau, 12 (Dezember), S. 286–293.

Westerkamp, A. (1917–1919), „Aus amerikanischen Settlements: Briefe und Tagebuchblätter." Akademisch-Soziale Monatsschrift, 1–3, (April/Mai 1917), S. 20-24; (Juni/Juli 1917), S. 47–52; (August/September 1917), S. 84–87; (Oktober/November 1917), S. 120–123; (Dezember/Januar 1917/18), S. 153–156; (Februar/März 1918), S. 184–187; (April/Mai 1918), S. 27–30; (Juni/Juli 1918), S. 54–57; (August/September 1918), S. 92–94; (Oktober/November 1918), S. 122–126; (Dezember/Januar 1918/19), S. 158–162; (April/Mai 1919), S. 25–30.

Westerkamp, A. (1906/07). Jugendgerichte. Monatsschrift für Kriminalpsychologie und Strafrechtsreform, 3 (1), S. 111–114.

Zahn-Harnack, A. von (1928). Die Frauenbewegung. Geschichte, Probleme, Ziele. Berlin: Deutsche Buchgemeinschaft.

Zeller, S. (1999). Frieda Duensing (1864–1921). In M. Eggemann & S. Hering (Hrsg.), Wegbereiterinnen der modernen Sozialarbeit (S. 133–158). Weinheim: Juventa Verlag.

Teil 3

Jubiläumsvorträge

Behutsames Verantwortlichmachen – Der Erziehungsgedanke im Jugendstrafrecht Ein neuer alter Blick*

Lukas Pieplow

Danke für die Einladung der DVJJ. Danke für das Einspringendürfen an den verhinderten Jan Schady, dem ich heute gerne zugehört hätte. Danke für die unverdiente Ehre, nach dem Wissenschaftler Mario Bachmann und vor dem ganz großen Wissenschaftler Wolfgang Heinz mit seinem ungeheuren Lebenswerk sprechen zu dürfen.

Im Jahr 1989, damals war ich Assistent bei Michael Walter, habe ich mich dem heutigen Thema schon einmal angenähert. *Erziehung als Chiffre* lautete damals der Titel.[1] Man liegt mit der Vermutung richtig, dass der Autor damals etwas ihm durchaus noch Rätselhaftes angesprochen hat. Ich will heute davon erzählen, was mir in der Zwischenzeit zu mehr Klarheit verholfen hat. Ich will davon erzählen, wie hochaktuell ein richtiger Blick auf den Erziehungsgedanken ist. Ich will heute einen Vorschlag zur De-Chiffrierung des Erziehungsgedankens machen und zum Schluss einige Erträgnisse eines solchen Blickwinkels aufzeigen.

Zu besichtigen ist eine Geschichtsschreibung mit zu groben Strichen. Hervorzuheben ist für unseren Zusammenhang, dass man rechtspolitische Entwicklungen in der Kaiserzeit sehen kann, die gerade nicht Ausdruck der Kaiserzeit sind, sondern eine Gegenbewegung darstellen. Schauen wir in den aktuellen Berliner Ausstellungskalender: Berliner Moderne 1890–1940, Edward Munch. Auch sozialpolitisch bricht eine Moderne in der Kaiserzeit auf und ist deshalb mehr Gegenbewegung als Ausdruck derselben.

Wir feiern auf diesem Jugendgerichtstag 100 Jahre JGG und ich bin gerne dabei. Wichtig ist mir jedoch zu sagen, dass ein solches Jubiläumsdenken auch immer eine schwierige Verkürzung darstellt. Es ist ein Fallstrick, sich einen Jubiläumszeitraum vor Augen zu halten, weil damit die Versuchung besteht, einen oder mehrere Geburtshelfer für eben einen solchen Anfang identifizieren zu wollen. Und so ist es kein Wunder, dass in vielen Veröffentlichungen zum JGG-Jubiläum im Jahr 2023 der Name eines Geburtshelfers, nehmen Sie beispielhaft

---

*   Eine erweiterte Fassung dieses Vortrags ist bereits erschienen: Pieplow, 2024.
1   Pieplow, 1989.

dafür die Jubiläumsartikel von Heribert Prantl[2] und Ronen Steinke,[3] pointiert genannt wird: Gustav Radbruch.

Unbeteiligt war Radbruch nicht, hatte er doch als Reichsjustizminister im Jahre 1922 den ein Jahr später verabschiedeten Entwurf des JGG in den Reichstag eingebracht. Bemerkenswert ist jedoch, dass er anschließend aus dem Kabinett erst einmal wieder ausschied und selbst bei der zweiten Lesung noch nicht wieder Reichsjustizminister war. Der Verkündungsvermerk des JGG vom 16. Februar 1923 nennt Dr. Heinze als aktuellen Reichsjustizminister.

In dem von mir erwähnten Chiffre-Text, später auch von Wolfgang Heinz, ist Radbruch mit seinem skeptischen Willkomm doch schon zitiert worden:

„Nach dem Scheitern der Strafprozeßreform von 1909 wird das Jugendgerichtsverfahren von dem sinkenden Wrack auf den rettenden Kahn des Sonderentwurfs übergeladen. (...) Das Gesetz ist gewiss ein hocherfreulicher Fortschritt, aber seit langem nicht mehr ein kühner Wurf. (...) Und so ist der geschilderte langwierige und weitschichtige Entwicklungsgang dieses Gesetzes vielleicht geeignet, gegenüber der beliebten Maxime, kleine Reformen abzulehnen, um großen Reformen nicht vorzugreifen, einen alten Gemeinspruch für künftige Fälle wieder zu Ehren zu bringen: daß der Sperling in der Hand besser ist als die Taube auf dem Dache."[4]

Der Geburtshelfer des JGG war Radbruch nicht, dem mit seinen Plänen für eine umfassende Strafrechtsreform mit dem JGG offensichtlich eher ein kleiner Stolperstein vor die Füße gelegt worden war. Hören wir deshalb aus den Geburtsvorbereitungen des JGG 1923 den Abgeordneten Dr. Kahl, der im Deutschen Reichstag am 13. Februar 1923 mit Bezug auf Paul Köhne erklärt:

„Was das Jugendgerichtsgesetz in seinen materiell rechtlichen Bestimmungen an neuem Guten bringt, ist nicht neu, sondern eben der vorhin von mir erwähnten Vorarbeit und den verschiedenen Entwürfen seit dem Jahre 1909 im wesentlichen entnommen und zu verdanken."[5]

Anhebung der Strafmündigkeit auf 14 Jahre und Bestrafung nur dann, wenn die Besserung des Täters durch Erziehungsmaßnahmen nicht erreicht werden kann, hatte Paul Köhne gefordert.[6]

---

2   Prantls Blick, Hexenkinder, SZ vom 26.03.2023.
3   Wenn Milde stärker ist als Vergeltung, SZ vom 16.02.2023.
4   Radbruch zitiert nach Pieplow, 1989, S. 5.
5   Protokolle des Reichstags, 292. Sitzung, S. 9651.
6   Vgl. Köhne, 1908.

Es ist noch einmal zu erinnern, dass Köhne nach den Änderungen im Vormundschaftsrecht durch das im Jahr 1900 in Kraft getretene BGB engagierter Vormundschaftsrichter gewesen ist, der mit dem Blick auf prekäre Entwicklungsverhältnisse von Berliner Kindern offensichtlich nicht länger zusehen wollte, dass bei allen Bemühungen im familienrechtlichen „Fürsorge-" Zusammenhang bei straffällig auffälligen Kindern und Jugendlichen das kaiserzeitliche Strafrecht mit den einzigen Antworten von Geld- und Gefängnisstrafen zuschlug. Hatte sich Köhne in Umsetzung seines vormundschaftsrichterlichen Tuns der Deutschen Zentrale für Jugendfürsorge als Netzwerk ehrenamtlicher Helferinnen und Helfer schon bedient, wurde im Jahr 1908 neben vielen, wahrscheinlich sogar hunderten weiterer Gerichte in Deutschland das Berliner Jugendgericht aus der Taufe gehoben; und das eben längst vor einem Gesetz. Als Konsequenz der Erfahrungen Köhnes als Vormundschaftsrichter wurde die Deutsche Zentrale für Jugendfürsorge mit ihrer Geschäftsführerin Frieda Duensing als Organisatorin der Jugendgerichtshilfe als notwendiges Pendant zu richterlichen Bemühungen erkannt. In Personalunion war Frieda Duensing dann auch logischerweise Geschäftsführerin des (zunächst so firmierenden) „Ausschusses", später dann der Deutschen Vereinigung für Jugendgerichte und Jugendgerichtshilfen (DVJJ).

Bevor ich die Bedeutung des im Jahr 2023 besser zu verortenden Erziehungsgedankens skizziere, will ich auf die besondere rechtspolitische Aktualität solcher Bemühungen kurz eingehen. Ein Glasperlenspiel ist die Auseinandersetzung mit dem Erziehungsgedanken nicht. Nehmen wir exemplarisch die Entscheidung BGH, Urteil vom 29.09.2021, 2 StR 174/21, NStZ 2022, S. 553–554 m. Anm. Kölbel. Das Kölner Landgericht hatte in einem Geldautomatensprenger-Fall einen Heranwachsenden zu einer Jugendstrafe von zwei Jahren unter Strafaussetzung zur Bewährung verurteilt. Der Bundesgerichtshof hebt dieses Urteil auf die Revision der Staatsanwaltschaft zu Ungunsten des Angeklagten auf und erklärt, der Erziehungsgedanke sei nicht ausreichend berücksichtigt worden. Das Urteil zeigt auf, das der Erziehungsgedanke als Hebel für Strafschärfung herhalten kann. Ich widerspreche einer solchen Ausdeutung und möchte dazu einladen, die historische Kontur des Erziehungsgedankens zu verstehen.

Zweites Beispiel: BGH, Beschluss vom 13.09.2023, 5 StR 205/23.[7] „Gehts noch?", kann man eigentlich nur fragen: Ein 16-jähriger Gymnasiast ohne strafrechtliche Vorbelastungen, er ist unter anderem Schülersprecher und Stipendiat

---

7   Vgl. Pieplow, 2022b, S. 57.

einer nicht unbekannten deutschen Stiftung, demonstriert im Zuge der G-20-Demonstrationen im Jahre 2017 in Hamburg. Er demonstriert über mehrere Tage friedlich und entschließt sich am dritten Tag, mit seinen Freunden im Schwarzen Block über die Elbchaussee mitzugehen. Im Zuge dieser Demonstration ergaben sich extreme Ausschreitungen, die (Landfriedensbruch begeht auch, wer in einer gewalttätigen Menge mitgeht) zu einer Anklage gegen den Schüler unter anderem wegen schweren Landfriedensbruchs führten. In mehr als 60 Hauptverhandlungstagen klärte die Jugendkammer und zwar in Übereinstimmung mit der Staatsanwaltschaft zur Person und Sache auf, dass der junge Mann weder ein Feuerzeug noch einen Stein und auch kein Schlagwerkzeug in Händen gehabt oder eingesetzt hatte. Im Übrigen wurde in Übereinstimmung mit der Staatsanwaltschaft festgestellt, dass er in Anbetracht der gewaltsamen Ausschreitungen im Demonstrationszug diesen mit seinen Freunden vorzeitig verlassen hatte. Als Verteidiger sei mir die Bemerkung erlaubt (ich habe in diesem Verfahren selbst nicht verteidigt), dass ich noch niemals in meinem Berufsleben bei einvernehmlicher Würdigung des strafrechtlichen Vorwurfs und der Person des Angeklagten eine derartige Sanktionsschere zwischen den Erwartungen der Staatsanwaltschaft und dem Urteilserkenntnis erlebt habe. Die Staatsanwaltschaft beantragte zweieinhalb Jahre Jugendstrafe, die Jugendkammer verurteilte zu 20 Sozialstunden. Gegen diese Entscheidung wurde Revision durch die Staatsanwaltschaft eingelegt. Der Bundesgerichtshof hat mit vorbezeichneter Entscheidung das Urteil aufgehoben und im Jahr 2023 zurückverwiesen. Der Senat judizierte, das an den Tag gelegte Verhalten verwirkliche einen Fall von Schwere der Schuld und sei deshalb mit Jugendstrafe zu ahnden. Fünf Jahre nach dem Tatgeschehen folgte die zur Neuverhandlung aufgerufene (andere) Jugendkammer des Landgerichts Hamburg der Segelanweisung des BGH, dass ein solches Tun einen Fall von Schwere der Schuld im Sinne des § 17 JGG darstellt, sah aber insbesondere wegen weiterer Entwicklungsfortschritte des Angeklagten (dieser hatte inzwischen sein Abitur in der Tasche und studierte) keinen Erziehungsbedarf. Die neue Jugendkammer verurteilte ihn deshalb erneut zu Sozialstunden. Gegen dieses zweite tatrichterliche Urteil im Verfahrensgang legte die Staatsanwaltschaft erneut Revision ein. Der Bundesgerichtshof, 5. Senat in Leipzig, befand auch die neue Verurteilung des Aufhebens wert, weil diese argumentiert hatte, es fehle an einem Erziehungsbedürfnis des Jugendlichen und unter dieser Voraussetzung käme eine Verurteilung zu Jugendstrafe nicht in Betracht. Aktuell läuft eine Anfrage des 5. Senats an die anderen Strafsenate des BGH mit der Frage, ob an der Prüfungsstufe Erziehungsbedarf bei Verhängung einer Jugendstrafe wegen Schwere der Schuld noch festgehalten werde.[8] Nach allem, was man so hört, steht eine Verurteilung des seinerzeit Jugendlichen zu Jugendstrafe im Jahr 2024, also sieben Jahre nach seiner Tat, zu erwarten.

Langer Rede kurzer Sinn: Das Vergessen einer historischen Kontur des Erziehungsgedankens ist konsequenzenreich.

Gegen mancherlei Raunen in der Literatur, und das durchaus aus progressiven und weniger progressiven Kreisen, der Erziehungsgedanke sei ein Tool für forschere Zugriffe auf Jugendliche in der Industriegesellschaft gewesen, sei kurz darauf hingewiesen, dass die ‚educatio'-Idee schon etwas älter sein könnte. Exemplarisch sei der große Aufklärer John Locke genannt (s. Abbildung 1).

Abbildung 1: *Titelblatt und Frontispiz von Lockes 1693 erschienenem Werk* Einige Gedanken über Erziehung

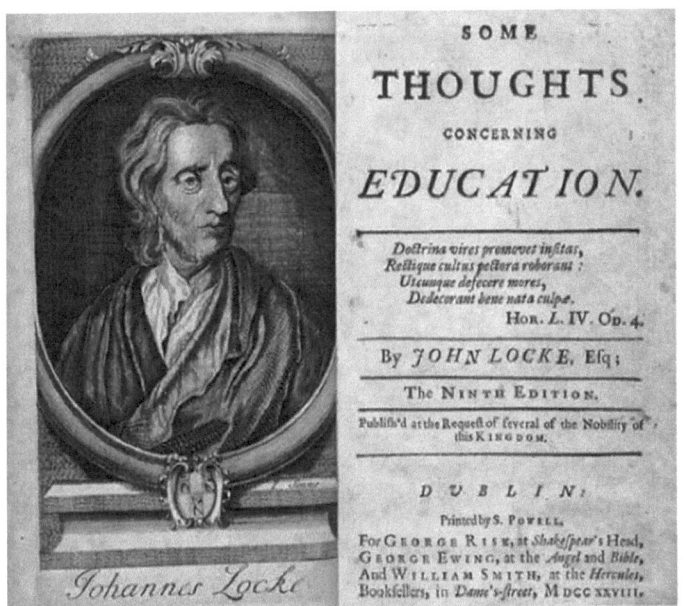

Quelle: Photo from British Library: https://www.bl.uk/collection-items/some-thoughts-concerning-education-by-john-locke (letzter Abruf am: 03.03.2024)

---

8   Vgl. dazu Eisenberg & Kölbel, 2024; Höynck, 2024 und Schneider, Kleimann & Pieplow, 2023.

Und eine solche humanistische Tradition ist der rote Faden, auf den sich die mühevoll vergessen gemachten Geburtshelferinnen und Geburtshelfer des deutschen Jugendstrafrechts bezogen haben, als sie u. a. auf Pestalozzis Sozial-pädagogik zurückkamen. Es ist an anderer Stelle ja schon beschrieben worden, wie Paul Köhne aus der Eröffnung des Berliner Jugendgerichts aus Zeitzeugen-sicht eher eine sozialpolitische Veranstaltung gemacht hat[9] und wie Clara Fried-heim bei Moritz Liepmann im Jahr 1923 über den Erziehungsgedanken im Ju-gendstrafrecht unter anderem mit Überlegungen promoviert hat, dass der Für-sorge- respektive Erziehungsgedanke eine veränderte Haltung der Erwach-senengesellschaft erfordert.[10]

Gar nicht oft genug kann man sich den ersten Deutschen Jugendgerichtstag noch einmal anschauen (s. Abbildung 2).

Abbildung 2:   *Erster Deutscher Jugendgerichtstag*

Quelle: Die Woche, 11 (13), vom 27.03.1909, S. 534

---

9   Vgl. Nitsch, 1999, S. 178.
10   Vgl. Pieplow, 2022a.

All denen, die die Geschichte des Deutschen Jugendstrafrechts gerne als Jura-professorengeschichte erzählen, könnten aus der Bildbetrachtung ein paar Zweifel erwachsen, sind doch weder Gustav Radbruch noch Franz von Liszt aus-zumachen – stattdessen mittig der Tagungspräsident Paul Köhne und links au-ßen der große Wilhelm Gossler-Hertz, jahrzehntelanger Vorsitzender der DVJJ, Jugendrichter, späterer Präsident des Landesjugendamtes Hamburg, 1933 amts-enthoben aus dem Vereinsvorsitz als auch aus seiner hauptberuflichen Tätig-keit.[11] (Die Biographie über Hertz vermerkt, dass das Ende seiner Karriere noch nicht einmal mit seiner jüdischen Familienbiographie begründet wurde, die zu diesem Zeitpunkt noch gar nicht aufgedeckt war, sondern mit seiner demokra-tischen Gesinnung.)[12]

Etwas sehr wenig gendergerecht, auch darauf ist früher schon einmal hinge-wiesen worden, die unter dem Männerpodium versammelten Frauen: Ich hebe hervor Elsa von Liszt (Tochter von Franz von Liszt, Lina Koepp (Frauenrechtle-rin) und – face to face mit dem Sitzungspräsidenten und sicher nicht zufällig eben dort – Frieda Duensing.

In einem anderen Sammelbandbeitrag *Einige Gedanken über die Erziehung von Arbeiterkindern* knüpfte Frieda Duensing[13] wissentlich oder unwissentlich bei John Locke an. Der Herausgeber des Bandes war ein Gewerkschafter; ihn und Duensing verband übrigens ein Liebesverhältnis.

Warum ist von diesen Anfängen so viel vergessen? Ich bin sicher, es ist ver-gessen gemacht worden, so dass die Arbeit Friedheims und ihre Biographie der Nachwelt unbekannt geblieben sind und alle wesentlichen Akteurinnen und Ak-teure bis heute der Prominenz mit Wikipedia-Einträgen nicht angehören.

Verstehen kann das nur, wer sich um die schweren Einbrüche in diese Tra-ditionssubstanz während des Nationalsozialismus kümmert. Dabei ist es ganz einfach zu haben; man lese die Ausschussberichte Jugendstrafrecht bei der Aka-demie für Deutsches Recht.[14]

„Viele von uns wird schon das leidenschaftliche Verlangen erfaßt haben, es auch in seinem Bereich dem Heroismus der Front – nicht gleichzutun, aber doch etwas davon in sein Arbeitsgebiet einströmen zu lassen. Der Strafrechtler kann das aber nur sozusagen im Negativen, im Ausschalten

---

11 Zum besonders hartnäckigen Kampf von Hertz für ein Jugendgericht in Hamburg vgl. die von Sieverts betreute quellenreiche Dissertation von Ramcke, 1959.
12 Vgl. Morisse, 2013, S. 20.
13 Duensing, 1908.
14 Schubert, 2001.

oder Vernichten der Volksschädlinge." (Prof. Wenzel Graf von Gleispach 1941)[15]

Ist man ein böser Schelm, wenn man in diesen Worten die Glocken der ‚schädlichen Neigungen' klingeln hört?

„Wir sind aber einig darüber, daß es nicht bei einer solchen rein technischen Umgestaltung des Jugendgerichtsgesetzes bleiben kann, sondern daß eine wirkliche Erneuerung notwendig ist. Dafür sind zwei Gründe maßgebend. Einmal stammt das Jugendgerichtsgesetz aus einer Zeit, die nicht mehr die unsere ist und deren Anschauungen weitgehend überwunden sind. Selbstverständlich ist, daß die entscheidende Wandlung der staatlichen und rechtlichen Grundanschauungen seit 1933 auch vor dem Jugendstrafrecht nicht Halt machen kann." (Friedrich Schaffstein 1936)[16]

Ist man ein Narr, wenn man das Nachkriegsgebet u. a. des Schaffstein-Lehrbuchs und der Gesetzesbegründung für das JGG 1953, das Jugendstrafrecht sei in der Zeit des Dritten Reichs im Wesentlichen weiterentwickelt worden und nur von kleinen Einbrüchen mit der JGG-Novelle von 1953 zu ‚bereinigen' gewesen, für eine Lüge hält? Eine Lüge derer, die ihre Taten auf Professorenstühlen und in Ministeriumsverwendungen kaschierten, um in Amt und Würden weiterzumachen? „Zuchtmittel", Jugendarrest zum Wecken des „Ehrgefühls" (§ 90 JGG, Stand 2023!), schädliche Neigungen etc. – man kann ins Grübeln kommen.

„Wir wissen: Das Jugendstrafrecht können wir nicht „reformieren". Wir müssen uns unser deutsches Jugendstrafrecht von Grund auf erkämpfen. Wir können nicht umbauen. Wir wollen und müssen bauen." (Roland Freisler 1939)[17]

Die Wiederabsenkung des Strafmündigkeitsalters auf 12 Jahre mit dem JGG 1943 ist einer der Tiefpunkte solchen Rückbaus und populistische Marktschreierei des 21. Jahrhunderts. Die aktuellen Befürworter einer solchen Absenkung sollten sich an diese Geschichte erinnern lassen.

---

[15] Zitiert nach Nehlsen, 1992, S. 346.
[16] Zitiert nach Schubert, 2001, S. 14.
[17] Zitiert nach Schubert, 2001, S. 156.

All das Vorstehende kontrastiert mit den Anfängen:

„Endlich muß der Richter möglichst in die Lage gesetzt werden, nicht nur die Tat abzuurteilen, sondern auch soziale Fürsorge an dem Täter zu üben."[18]

Ähnlich heißt es bei Ruschewey, dem neben Clara Friedheim anderen prominenten Doktoranden zum Jugendstrafrecht bei Prof. Moritz Liepmann, Hamburg, man müsse zu neuen Gedanken kommen, zur neuen ‚sozialen' Auffassung.[19] Die erwähnte Clara Friedheim schlägt in dieser Gründungsphase in dieselbe Kerbe: Soziale Gesinnung sei schon bei Natorp und Kerschensteiner die Grundstimmung, Sozial-Pädagogik sei in einer Wechselbeziehung von Erziehung und Gesellschaft.[20] Kein Zweifel, das von Friedheim präsentierte Verständnis eines Erziehungsgedankens ist kein genuin kinder- oder jugendpädagogisches, es zielt auf alle. Es bedeutet, dass sich zwei Seiten verändern sollen.

Ich ziehe ein Zwischenfazit:

- Erziehungsgedanke heißt: behutsames Verantwortlichmachen.[21]
- Bei allen Überschneidungen: Kategorial zu unterscheiden sind Erziehungsgedanke und Erziehung.
- Der Erziehungsgedanke chiffriert den Gründungsanker der Jugendgerichtsbewegung: ‚soziale Gesinnung'.
- Die Jugendstrafe wegen schädlicher Neigungen ist keine Erziehungsstrafe.
- Das nach 1945 gepflegte Narrativ der organischen Weiterentwicklung der Materie Jugendstrafrecht in Deutschland zwischen 1933 und 1945 behindert beides: Wertschätzung der Reformsubstanz des JGG 23 und Kritik der unaufgeräumten Einbrüche in die Gesetzesmaterie zwischen 1933 und 1945.
- Der Erziehungsgedanke im Jugendstrafrecht ist kein Tool für Um-Erziehung, sondern Mäßigungsappell aus sozialer Gesinnung. Gemeint ist eher Kompensation statt Korrektur.

---

18 Köhne, 1913, S. 120; vgl. auch Abgeordneter Hugo Böttger, Nationalliberale Partei, Beratungen des Reichstags vom 28.01.1914: „ist uns ein Jugendgerichtsgesetz zur Bearbeitung überwiesen worden, das doch auch einen sozialen Kern hat."
19 Ruschewey, 1918, S. 172.
20 Friedheim, 1923, S. 19; vgl. dazu Pieplow, 2022a, S. 17.
21 Mit positivem Echo zu dieser Deutung des Erziehungsgedankens, Aebersold, Pruin & Weber, 2024, S. 86.

Schlussbemerkungen

Der Erziehungsgedanke im Jugendstrafrecht ist nach der hier vertretenen Auffassung nicht der irgendwie verschwurbelte Anfang einer Transformation in
eine jugendhilferechtliche Lösung und auch nicht verlogen oder gar schizoph-
ren. Er preist die Existenz von Strafrecht ein, ohne es abschaffen zu können, er
appelliert an ‚harm reduction‘, ohne die Illusion, die hochsymbolische staatliche
Veranstaltung, Straftaten zu sanktionieren, überwinden zu können. Dass eine
solche Sicht ihren Preis hat, aber eine Fülle anderer Probleme aufzulösen hilft,
möchte ich Ihnen zum Schluss wenigstens anreißen:

Der Erziehungsgedanke als Mäßigungsappell, als ‚Handbremse‘ gegenüber
zu viel an Strafen ist der übergeordnete Gesichtspunkt, wenn es um die viel be-
mühten Begriffe der Erziehungsbedürftigkeit und Erziehungsfähigkeit geht. Im
Einzelfall mögen die Prüfungsstufen Erziehungsbedürftigkeit und Erziehungsfähigkeit ebenfalls Begrenzungswirkungen entfalten. Zu bedenken ist jedoch,
dass sie zur Legitimation von Bestrafung in Fällen erst herhalten können, in
denen Erziehungsbedarf oder Erziehungsfähigkeit angeblich nicht mehr besteht.

Geordnet werden kann das scheinbare Dilemma, dass man Volljährige nicht
mehr erziehen darf. Heranwachsende oder perspektivisch weitere Jahrgänge
von Jungerwachsenen können bei einer solchen Sicht auf die Dinge in den Anwendungsbereich des Jugendstrafrechts einbezogen werden. Im Anwendungsbereich des Jugendstrafrechts gilt der Erziehungsgedanke uneingeschränkt, am
oberen Altersrand genauso wie am unteren.[22]

Die hier vorgeschlagene Sicht auf den Erziehungsgedanken ist kein Laser-
pointer für die richtige Rechtsfolgenbestimmung im Jugendstrafrecht. Der Erziehungsgedanke ist kein Tool, ein humanes Jugendstrafrecht fokussiert auf das
stets auszulotende Interventionsminimum in Stein zu meißeln. Gesetze und
ihre Anwendung sind nie korruptionsfest und bedürfen dauerhaft einer Arbeit
an einem Konsens über einen, theatralisch gesagt, richtigen ‚Geist‘. Deshalb ist
die Vernetzung der Akteure, wie sie spätestens mit der Versammlung auf dem
ersten Deutschen Jugendgerichtstag 1909 visualisiert werden kann, eine blei-
bende Herausforderung, ohne die den Buchstaben des Gesetzes kein Leben ein-
gehaucht wird. Und natürlich braucht es hierfür eine Integration aller für die
Erreichung des Gesetzesziels zuständigen Professionen.

---

22   Der Verf. hat unter diesen Voraussetzungen auch gar kein Problem, z. B. über ihre Taten
     sehr alt gewordene NS-Täter als ggf. dem Jugendstrafrecht unterworfen anzusehen.

Literaturverzeichnis

Aebersold, P., Pruin, I. & Weber, J. (2024). Schweizerisches Jugendstrafrecht (4. Aufl.). Bern: Stämpfli Verlag.

Duensing, F. (1908). Einige Gedanken über die Erziehung von Arbeiterkindern. In A. Erkelenz (Hrsg.), Arbeiterjahrbuch (S. 120–129). Berlin-Schöneberg: Hilfe.

Eisenberg, U. & Kölbel, R. (2024). Neuausrichtung der Jugendstrafe wegen Schwere der Schuld? Neue Zeitschrift für Strafrecht, 44 (2), S. 79–85.

Friedheim, C. (1923). Der Erziehungsgedanke im Jugendstrafrecht. Maschinenschriftliche Dissertation, Hamburg.

Höynck, T. (2024). Anmerkung zu BGH 5 StR205/23 v.13.09.23. Strafverteidiger, (2), S. 125–129.

Köhne, P. (1913). Die Minderjährigen im Strafrecht, Strafprozeßrecht und Strafvollzuge. In F. Duensing (Hrsg.), Handbuch für Jugendpflege (S. 115–133). Langensalza: Beyer.

Köhne, P. (1908). Entwurf zu einem Reichsgesetz, betreffend die Ahndung und Verfolgung strafbarer Handlungen, welche von jugendlichen Personen begangen werden, nebst Begründung. Berlin: Guttentag.

Morisse, H. (2013). Ausgrenzung und Verfolgung der Hamburger jüdischen Juristen im Nationalsozialismus. Band II: Beamtete Juristen. Göttingen: Wallstein.

Nehlsen, H. (1992). Der Zweite Weltkrieg in seiner Wirkung auf das Strafrecht während der NS-Zeit – Der Krieg als Argument. In H. Nehlsen, V. Schubert & G. Grimm (Hrsg.), Der Zweite Weltkrieg und die Gesellschaft in Deutschland 50 Jahre danach (S. 311–362). St. Ottilien: EOS Verlag. Online verfügbar unter: https://epub.ub.uni-muenchen.de/9415/1/9415.pdf (letzter Abruf am: 19.03. 2024).

Nitsch, M. (1999). Private Wohltätigkeitsvereine im Kaiserreich. Die praktische Umsetzung der bürgerlichen Sozialreform in Berlin. Reprint 2012. Berlin, Boston: de Gruyter.

Pieplow, L. (2024). Behutsames Verantwortlichmachen – Der Erziehungsgedanke im Jugendstrafrecht. In H. Hoffmann & E. Matthes (Hrsg.), 100 Jahre Reichsjugendwohlfahrtsgesetz und Reichsjugendgerichtsgesetz. Meilensteine für die Rechte und Pflichten von Kindern und Jugendlichen? (S. 174–199). Göttingen: Vandenhoeck & Ruprecht.

Pieplow, L. (2022a). Clara Friedheim. Der Erziehungsgedanke im Jugendstrafrecht. Zeitschrift für Jugendkriminalrecht und Jugendhilfe, 33 (1), S. 16–20.

Pieplow, L. (2022b). Aus dem Gerichtssaal. Anmerkung zur mündlichen Verhandlung des BGH (5 StR 115/21) am 13.12.2021. Zeitschrift für Jugendkriminalrecht und Jugendhilfe, 33 (1), S. 56–58.

Pieplow, L. (1989). Erziehung als Chiffre. In M. Walter (Hrsg.), Beiträge zur Erziehung im Jugendkriminalrecht (S. 5–58). Köln u. a.: Heymann.

Ramcke, W. (1959). Die Jugendstrafgerichtsbarkeit in Hamburg während der Zeit von 1909–1923. Rechtswissenschaftliche Dissertation, Hamburg.

Ruschewey, H. (1918). Die Entwicklung des Deutschen Jugendgerichts. Weimar: Dietsch & Brückner.

Schneider, A., Kleimann, M. & Pieplow, L. (2023). Anmerkung zur Revisionshauptverhandlung und dem Beschluss des 5. Senats des BGH vom 13.09.2023 - 5 StR 205/23. Zeitschrift für Jugendkriminalrecht und Jugendhilfe, 34 (4), S. 354–355.

Schubert, W. (Hrsg.) (2001). Ausschuss für Jugendrecht, Arbeitsgemeinschaften für Jugendarbeitsrecht und Jugendstrafrecht (1934–1941). Frankfurt a. M., Bern u. a.: P. Lang.

‚Blindflug'?! – Normsetzung und Normanwendung in der Jugendkriminalrechtspflege im Lichte der empirischen Sanktions- und Wirkungsforschung*

Wolfgang Heinz

Jugendkriminalrecht ist – im Unterschied zum Allgemeinen Strafrecht – weitestgehend täterorientiert. Die Sanktionen sollen gem. § 2 I JGG den jungen Menschen befähigen, künftig ein straftatenfreies Leben zu führen. Ob die zur Verfügung stehenden Sanktionen sowie ihre konkrete Anwendung hierzu geeignet und erforderlich sind, ist eine empirisch zu klärende Frage. Es genügt nicht, dies zu hoffen oder zu glauben, es bedarf der empirischen Prüfung und Bestätigung.

Die Sanktionsforschung zeigt, dass die Praxis grundsätzlich die evidenzbasierten gesetzgeberischen Annahmen hinsichtlich der Normanwendung umsetzt. Dies zeigt insbesondere der Gebrauch der Diversionsmöglichkeiten sowie die Zurückdrängung von Jugendarrest und Jugendstrafe.

Allerdings gibt es auch eine ganze Reihe von Feldern, in denen die Normanwendung abweicht von den gesetzgeberischen Annahmen. Dies ist zum einen die Nähe der Sanktionierungspraxis zum Allgemeinen Strafrecht, vor allem durch tatstrafrechtliche Sanktionsbemessung und durch die Dominanz ahnender statt chancenverbessernder, stützender oder helfender Sanktionen. Zum anderen bestehen große regionale Unterschiede, die auf divergenten Auffassungen hinsichtlich der spezialpräventiven Eignung von Sanktionen beruhen.

Die bestehenden Defizite liegen nur zum Teil in der Normsetzung. Sie liegen überwiegend im unzulänglichen Stand der Wirkungsforschung, der unzureichenden Vermittlung des Forschungsstandes sowie den zu geringen verfügbaren personellen und sächlichen Ressourcen. Daraus ergeben sich zahlreiche Handlungsempfehlungen, die sich an den Gesetzgeber im Bund und in den Ländern richten, an die Wissenschaft sowie an die in der Jugendkriminalrechtspflege Tätigen.

---

* Der vorliegende Text ist aus Raumgründen stark gekürzt, die Fundstellennachweise sind gestrichen, ausgenommen solche für wörtliche Zitate. Nicht enthalten sind ferner die dem Beleg der Thesen dienenden Schaubilder und Datenblätter. Der vollständige Text ist unter gleichem Titel jedoch unter https://www.jura.uni-konstanz.de/ki/sanktionsforschung-kis/ verfügbar und kann dort heruntergeladen werden.

1   Verpflichtung aller staatlichen Organe zu evidenzbasiertem Handeln

Die neuere Staatslehre lehrt, der moderne Staat sei – idealtypisch – ein rationaler Staat; ‚Wissen' sei die Grundlage staatlichen Handelns.[1] Diese Verpflichtung auf Rationalität sei rechtsstaatlich fundiert. Legislative, Exekutive und Judikative sollen sich dementsprechend nicht von „Spekulationen, Magie, Intuition, Metaphysik, Religion oder unhinterfragten Traditionen leiten lassen [...], sondern von nachvollziehbaren, ‚vernünftigen' Gründen."[2] Dem entspricht, dass zunehmend eine Orientierung sämtlicher staatlicher Organe am Stand der wissenschaftlichen Erkenntnis gefordert wird, angefangen vom BVerfG, über das Ministerkomitee des Europarates bis zu den beiden ersten Periodischen Sicherheitsberichten der Bundesregierung. Selbst in den Koalitionsverträgen von 2018 und 2021 wurde eine Orientierung der Kriminalpolitik an „Evidenz" vereinbart.

Wenn Evidenzen fehlen, befinden sich Normsetzung und Normanwendung im „Blindflug". Dies bedeutet, dass hinreichend sicheres Wissen hinsichtlich des Regelungsgegenstandes und/oder hinsichtlich der für die Problemlösung als geeignet und für erforderlich gehaltenen Maßnahmen fehlt. In einem rationalen Staat genügt es aber nicht, etwas nur zu meinen, zu erwarten, zu glauben, zu hoffen oder zu behaupten. Es muss hinreichend sichere, empirisch bestätigte Anhaltspunkte dafür geben, dass die Probleme des Regelungsgegenstandes bekannt und die ergriffenen Maßnahmen zur Problemlösung geeignet und erforderlich sind.

Dies gilt in besonderem Maße für das täterorientierte, in erster Linie spezialpräventive Jugendstrafrecht. Einem Strafrechtssystem, das durch die Bestrafung einen Ausgleich der erfolgten Rechtsverletzung herbeiführen will (Schuldausgleich, Vergeltung, Sühne usw.), können und dürfen die Folgen einer Bestrafung gleichgültig sein. Ein präventives Strafrecht muss sich dagegen der empirischen Prüfung stellen. Denn die Strafe ist in einem folgenorientierten System nur dann gerechtfertigt, wenn sie zur Erreichung dieser Präventionsziele prinzipiell geeignet und erforderlich (also einer weniger eingriffsintensiven Alternative in der Wirkung überlegen) ist, was wiederum entsprechendes Wissen hierüber voraussetzt. Solange verlässliche und abgesicherte Erkenntnisse darüber fehlen, welche Sanktion für welches Problem unter welchen Bedingungen die

---

[1]   Fassbender, 2006; Voßkuhle, 2008; jeweils m. w. N.
[2]   Voßkuhle, 2008, S. 14.

besten Ergebnisse erzielt, ist eine rationale Entscheidung zwischen Alternativen nicht möglich, sondern nur ‚Blindflug‘.

2 Evidenzbasierte Grundlagen zu Jugendkriminalität und zu Wirkungen strafrechtlicher Sanktionen

In der Begründung zum 1. JGGÄndG von 1990 hat der Gesetzgeber jugendkriminologische Einsichten und zentrale Erkenntnisse der Wirkungsforschung bündig zusammengefasst:

- „Neuere kriminologische Forschungen haben erwiesen, dass Kriminalität im Jugendalter meist nicht Indiz für ein erzieherisches Defizit ist, sondern überwiegend als entwicklungsbedingte Auffälligkeit mit dem Eintritt in das Erwachsenenalter abklingt und sich nicht wiederholt. Eine förmliche Verurteilung Jugendlicher ist daher in weitaus weniger Fällen geboten, als es der Gesetzgeber von 1953 noch für erforderlich erachtete.
- Untersuchungen zu der Frage, inwieweit der Verzicht auf eine formelle Sanktion zugunsten einer informellen Erledigung kriminalpolitisch von Bedeutung ist, haben – jedenfalls für den Bereich der leichten und mittleren Jugenddelinquenz – zu der Erkenntnis geführt, dass informellen Erledigungen als kostengünstigeren, schnelleren und humaneren Möglichkeiten der Bewältigung von Jugenddelinquenz auch kriminalpolitisch im Hinblick auf Prävention und Rückfallvermeidung höhere Effizienz zukommt.
- Es hat sich weiterhin gezeigt, dass die in der Praxis vielfältig erprobten neuen ambulanten Maßnahmen (Betreuungsweisung, sozialer Trainingskurs, Täter-Opfer-Ausgleich) die traditionellen Sanktionen (Geldbuße, Jugendarrest, Jugendstrafe) weitgehend ersetzen können, ohne dass sich damit die Rückfallgefahr erhöht.
- Schließlich ist seit langem bekannt, dass die stationären Sanktionen des Jugendstrafrechts (Jugendarrest und Jugendstrafe) sowie die Untersuchungshaft schädliche Nebenwirkungen für die jugendliche Entwicklung haben können.“[3]

Bestätigt und weiter differenziert wurden diese Grundlagen in den Periodischen Sicherheitsberichten der Bundesregierung.

---

[3] Entwurf der Bundesregierung: Entwurf eines Ersten Gesetzes zur Änderung des Jugendgerichtsgesetzes (1. JGGÄndG) vom 27.11.1989, BT-Drs. 11/5829, S. 1.

3   Normsetzung im Lichte der Sanktionsforschung

Die damaligen – und auch heute noch unverändert gültigen – nationalen und internationalen Forschungsergebnisse zur Jugendkriminalität und zur Wirkungsforschung wurden im 1. JGGÄndG von 1990 berücksichtigt. Es war freilich nur ein erster Schritt in die richtige Richtung. Unstreitig war, dass weiterer Reformbedarf bestand und besteht. Dieser Bedarf wurde durch die folgenden Änderungsgesetze, die überwiegend dem neuen, nicht evidenzbasierten ‚Sicherheitsdenken' geschuldet waren (Sicherungsverwahrung, Anhebung der Jugendhöchststrafe für Mord, Jugendarrest gem. § 16a JGG, Erweiterung des Fahrverbots), nicht umgesetzt. Es gab jedoch drei gewichtige Ausnahmen von diesem ‚Sicherheitsstrafrecht'. 2007 wurde die spezialpräventive Zielsetzung des JGG in § 2 Abs. 1 JGG geregelt. 2019 wurde die Stellung und Mitwirkung der Jugendgerichtshilfe etwas verbessert. 2021 wurde die Soll-Bestimmung einer umfassenderen Qualifikation der Jugendrichter*innen und Jugendstaatsanwält*innen festgeschrieben.

Hinsichtlich der Umsetzung von zahlreichen Reformvorschlägen besteht dagegen Stillstand. Stichworte dieser teils durch die Wirkungsforschung begründeten, teils rechtlich gebotenen Reformen sind u. a.: Jugendakademie, volle Einbeziehung der Heranwachsenden, Obergrenze für Arbeits- und Geldauflage, Abschaffung des Jugendarrests und der Jugendstrafe wegen schädlicher Neigungen, Einschränkung der verbleibenden Jugendstrafe usw.

4   Normanwendung in Übereinstimmung mit den evidenzbasierten Zielen des Gesetzgebers

4.1   Einbeziehung der Heranwachsenden in das Jugendstrafrecht

Die Einbeziehung der Heranwachsenden in das Jugendstrafrecht war schon für das JGG 1923 gefordert worden, damals erfolglos. Die mit dem JGG 1953 erfolgte (partielle) Einbeziehung der Heranwachsenden in das Jugendstrafrecht wurde durch die höchstrichterliche Rechtsprechung wesentlich gefördert. Der Anteil der nach JGG verurteilten Heranwachsenden an allen verurteilten Heranwachsenden stieg von 22 % (1955) auf 67 % (2012). Der seitherige Rückgang auf 61 % (2021) beruht teilweise auf einer rückläufigen Einbeziehung nicht deutscher

Heranwachsender. Bei deutschen Heranwachsenden liegt die Einbeziehungs-
rate weiterhin unverändert hoch bei derzeit 66 %.[4]

4.2　Zunehmender Gebrauch von informellen Sanktionen

Durch das JGG 1923 wurde erstmals das Legalitätsprinzip, das bei hinreichen-
dem, eine Verurteilung überwiegend wahrscheinlich machendem Verdacht,
eine Anklagepflicht vorsah, durch das Subsidiaritäts- bzw. Opportunitätsprinzip
durchbrochen. Durch die JGG 1943 und 1953 sowie das JGGÄndG 1990 wurden
diese sog. Diversionsvorschriften weiter ausgebaut. Ihnen lag und liegt primär
das präventive Ziel zugrunde, stigmatisierende Effekte und soziale Diskriminie-
rungen sowie eine zur Erreichung des jugendstrafrechtlichen Erziehungsziels –
Rückfallvermeidung – nicht erforderliche Belastung der betroffenen jungen
Menschen zu vermeiden. Die in den letzten Jahren – nicht nur, aber doch auch
– betonten verfahrensökonomischen Aspekte – Entlastung der Strafjustiz und
Verfahrensbeschleunigung durch Abbau unnötiger Sozialkontrolle – hatten
demgegenüber Nachrang.

Entsprechend diesen Zielsetzungen hat die Praxis von den Diversionsmöglichkeiten der §§ 45, 47 JGG in zunehmendem Maße Gebrauch gemacht. Zwischen 1981, dem Jahr, aus dem erstmals statistische Nachweise auch zur Ein-
stellungspraxis der Staatsanwaltschaften vorliegen, und 2021 dürfte sich die
Diversionsrate von 44 % auf 78 % erhöht haben.

Eine informelle Sanktionierung gem. §§ 45, 47 JGG erfolgt seit Mitte der
1980er Jahre häufiger als eine Verurteilung. Dies entspricht dem kriminalpolitischen Konzept des Gesetzgebers, der eine Verfahrenseinstellung für spezialpräventiv aussichtsreich und verantwortbar hält.

---

[4]　Die letzte Ausgabe der Strafverfolgungsstatistik lag bei Fertigstellung des Manuskriptes für
　　　das Berichtsjahr 2021 vor. Hierauf beziehen sich, sofern weitere Angaben fehlen, die Da-
　　　ten.

4.3   Zurückdrängung freiheitsentziehender Sanktionen

4.3.1 Veränderte Struktur der Verurteilten infolge von Diversion und vermehrter Einbeziehung von Heranwachsenden

Als Folge sowohl der vermehrten Einbeziehung der Heranwachsenden (vor allem mit schweren Delikten) in das Jugendstrafrecht als auch des zunehmenden Gebrauchs von Diversion hat sich die Struktur der Verurteilungen zu schweren Deliktsformen hin verschoben. Zwischen 1980 und 2021 ging der Anteil der Verurteilungen wegen Diebstahls oder Unterschlagung von 40 % auf 18 % zurück; der Anteil der Straßenverkehrsdelikte sank von 30 % auf 9 %. Demgegenüber stieg der Anteil der Gewaltdelikte von 9 % auf 26 %, derjenige der Rauschgiftdelikte von 4 % auf 19 %. Zu erwarten war deshalb eine Zunahme des Anteils sowohl von Jugendarrest als auch von Jugendstrafe. Dies war indes insgesamt gesehen nicht der Fall.

4.3.2 Zurückdrängung des Jugendarrestes

Der 1940 eingeführte Jugendarrest wurde bereits kurz nach seiner Einführung in hohem Maße genutzt (1942: 72 %). An dieser Sanktionierungspraxis wurde auch nach 1945 weitgehend festgehalten. Von keiner Sanktionsart des JGG wurde in den 1950er Jahren so viel Gebrauch gemacht wie vom Jugendarrest. 1950 lauteten noch 52 % aller Urteile – damals nur gegen Jugendliche – auf Jugendarrest.

Aufkommen und Verbreitung der sog. neuen ambulanten Maßnahmen sowie die Kritik am Jugendarrest führten in der zweiten Hälfte der 1960er Jahre zu einem deutlichen Rückgang (1975: 22 %). Der Gesetzgeber des 1. JGGÄndG von 1990 ging sogar davon aus, „dass die in der Praxis vielfältig erprobten neuen ambulanten Maßnahmen [...] die traditionellen Sanktionen (Geldbuße, Jugendarrest, Jugendstrafe) weitgehend ersetzen können [...].“[5] Diese Erwartung erfüllte sich nicht. Der Anteil der Verurteilungen zu Jugendarrest als schwerster Sanktion stieg vielmehr nach 1991 (16 %) sogar bis 2006 (20 %) leicht an. Seitdem sind die Anteile wieder zurückgegangen auf (2021) 13 %.

---

5   BT-Drs. 11/5829, S. 1.

4.3.3 Zurückdrängung insbesondere der unbedingten Jugendstrafen durch vermehrte Strafaussetzung zur Bewährung

Die Jugendstrafrate ist insgesamt gesehen leicht gestiegen. Von anfänglich rund 10 % (1955) stieg sie an auf rund 15 % in den 1970er und 1980er Jahren, 1994 wurde mit 19 % ein Gipfel erreicht, seitdem sind die Anteile wieder rückläufig. In den letzten knapp zwei Jahrzehnten bewegen sie sich zwischen 15 % und 16 %, also fast wieder auf dem Niveau der 1970er Jahre.

Innerhalb der Jugendstrafen gab es einen Rückgang der Jugendstrafen bis zu 12 Monaten (3,0 Prozentpunkte) und – zwischen 1980 und 2021 – einen Anstieg der Jugendstrafen zwischen 12 und 24 Monaten um 3,7 Prozentpunkte. Zugenommen, aber weniger stark, haben auch die Jugendstrafen von mehr als 24 Monaten. Auf sie entfielen 1980 1,2 % und 2021 2,5 % aller Verurteilungen. Überwiegend handelt es sich hierbei um Strafen zwischen zwei und drei Jahren. Bei Berücksichtigung der zu schwereren Formen hin veränderten Deliktsstruktur kann aber nicht von einer Verschärfung der Sanktionierungspraxis ausgegangen werden. Bezogen auf Sanktionierte (informell gem. §§ 45, 47 JGG oder durch Verurteilung formell Sanktionierte) sind Jugendstrafen (insgesamt, bedingt oder unbedingt) stark rückläufig.

Die Rate der zu unbedingt verhängter Jugendstrafe erfolgten Verurteilungen war zwischen 1960 und 1980 deutlich gesunken auf ca. 5 %, danach – zwischen 1990 und 1995 – ist sie wieder etwas angestiegen auf rund 7 %, seit der Jahrtausendwende jedoch wieder leicht zurückgegangen auf durchschnittlich etwas über 6 % (2021: 5,9 %). Dieser Rückgang beruht weitgehend auf dem zunehmenden Gebrauch von Strafaussetzungen zur Bewährung.

Aussetzungsfähig waren seit 1953 (bestimmte) Jugendstrafen von nicht mehr als einem Jahr. Das 1. StrRG 1969 erweiterte den Anwendungsbereich auf Jugendstrafen, die zwei Jahre nicht übersteigen. Infolge der Zunahme von Strafen von mehr als 2 Jahren ist der Anteil der aussetzungsfähigen Jugendstrafen zwar zurückgegangen (1980: 91 %; 2021: 84 %), was aber durch vermehrte Aussetzungen kompensiert wurde (1980: 68 %; 2021 74 % der aussetzungsfähigen Jugendstrafen). Die Aussetzungsraten der verhängten Jugendstrafen bis 12 Monate einschließlich unterscheiden sich nur noch geringfügig. Aber selbst bei den Jugendstrafen zwischen einem Jahr und zwei Jahren wurden 2021 67 % der Jugendstrafen zur Bewährung ausgesetzt.

Die durch das 1. StrRG erfolgte Ausweitung der Aussetzungsmöglichkeit auf Jugendstrafen von einem Jahr bis zu unter zwei Jahren führte zum Einbezug von Gruppen, die als stärker risikobelastet angesehen worden waren. Die Bewährungshilfestatistik (BewHiStat) zeigt, dass der deshalb befürchtete Anstieg der Widerrufsraten unbegründet war. Denn die Bewährungsraten sind – bei konservativer, nur Widerruf bzw. Straferlass/Ablauf der Unterstellung berücksichtigenden Betrachtung – stetig gestiegen auf derzeit 81 %. Werden freilich auch die sonstigen Beendigungsgründe nach Jugendstrafrecht (Einbeziehung in ein neues Urteil, Verhängung der Jugendstrafe gem. § 61b JGG) als Misserfolg gewertet, dann würde die Bewährungsrate nur noch knapp 60 % betragen, sie wäre auch nicht angestiegen, sondern weitgehend konstant geblieben. Aber auch dies wäre ein ‚Erfolg‘, weil dieses Ergebnis erzielt wurde trotz vermehrter Einbeziehung von als stärker risikobelastet geltenden Probanden.

5   Normanwendung in Abweichung von den jugendkriminalpolitischen Zielsetzungen des Gesetzgebers – mehr tat- als täterorientierte Normanwendung

5.1   Die Diversionspraxis ist orientiert an der Schwere der Tat

Die Diversionsraten im Jugendstrafrecht (2021: 78 %) sind höher als im Allgemeinen Strafrecht (2021: 52 %). Diese höhere Diversionsrate beruht aber ausschließlich auf dem mehr als doppelt so hohen Anteil der Einstellungen unter Anregungen/Auflagen gem. §§ 45 II, III, 47 JGG (2021: 42 %) im Vergleich zu § 153a StPO (2021: 16 %). Der Anteil der folgenlosen Einstellung beträgt derzeit sowohl nach § 45 I JGG als auch nach §§ 153 I, 153b I StPO jeweils 36 %.

Bei vergleichbaren Deliktsgruppen stellt die StA im Allgemeinen Strafrecht zumeist und häufiger folgenlos (§§ 153, 153b StPO) ein als im Jugendstrafrecht (§ 45 Abs. 1 JGG). Bei vorsätzlichen Köperverletzungen wurden 2021 12 % der nach JGG anklagefähigen Ermittlungsverfahren gem. § 45 I JGG, von den nach StGB anklagefähigen Ermittlungsverfahren wurden dagegen 26 % gem. §§ 153, 153b StPO eingestellt. Bei Diebstahl/Unterschlagung waren es 34 % vs. 36 %, bei Betrug/Untreue 30 % vs. 38 %. Die Jugendstaatsanwaltschaften haben möglicherweise andere Maßstäbe entwickelt als die Staatsanwaltschaften im Allgemeinen Strafverfahren, die Schwerpunktstaatsanwaltschaften zur Bekämpfung von Wirtschaftskriminalität bekanntlich noch einmal andere.

Auswertungen von BZR-Daten zeigen ferner, dass Diversion in Abhängigkeit von der Deliktsart bzw. -schwere angewendet wird und mit der Deliktsschwere die folgenlose Einstellung ab- und die Intensität der informellen Sanktion zunimmt.

Aktenanalysen zufolge wird die Diversionsentscheidung in erster Linie bestimmt durch Tatmerkmale, durch die Zahl der Vorbelastungen sowie durch regionale Unterschiede.

Insgesamt entspricht dieses Reaktionsmuster eher dem tatstrafrechtlich orientierten Erwachsenenstrafrecht als dem spezialpräventiven Jugendstrafrecht.

5.2 Ahndende Sanktionen dominieren im ‚Sanktionencocktail'

Unter den insgesamt nach JGG durch Urteil verhängten Sanktionen dominieren die ahndenden, auf die Weckung von Unrechtseinsicht abzielenden Sanktionen (Zuchtmittel, unbedingte Jugendstrafe). 2021 entfielen hierauf 64 %. Auf Erziehungsmaßregeln entfielen 2021 30 % aller Sanktionen, auf eine bedingte Jugendstrafe in Verbindung mit Bewährungshilfe weitere 6 %.

Die Möglichkeit des „Sanktionencocktails" gem. § 8 JGG wird intensiv genutzt. Zwei von drei Erziehungsmaßregeln werden derzeit in Kombination mit anderen, schwereren Sanktionen (Zuchtmittel oder Jugendstrafe) verhängt. In 74 % aller Verurteilungen war 2021 die schwerste Sanktion eine ahndende.

5.3 Die ‚neuen ambulanten Maßnahmen' fristen ein Nischendasein

Der Gesetzgeber des 1. JGGÄndG 1990 verankerte die in der ‚JGG-Reform von unten' erprobten ‚neuen ambulanten Maßnahmen' (NAM) in der Erwartung, diese könnten „die traditionellen Sanktionen (Geldbuße, Jugendarrest, Jugendstrafe) weitgehend ersetzen."[6] Ob und in welchem Maße die Praxis überhaupt von ambulanten Maßnahmen, insbesondere von solchen der NAM, Gebrauch macht, wird in der StVerfStat nicht erfasst. 1994 wurde eine repräsentative Bestandsaufnahme des NAM-Angebots einmalig in Auftrag gegeben und durchgeführt. Seitdem gibt es nur einige wenige, auf bestimmte Zeiträume und Länder bzw. Kreise/Städte beschränkte Studien.

Derartige Bestandsaufnahmen können zwar das bestehende Angebot und die von den Projektbetreibern gewünschten bzw. ausgeschlossenen Zielgruppen ermitteln, sie erlauben aber keine Aussage darüber, in welchem Umfang dieses

---

6   BT-Drs. 11/5829, S. 1.

Angebot durch die Jugendkriminalrechtspflege auch genutzt wird. Aktenanalysen belegen ein ‚Nischendasein‘ der NAM, deuten auf eine eher rückläufige Entwicklung und auf eine erwartungswidrig hohe Kombination mit Zuchtmitteln
hin. Bestätigt wurden diese Befunde durch das Jugendgerichtsbarometer, eine
2013 erstmals durchgeführte und 2021/22 wiederholte Online-Befragung von
Jugendstaatsanwält*innen und Jugendrichter*innen. Insgesamt zeigte sich einerseits eine geringe Bedeutung des Täter-Opfer-Ausgleichs, der Betreuungsweisung und des Sozialen Trainingskurses sowie andererseits die Dominanz der
punitiven Maßnahmen (Arbeitsauflagen). Der Mehrheit der Befragten gab in
der Wiederholungsbefragung an, auf NAM entfielen zwischen 1 % und 10 % der
angeregten/angeordneten Maßnahmen.[7] Etwaige Pandemieeffekte konnten allerdings nicht geklärt werden.

5.4 Der Jugendarrest gem. § 16a JGG dient nicht der Erweiterung der Strafaussetzung zur Bewährung, sondern ist zusätzliche stationäre Sanktion

Nach einer kontrovers geführten rechts- und kriminalpolitischen Diskussion
wurde 2013 der Jugendarrest gem. § 16a JGG – Jugendarrest neben den Bewäh-
rungsformen der §§ 21, 27, 61 JGG – eingeführt. Mit diesem neuen Institut verband der Gesetzgeber mehrere Erwartungen, u. a. § 16a JGG führe zu vermehrter Strafaussetzung zur Bewährung. Die Daten der StVerfStat zeigen indes, dass
durch § 16a JGG nicht die unbedingten Jugendstrafen zurückgedrängt, sondern
vermehrt – bis 2020 einschließlich – mit Jugendarrest gem. § 16a JGG gekop-
pelte Jugendstrafen verhängt worden sind. Erstmals 2021 zeigte sich ein Rückgang der unbedingten Jugendstrafe. Es wird abzuwarten sein, ob dies der Anfang einer Trendwende ist.

5.5 Von stationären Sanktionen wird im Jugendstrafrecht häufiger Gebrauch gemacht als im Allgemeinen Strafrecht

Der Gesetzgeber des 1. JGGÄndG 1990 wies darauf hin, die stationären Sanktionen könnten „schädliche Nebenwirkungen für die jugendliche Entwicklung"
haben.[8] Jüngst hat Ostendorf noch einmal resümiert: „Bei den stationären

7   Höynck, Freuwört et al., 2022, S. 86.
8   BT-Drs. 11/5829, S. 1.

Sanktionen des Arrests und der Jugendstrafe ohne Bewährung werden im Vollzug zwar erzieherische Maßnahmen angeboten und durchgeführt, doch die mit der Freiheitsentziehung verbundenen Einbußen von Privatsphäre, die Trennung von der Familie, von Freund*innen, die Herausnahme aus der Schule, aus der Ausbildung, aus dem Arbeitsverhältnis, die totale Reglementierung des Tagesablaufs, der Verlust von Kommunikationsmitteln sind so dominant, dass dagegen die erzieherischen Maßnahmen verblassen.“[9]

Dies alles ist bekannt, weshalb die Häufigkeit freiheitsentziehender Sanktionen im Jugendstrafrecht deutlich hinter dem eher tatvergeltenden Allgemeinen Strafrecht zurückbleiben müsste. Die statistischen Daten bestätigen diese Erwartung jedoch nicht. Vielmehr scheinen sie die These zu belegen, von stationären Sanktionen werde im Jugendstrafrecht sogar häufiger Gebrauch gemacht als im Allgemeinen Strafrecht.

Zweifelsfrei bestätigen lässt sich diese These mit den Daten der StVerfStat jedoch nicht. Denn zum einen wird das deliktsspezifische Strafmaß der nach JGG Verurteilten wegen § 31 JGG überschätzt, zum anderen führt der höhere Diversionsanteil zu einer stärkeren Konzentration von schweren Kriminalitätsformen unter den nach JGG Verurteilten. Andererseits ist die Kriminalität von Jugendlichen und Heranwachsenden insgesamt in der Regel weniger schwer und der Vorbelastetenanteil geringer.

Den Daten der StVerfStat zufolge war 2021 der Anteil der zu Jugendstrafe Verurteilten mit 15,6 % etwas höher als der Anteil der zu Freiheitsstrafe Verurteilten (14,8 %). Werden auch die zu Jugendarrest Verurteilten (12,7 %) berücksichtigt, dann ist der Anteil der freiheitsentziehenden Sanktionen im Jugendstrafrecht doppelt so hoch wie im Allgemeinen Strafrecht. Werden nur die stationären Sanktionen (unbedingte Freiheitsstrafe bzw. unbedingte Jugendstrafe und Jugendarrest) berücksichtigt, dann vergrößert sich der Unterschied auf das Vierfache: Der Anteil stationärer Sanktionen beträgt im Allgemeinen Strafrecht 4,4 %, im Jugendstrafrecht aber 18,6 % (5,9 % unbedingte Jugendstrafe, 12,7 % Jugendarrest).

Wegen der unterschiedlichen Deliktsstruktur sind freilich deliktsspezifische Analysen (Körperverletzung, gefährliche Körperverletzung, Diebstahl, Einbruchsdiebstahl, Raub/Erpressung, Betrug, Leistungserschleichung) etwas aussagekräftiger. Für das Berichtsjahr 2021 zeigt die StVerfStat:

- Der Anteil der zu (bedingter oder unbedingter) Freiheitsstrafe Verurteilten war überwiegend nur wenig höher (maximal 5 Prozentpunkte) als derjeni-

---

9   Ostendorf, 2022, S. 174.

ge von Jugendstrafe, lediglich bei den nach Allgemeinem Strafrecht mit
erhöhter Mindeststrafe bedrohten Formen der Schwerkriminalität (gefährliche Körperverletzung, Einbruchsdiebstahl, Raub/Erpressung) war der
Anteil der Freiheitsstrafe weitaus größer.

- Die Anteile der unbedingten Jugendstrafe waren bei Körperverletzung, Betrug, Leistungserschleichung höher als die Anteile der unbedingten Freiheitsstrafen, ein deutlicher Abstand der unbedingten Freiheitsstrafe zur
  unbedingten Jugendstrafe bestand nur bei Raub/Erpressung und Einbruchsdiebstahl, bei gefährlicher Körperverletzung und Diebstahl betrug
  der Abstand weniger als 5 Prozentpunkte.
- Die Anteile der stationären Sanktionen (unbedingte Jugendstrafe, Jugendarrest) waren – Raub/Erpressung, Einbruchsdiebstahl ausgenommen – bei
  den in den Vergleich einbezogenen Delikten zwischen 10 und 20 Prozent-
  punkten bei Verurteilungen nach Jugendstrafrecht höher.
- Freiheitsstrafen von mehr als 24 Monaten wurden nur bei Raub/Erpres-
  sung wesentlich häufiger verhängt als Jugendstrafe von mehr als 24 Monaten (Differenz: 21 Prozentpunkte). Bei Einbruchsdiebstahl waren es nur
  noch 4 Prozentpunkte, bei gefährlicher Körperverletzung nur noch 1 Prozentpunkt. Bei den anderen Delikten wurde etwas häufiger Jugendstrafe
  von mehr als 24 Monaten verhängt, selbst bei Leistungserschleichung.

Trotz der Schwächen der Datengrundlage zeigt die Analyse, dass sowohl insgesamt als auch bei vielen Delikten im Jugendstrafrecht häufiger – oder zumindest
nicht weniger häufig – von stationären Sanktionen Gebrauch gemacht wird als
im Allgemeinen Strafrecht. Die den Vergleich beeinträchtigenden Unterschiede
(§ 31 JGG, Diversionsrate) erklären einen Teil der bestehenden Überhöhung. Ob
sie aber auch genügen, um den an sich erwartbaren Abstand auszugleichen, darf
bezweifelt werden. Die These, es werde im Jugendstrafrecht zumindest nicht
seltener stationär sanktioniert als im Allgemeinen Strafrecht, ist deshalb sehr
plausibel.

5.6 Die Vollstreckung einer Jugendstrafe wird nicht so häufig zur Bewährung ausgesetzt wie die Vollstreckung einer Freiheitsstrafe

Dass der Anteil stationärer Sanktionen im Jugendstrafrecht viermal so hoch ist
wie im Allgemeinen Strafrecht ist vor allem Folge der Verhängung von Jugendarrest; aber nicht nur, denn auch Strafaussetzungen zur Bewährung sind im

Jugendstrafrecht nicht ganz so häufig wie im Allgemeinen Strafrecht. Insgesamt werden derzeit 69,9 % aller verhängten Freiheitsstrafen zur Bewährung ausgesetzt, aber nur 62,3 % der Jugendstrafen.

Jugendrichter*innen gehen demnach häufiger als Strafrichter davon aus, ohne die Einwirkung des (Jugend-)Strafvollzugs werde der*die Verurteilte künftig eher wieder straffällig werden als unter der Einwirkung eines Bewährungshelfers oder einer Bewährungshelferin. Denn der Vergleich mit der Sanktionierungspraxis im Allgemeinen Strafrecht zeigt, dass die Aussetzungsraten im Bereich von 6 bis 12 Monate zwar weitgehend übereinstimmen (2021: 81 % Allg. StrR, 82 % JGG), dass aber im Allgemeinen Strafrecht der Anteil der ausgesetzten Freiheitsstrafen zwischen einem Jahr und zwei Jahren höher ist (2021: 74 %) als der entsprechende Anteil im Jugendstrafrecht (2021: 67 %). Erneut muss der Vorbehalt gemacht werden, dass die Vergleichbarkeit wegen § 31 JGG und der höheren Diversionsrate nach JGG begrenzt ist. Andererseits: Die Unterstellung unter Bewährungshilfe ist nach JGG obligatorisch, nach StGB fakultativ.

5.7   Der Anteil der nicht aussetzungsfähigen Jugendstrafen ist höher als der Anteil der nicht aussetzungsfähigen Freiheitsstrafen

Im Allgemeinen Strafrecht sind – Berichtsjahr 2021 – insgesamt 10 % der verhängten Freiheitsstrafen wegen ihrer Dauer nicht aussetzungsfähig. Im Jugendstrafrecht sind es 16 %. Bei deliktsspezifischer Analyse – zuvor unter 5.5 – ist nur bei Raub/Erpressung der Anteil höher, bei allen anderen Delikten ist dagegen der Anteil der nicht aussetzungsfähigen Jugendstrafen höher.

5.8   Härtere Bestrafung der 20-Jährigen im Vergleich mit den 21-Jährigen

Die These, es gebe einen „Zuschlag aus erzieherischen Gründen"[10] lässt sich aus den zuvor genannten Gründen (§ 31 JGG, Unterschiede in der Diversionsrate) weder mit den Daten der StVerfStat noch denen des BZR zweifelsfrei bestätigen.

Nach dem derzeitigen Forschungsstand spricht aber einiges dafür, dass – bei Kontrolle von Delikt und Altersjahrgang (aber erneut ohne Kontrollmöglichkeit

---

10   Vgl. die Nachweise bei Heinz, 2019, S. 1495 ff., Zitat auf S. 1495.

von § 31 JGG) – Heranwachsende, insbesondere die 20-Jährigen, härter sanktioniert werden als die 21-Jährigen, bei einigen Delikten scheint dies auch für die 18- und 19-Jährigen zu gelten. Eine Analyse der Rohdaten der StVerfStat für das Berichtsjahr 2009 ergab bei Einbruchsdiebstahl, dass

- der Anteil der unbedingt verhängten Freiheitsstrafen bei den 21-Jährigen geringer war als der Anteil unbedingter Jugend-/Freiheitsstrafen bei den 20-Jährigen (18,9 % vs. 16,4 %),
- die Internierungsrate (Jugendarrest und unbedingte Jugend-/Freiheitsstrafe) nur noch halb so hoch war wie bei den 20-Jährigen (35,5 % vs. 16,4 %),
- der Anteil der Jugend-/Freiheitsstrafen von mehr als 2 Jahren von 7,8 % auf 3,1 % zurückging.

Bei gefährlicher Körperverletzung zeigt der Vergleich, dass

- der Anteil der unbedingt verhängten Jugend-/Freiheitsstrafen zurückging (14,2 % vs. 9,3 %),
- die Internierungsrate nur noch ein Drittel des Umfangs betrug (33,8 % vs. 9,3 %),
- der Anteil der Jugend-/Freiheitsstrafen von mehr als zwei Jahren von 6,3 % auf 2,2 % zurückging.

Bei diesen beiden Deliktsgruppen wurden 21-Jährige nach Allgemeinem Strafrecht nicht härter, sondern milder bestraft als 20-Jährige.

5.9   Dominanz tatstrafrechtlicher Faktoren bei der ‚Sanktionsbemessung'

5.9.1 Prägnanztendenz bei Verurteilung zu Jugendstrafe

Eine täterorientierte Zumessung der Strafdauer der Jugendstrafe ließe einen geglätteten Kurvenverlauf erwarten lassen. Weigelt konnte aber in seiner Auswertung von BZR-Daten zeigen, dass die einzelnen Strafdauerklassen extrem ungleichmäßig verteilt waren und starke Prägnanztendenzen zeigten (6, 12, 16, 18, 24 Monate), wie sie vergleichbar auch im Allgemeinen Strafrecht bestanden. „Eine derart schematische Strafzumessung ist insbesondere deshalb verwunderlich, wenn man bedenkt, dass allein die individuelle Erziehungsbedürftigkeit des einzelnen jugendlichen Straftäters die Höhe der Strafe bestimmen soll."[11]

5.9.2 Tatstrafrechtliche Faktoren erklären weitgehend die jugendstrafrechtliche Sanktionsentscheidung – Ergebnisse von Aktenanalysen

Nach den vorliegenden Aktenanalysen erklären tatstrafrechtliche Faktoren – Deliktsart, Tatschwere – sowie die justizielle Vorauffälligkeit weitgehend die jugendstrafrechtliche Sanktionsentscheidung, und zwar sowohl im Bereich der informellen als auch der formellen Sanktionen. Genuin täterspezifische Faktoren, wie sozialbiographische Auffälligkeiten, lassen sich zwar ebenfalls als Strafzumessungsfaktoren nachweisen, allerdings ist dieser Zusammenhang deutlich schwächer ausgeprägt. Der nachweisbare Zusammenhang besteht überdies nur in negativer Hinsicht dergestalt, dass mit zunehmenden sozialen Belastungen die Sanktionen gravierender ausfallen.

Im Längsschnitt, also bei Reaktion auf wiederholte Straffälligkeit, zeigt sich statt einer individualisierten Strafzumessung eine zunehmende Sanktionseskalation. Mit der Zahl der Vorbelastungen steigt – bei ansonsten gleichen Merkmalen – die Sanktionshärte (gemessen über Art und Höhe der Sanktion). Mit der Zahl der Vorbelastung nimmt die Wahrscheinlichkeit einer informellen Erledigung ab.

Diese Befunde entsprechen eher dem tatstrafrechtlich orientierten Erwachsenenstrafrecht als dem spezialpräventiven Jugendstrafrecht.

6 Divergente Normanwendung infolge unterschiedlicher Auffassungen hinsichtlich der spezialpräventiven Eignung von Sanktionen

6.1 Regional divergierende Diversionspraxis

Eine Auswertung von BZR-Daten, die eine Differenzierung sowohl der Vorbelastung als auch eine Kontrolle von Alter, Geschlecht, Nationalität und Deliktsart ermöglichen, ergab für das Jahr 2004, dass bei deutschen Ersttäter*innen leich-

---

11 Weigelt, 2009, S. 109.

ter Eigentumsdelikte (§§ 242, 247, 248a StGB als einziges oder schwerstes Delikt) nur geringfügige regionale Unterschiede der Diversionsrate insgesamt
(§§ 45, 47 JGG) bestanden. Es gab aber große Unterschiede bei mehrfach Auffälligen. Beim zweiten Eintrag betrug die Spannweite der Diversionsrate zwischen
den Ländern 51 Prozentpunkte (47,5 % bis 98,5 %), bei mehr als zwei Voreintra-
gungen 68 Prozentpunkte (19,0 % bis 87,3 %). Insbesondere bei wiederholt
Auffälligen waren danach die Risiken einer förmlichen Verurteilung in den Ländern – selbst innerhalb derselben Deliktsgruppe – höchst unterschiedlich.

Die Homogenität der Diversionsrate bei Ersttäter*innen war indes eine nur
scheinbare. Denn sie verdeckte große Unterschiede im Gebrauch der Einstel-
lungsvarianten. Denn zwischen den Ländern reichte die Spannweite der Einstellungen gem. § 45 I JGG von 11,5 % bis zu 85,1 %.

Die unterschiedliche Handhabung, insbesondere von § 45 I JGG, dürfte vor
allem Ausdruck unterschiedlicher Einschätzungen bzw. Alltagstheorien der Jugendstaatsanwaltschaften über die spezialpräventive Wirkung dieser Sanktionsform sein. Einer – nicht repräsentativen – Befragung von Staatsanwält*innen
zufolge, war die Mehrheit der Befragten unentschieden hinsichtlich der Annahme einer besseren spezialpräventiven Wirkung von § 45 I JGG gegenüber
einer förmlichen Sanktionierung. Nur ein Drittel der Befragten ging von einer
besseren Wirkung aus. Wo aber Wissen fehlt, ist ‚Blindflug‘ die Folge.

6.2 Regional divergierende Einbeziehung von Heranwachsenden in das Jugendstrafrecht

Bei schweren Delikten bestehen kaum regionale Unterschiede in der Einbezie-
hungsrate von Heranwachsenden in das Jugendstrafrecht. Ausgeprägt sind dagegen die Unterschiede bei den mittelschweren und den leichten Delikten. 2021
betrug die Spannweite bei Diebstahl/Unterschlagung 47 Prozentpunkte (45 % –
92 %), bei Straßenverkehrsvergehen 65 Prozentpunkte (18 % – 83 %). Das Ausmaß dieser deliktsspezifischen Unterschiede kann weder mit regionalen Unterschieden in der Reifeverzögerung noch mit ‚jugendtypischen Verfehlungen‘
noch mit Unterschieden der Diversionsraten erklärt werden. Keine Rolle dürfte
die Bedeutung der spezialpräventiven Möglichkeiten des Jugendstrafrechts spielen. Es handelt sich offenbar um pragmatische, durch prozessökonomische Erwägungen bestimmte Handlungsroutinen regional unterschiedlicher Justizkul-
turen.

6.3 Regional divergierender Gebrauch stationärer Sanktionen

Der Gesetzgeber ging zutreffend davon aus, dass unter spezialpräventiven Gesichtspunkten stationäre Sanktionen den ambulanten Sanktionen nicht überlegen und deshalb i. d. R. nicht erforderlich sind. Deshalb wäre ein zurückhaltender, regional wenig divergenter Gebrauch zu erwarten.

Die Daten der StVerfStat zeigen bei vergleichbaren Delikten wider Erwarten einen regional höchst unterschiedlichen Gebrauch von stationären Sanktionen.[12] Bei Raub reicht die Spannweite aller Verurteilungen von Jugendlichen zu Jugendarrest oder Jugendstrafe im 10-Jahres-Zeitraum (2012–2021) von 45 % bis zu 89 %, die Internierungsrate – Jugendarrest und unbedingte Jugendstrafe – von 18 % bis zu 58 %. Bei Einbruchsdiebstahl waren die Unterschiede etwas geringer, die Internierungsrate reichte aber auch hier von 21 % bis 45 %. Bei gefährlicher Körperverletzung wurden zwischen 23 % und 67 % der Jugendlichen zu Jugendarrest oder Jugendstrafe verurteilt. Die Internierungsrate erstreckte sich von 15 % bis zu 56 %.

7 Folgerungen aus dem defizitären Stand unseres Wissens[13]

7.1 Adressaten von Defizitfeststellungen und Handlungsempfehlungen

Ungeachtet der zahlreichen und beachtenswerten Reformvorschläge ist festzuhalten, dass das JGG mit seinen informellen und formellen Sanktionsmöglichkeiten ein breites und flexibles Reaktionsinstrumentarium enthält, das die Erreichung des in § 2 I JGG formulierten Ziels ermöglicht. Defizite sind nur zum Teil im Jugendgerichtsgesetz selbst auszumachen. Die Defizite liegen überwiegend im unzulänglichen Stand der Wirkungsforschung, der unzureichenden Vermittlung des Forschungstandes sowie den zu geringen verfügbaren personellen und sächlichen Ressourcen.

---

12 Die Analyse wurde auf schwere Delikte beschränkt, weil hier Verzerrungen durch Diversion geringer sein dürften. Um den Einfluss von Sondereffekten zu minimieren und um hinreichend große Zahlen zu erhalten, wurden zehn Verurteiltenjahrgänge (hier: 2012–2021) zusammengefasst. Um Effekte durch mögliche regional unterschiedliche Einbeziehung von Heranwachsenden zu vermeiden, wurde die Analyse auf Jugendliche beschränkt.

13 Die Folgerungen greifen einen Teil der Handlungsempfehlungen von Heinz, 2019, S. 2155 ff. auf.

7.2   Was sollte getan werden?

7.2.1 Förderung von Wirkungsforschung

Der Stand der Wirkungsforschung ist unzureichend. Insgesamt gibt es zu wenig Evaluationsstudien; viele Projekte wurden noch nie evaluiert. Soweit es Studien gibt, entsprechen diese zumeist nicht den gegenwärtigen methodischen Standards.   Systematische und den gegenwärtigen Stand der Evaluationsforschung entsprechende Wirkungsforschung ist deshalb zu fördern. Dies kann geschehen durch

- Einrichtung einer nationalen Evaluationsagentur, die mit ausreichenden Mitteln ausgestattet wird, um Projekte der Wirkungsforschung, möglichst nach Begutachtung durch unabhängige Expert*innen, zu vergeben.
- Alternativ kommt die systematische und nachhaltige Förderung von Wirkungsmessung durch Bereitstellung von öffentlichen Mitteln in Betracht. Zielgröße sollten 10 % der für eine Maßnahme bereitgestellten Fördermittel sein.
- Schaffung eines Informationspools, in den die ‚Best-practice‘-Projekte aufgenommen und Informationen hierzu in die Praxis verbreitet werden können.
- Neue Maßnahmen sollten nicht eingeführt werden ohne Begleitforschung, die sich nicht nur auf die summative Evaluation beschränkt, sondern auch die Programmwirksamkeit prüft, also den Grad der Erreichung der Wirksamkeitsziele. Bereits bestehende Maßnahmen sind einer vergleichenden Erfolgskontrolle zu unterziehen.

Valide Evaluation benötigt Zeit; Auftraggeber*innen müssen diese Zeit gewähren.

Selbstevaluation dient der Überprüfung, ob die Standards der eigenen Arbeit eingehalten werden. Sie ist als ein Bestandteil der Qualitätsentwicklung und der Qualitätssicherung notwendig. Mindeststandards für die einzelnen Maßnahmen und Standards für Selbstevaluation sollten, soweit nicht bereits geschehen, erarbeitet werden.

7.2.2 Transparenz der Sanktionierungspraxis durch Verbreiterung der Wissensbasis

Die statistischen Nachweise zur jugendstrafrechtlichen Sanktionierungspraxis sind lückenhaft. Das beste Beispiel hierfür ist die Antwort der Bundesregierung auf die Große Anfrage zum „Jugendstrafrecht im 21. Jahrhundert".[14] Der damalige Stand ist seither nicht besser, sondern teilweise – Einstellung der Bewährungshilfestatistik – sogar schlechter geworden. Um die für eine evidenzbasierte Kriminalpolitik erforderliche Wissensbasis zu schaffen, sind notwendig:

- Schaffung eines Strafrechtspflegestatistikgesetzes,
- Optimierung der Personenstatistiken der Strafrechtspflege,
- Schaffung einer Datenbank für verlaufsstatistische Analysen und
- eine entsprechende Berichterstattung für die staatlichen Organe und die Öffentlichkeit.

7.2.3 Reform des Sanktionrechts des JGG im Spiegel der Wirkungsforschung – eine Auswahl von Empfehlungen

Soweit hinreichend gesicherte Ergebnisse der Wirkungsforschung vorliegen, sind die Befunde insgesamt ermutigend und praktisch umsetzbar.

- Der Täter-Opfer-Ausgleich hat keine messbar ungünstige Wirkung hinsichtlich Legalbewährung; wegen der Berücksichtigung von Opferbelangen und der Konfliktregelung ist er gegenüber formellen ambulanten Sanktionen vorzugswürdig.
- Diversion, das Absehen von Anklage oder Verurteilung, zählt zu den am intensivsten und methodisch am besten untersuchten Bereichen. Empirisch gesichert ist, dass eine informelle Verfahrenserledigung zumindest im Bereich der leichten und mittelschweren Delinquenz keine schlechtere Legalbewährung nach sich zieht als ein formeller Verfahrensabschluss. Allerdings sollten wegen der bestehenden ungleichen Handhabung §§ 45, 47 JGG konkretisiert werden.
- Aus dem Verhältnismäßigkeitsprinzip folgt, dass Obergrenzen für Geld- und Arbeitsweisungen/-auflagen einzuführen sind.
- Nicht bewährt hat sich die Praxis des Jugendarrestes. Jugendarrest ist als ,schädlich' abzuschaffen; dies gilt auch für den Ungehorsams- und den

---

14 BT-Drs. 16/13142 vom 26.05.2009.

sog. Warnschussarrest. Durch einschränkend formulierte Kriterien für die
Verhängung von Jugendstrafe ist einem Ausweicheffekt auf Jugendstrafe
zu begegnen.

- Als vertretbar erwiesen und bewährt haben sich die Alternativen zum Vollzug der Jugendstrafe – auch und besonders nach dem Ausbau von Strafaussetzung und Bewährungshilfe auf stärker belastete Zielgruppen.
- Um Jugendstrafe auch in der Praxis zur Ultima Ratio werden zu lassen, ist
einerseits der Ausbau ambulanter Alternativen erforderlich, andererseits
sind die Voraussetzungen für die Verhängung der Jugendstrafe restriktiver
zu fassen. Überzogene Erwartungen an die Resozialisierungsmöglichkei-
ten des Jugendstrafvollzugs sollten angesichts der Komplexität der Problemlagen der Gefangenen und der begrenzten Lösungsmöglichkeit in Un-
freiheit durch realistische Erwartungen ersetzt werden.
- Der Anwendungsbereich der Strafaussetzung zur Bewährung ist zu erwei-
tern auf mindestens drei Jahre.
- Die Jugendstrafe wegen ‚schädlicher Neigungen‘ ist ersatzlos zu streichen.
- Die Jugendstrafe wegen ‚Schwere der Schuld‘ ist entsprechend den ‚Bei-
jing-Grundsätzen‘[15] zu beschränken auf ‚Gewalttatverbrechen gegen eine
Person oder mehrfach wiederholter anderer schwerer Straftaten‘.
- Aus verfassungsrechtlichen Gründen ist ein Behandlungsvollzug geboten.
- Übergangsmanagement ist i. S. der Wirkungsforschung „vielverspre-
chend" und sollte entsprechend den weiteren Evaluationsergebnissen aus-
gebaut werden.

7.2.4 Förderung von und Verpflichtung zu Fortbildung

Die Befunde zur Sanktionierungspraxis zeigen,

- dass die jugendstrafrechtliche Sanktionierungspraxis weniger spezialpräventiv, als vielmehr in hohem Maße tatstrafrechtlich orientiert ist,
- dass den Erwartungen des Gesetzgebers hinsichtlich eines verstärkten Gebrauchs der neuen ambulanten Maßnahmen nicht entsprochen worden
ist,
- dass in hohem Maße ein ‚Maßnahmencocktail‘ aus Erziehungsmaßregeln
und Zuchtmitteln verhängt wird,

---

[15] 17.1 c) der „Mindestgrundsätze der Vereinten Nationen für die Jugendgerichtsbarkeit (‚Bei-
jing Grundsätze‘)" von 1985 (in deutscher Übersetzung abgedruckt in Höynck, Neubacher
& Schüler-Springorum, 2001, S. 74 ff.).

- dass, von Schwerkriminalität abgesehen, die These plausibel ist, dass im Jugendstrafrecht zumindest nicht seltener stationär sanktioniert wird als im Allgemeinen Strafrecht.

Daraus folgt, es muss mehr Wissen um Jugendkriminalität und um die geeigneten jugendstrafrechtlichen Sanktionen zur Rückfallreduzierung vermittelt werden.

- Eine konsequente Fortentwicklung des Jugendstrafrechts als Sonderstrafrecht für junge Menschen bestünde in der Schaffung einer eigenständigen Jugendgerichtsbarkeit als „Gerichte für besondere Sachgebiete" (Art. 101 II GG), die einen hohen Spezialisierungsgrad erlauben würde.
- § 37 JGG ist von einer Soll-Vorschrift zu einer Muss-Vorschrift hochzustufen, wobei Basiswissen in Jugendkriminologie, Pädagogik und Sozialpädagogik, Jugendpsychologie und -psychiatrie entweder vorhanden sein oder durch eine zeitnahe Ausbildung erworben werden sollten. Nur so ist gewährleistet, dass eine – auch kritische – Auseinandersetzung mit diesen Bezugswissenschaften möglich ist und deren Erkenntnisse in die tägliche Arbeit einbezogen werden können.
- Zur Qualitätssicherung unabdingbar ist eine fortlaufende, obligatorische Aus-, Fort- und Weiterbildung in den genannten Bereichen. Diese Kenntnisse werden im Studium nicht vermittelt. Das Angebot der beiden Richterakademien genügt hierfür nicht. Deshalb sollte eine Jugendakademie aufgebaut und ein entsprechendes Curriculum erarbeitet werden.
- Aus- und Fortbildung sind nicht nur für Jugendstaatsanwält*innen und -richter*innen, sondern für sämtliche am Jugendstrafverfahren beteiligten Berufsgruppen sicherzustellen.

7.2.5 Bereitstellung ausreichender personeller und sachlicher Ressourcen

Erforderlich ist eine ausreichende personelle und sächliche Ressourcenausstattung von Polizei, Jugendhilfe, Jugendbewährungshilfe, Jugendstrafjustiz sowie der Bediensteten im Jugendarrest und Jugendstrafvollzug.

7.2.6 Prävention hat Vorrang vor Repression

(Jugend-)Strafrechtliche Interventionen wirken nur punktuell und zeitlich begrenzt, ihre Problemlösungskapazität ist deshalb sehr begrenzt. Strafrechtliche

Sozialkontrolle kann Mängel und Versäumnisse in anderen Politikfeldern nicht ausgleichen, sie darf auch nicht als Lückenbüßer missbraucht werden. Vorrang müssen die Mittel der primären und sekundären Prävention haben, die anzusetzen sind bei den Familien, den Schulen und in den Kommunen. Durch sie können früher und besser die Entstehungsgründe von Kriminalität beeinflusst werden als durch das regelmäßig zu spät kommende, nur partiell einwirkende und deshalb nur marginale Wirkungen entfaltende Strafrecht.

7.2.7 Eine Praxisreform ist nur durch die Praxis selbst möglich, erforderlich ist eine ‚Jugendgerichtsbewegung 2.0‘

Das Jugendstrafrecht war über viele Jahrzehnte ‚Schrittmacher‘ für das Allgemeine Strafrecht. Der Praxis kam Pionierfunktion zu, insbesondere bei Erprobung der Strafaussetzung zur Bewährung, bei Diversion, beim Täter-Opfer-Ausgleich sowie bei den neuen ambulanten Maßnahmen. Die Praxis war ferner Träger einer erfolgreich durchgeführten „Jugendstrafrechtsreform von unten",[16] die ihren Niederschlag im 1. JGGÄndG fand. Heute ist dagegen (fast) nirgends mehr eine ‚Vorreiterrolle‘ der jugendstrafrechtlichen Praxis erkennbar.

Der ‚Pioniergeist‘, der Mut zum Experiment, die Aufbruchstimmung der 1970er Jahre sind nicht mehr feststellbar. „Eine reformorientierte ‚Jugendgerichtsbewegung‘, die offensiv und überzeugend Verbesserungsvorschläge zum Jugendkriminalrecht in Bevölkerung und Medien tragen würde, existiert nicht."[17] Insgesamt befindet sich die Jugendstrafrechtspraxis und -politik gegenüber den in Teilen der Öffentlichkeit, der Medien und der Politik erhobenen Verschärfungsforderungen in der Defensive.

Viehmann, einer der Väter des 1. JGGÄndG, meinte hinsichtlich der Voraussetzungen für eine erfolgreiche Umsetzung der damaligen Reform:

> „Es wird Zeit, Geld und Geduld benötigen, die Praxis der Jugendgerichtsbarkeit in ihrer Gesamtheit auf die Neuerungen auszurichten und die notwendigen regionalen und lokalen Strukturen zu schaffen – insbesondere im Bereich der ambulanten Maßnahmen durch die Institutionen der öffentlichen Jugendhilfe und durch die freien Träger der Jugendhilfe. Es wird ebenso Zeit und Kraft benötigen, die Menschen, die in der Jugendgerichtsbarkeit Verantwortung tragen, von Geist, Ziel und Anwendung des Gesetzes, seinen wissenschaftlichen Grundlagen und ihren Folgerungen

---

16   Bundesministerium der Justiz, 1989.
17   Gebauer, 2010, S. 206.

zu unterrichten und zu überzeugen sowie die Botschaften des Gesetzes zu vermitteln und in die Praxis umzusetzen. Da werden Informationen wie die Veröffentlichungen des Bundesministeriums der Justiz, der Landesjustizverwaltungen und der Verbände nützlich und Fortbildungsveranstaltungen, wie die der ländereigenen Justizakademien und der Richterakademie in Trier, erforderlich sein."[18]

Es kommt deshalb auf Wissensvermittlung durch Aus- und Fortbildung sowie auf die Bereitstellung der erforderlichen Ressourcen an. Die ‚Reform von unten' hat gezeigt, dass eines der wichtigsten Mittel die Selbstorganisation in Netzwerken und der Erfahrungsaustausch ist. Notwendig ist weniger eine Gesetzesreform als eine Reform durch die Praxis, durch eine von ihr getragene ‚Jugendgerichtsbewegung 2.0'.

7.2.8 Reformen sind leichter, wenn sie auf gesellschaftliche Akzeptanz stoßen

Eine Reform ist leichter, wenn sie nicht gegen, sondern in Übereinstimmung mit gesellschaftlichen Erwartungen erfolgt. Sowohl die Vertreter*innen der Jugendstrafrechtspflege, die Fachverbände als auch die Verantwortlichen in Bund und Ländern sollten deshalb die Erkenntnisse über Jugendkriminalität, über die Wirkungen von Prävention und über die Möglichkeiten des jugendstrafrechtlichen Instrumentariums offensiv vortragen und immer wieder aufklären. Gegenaufklärung gegen Dramatisierung von Jugendkriminalität, gegen Verallgemeinerung von schrecklichen Einzelfällen und gegen kontrafaktische Behauptungen über die Wirksamkeit harter Sanktionen ist mehr denn je notwendig.

Literaturverzeichnis

Fassbender, B. (2006). Wissen als Grundlage staatlichen Handelns. In J. Isensee & P. Kirchhof (Hrsg.), Handbuch des Staatsrechts, Bd. 4 (3. Aufl.) (S. 243–312). Heidelberg: C. F. Müller.

Gebauer, M. (2010). Jugendkriminalrecht – quo vadis? In D. Dölling (Hrsg.), Verbrechen – Strafe – Resozialisierung. Festschrift für Heinz Schöch zum 70. Geburtstag am 20. August 2010 (S. 185–208). Berlin & New York: de Gruyter.

---

18   Viehmann, 1991, S. 258.

Heinz, W. (2019). Sekundäranalyse empirischer Untersuchungen zu jugendkriminalrechtlichen Maßnahmen, deren Anwendungspraxis, Ausgestaltung und Erfolg: Gutachten im Auftrag des Bundesministeriums für Justiz und Verbraucherschutz, Konstanz 2019. Online verfügbar unter: https://www.jura.uni-kon-
stanz.de/ki/sanktionsforschung-kis/gutachten-sekundaeranalyse-empiri-
scher-untersuchungen-zu-jugendkriminalrechtlichen-massnahmen-deren-
anwendungspraxis-ausgestaltung-und-erfolg/ (letzter Abruf am: 16.01.2024).

Höynck, T., Freuwört, A., Holthusen, B. & Willems, D. (2022). Das Jugendgerichtsbarometer 2021/2022. Ergebnisse einer bundesweiten (Wiederholungs-)Befra-
gung von Jugendrichter:innenn und Jugendstaatsanwält:innen. Kassel: kassel
university press.

Höynck, T., Neubacher, F. & Schüler-Springorum, H. (2001). Internationale Menschenrechtsstandards und das Jugendkriminalrecht. Dokumente der Vereinten
Nationen und des Europarates. Mönchengladbach: Forum Verlag Godesberg.

Ostendorf, H. (2022). Der Erziehungsgedanke im Jugendstrafrecht versus jugendadäquate Jugendkriminalprävention. Zeitschrift für Jugendkriminalrecht und Jugendhilfe, 33 (3), S. 172–177.

Viehmann, H. (1991). Die Reform des Jugendkriminalrechts in der Bundesrepublik
Deutschland. Familie und Recht, 2 (5), S. 256–262.

Voßkuhle, A. (2008). Das Konzept des rationalen Staates. In G. Schuppert & A. Voßkuhle (Hrsg.), Governance von und durch Wissen (S. 13–33). Baden-Baden: Nomos.

Weigelt, E. (2009). Bewähren sich Bewährungsstrafen? Göttingen: Universitätsverlag.

Teil 4

Referate aus den Arbeitskreisen

Ungenutzte Potenziale – Die frühzeitige polizeiliche Information der Jugendhilfe (im Strafverfahren) nach § 70 Abs. 2 JGG*

Bernd Holthusen

Mit der JGG-Reform 2019 erfolgte auch eine klarstellende Neuregelung zur frühzeitigen Information der Jugendhilfe durch die Polizei. Die Neuregelung und deren Potenzial zur fachlichen Weiterentwicklung des Jugendstrafverfahrens hat in der Fachdiskussion bislang nur wenig Beachtung gefunden, was sich auch in der teilweisen Nichtumsetzung der Regelung spiegelt. Aus diesem Grund wird in dem Beitrag ausführlich auf die Hintergründe und auf den rechtlichen Rahmen der Neuregelung des § 70 Abs. 2 JGG eingegangen. Auf Grundlage zweier empirischer Studien werden aktuelle Befunde zur (Nicht-)Umsetzung der Regelung und deren Folgen für das Verfahren vorgestellt. Auf dieser Basis werden Herausforderungen für die Jugendhilfe im Strafverfahren in der Kooperation mit weiteren Verfahrensbeteiligten herausgearbeitet und eine (Zwischen-)Bilanz gezogen.

1   Einleitung

Nach § 52 Sozialgesetzbuch (SGB) VIII ist es Aufgabe der Jugendhilfe im Strafverfahren, die jungen Menschen während des *gesamten* Verfahrens zu betreuen. Um diese Aufgabe im Sinne der betroffenen jungen Menschen sachgerecht erfüllen zu können, ist es zwingende Voraussetzung, dass die Jugendhilfe so früh wie möglich über die Einleitung des Verfahrens erfährt. Nicht nur nach den europäischen Vorgaben ist eine frühzeitige Information erforderlich (s. Abschnitt 2), auch im Jugendgerichtsgesetz (JGG) bestehen eindeutige Regelungen (s. Abschnitt 3). Die frühzeitige Information muss durch die Polizei erfolgen, doch die entsprechende Polizeidienstvorschrift ist noch nicht aktualisiert (s. Abschnitt 4). Die frühzeitige Information ist – das zeigen aktuelle empirische Studien (s. Abschnitt 5) – bei weitem nicht überall der Regelfall, durchaus mit weitreichenden Folgen für das weitere Verfahren (s. Abschnitt 6), und regional unterschiedlich.

---

* Verschriftlichung des Vortrags auf dem Arbeitskreis 2: Wer zuerst kommt ... Die Bedeutung der frühzeitigen polizeilichen Information der Jugendhilfe (im Strafverfahren) vor der Beschuldigtenvernehmung (§ 70 Abs. 2 JGG). Zu den intensiven Diskussionen im Arbeitskreis vgl. auch den Beitrag von Schmoll, Holthusen & Kußerow in diesem Band ab S. 355.

Vor diesem Hintergrund zeigt eine Zwischenbilanz, dass die Neuregelungen der JGG-Reform zur angestrebten Stärkung der Rechte junger Menschen im Strafverfahren nur teilweise greifen (s. Abschnitt 7) und sich so entsprechende Herausforderungen zur Weiterentwicklung der Fachpraxis der Jugendhilfe im Strafverfahren/JGH (JuhiS) stellen (s. Abschnitt 8).

2 Der Hintergrund: Die Verpflichtungen aus der Richtlinie (EU) 2016/800

Die Grundlage für das *Gesetz zur Stärkung der Verfahrensrechte von Beschuldigten im Jugendstrafverfahren*, das im Dezember 2019 in Kraft getreten ist (im Folgenden kurz JGG-Reform) bildet die Richtlinie (EU) 2016/800 *über Verfahrensgarantien in Strafverfahren für Kinder, die Verdächtige oder beschuldigte Personen in Strafverfahren sind* (im Folgenden kurz EU-Richtlinie). Da die Mitgliedstaaten verpflichtet sind, die EU-Richtlinien ins nationale Recht umzusetzen, erfolgte in Deutschland die JGG-Reform mit dem oben genannten Artikelgesetz.

2.1 Intention der Richtlinie

Die EU-Richtlinie basiert auf der Grundannahme, dass es für die Gewährleistung eines fairen Verfahrens von zentraler Bedeutung ist, dass Verdächtigen oder Beschuldigten, die z. B. aufgrund ihres Alters, ihres geistigen oder ihres körperlichen Zustands nicht in der Lage sind, den Inhalt oder die Bedeutung des Verfahrens zu verstehen oder diesem zu folgen, eine besondere Aufmerksamkeit zuteilwird. Jugendliche werden entsprechend als eine besonders schutzbedürftige Gruppe gesehen, die zur Wahrung ihrer Rechte im Verfahren beschützt und unterstützt werden müssen. Die Intention der EU-Richtlinie wird im ersten Erwägungsgrund dargelegt:

> „Mit dieser Richtlinie sollen Verfahrensgarantien festgelegt werden, um zu gewährleisten, dass Kinder, das heißt Personen unter 18 Jahren, die Verdächtige oder beschuldigte Personen in Strafverfahren sind, *diese Verfahren verstehen,* ihnen *folgen* und ihr *Recht auf ein faires Verfahren ausüben* können, um zu *verhindern, dass Kinder erneut straffällig werden* und um *ihre soziale Integration zu fördern.*" (Hervorhebungen d. Verf.).

Damit die Verfahrensrechte tatsächlich greifen können, ist ein Dreischritt erforderlich: Erstens müssen die Jugendlichen ihre Rechte kennen, zweitens diese verstanden haben, um sie dann – drittens – auch tatsächlich ausüben zu können. Damit dieser Dreischritt erfolgen kann, werden in der EU-Richtlinie entsprechend u. a.:

- umfangreiche Informations- und Auskunftsrechte konkretisiert,
- die Unterstützung im Verfahren durch Eltern oder andere Vertrauenspersonen verankert,
- die Unterstützung durch die Jugendhilfe im Strafverfahren festgelegt und
- das Recht auf notwendige Verteidigung[1] ausgeweitet und zu einem früheren Zeitpunkt normiert.

Die im ersten Erwägungsgrund formulierten Ziele, „um zu verhindern, dass Kinder erneut straffällig werden und um ihre soziale Integration zu fördern", sind sowohl anschlussfähig an die Zielsetzung der Legalbewährung im JGG (§ 2 Abs. 1) als auch an die Zielsetzung der Kinder- und Jugendhilfe der sozialen Teilhabe im SGB VIII (§ 1, insbesondere Abs. 3 Nr. 2).

2.2   Einzelne Regelungen der EU-Richtlinie

Grundlegend für die Jugendhilfe im Strafverfahren/Jugendgerichtshilfe (JuhiS) relevant ist der Artikel 7 der EU-Richtlinie mit dem Recht auf individuelle Begutachtung. Damit die besonderen (Schutz-)Bedürfnisse von unter 18-Jährigen individuell im Verfahren beachtet werden können, sollen die Jugendlichen individuell begutachtet werden. In Deutschland wird diese Aufgabe durch die JuhiS wahrgenommen.

„(1) Die Mitgliedstaaten stellen sicher, dass die besonderen Bedürfnisse von Kindern in Bezug auf Schutz, Erziehung, Ausbildung und soziale Integration berücksichtigt werden.

(2) Zu diesem Zweck werden Kinder, die Verdächtige oder beschuldigte Personen in Strafverfahren sind, einer individuellen Begutachtung unterzogen. Bei der individuellen Begutachtung wird insbesondere der Persönlichkeit und dem Reifegrad des Kindes, dem wirtschaftlichen, sozialen und

---

[1]   Regelungen zur notwendigen Verteidigung finden sich auch in der ‚parallelen' Richtlinie (EU) 2016/1919 über Prozesskostenhilfe für Verdächtige und beschuldigte Personen in Strafverfahren sowie für gesuchte Personen in Verfahren zur Vollstreckung eines Europäischen Haftbefehls, die durch das Gesetz zur Neuregelung des Rechts der notwendigen Verteidigung vom 10.12.2019 umgesetzt worden ist.

familiären Hintergrund des Kindes und möglichen spezifischen Schutzbe-
dürftigkeiten des Kindes Rechnung getragen.

[...]

(4) Die individuelle Begutachtung dient der Feststellung und der [...] Auf-
zeichnung der Informationen über den individuellen Charakter und die individuellen Umstände des Kindes, die den zuständigen Behörden von Nutzen sein können, wenn sie

a) festlegen, ob spezifische Maßnahmen zugunsten des Kindes ergriffen
werden sollten,

b) bewerten, ob vorbeugende Maßnahmen in Bezug auf das Kind angemessen und wirksam sind,

c) im Zusammenhang mit dem Strafverfahren, einschließlich der Verurteilung, eine Entscheidung treffen oder eine Maßnahme ergreifen.

(5) Die individuelle Begutachtung erfolgt in der frühestmöglichen geeigneten Phase des Verfahrens, und, nach Maßgabe des Absatzes 6, vor Anklageerhebung.

(6) Fehlt es an einer individuellen Begutachtung, kann die Anklageschrift
dennoch vorgelegt werden, wenn dies dem Kindeswohl dient und die individuelle Begutachtung in jedem Fall zu Beginn der Hauptverhandlungen
zur Verfügung steht.

[...]

(8) Tritt eine wesentliche Änderung der Elemente ein, die der individuellen
Begutachtung zugrunde liegen, so stellen die Mitgliedstaaten sicher, dass
die individuelle Begutachtung im Zuge des Strafverfahrens auf den neues-
ten Stand gebracht wird. [...]"

In Bezug auf die Neuregelung zur frühzeitigen Information werden weitere
Ausführungen im Erwägungsgrund 39 gemacht:

„Die individuelle Begutachtung sollte in der *frühestmöglichen* geeigneten
Phase des Verfahrens und *so rechtzeitig* stattfinden, dass die daraus gewonnenen Informationen von einem Staatsanwalt, einem Richter oder einer
anderen zuständigen Behörde vor der Vorlage der Anklageschrift für das
Gerichtsverfahren berücksichtigt werden können. Dennoch sollte es möglich sein, eine Anklageschrift bei Fehlen einer individuellen Begutachtung

vorzulegen, wenn dies *dem Kindeswohl dienlich* ist. Dies könnte beispielsweise der Fall sein, wenn ein Kind in Untersuchungshaft ist und das Warten auf die Verfügbarkeit der individuellen Begutachtung das Risiko der
unnötigen Verlängerung dieser Haft bedeuten würde." (Hervorhebungen
d. Verf.)

Zusammenfassend lässt sich also festhalten, dass die EU-Richtlinie die Bedeutung der frühzeitigen Information der begutachtenden Institution, damit diese
tätig werden kann und in der Folge die Information der Staatsanwaltschaft vor
Anklageerhebung ermöglicht, betont. Da die Intention der Regelung der Schutz
des*der Jugendlichen ist, kann nur aus Gründen des Kindes-/Jugendwohls ab-
gewichen werden. Die zitierten Passagen machen deutlich, wie (für EU-Richtlinien ungewöhnlich) detailliert die Vorgaben der EU zur frühzeitigen Information für die Mitgliedstaaten sind.

3 Zum rechtlichen Rahmen in Deutschland

Im § 52 SGB VIII wird die Aufgabe der Jugendhilfe zur Mitwirkung im Jugendstrafverfahren normiert. Explizit wird im dritten Absatz festgelegt:

> „Der Mitarbeiter des Jugendamts oder des anerkannten Trägers der freien
> Jugendhilfe, der nach § 38 Absatz 2 Satz 2 des Jugendgerichtsgesetzes tätig
> wird, soll den Jugendlichen oder den jungen Volljährigen während des *ge-
> samten* Verfahrens betreuen." (Hervorhebung d. Verf.)

Grundlegende Voraussetzung für die Betreuung während des gesamten Verfahrens ist, dass das Jugendamt sofort nach Einleitung des Verfahrens informiert
wird. Im zweiten Absatz des § 52 SGB VIII wird ausgeführt:

> „Das Jugendamt hat *frühzeitig* zu prüfen, ob für den Jugendlichen oder den
> jungen Volljährigen Leistungen der Jugendhilfe oder anderer Sozialleis-
> tungsträger in Betracht kommen. Ist dies der Fall oder ist eine geeignete
> Leistung bereits eingeleitet oder gewährt worden, so hat das Jugendamt den
> Staatsanwalt oder den Richter *umgehend* davon zu unterrichten, damit ge-
> prüft werden kann, ob diese Leistung ein Absehen von der Verfolgung (§ 45
> JGG) oder eine Einstellung des Verfahrens (§ 47 JGG) ermöglicht." (Her-
> vorhebungen d. Verf.)

Durch die Information der Staatsanwaltschaft und des Jugendgerichts über ggf.
eingeleitete oder gewährte Leistungen soll nach Möglichkeit durch Diversion das

Hauptverfahren vermieden werden. Weitere Regelungen, die nur dann sachgerecht umgesetzt werden können, wenn die JuhiS frühzeitig informiert wird, finden sich im § 38 JGG. Im dritten Absatz wird ausgeführt:

> „Sobald es im Verfahren von Bedeutung ist, soll über das Ergebnis der
> Nachforschungen nach Absatz 2 möglichst *zeitnah* Auskunft gegeben wer-
> den. In Haftsachen berichten die Vertreter der Jugendgerichtshilfe *beschleu-*
> *nigt* über das Ergebnis ihrer Nachforschungen. Bei einer wesentlichen Än-
> derung der nach Absatz 2 bedeutsamen Umstände führen sie nötigenfalls
> ergänzende Nachforschungen durch und berichten der Jugendstaatsan-
> waltschaft und nach Erhebung der Anklage auch dem Jugendgericht dar-
> über." (Hervorhebungen d. Verf.)

Auch im sechsten Absatz des § 38 JGG wird korrespondierend zum § 52
SGB VIII die Zuständigkeit im gesamten Verfahren sowie die frühe Heranziehung geregelt:

> „Im *gesamten* Verfahren gegen einen Jugendlichen ist die Jugendgerichts-
> hilfe heranzuziehen. Dies soll *so früh wie möglich* geschehen." (Hervorhe-
> bungen d. Verf.)

In Folge der oben dargelegten Anforderungen aus der EU-Richtlinie wurde der
§ 70 JGG um folgenden zweiten Absatz ergänzt:

> „Von der Einleitung des Verfahrens ist die Jugendgerichtshilfe *spätestens*
> *zum Zeitpunkt der Ladung des Jugendlichen zu seiner ersten Vernehmung* als
> Beschuldigter zu unterrichten. Im Fall einer ersten Beschuldigtenverneh-
> mung ohne vorherige Ladung muss die Unterrichtung *spätestens unverzüg-*
> *lich nach der Vernehmung* erfolgen." (Hervorhebungen d. Verf.)

Ausführlich geht der Gesetzgeber in der Gesetzesbegründung auf die Bedeutung der Regelung ein:

> „Wenn die Jugendgerichtshilfe im Verfahren relevant werdende Ergeb-
> nisse ihrer Nachforschungen *möglichst frühzeitig* vorlegen soll, *grundsätzlich*
> *jedenfalls vor Anklageerhebung*, dann muss sichergestellt sein, dass sie ihrer-
> seits frühzeitig von der Einleitung des Verfahrens unterrichtet wird. Für
> die Nachforschungen, die für die Jugendhilfe im Jugendstrafverfahren
> ebenfalls gesetzlich vorgeschriebene frühzeitige Prüfung geeigneter Leis-
> tungen der Jugendhilfe und etwa auch für eine erforderliche Hilfeplanung
> zur Diversionsvorbereitung (also auch insoweit nach geltendem Recht be-
> reits vor Anklageerhebung; vgl. § 52 Absatz 2 SGB VIII) muss der Jugend-

hilfe ausreichend Zeit zur Verfügung stehen, damit diese Aufgaben sinnvoll erfüllt werden können. [...] Deshalb soll § 70 Absatz 2 Satz 1 JGG-E jetzt
konkret den Zeitpunkt für die Unterrichtung der Jugendgerichtshilfe bestimmen: Die *Informierung muss danach grundsätzlich zum Zeitpunkt der Ladung
zur ersten Beschuldigtenvernehmung* erfolgen. Dies erscheint angemessen,
weil zu diesem Zeitpunkt zum einen sich der Tatverdacht schon so weit
verdichtet hat, dass man die betroffene Person als Beschuldigten ansehen
kann. Zum anderen wird die unterrichtende Stelle, in der Regel die Polizei,
durch die Mitteilung nur unwesentlich zusätzlich belastet, weil sie anlässlich der Ladung ohnehin verfahrens-‚bürokratisch‘ tätig werden muss und
generell nur eine geringfügige Erweiterung der Ablaufroutine vorzunehmen sein dürfte, sei es durch ein zusätzliches Formular, sei es durch die
Ergänzung eines elektronischen Programms. Für den *Fall einer ‚Spontanvernehmung‘, also eine Vernehmung ohne vorherige Ladung, bestimmt § 70 Absatz 2 Satz 2 JGG-E, dass die Unterrichtung der Jugendgerichtshilfe unverzüglich nach der Vernehmung* erfolgen muss."[2] (Hervorhebungen d. Verf.)

Deutliche Worte findet der Gesetzgeber auch für die Notwendigkeit der konkreten Festlegung des Zeitpunktes aufgrund der verbreiteten Praxis:

„Allerdings gibt es in der Rechtswirklichkeit offenbar nicht nur Einzelfälle,
in denen diesem Verständnis der gesetzlichen Vorschriften nicht oder
nicht vollständig genügt wird, sondern unter anderem eine regional nicht
seltene Praxis, dass die Jugendgerichtshilfe überhaupt erst gleichzeitig mit
der Anklageerhebung über die Einleitung eines Jugendstrafverfahrens unterrichtet wird. Deshalb erscheint eine gesetzliche Klarstellung des Zeitpunktes, zu dem das Ergebnis der Nachforschungen der Jugendgerichtshilfe grundsätzlich vorzuliegen hat, in dem neu gefassten § 38 Absatz 3
JGG-E erforderlich und – damit dieses Ziel überhaupt erreicht werden
kann – auch eine konkrete Bestimmung des Zeitpunkts, zu dem die Jugendgerichtshilfe über die Einleitung des Verfahrens zu informieren ist, in
dem neuen § 70 Absatz 2 JGG-E."[3]

Auch wenn sich die EU-Richtlinie nur auf unter 18-Jährige bezieht und nur für
diese Altersgruppe die Verpflichtung der Umsetzung bestand, wurden sinn-

---

[2]   Gesetzentwurf der Bundesregierung Entwurf eines Gesetzes zur Stärkung der Verfahrens-
      rechte von Beschuldigten im Jugendstrafverfahren, BT-Drucksache 19/13837, S. 62 f.
[3]   Gesetzentwurf der Bundesregierung Entwurf eines Gesetzes zur Stärkung der Verfahrens-
      rechte von Beschuldigten im Jugendstrafverfahren, BT-Drucksache 19/13837, S. 31.

vollerweise die relevanten Neuregelungen im JGG auch auf Heranwachsende ausgeweitet.[4]

Zusammenfassend kann also konstatiert werden: Die Jugendhilfe muss frühzeitig vor der ersten Vernehmung als Beschuldigte*r, nämlich spätestens zum Zeitpunkt der Ladung des*der Jugendlichen hierzu, bzw. spätestens unmittelbar nach der Sofortvernehmung ohne vorherige Ladung informiert werden. Diese Regelung ist erforderlich, damit die Jugendhilfe ihre Aufgabe sachgerecht wahrnehmen kann. Der Gesetzgeber hat vor dem Hintergrund der teils problematischen Praxis hier mit der klarstellenden Ergänzung durch den neuen zweiten Absatz in § 70 JGG eindeutige Vorgaben gemacht. Inwiefern diese tatsächlich in der Praxis zur Anwendung kommen, ist Gegenstand des Abschnitts 6.

Exkurs: Die polizeiliche Meldung als Anlass zur Beratung zu sozialen Dienstleistungen

Am Rande sei hier der Vollständigkeit halber noch auf eine weitere für die Jugendhilfe (im Strafverfahren) zu Beginn der Betreuung relevante Gesetzesänderung im Rahmen des *Kinder- und Jugendstärkungsgesetzes* hingewiesen. Im neuen § 10a SGB VIII wird ein umfassender Beratungsauftrag zu Leistungen der Jugendhilfe oder anderer Leistungsträger normiert:

„(1) Zur Wahrnehmung ihrer Rechte nach diesem Buch werden junge Menschen, Mütter, Väter, Personensorge- und Erziehungsberechtigte, die leistungsberechtigt sind oder Leistungen nach § 2 Absatz 2 erhalten sollen, in einer für sie verständlichen, nachvollziehbaren und wahrnehmbaren Form, auf ihren Wunsch auch im Beisein einer Person ihres Vertrauens, beraten.

(2) Die Beratung umfasst insbesondere

1. die Familiensituation oder die persönliche Situation des jungen Menschen, Bedarfe, vorhandene Ressourcen sowie mögliche Hilfen,

---

4 § 109 Abs. 1 JGG: „Von den Vorschriften über das Jugendstrafverfahren (§§ 43 bis 81a) sind im Verfahren gegen einen Heranwachsenden die §§ 43, 46a, 47a, 50 Absatz 3 und 4, die §§ 51a, 68 Nummer 1, 4 und 5, die §§ 68a, 68b, *70 Absatz 2 und 3*, die §§ 70a, 70b Absatz 1 Satz 1 und Absatz 2, die §§ 70c, 72a bis 73 und 81a entsprechend anzuwenden." (Hervorhebung d. Verf.).

2. die Leistungen der Kinder- und Jugendhilfe einschließlich des Zugangs zum Leistungssystem,

3. die Leistungen anderer Leistungsträger,

4. mögliche Auswirkungen und Folgen einer Hilfe,

5. die Verwaltungsabläufe,

6. Hinweise auf Leistungsanbieter und andere Hilfemöglichkeiten im Sozialraum und auf Möglichkeiten zur Leistungserbringung,

7. Hinweise auf andere Beratungsangebote im Sozialraum.

Soweit erforderlich, gehört zur Beratung auch Hilfe bei der Antragstellung, bei der Klärung weiterer zuständiger Leistungsträger, bei der Inanspruchnahme von Leistungen sowie bei der Erfüllung von Mitwirkungspflichten. […]."

Wenn nach einer polizeilichen Mitteilung die Jugendhilfe (im Strafverfahren) einen ersten Kontakt zu einem jungen Menschen und deren Familie herstellt, besteht unmittelbar dieser umfassende Beratungsauftrag, sofern eine entsprechende Beratung nicht bereits aus anderem Anlass durch andere Fachkräfte der Jugendhilfe vorher erfolgt ist.

4   … und die Polizeidienstvorschrift (PDV) 382 „Bearbeitung von Jugendsachen"?

Während des Ermittlungsverfahrens ist die Staatsanwaltschaft zuständig für die Mitteilungen (vgl. § 160 StPO i.V.m. § 2 Abs. 2 JGG; Nr. 4 Abs. 1 Nr. 1 MiStra); praktisch betraut ist damit aber in der Regel in die Polizei,[5] die somit nach § 70 Absatz 2 JGG verpflichtet wird, die Jugendhilfe frühzeitig zu informieren. Polizeiintern wird die Bearbeitung von Jugendsachen in der Polizeidienstvorschrift 382 (PDV 382) geregelt. Die aktuell noch geltende Fassung stammt allerdings aus dem Jahr 1995.[6] In dieser Fassung ist in Punkt 3.2.7 eine unverzügliche Unterrichtung des Jugendamts nur in den Fällen vorgesehen, wenn bei den polizeilichen Ermittlungen erkennbar wird, das Jugendhilfeleistungen in Frage

---

5   Eisenberg & Kölbel, 2023, § 70 Rn. 11.
6   Polizeidienstvorschrift (PDV) 382, 1997.

kommen.[7] Ansonsten erfolgt nach der PDV 382 die Unterrichtung erst mit der
Abgabe der Ermittlungsvorgänge an die Staatsanwaltschaft. Da dies der aktuellen Rechtslage des § 70 Absatz 2 nicht gerecht wird, ist dringend eine entsprechende Aktualisierung der PDV 382 als Handlungsgrundlage der Polizei in Jugendsachen erforderlich. Zurzeit erfolgt – auch vor dem Hintergrund der JGG-
Reform 2019 – eine grundlegende Überarbeitung der Vorschrift. Wann eine entsprechende neue PDV 382 von den Länderpolizeien letztlich beschlossen und
umgesetzt werden wird, lässt sich aktuell noch nicht absehen.

5   Studien zur Umsetzung der JGG-Reform

Zur Umsetzung der JGG-Reform in die Praxis liegen zwei empirische Untersuchungen vor: Das *Jugendgerichtsbarometer 2021/2022*[8] zur Perspektive von Fachkräften der Justiz und das *Jugendgerichtshilfebarometer 2022*[9] zu der Perspektive
der Jugendhilfe im Strafverfahren/Jugendgerichtshilfe.

   Mit finanzieller Förderung des Bundesministeriums der Justiz und Unterstützung der Landesjustizverwaltungen wurden im *Jugendgerichtsbarometer
2021/2022* bundesweit Jugendrichter*innen und Jugendstaatsanwält*innen online befragt. Die Studie wurde gemeinsam von der Universität Kassel (Anke
Freuwört, Theresia Höynck) und dem Deutschen Jugendinstitut (DJI) (Bernd
Holthusen, Diana Willems) durchgeführt. An der Befragung beteiligten sich 533
Personen, davon 302 Richter*innen und 231 Staatsanwält*innen.

   Das *Jugendgerichtshilfebarometer 2022* wurde vom Bundesministerium für Familie, Senioren, Frauen und Jugend im Rahmen des DJI-Projektes *Jugend(hilfe)
im Strafverfahren*[10] finanziert. Im Rahmen der Online-Institutionenbefragung
wurden bundesweit alle Jugendhilfen im Strafverfahren/Jugendgerichtshilfen
adressiert. Es beteiligten sich insgesamt 373 Jugendämter, was einen sehr guten
Rücklauf von 65,7 Prozent bedeutet.

   Beide Untersuchungen zusammen ermöglichen einen guten Überblick zum
Stand der Umsetzung der neuen Regelungen im JGG rund drei Jahre nach Inkrafttreten der Reform.

---

7   Polizeidienstvorschrift (PDV) 382, 1997, S. 10.
8   Höynck, Freuwört et al., 2022.
9   Schmoll, Lampe & Holthusen, 2024.
10   Zu dem Projekt siehe auch den Beitrag von Schmoll & Lampe in diesem Band ab S. 269.

6 Befunde zur frühzeitigen Information und zur Kooperation im Vorverfahren

Wie oben dargelegt ist die gesetzliche Regelung in § 70 Absatz 2 JGG eindeutig: Das Jugendamt muss spätestens zum Zeitpunkt der Ladung des*der Jugendlichen zu seiner*ihrer ersten Vernehmung als Beschuldigte*r informiert werden. Falls keine vorherige Ladung erfolgt ist, muss die Information spätestens unverzüglich nach der Vernehmung erfolgen. Wann erreicht die Information die JuhiS tatsächlich? Darüber kann das *Jugendgerichtshilfebarometer 2022* Auskunft geben: Nur in weniger als der Hälfte der Fälle (47,7 %) erfolgt die Information vor der ersten Vernehmung, in weiteren 38,5 Prozent nach der ersten Vernehmung (s. Tabelle 1). In über einem Viertel der Fälle (28,0 %) findet die Information erst mit der Abgabe des Falls an die Staatsanwaltschaft statt und in weiteren 14,1 Prozent gar erst nach der Entscheidung der Staatsanwaltschaft über die Eröffnung eines Verfahrens. Darüber hinaus erfolgen die Meldungen in einigen Fällen nur gesammelt. 41,6 Prozent der Jugendämter berichten ferner, dass der Zeitpunkt der Übermittlung je nach polizeilicher Sachbearbeitung stark variiert. Bereits an dieser Stelle muss also konstatiert werden, dass die frühzeitige Information, wie sie im JGG verankert ist, in der Praxis nur teilweise Realität ist. Nur in seltenen Fällen (1,9 %) bestehen Kooperationsvereinbarungen zu dieser Frage, die eine verbindliche Praxis befördern könnten.

Gleichzeitig geben über vier Fünftel der JuhiS an, dass die frühe Information durch die Polizei für die Erfüllung ihrer Aufgaben nützlich ist.[11] Wie gestaltet sich nun in Folge die Kontaktaufnahme zu den jungen Menschen – auch vor dem Hintergrund, dass die Jugendhilfe die Aufgabe hat, die Jugendlichen, die Heranwachsenden bzw. die jungen Volljährigen während des gesamten Verfahrens zu betreuen? Der Umgang der JuhiS mit der polizeilichen Erstinformation ist unterschiedlich: 43,7 Prozent der JuhiS machen direkt nach Eingang der polizeilichen Meldung ein Beratungsangebot an den jungen Menschen. Die Mehrheit der Jugendämter, die angibt, nicht direkt ein Beratungsangebot zu unterbreiten, begründet dies u. a. inhaltlich mit einer hohen Einstellungswahrscheinlichkeit der Staatsanwaltschaft, mit der Bagatellhaftigkeit der vorgeworfenen Delikte, aber auch mit mangelnden Ressourcen oder damit, dass bereits andere Fachkräfte des Jugendamts zuständig sind.[12]

---

11   Schmoll, Lampe & Holthusen, 2024, S. 69.
12   Schmoll, Lampe & Holthusen, 2024, S. 69 f.

Tabelle 1: *Zeitpunkt der Information*

„Zu welchem Zeitpunkt wird Ihre Jugendhilfe im Strafverfahren/Jugendgerichtshilfe in der Regel durch die Polizei informiert, dass ein Verfahren gegen einen jungen Menschen eröffnet wurde?" (Mehrfachauswahl möglich; n=361)	Prozent
vor der Ladung zur ersten Vernehmung als Beschuldigte:r durch die Polizei	47,7 %
nach der ersten Vernehmung als Beschuldigte:r durch die Polizei	38,5 %
nach Abgabe des Falls an die Staatsanwaltschaft	28,0 %
nach Entscheidung der Staatsanwaltschaft über die Eröffnung eines Strafverfahrens	14,1 %
wöchentlich gesammelt	5,6 %
monatlich gesammelt	1,4 %
im Quartal gesammelt	0,6 %
Der Zeitpunkt variiert stark nach der polizeilichen Sachbearbeitung.	41,6 %
Eine bestehende Kooperationsvereinbarung regelt den Zeitpunkt für unterschiedliche Konstellationen.	1,9 %

Quelle: Jugendgerichtshilfebarometer 2022, S. 68

Tabelle 2 zeigt einen Überblick zum Zeitpunkt der Kontaktaufnahme. Über ein Drittel (37,0 %) der Jugendämter gibt an, dass die Kontaktaufnahme direkt nach der Information durch die Polizei erfolgt, und weitere 2,8 bzw. 4,7 Prozent vor oder nach der ersten Vernehmung. In nahezu der Hälfte der Fälle erfolgt die Kontaktaufnahme erst nach der Entscheidung der Staatsanwaltschaft bzw. nach Beschluss zur Durchführung der Hauptverhandlung. Das bedeutet auch, dass die Jugendlichen keine Betreuung und Beratung während des Vorverfahrens erhalten.

Tabelle 2: *Zeitpunkt der Kontaktaufnahme*

„Zu welchem Zeitpunkt nehmen Sie in der Regel Kontakt zu jungen Menschen auf?" (n=359)	Häufigkeit	Prozent
direkt nach dem Eingang einer Nachricht durch die Polizei	133	37,0 %
vor der ersten Beschuldigtenvernehmung	10	2,8 %
nach der ersten Beschuldigtenvernehmung	17	4,7 %
nach Eröffnung eines Strafverfahrens durch die Staatsanwaltschaft	166	46,2 %
nach Beschluss zur Durchführung einer Hauptverhandlung	13	3,6 %
zu einem anderen Zeitpunkt, und zwar	20	5,4 %

Quelle: Jugendgerichtshilfebarometer 2022, S. 72

Die Kontaktaufnahme der JuhiS erfolgt fast immer schriftlich mit einem Informationsschreiben. Dabei gibt es zwei Varianten: Bei etwa zwei Drittel (67,7 %) ist das Schreiben mit einer Gesprächseinladung verbunden, etwa ein Drittel (32,0 %) erfolgt ohne Termineinladung.[13]

Ebenso von großer Relevanz für die Prüfung, ob eine Diversion nach § 45 JGG in Frage kommt, ist der Kontakt der JuhiS mit der Staatsanwaltschaft bereits im Vorverfahren. Im *Jugendgerichtsbarometer 2021/2022* wurden die Staatsanwält*innen befragt, ob es einen Kontakt mit der JuhiS zur Abklärung von Diversionsmöglichkeiten gegeben hat (s. Abbildung 1). Meist ist dies nur in Einzelfällen (34,1 %) oder gar nie (11,2 %) der Fall. Gut ein Viertel (26,3 %) der Staatsanwält*innen geben an, dass zumindest gelegentlich ein Kontakt besteht. Nur in einem Viertel der Fälle besteht häufig (22,0 %) oder immer (3,4 %) Kontakt.

---

13 Schmoll, Lampe & Holthusen, 2024, S. 72.

Abbildung 1:   *Kontakt zwischen Jugendstaatsanwaltschaft und Jugendgerichtshilfe*

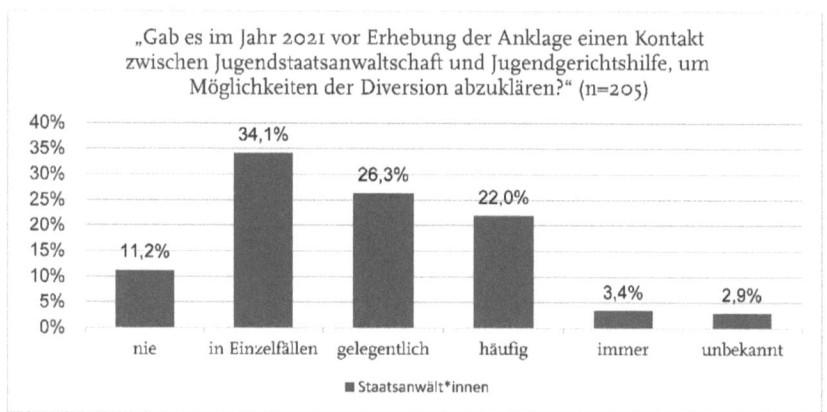

Quelle: Jugendgerichtsbarometer 2021/2022, S. 62

Relevant für eine mögliche Anregung einer Diversion ist auch die Frage, zu welchem Zeitpunkt die JuhiS in der Regel Bericht erstatten. Knapp drei Zehntel (29,4 %) der JuhiS geben an, dass sie vor der Anklageerhebung gegenüber der Staatsanwaltschaft Bericht erstatten, so wie es in Artikel 7 Absatz 5 der EU-Richtlinie und § 38 Absatz 3 JGG (mit den Ausnahmen nach § 38 Absatz 7 JGG bei Verzicht und nach § 46a JGG, wenn es dem Jugendwohl dient) vorgesehen ist. Über zwei Drittel (67,9 %) der JuhiS geben an, erst nach der Anklageerhebung Bericht zu erstatten.[14]

Vor diesem Hintergrund ist es nicht überraschend, dass sowohl von Seiten der Justiz im *Jugendgerichtsbarometer 2021/2022* als auch von Seiten der Jugendhilfe im *Jugendgerichtshilfebarometer 2022* mit hoher Übereinstimmung angegeben wird, dass die eigentliche Ausnahme der Anklageerhebung vor Berichterstattung der JuhiS eher der Regelfall ist und an dieser Stelle die JGG-Reform nur unzureichend umgesetzt wird. Knapp die Hälfte (47,1 %) der Staatanwält*innen geben an, dass häufig ohne Berichterstattung angeklagt wird und ein weiteres gutes Viertel (27,9 %) sogar immer – zusammengenommen also über drei Viertel der Fälle. Eine ganz ähnliche Einschätzung findet sich bei den Richter*innen (Abbildung 2).

---

[14]   Schmoll, Lampe & Holthusen, 2024, S. 81.

Abbildung 2:   *Anklage ohne vorherige Berichterstattung der Jugendgerichtshilfe*

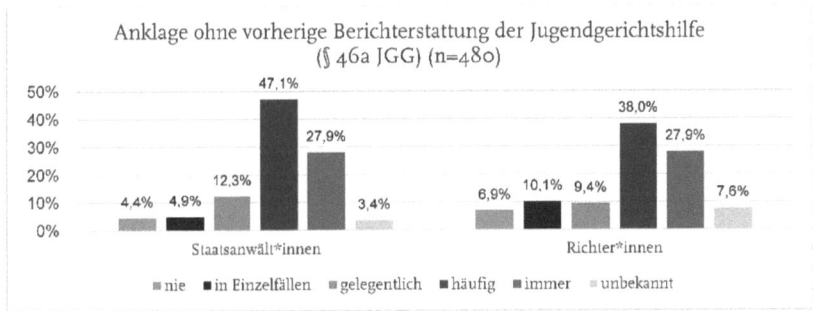

Quelle: Jugendgerichtsbarometer 2021/2022, S. 63

Abbildung 3:   *Anklage ohne vorherige Berichterstattung der JuhiS*

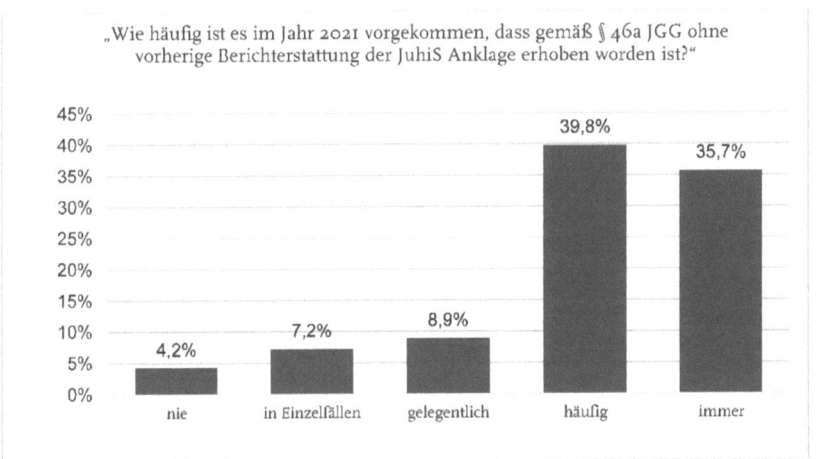

Quelle: Jugendgerichtshilfebarometer 2022, S. 89

Bekräftigt werden diese Daten aus der Jugendhilfeperspektive: Über ein Drittel (35,7 %) der JuhiS berichtet sogar, dass immer ohne Bericht Anklage erhoben wird und weitere vier Zehntel (39,8 %), dass dies häufig der Fall ist (Abbildung 3). Wieder bestätigt sich der Befund, dass die eigentliche Ausnahme in der Praxis die Regel ist.

7   Zwischenbilanz

Die in § 70 Absatz 2 JGG klar verankerte frühzeitige Information der JuhiS ist grundlegende Voraussetzung, dass die Jugendhilfe ihren Auftrag nach § 52 SGB VIII (Beratung und Betreuung während des gesamten Verfahrens, mögliche Einleitung oder Gewährung von Leistungen, die ggf. zur Diversion führen) fachlich erfüllen kann. Die frühzeitige Information ermöglicht eine zeitnahe Kontaktaufnahme zu den jungen Menschen und ggf. den Personensorgeberechtigten. Es ist davon auszugehen, dass zeitnah zur polizeilichen Vernehmung als Beschuldigte*r der Beratungsbedarf besonders hoch ist, so dass ein Kontaktangebot der JuhiS eher angenommen wird. Gleichzeitig verbindet sich damit die Chance, bereits im Vorverfahren Informationen zu sammeln und ggf. Hilfeleistungen einzuleiten, die die Voraussetzung für eine Diversion schaffen können. Damit dies erfolgen kann, ist ein Kontakt der JuhiS zur Staatsanwaltschaft im Vorverfahren und eine Berichterstattung vor Anklageerhebung (wie von EU-Richtlinie und JGG gefordert) erforderlich.

Die dargelegten empirischen Daten zeigen eindrücklich, dass mehrheitlich keine frühzeitige Information der JuhiS erfolgt und in der Folge die Möglichkeiten, wichtige Schritte bereits im Vorverfahren zu tätigen, unmöglich werden. Unter diesen Bedingungen erfolgt entsprechend weit überwiegend – gegen die Intention der EU-Richtlinie und des Gesetzgebers – eine Anklageerhebung ohne vorherige Berichterstattung.

Damit wird ein wichtiger Kernbestand der EU-Richtlinie und der JGG-Reform, bereits im Vorverfahren die jungen Menschen zu schützen und die Diversion zu fördern, unzureichend umgesetzt. Dies spiegelt sich auch in der Gesamteinschätzung der JuhiS zur Umsetzung der JGG-Reform wider: 44,1 Prozent der JuhiS geben an, dass die Umsetzung der Neuregelungen kaum bis gar nicht oder nur in Teilen möglich ist (Abbildung 4). Dies liegt gewiss nicht allein an der mangelnden Umsetzung des § 70 Absatz 2 JGG, aber die frühzeitige Information ist sicherlich ein wichtiger Schlüssel, um die Umsetzung der JGG-Reform insgesamt zu verbessern.

***Abbildung 4**: Umsetzung der Neuregelungen*

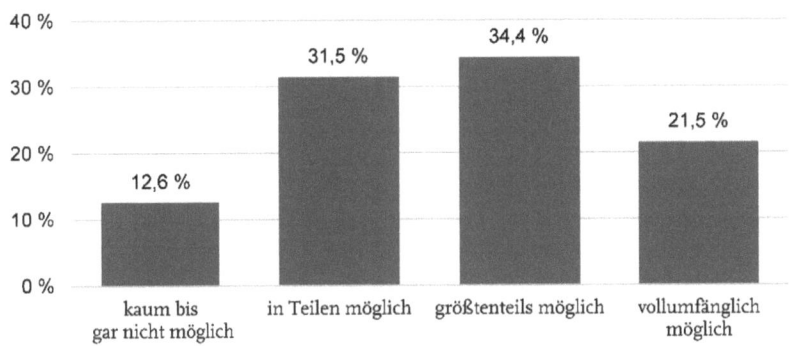

„Inwiefern ist die Umsetzung der Neuregelungen im Jugendgerichtsgesetz in Ihrem Jugendamt möglich?" (n=349)

Quelle Jugendgerichtshilfebarometer 2022, S. 176

8 Herausforderungen für die Jugendhilfe im Strafverfahren

Mit dem beschriebenen problematischen Umsetzungsstand der JGG-Reform verbinden sich verschiedene Herausforderungen. Im ersten Schritt gilt es sicherzustellen, dass vor Ort mit der Polizei ein Verfahren vereinbart wird, dass in allen Fällen das Jugendamt bzw. die JuhiS unmittelbar informiert wird. Eine Möglichkeit könnten hierzu Kooperationsvereinbarungen sein, in deren Rahmen der Polizei auch die große Bedeutung der frühzeitigen Information für die sachgerechte Erfüllung der Aufgabe der JuhiS verdeutlicht werden sollte.[15] Auf Seiten der Polizei ist eine entsprechende eindeutige Aktualisierung der PDV 382 notwendig. Erfolgt die polizeiliche Information nicht frühzeitig, hat dies erhebliche negative Folgen für das weitere Verfahren und die betroffenen jungen Menschen.

Im zweiten Schritt muss die frühzeitige Information von der JuhiS dazu genutzt werden, unmittelbar ein Beratungsangebot (auch ohne Terminvorschlag)

---

[15] Darüber hinaus sollte in diesen Gesprächen auch auf die in den Abschnitten 2 und 3 dargelegte klare Rechtslage hingewiesen werden, die eindeutig den Übermittlungszeitpunkt benennt und keine Spielräume ermöglicht.

an die jungen Menschen und ggf. deren Personensorgeberechtigten zu unterbreiten. Nur dann kann § 52 Absatz 2 SGB VIII folgend geprüft werden, ob Leistungen der Jugendhilfe oder anderer Sozialleistungsträger in Frage kommen.
Die Prüfung, ob Bedarfe bestehen, ist unabhängig von der Art und Schwere des
Tatvorwurfs.

Im dritten Schritt gilt es, die Kooperation mit der Staatsanwaltschaft im Vorverfahren auszubauen und eine Verständigung darüber zu erzielen, in welchen
Fällen, in welchem Umfang, zu welchem Zeitpunkt und in welcher Form eine
Unterrichtung (und das muss nicht der ‚klassische' Jugendhilfebericht sein) der
Staatsanwaltschaft durch die JuhiS erfolgen soll, damit eine Anklageerhebung
vor Berichterstattung ausschließlich in den gesetzlich vorgesehenen Ausnahmen erfolgt. Darüber hinaus könnte der Austausch mit der Staatsanwaltschaft
zu den lokalen ambulanten sozialpädagogischen Angeboten gesucht werden.

Durch die Ausweitung der Fälle und der Vorverlagerung des Zeitpunkts der
notwendigen Verteidigung ist es in einem vierten Schritt auch notwendig, dass
die JuhiS den Kontakt zu Rechtsanwält*innen sucht und diese über die Möglichkeiten und Aufgabe der JuhiS informiert.

Damit die JuhiS die vier genannten Herausforderungen bewältigen kann,
braucht sie die notwendigen Ressourcen. Drei Fünftel (62,4 %) der JuhiS hat in
Zuge der JGG-Reform trotz teils neuer Aufgaben keine zusätzlichen Ressourcen
erhalten oder musste sogar einen Rückgang hinnehmen.[16] Sollen die Chancen
und Potenziale im Vorverfahren genutzt werden, sind vielerorts zusätzliche Ressourcen notwendig. Diese in den Kommunen durchzusetzen, ist eine fünfte
Herausforderung.

Die gesetzlichen Vorgaben in § 70 Absatz 2 JGG sind eindeutig und fachlich
notwendig. Die Nichtumsetzung verstößt gegen die Interessen der betroffenen
Jugendlichen und Heranwachsenden. Vor diesem Hintergrund sind alle Beteiligten gefordert, sich für eine vollständige und flächendeckende Umsetzung einzusetzen. Zur Sicherstellung der tatsächlichen Umsetzung in der Praxis sollten
die Entwicklungen weiter empirisch begleitet werden.

---

[16]   Schmoll, Lampe & Holthusen, 2024, S. 175.

Literaturverzeichnis

Eisenberg, U. & Kölbel, R. (2023). Jugendgerichtsgesetz (24. Aufl.). München: C. H. Beck.

Höynck, T., Freuwört, A., Holthusen, B. & Willems, D. (2022). Das Jugendgerichts-barometer 2021/2022. Eine bundesweite (Wiederholungs-)Befragung von Jugendrichter:innen und Jugendstaatsanwält:innen. Kassel: kassel university press. Online verfügbar unter: https://kobra.uni-kassel.de/themes/Mirage2/scripts/mozilla-pdf.js/web/viewer.html?file=/bitstream/handle/123456789/14175/kup_9783737610650.pdf?sequence=1&isAllowed=y#pagemode=thumbs (letzter Abruf am: 23.02.2024).

Polizeidienstvorschrift (PDV) 382. „Bearbeitung von Jugendsachen" (1997). DVJJ-Journal, 8 (1), S. 5–21.

Schmoll, A., Holthusen, B. & Kußerow, J. (2024). Arbeitskreis 2: Wer zuerst kommt … Die Bedeutung der frühzeitigen polizeilichen Information der Jugendhilfe (im Strafverfahren) vor der Beschuldigtenvernehmung (§ 70 Abs. 2 JGG). In DVJJ (Hrsg.), Recht auf Jugend – 100 Jahre Jugendgerichtsgesetz. (32. JGT) (S. 355–367). Mönchengladbach: Forum Verlag Godesberg.

Schmoll, A. & Lampe, D. (2024). Neue Gesetzeslage, veränderte Aufgaben, neue Praxis? Die Jugendhilfe im Strafverfahren und ihre Adressat*innen nach der JGG-Reform 2019. In DVJJ (Hrsg.), Recht auf Jugend – 100 Jahre Jugendgerichtsgesetz. (32. JGT) (S. 271–302). Mönchengladbach: Forum Verlag Godesberg.

Schmoll, A., Lampe, D. & Holthusen, B. (2024). Jugendgerichtshilfebaromter 2022. Bundesweite Befragung zu aktuellen Entwicklungen der Jugendhilfe im Strafverfahren. Baden-Baden: Nomos. Online verfügbar unter: https://www.nomos-elibrary.de/10.5771/9783748941972/jugendgerichtshilfebarometer-2022?page=1 (letzter Abruf am: 23.02.2024).

Wie sprichst du denn mit mir? – Ziele und Methoden der Gesprächsführung der Jugendhilfe im Strafverfahren

Thomas Krestel

1 Kommunikation mit der Zielgruppe

Wenn man das Ziel der Kommunikation der Jugendhilfe im Strafverfahren (JuhiS) mit der Zielgruppe auf den Punkt bringen müsste, könnte das in einem Satz folgendermaßen formuliert werden:

> *Ziel ist ein Vertrauensverhältnis, welches möglichst eine offene, ehrliche Kommunikation erlaubt, was die Voraussetzung ist, um die Lebenswelt eines jungen Menschen zu verstehen und Kooperation zu erreichen.*

Aus dem Satz lässt sich herauslesen, dass die Jugendhilfe im Strafverfahren zwingend auf Kooperation von den unter Straftatverdacht stehenden Jugendlichen und Heranwachsenden angewiesen ist. Versperrt sich der junge Mensch dieser erwünschten Kooperation, ist die Jugendhilfe im Strafverfahren nicht oder zumindest nicht in einem pädagogisch zielführenden Sinne handlungsfähig. Dementsprechend müssen alle Äußerungen und Handlungsschritte der Jugendhilfe im Strafverfahren dahingehend geprüft werden, ob sie die Kooperation im Sinne eines vertrauensvollen Verhältnisses fördern oder verhindern.

1.1 Erklären

Die Jugendhilfe im Strafverfahren hat im Wesentlichen drei Kommunikationsaufgaben: Erklären, Verstehen und Bewerten. Die erste Aufgabe ist es, den jungen Menschen ein Verstehen des Strafverfahrens zu ermöglichen.[1] Für Menschen, die mit dem Justizsystem nicht vertraut sind, ist es nicht möglich, sich in den Bedeutungsstrukturen der Justiz ad hoc zurechtzufinden. Vielmehr braucht es jahrelange Erfahrung, um sich in der berufsspezifischen Systemlogik orien-

---

[1] Vgl. Lampe & Schmoll, 2023, die ausführlich, aus Sicht der jungen Menschen, von der Notwendigkeit des Verstehens und Verstanden-Werdens berichten. Im vorliegenden Beitrag wird das in die Aufgaben der Jugendhilfe transformiert: Erklären und Verstehen.

tieren zu können. Einige Begrifflichkeiten in der Justiz wurden zur Erklärung von Sachverhalten erst geschaffen und lassen sich nicht alleine durch logische Schlussfolgerungen erschließen. Hierfür sind exemplarisch Begriffe wie ‚Jugendstrafe‘, ‚Schuldspruch‘ oder ‚schädliche Neigungen‘ zu nennen. Andere Begrifflichkeiten wiederum haben im Kontext des Strafverfahrens eigene Bedeutungen erhalten, beispielsweise ‚Bewährung‘ oder ‚Jugendverfehlung‘.

Junge beschuldigte Menschen sind in aller Regel nicht in der Lage, die Bedeutungen der einzelnen Begriffe zu verstehen. Es bedarf einer Übersetzungsleistung, welche von der Jugendhilfe im Strafverfahren erwartet wird. Begriffe müssen in die Sprache der jungen Menschen ‚übersetzt‘ werden, was zumindest ein Stück weit ein Verstehen der Lebenswelt des jungen Menschen voraussetzt. Neben einzelnen Begriffen müssen komplexe Sachverhalte heruntergebrochen und umformuliert werden, so dass sie an das Vorwissen der jungen Menschen anschlussfähig sind. Dabei besteht die Gefahr, dass eine vereinfachende ‚Übersetzung‘ nicht mehr alle wesentlichen Sachverhalte einschließt und somit das Verstehen durch den jungen Menschen nicht im gewünschten Maße ermöglicht wird.

Des Weiteren ist zu bedenken, dass nicht nur die Begriffe und der inhaltliche Kontext eines Jugendstrafverfahrens, sondern auch der Ablauf einer Erklärung bedarf. Der ritualisierte Ablauf einer Gerichtsverhandlung, die Rechte der einzelnen Verfahrensbeteiligten und die Möglichkeiten, sich als junge*r Beschuldigte*r selbst Gehör zu verschaffen, sollten ausführlich besprochen werden. Nicht zuletzt geht es darum, Ängste zu nehmen und die jungen Menschen zu ermutigen, aktiv zu partizipieren.

Um ein Verstehen zu erleichtern, sollte die Jugendhilfe im Strafverfahren versuchen, sich auf das Wesentliche zu beschränken, um eine mögliche Überforderung zu vermeiden. Klar ist dabei, dass die Auffassungsfähigkeit des jungen Menschen richtig eingeschätzt werden muss. Es sollte eine Gesprächsatmosphäre geschaffen werden, die den*die Jugendliche*n/Heranwachsende*n ermutigt Rückfragen zu stellen, wenn etwas unverständlich geblieben ist. Auf der anderen Seite sollte die JuhiS-Fachkraft durch Rückfragen einen Eindruck davon bekommen, ob der junge Mensch die Erklärungen nachvollziehen kann.

Zur Unterstützung der Erklärungen können visuelle Darstellungen sinnvoll sein. Als Beispiel sei die Darstellung der Rechtsfolgen oder auch die Sitzordnung im Gerichtssaal genannt.

1.2 Verstehen

Die zweite wesentliche Kommunikationsaufgabe ist, die Lebenswelt der jungen Menschen (ansatzweise) zu verstehen. Jedes Individuum ist ein in sich geschlossenes System, das in seiner eigenen Art und Weise wahrnimmt, bewertet und handelt. Es gilt herauszufinden, was den jungen Menschen ausmacht und in welchem Umfeld er*sie sich bewegt. Wie ist er*sie aufgewachsen? Was ist ihm*ihr wichtig? Was sind die aktuellen Herausforderungen? Was sind seine*ihre Stärken? Woran orientiert er*sie sich?

Damit diese Fragen ausführlich und wahrheitsgemäß beantwortet werden, spielt das Vertrauen, dass der junge Mensch der JuhiS-Fachkraft entgegenbringt, eine große Rolle. Andernfalls sind lediglich sozial erwünschte Aussagen das Resultat.

Um einen möglichst ungefilterten Eindruck von dem jungen Menschen zu bekommen, sollte dieser möglichst viel von sich aus erzählen dürfen. Durch Zuhören und möglichst wenig 'Dazwischenfragen' kann am meisten erreicht werden. Alles, was der junge Mensch von sich aus erzählt, sagt viel über seine Persönlichkeit aus und hat Bedeutung.

Die gängige Methode, um den*die Jugendliche*n/Heranwachsende*n besser kennenzulernen, ist für die JuhiS-Fachkraft das biographische Interview. Sollte sich der junge Mensch entschieden haben, sich vor Gericht geständig einzulassen, kann zudem das Gespräch über den Straftatvorwurf aufschlussreich über die Motivation und die Dynamik, die dem jungen Menschen dabei eigen war, sein.

Methoden der Gesprächsführung wie bspw. zirkuläres Fragen, Spiegeln oder Skalierungsfragen können der JuhiS-Fachkraft dabei gute Dienste leisten.

Ein besonderes Augenmerk sollte auf dem Herausarbeiten der Ressourcen und Stärken des*der Jugendlichen/Heranwachsenden liegen, um einerseits Stigmatisierungen durch rein negative Zuschreibungen zu verhindern und andererseits Ansätze für pädagogische Maßnahmen zu erhalten.

Durch aktives Zuhören sollte die subjektive Konstruktion der Wirklichkeit eines jungen Menschen annäherungsweise nachvollziehbar sein, um die eigene Kommunikation und Handlungsschritte daran auszurichten.

1.3 Bewerten

Die dritte wesentliche Kommunikationsaufgabe ergibt sich aus der zweiten. Auf Grundlage der individuellen Lebenswelt soll der Entwicklungsbedarf eines*ei-

ner Jugendlichen/Heranwachsenden richtig eingeschätzt werden. Besteht ein
pädagogischer Bedarf über die bereits durchgeführten polizeilichen Maßnahmen, die elterlichen Reaktionen oder die des Umfeldes hinaus? Ist möglicherweise eine weitere Intervention eher wenig förderlich, da unter Umständen stig-
matisierend? Kann ein Verfahren über eine Diversion eingestellt werden?

Kommt die JuhiS-Fachkraft zu der Einschätzung, dass eine weitergehende
pädagogische Maßnahme hilfreich sein kann, also Unterstützungsbedarf erkannt wird, stellt sich die Frage nach Art und Umfang der Hilfe. Sind ambulante
pädagogische Maßnahmen nach dem JGG vorhanden, die passgenau den Bedürfnissen des*der Jugendlichen/Heranwachsenden entsprechen? Oder bedarf
es Hilfen zur Erziehung nach dem SGB VIII?

Wichtig ist es, den Hilfeprozess von Beginn an dialogisch zu gestalten. Auswirkungen auf das Strafverfahren werden dabei stets berücksichtigt und transparent dargestellt. Gerade hierin ist die große Chance der Jugendhilfe im Strafverfahren zu sehen: junge Menschen, die sonst wenig bis keine Motivation haben, mit dem Hilfesystem zusammenzuarbeiten, pädagogisch zu erreichen. Im
pädagogischen Prozess ist es dabei wichtig, dass zwischen der Person des*der
straffälligen Jugendlichen/Heranwachsenden, die akzeptiert wird, und der Tat,
die geahndet wird, unterschieden wird. Es versteht sich von selbst, dass bei Minderjährigen die Sorgeberechtigten möglichst zu beteiligen sind.

Ohne eine Akzeptanz der zu vermittelnden Maßnahme bei den jungen Straffälligen zu erreichen, wird die pädagogische Intention ins Leere laufen. Es ist
daher immer ein partizipativer Ansatz bei der Erarbeitung eines Maßnahmen-
vorschlags für das Gericht zu wählen.

Dabei kann es durchaus gelingen, eine extrinsische Motivation, die durch
den Wunsch der Vermeidung von weiterem Ärger mit dem Justizsystem entstehen kann, durch gute pädagogische Arbeit der Maßnahmenträger in eine intrin-
sische Motivation zu überführen.

Gelingt das nicht, werden die jungen Menschen sich nicht öffnen und sich
nur oberflächlich auf eine Maßnahme einlassen. Eigene Handlungsmuster werden so nicht ernsthaft hinterfragt.

1.4   Anzeichen einer misslungenen Kommunikation

Wie können wir nun feststellen, dass die Kommunikation mit einem jungen
Menschen misslungen ist?

Ein Anzeichen dafür ist, wenn der*die Jugendliche/Heranwachsende gar
nicht den Versuch macht, sich aktiv einzubringen, sondern sich fremdbestimmt

einer Autorität ausgeliefert fühlt. Er*Sie verweigert die Kooperation. Er*Sie hat die Erwartung, nicht gehört zu werden und eventuell sogar nicht gerecht behandelt zu werden.

Ein weiteres Anzeichen von misslungener Kommunikation ist, wenn der*die Jugendliche/Heranwachsende nur sozial erwünschte Antworten liefert, um der Gesprächssituation bzw. der Situation vor Gericht schnellstmöglich entgehen zu können.

Viele Kommunikationsprobleme wurzeln in fehlendem Vertrauen des jungen Menschen gegenüber der Jugendhilfe im Strafverfahren. Daher sind alle Handlungsschritte der JuhiS-Fachkraft darauf zu prüfen, ob diese ein Vertrauensverhältnis zu den Jugendlichen/Heranwachsenden fördern oder nicht. Vertrauen kann über neue, positive Erfahrungen, aber auch Stück für Stück aufgebaut werden, sodass immer wieder der Kooperationsbereitschaft eine Chance gegeben werden sollte.

2   Kommunikation mit Professionellen aus anderen Berufsgruppen

Wenn man das Ziel der Kommunikation der Jugendhilfe im Strafverfahren mit Professionellen aus anderen Berufsgruppen auf den Punkt bringen müsste, könnte das in einem Satz folgendermaßen formuliert werden:

Ziel ist eine gute Zusammenarbeit professioneller Akteure, die sich ihren Aufgaben bewusst sind, um Jugendliche/Heranwachsende pädagogisch zu erreichen, die sonst fern vom Hilfesystem sind.

Der Austausch der Jugendhilfe im Strafverfahren mit den unterschiedlichen beteiligten Akteuren sollte jeweils spezifisch erfolgen. Die Erörterung beschränkt sich im Folgenden auf die Kommunikation mit der Polizei auf der einen und der Staatsanwaltschaft auf der anderen Seite.

2.1   Herausforderungen in der Kommunikation mit der Polizei

Bei der Kommunikation mit der Polizei ist der Austausch über Fälle regelhaft eine Einbahnstraße. Die Polizei darf der Jugendhilfe im Strafverfahren Informationen weitergeben, die Jugendhilfe im Strafverfahren darf der Polizei jedoch

162 Thomas Krestel | Wie sprichst du denn mit mir?

keine Informationen weitergeben.[2] Eine Ausnahme hiervon gibt es nur, wenn eine Schweigepflichtsentbindung von den Jugendlichen und dessen Sorgeberechtigten oder den Heranwachsenden eingeholt wird.

Die Schweigepflichtsentbindung kann dabei nur von der Behörde eingeholt werden, die die vertraulichen Daten weitergeben soll, also von der Jugendhilfe im Strafverfahren. Bevor die Unterschriften für eine Schweigepflichtsentbindung eingeholt werden, muss klar darauf hingewiesen werden, welche Daten zu welchem Zweck weitergegeben werden, damit eine mündige Entscheidung zur Weitergabe getroffen werden kann.

Einigkeit sollte darin bestehen, dass Schweigepflichtsentbindungen nur sparsam eingeholt werden. Sinnvoll erscheint es bei Fallkonstellationen mit Jugendlichen/Heranwachsenden mit vermehrter Delinquenz, bei denen ein Austausch des Helfernetzwerkes zielführend ist oder freiheitsentziehende Maßnahmen abgewendet werden sollen.[3]

Eine inflationäre oder regelmäßige Einholung der Schweigepflichtsentbindung, um sozusagen einen Freifahrtschein zum Austausch mit der Polizei zu haben, sollte aus Sicht der Jugendhilfe im Strafverfahren unbedingt vermieden werden.

Für die beschuldigten Jugendlichen und Heranwachsenden sollte nicht der Eindruck entstehen, dass es zwischen der Polizei und der Jugendhilfe im Strafverfahren keine großen Unterschiede in der Aufgabenwahrnehmung gibt. Dies erschwert einen vertraulichen Austausch und die Jugendhilfe im Strafverfahren hat in erhöhtem Maße mit einem vordergründig zustimmenden Verhalten bei gleichzeitig völlig anderen Einstellungen und Überzeugungen zu rechnen. Aber auch die komplette Verweigerung der Kooperation kann eine Folge sein, wenn die Behörden von den jungen Menschen in nicht ausreichend zu unterscheiden sind.

In der Kommunikation mit der Polizei wird ein hohes Maß an Fingerspitzengefühl von der Jugendhilfe im Strafverfahren gefordert. Beispielsweise ist es denkbar, dass Informationen zum Aufenthaltsort von der Polizei für Fahndungszwecke missbraucht werden und dahingehend eine Instrumentalisierung der Jugendhilfe im Strafverfahren stattfinden könnte. Aber auch die Mitteilung von Lebensgewohnheiten oder die Nennung von Personen aus dem sozialen Umfeld könnten missbräuchlich verwendet werden.

---

[2] Vgl. Riekenbrauk, 2023, S. 52 f.
[3] Vgl. Fritsch, 2023, S. 331.

Wird eine Schweigepflichtentbindung eingeholt, so ist diese nicht so auszulegen, dass alle Daten und Informationen an die Polizei weitergegeben werden. Vielmehr muss stets mitreflektiert werden, welche Folgen die Weitergabe bestimmter Informationen haben, um eine Entscheidung treffen zu können, welche Informationen geteilt werden sollten und welche nicht.

Der Vorteil eines Austausches mit der Polizei ist darin zu sehen, dass die Jugendhilfe im Strafverfahren zeitnah über ‚neue' Straftatvorwürfe gegenüber Jugendlichen und Heranwachsenden informiert wird. Dies kann zu einer schnelleren Intervention, einer Veränderung von möglichen laufenden Hilfen oder/und zu beschleunigten Anregungen von Diversionen kommen.

Bei einem Austausch mit der Polizei kann seitens der Jugendhilfe im Strafverfahren dafür geworben werden, beginnende Hilfeprozesse mit Geduld zu beobachten und für eine Wertschätzung von kleinen Entwicklungsschritten zu sorgen. Kleinere Rückschritte einzelner Jugendlicher und Heranwachsender gilt es im Gesamtkontext als Normalität zu betrachten und möglicherweise aufkommende Strafbedürfnisse sollten relativiert werden.

Die Jugendhilfe im Strafverfahren kann zudem bei den Polizeibeamt*innen das Verständnis für die Ursachen von Erziehungsdefiziten fördern und damit eine Sensibilität für notwendige Erziehungsschritte schaffen.

2.2 Herausforderungen in der Kommunikation mit der Staatsanwaltschaft/dem Jugendgericht

Im Austausch mit der Staatsanwaltschaft bedarf es keiner gesonderten Schweigepflichtsentbindung, damit die Jugendhilfe im Strafverfahren Informationen weitergeben darf.[4]

Eine grundlegende Herausforderung für die Jugendhilfe im Strafverfahren in der Kommunikation mit der Staatsanwaltschaft und den Jugendrichter*innen rührt daher, dass die Entscheidungshoheit bei der Justiz liegt. So können unterschiedliche Einschätzungen über die zu treffenden Maßnahmen zu Machtlosigkeit bei der Jugendhilfe im Strafverfahren führen. Dies betrifft neben den Sanktionen wie Geld- und Arbeitsauflagen in der Regel auch die im Umfang unterhalb von Hilfen zur Erziehung angelegten ambulanten pädagogischen Maß-

---

4   Vgl. Riekenbrauk, 2023, S. 52 f.

nahmen nach dem JGG, die ohne ausdrückliche Zustimmung der Jugendhilfe umgesetzt werden können.[5]

Auch die Nicht-Berücksichtigung eines von der Jugendhilfe im Strafverfahren identifizierten pädagogischen Bedarfs seitens der Justiz kann dem Vorhaben der Jugendhilfe im Strafverfahren, dem jungen Menschen ein Hilfsangebot zu machen, zuwiderlaufen. Das ist dann der Fall, wenn der junge Mensch nicht über freiwillige Angebote der Jugendhilfe erreichbar ist. Es kann auch sein, dass die notwendige Eingriffsintensität einer angedachten pädagogischen Maßnahme nicht im Verhältnis zu der Schwere einer Straftat steht und dadurch der Hebel für die Umsetzung fehlt. Die Jugendhilfe ist dann gefragt, andere Wege zu finden, die dem jungen Menschen möglicherweise offenstehen, um die notwendige Unterstützung zu leisten.

Schwierig umzusetzen erscheint die gesetzliche Vorgabe, die die Staatsanwaltschaft regelhaft verpflichtet, auf die Stellungnahme der Jugendhilfe im Strafverfahren vor Anklageerhebung zu warten. Dies scheitert vielerorts (noch?) an der Praktikabilität. Ein Hoffnungsschimmer könnte die räumlich nähere Zusammenarbeit in den Häusern des Jugendrechts sein. Aber auch andere Wege der Zusammenarbeit in traditionellen Strukturen wie ein wöchentlicher Austausch zur Steuerung der Arbeitsprozesse könnte Planungssicherheit geben.

Aus Sicht der Jugendhilfe im Strafverfahren ist es wünschenswert, dass die Staatsanwaltschaft auf die Stellungnahme der Jugendhilfe im Strafverfahren wartet. Insbesondere erscheint es ärgerlich, wenn Anregungen für eine Diversion nicht rechtzeitig vor Anklageerhebung von der Staatsanwaltschaft geprüft werden können.

2.3 Aufgaben- und Rollenklarheit schaffen

Für die am Jugendstrafverfahren beteiligten Institutionen ist eine Klarheit der einzelnen Rollen sehr wichtig. Bei der Arbeit mit straffälligen Jugendlichen und Heranwachsenden sollte viel Zeit für die Reflexion der interdisziplinären Zusammenarbeit zur Verfügung stehen.

Im Rahmen von einzelfallbezogenen Fallkonferenzen ist es notwendig, bei den tatverdächtigen Jugendlichen und deren Sorgeberechtigten sowie den Heranwachsenden transparent für Rollenklarheit zu sorgen. So sind die Aufgaben-

---

5   Vgl. Neßeler, 2022, S. 131 ff.

felder und Interessen der beteiligten Professionen in einer verständlichen Sprache aufzuzeigen.

Zu einer reflektierten Rollenwahrnehmung der beteiligten Akteure gehört auch, dass Transparenz geschaffen wird, wie mit den erhaltenen Informationen umgegangen wird. Insbesondere ist auf das Legalitätsprinzip hinzuweisen, dem die Ermittlungsbehörden verpflichtet sind.

Die unterschiedlichen Perspektiven verlangen dabei von allen Beteiligten ein hohes Maß an Kommunikations- und Konflikt(lösungs)fähigkeit, wenn eine fruchtbare Zusammenarbeit erreicht werden soll.

In ihrer Rollenwahrnehmung fokussiert die Jugendhilfe im Strafverfahren auf die Entwicklung des*der Jugendlichen/Heranwachsenden. Vereinfacht gesagt, sollte für die Jugendhilfe im Strafverfahren keinerlei ‚Strafbedürfnis' eine Rolle spielen. Das Interesse gilt einzig den Erziehungsprozessen und nicht den Sanktionen. Die Jugendhilfe im Strafverfahren ist das notwendige Korrektiv für die Ermittlungsbehörden.

Im Folgenden sollen anhand von einigen Begrifflichkeiten die unterschiedlichen Perspektiven der Jugendhilfe im Strafverfahren und der Ermittlungsbehörden aufgezeigt werden.

Parteilichkeit vs. Strafverfolgungsinteresse

Die Jugendhilfe im Strafverfahren hat keinerlei Interesse an der Strafverfolgung. Vielmehr steht ein Strafverfolgungsinteresse konträr zu der parteilichen Haltung, die gegenüber den straffälligen Jugendlichen und Heranwachsenden eingenommen wird. Schildern die jungen Menschen Straftaten gegenüber den JuhiS-Fachkräften, stehen die Motivation, die Handlungsmuster und die möglichen Defizite in der Persönlichkeitsentwicklung im Vordergrund.

Vertrauen und ehrliche Annahme vs. Misstrauen

Wie bereits mehrfach ausgeführt, beruht eine erfolgreiche Arbeit der Jugendhilfe im Strafverfahren darauf, dass die jungen Menschen den Fachkräften Vertrauen entgegenbringen. Eine ehrliche Annahme der Jugendlichen und Heranwachsenden steht im Gegensatz zu dem professionellen Misstrauen, welches seitens der Ermittlungsbehörden angemessen erscheint, deren Mittel dann beispielsweise die Kontrolle und Überwachung sind.

Lösungsorientierung vs. Problemorientierung

In einem ressourcenorientierten Ansatz ist die Jugendhilfe im Strafverfahren dazu angehalten, lösungsorientiert das Gelingende in den Blick zu nehmen. Dies kann im Gegensatz zu rein gesetzesbasierter Argumentation stehen, die gerade den Fokus auf das nicht gelungene bzw. straffällige Verhalten legt.

Entwicklung als Prozess vs. Zunahme der Sanktionshärte

Das Wertschätzen einer prozesshaften Entwicklung in langsamen Schritten, inklusive der dazugehörenden Rückschritte, ist für die erwünschten Verhaltensänderungen von jungen Menschen aus sozialpädagogischer Sicht positiv verstärkend. Die Logik der Strafzumessung ist dazu gegensätzlich. Rückschritte im Sinne einer misslungenen Legalbewährung führen zu einer Zunahme der Sanktionshärte (Sanktionseskalation). Pädagogische Bemühungen können hierdurch konterkariert werden.

2.4 Interdisziplinäre Kommunikationsprobleme vermeiden

Ein professioneller interdisziplinärer Austausch kann nur auf Grundlage der Bewusstmachung der unterschiedlichen Haltungen/Perspektiven der Berufsgruppen gelingen. Dazu ist ein gegenseitiges Kennenlernen der jeweiligen Aufgabenbereiche im Alltag notwendig. Dieses Wissen hilft, dass Konflikte, bspw. über die richtige Einschätzung/Entscheidung von zu treffenden Maßnahmen, professionell betrachtet werden und dadurch gut ausgehalten werden können.

Die Vorbereitung, Durchführung und Nachbereitung von Fallkonferenzen können darüber hinaus dazu beitragen, dass die Akteure ein gegenseitiges Verständnis entwickeln.

Eine Aufgabe für die Jugendhilfe im Strafverfahren ist es, pädagogische Argumente verständlich aufzubereiten, so dass diese für fachfremde Berufsgruppen, insbesondere der Polizei und der Justiz nachvollziehbar bzw. anschlussfähig sind. Dazu kann es nützlich sein, an juristische Begriffe ‚anzudocken'.

Im Rahmen von interdisziplinären Besprechungen sollten irritierende und unverständliche Beobachtungen thematisiert werden. Insbesondere gilt es immer wieder zu reflektieren, wie viel interprofessionelle Nähe zugelassen werden kann und wie viel angemessene Distanz zwischen den Beteiligten herzustellen ist, die den Aufgabenbereichen gerecht wird.

Dabei ist die Jugendhilfe immer dazu aufgefordert, die Situationen durch die Brille der Jugendlichen und Heranwachsenden zu betrachten, um mögliche unerwünschte, vertrauensschädigende Aussagen und Verhaltensweisen zu vermeiden. Am Schluss zählen die Beibehaltung und der Aufbau eines Vertrauensverhältnisses zu den jungen Menschen mehr als alles andere. Denn ohne Vertrauen ist keine pädagogisch fruchtbare Beziehung möglich.

Literaturverzeichnis

Fritsch, K. (2023). Wo etwas, was einem wichtig ist, auf dem Spiele steht … – … muss man dabei sein, egal, ob man's kriegt oder nicht. Zeitschrift für Jugendkriminalrecht und Jugendhilfe, 34 (4), S. 329–335.

Lampe, D. & Schmoll, A. (2023). „Ich fand es echt peinlich so, zu fragen, was meinen Sie." –Verstehen und Verstanden-Werden junger Menschen und ihrer Eltern im Kontext von Jugendstrafverfahren und einzelfallbezogenen Fallkonferenzen. K. Fritsch & Sprecher*innenrat der Bundesarbeitsgemeinschaft der Jugendhilfe im Strafverfahren der DVJJ (Hrsg.), Fallkonferenzen im Jugendstrafrecht – Wenn schon, dann richtig! (S. 65–93). Mönchengladbach: Forum Verlag Godesberg.

Neßeler, K. (2022). Die Kostentragung für die Durchführung jugendstrafrechtlich angeordneter ambulanter Maßnahmen nach dem JGG. Zeitschrift für Kindschaftsrecht und Jugendhilfe, 17 (4), S. 131–137.

Riekenbrauk, K. (2023). „Das bleibt unter uns." – Wirklich? Datenschutz in Kooperationsverhältnissen. K. Fritsch & Sprecher*innenrat der Bundesarbeitsgemeinschaft der Jugendhilfe im Strafverfahren der DVJJ (Hrsg.), Fallkonferenzen im Jugendstrafrecht – Wenn schon, dann richtig! (S. 35–63). Mönchengladbach: Forum Verlag Godesberg.

Schnittstellen zwischen Jugendstrafvollzug und den anderen am Jugendstrafverfahren beteiligten Berufsgruppen – Die Sicht des Jugendgerichts

Frank Rose

Der Arbeitskreis 5 des Deutschen Jugendgerichtstages 2023 in Berlin hat das Förderkontinuum der Jugendhilfe bei Jugendlichen[1] in den Blick genommen, die eine Jugendstrafe verbüßen. Ergänzend zum Thesenpapier des Arbeitskreises sollen in diesem Beitrag fünf Einzelaspekte aus der Sicht des Jugendgerichts akzentuiert werden.

1 Persönliches Kennenlernen: Mittel zur Förderung der Kooperation

Die erzieherische Einwirkung auf den Jugendlichen bzw. die Jugendliche im Jugendstrafvollzug kann nur dann gelingen, wenn der Vollzug mit den übrigen Akteuren des Jugendstrafverfahrens insbesondere in Form von Jugendstaatsanwaltschaft, Jugendgericht, Jugendgerichtshilfe, aber auch weiteren Beteiligten wie Arbeitsverwaltung, Bildungsträgern und Handwerkskammern erfolgreich kooperiert und umgekehrt. Ein Schlüssel für die gute Zusammenarbeit ist das – möglichst persönliche – Kennenlernen der handelnden Personen. Die für den Verfasser als Vorsitzenden des Jugendschöffengerichts zuständige Jugendanstalt Schleswig lädt Kooperationspartner in Form der Gerichte, Staatsanwaltschaften und Jugendgerichtshilfen, aber auch Bildungsträger in regelmäßigen Abständen zu Fortbildungstagen mit Vorträgen und Besichtigung der Anstalt ein. Bei diesen Veranstaltungen nehmen die Jugendschöff*innen nicht teil.

Ein Kennenlernen der Jugendanstalt durch die Jugendschöff*innen wurde in der Vergangenheit meist dergestalt umgesetzt, dass die einzelnen Gerichte bei der Jugendanstalt angefragten und dann ein Besuch der Jugendschöff*innen in der Anstalt erfolgte. Die Koordinatorin für Jugendstrafsachen im Land Schleswig-Holstein bereitet zurzeit nach Beginn der neuen Schöffenperiode am 1. Januar 2024 einen gebündelten Besuch aller interessierten neu gewählten Jugendschöff*innen des Landes Schleswig-Holstein in der Jugendanstalt vor. Aus vor-

---

[1] Im Folgenden wird stets von Jugendlichen gesprochen, gemeint sind jeweils auch nach Jugendstrafrecht zu einer Jugendstrafe verurteilte Heranwachsende nach § 1 II JGG.

herigen Schöffenperioden ist dem Verfasser von zahlreichen Jugendschöff*innen die hohe Bedeutung eines solchen Besuchs rückgemeldet worden. Durch eine Bündelung des Besuchs der Schöff*innen in der Anstalt lässt sich für die Zukunft eine Beeinträchtigung des Anstaltsbetriebs durch immer wieder eintreffende kleinere Besuchsgruppen minimieren. Allerdings werden bei größeren Besuchergruppen auch Einzelgespräche der Jugendschöff*innen mit Gefangenen erschwert.

2   Die Jugendgerichtshilfe (JGH): Bindeglied zwischen Gericht und Vollzug

Ein Jugendschöffengericht oder dessen Vorsitzende*r besucht während eines laufenden Hauptverfahrens nicht die Jugendanstalt, sondern der*die Angeklagte wird beim Gericht vorgeführt. Dies bedeutet, dass die zur Urteilsfindung berufenen Personen keinen Kontakt zum*zur jugendlichen Angeklagten in dessen*deren Vollzugsumgebung und auch nicht zu den Mitarbeiter*innen der Jugendanstalt haben, die den*die Jugendliche*n rund um die Uhr erleben.

Anders ist dies bei der JGH. Der*Die dort zuständige Mitarbeiter*in besucht zur Erstellung seines*ihres Berichts für die Hauptverhandlung nach § 38 IV 1 JGG den*die Angeklagte*n in der Jugendanstalt. Hier hat die JGH die Möglichkeit, außerhalb der formalen Situation der Hauptverhandlung den*die Angeklagte*n kennenzulernen, und erhält zudem oft ‚zwischen den Zeilen' wichtige Einschätzungen der AVD-Mitarbeiter*innen, Vollzugsabteilungsleitungen und Psycholog*innen. Immer wieder berichten die JGH gegenüber dem Verfasser, wie problematisch der Ersatz der Fahrtkosten vom Sitz der JGH zur Anstalt und teilweise auch für die für Hin- und Rückfahrt eingesetzte Arbeitszeit ist. Dies ist in Flächenländern wie Schleswig-Holstein mit Distanzen zwischen JGH-Sitz und Jugendanstalt von teilweise 150 km für die einfache Strecke ein immer wiederkehrendes Problem. In Zukunft wird über den Einsatz von Videokonferenztechnologie – mit entsprechend hohem Schutz der Verbindung wegen der sensiblen ausgetauschten Daten – nachzudenken sein. Dies ist sicher besser als gar kein Kontakt zwischen JGH und Angeklagtem in der Jugendanstalt, allerdings fallen dann auch die oft zufälligen und durch wenige Schritte erreichbaren Möglichkeiten eines Austauschs der JGH mit den Jugendanstaltsmitarbeiter*innen am Rande des Besuchs des*der Jugendlichen weg.

3 Besonderheit U-Haft: Keine Therapieangebote wegen der Unschuldsvermutung nach Art. 6 I EMRK?

Eine besondere Problematik ergab sich in einem vom Verfasser als Vorsitzenden des Jugendschöffengerichts geführten Verfahren: Beim Angeklagten bestand der Verdacht der BtM-Abhängigkeit und einer kumulativen psychiatrischen Problematik. Er befand sich ca. drei Monate in U-Haft und äußerte in dieser Zeit durch seinen Verteidiger mehrfach die Bereitschaft zur Therapie und deren Vorbereitung. Der zeitnahe Beginn jedenfalls einer Exploration des Angeklagten wurden von der Jugendanstalt gegenüber dem Verteidiger unter Hinweis auf die vermutlich kurze Verweildauer und die Unschuldsvermutung abgelehnt, es kam lediglich zu einzelnen allgemeinen Gesprächen mit einer Psychologin der Jugendanstalt.

Es liegt auf der Hand, dass durch einen derartigen Ablauf wertvolle Zeit für die Therapie verschenkt wird. Aus Verteidigersicht kommt hinzu, dass der Angeklagte ‚keine Punkte sammeln' kann für eine günstige Prognose nach § 21 JGG in der Hauptverhandlung in Form des Beginns oder jedenfalls der Vorbereitung einer Therapie. Der rechtliche Einwand, einem Therapiebeginn stehe die Unschuldsvermutung nach Art. 6 I EMRK entgegen, trägt wegen des erklärten Einverständnisses des Angeklagten und Verteidigers nicht. Nachvollziehbar sind aber die Bedenken der Anstalt, wertvolle Personalressourcen der Anstalt für eine Exploration oder gar die Erlangung eines Therapieplatzes zu investieren, bevor der Angeklagte dann nach Freispruch oder einer anderen Sanktion als einer vollstreckbaren Jugendstrafe nach Rechtskraft des Urteils die Anstalt wieder verlässt. Trotz dieser Unsicherheit sollte aus Sicht des Verfassers die Bereitschaft eines*einer U-Haft-Gefangenen zu Exploration und Therapie stets genutzt werden, um möglichst zeitnah die Ursachen für die Begehung weiterer Straftaten zu beseitigen. Im vorliegenden Fall führte eine durch Initiative des Verteidigers ermöglichte jugendpsychiatrische Begutachtung und ein Aufenthalt in einer psychiatrischen Klinik während angeordneter U-Haft dazu, dass jedenfalls in der Berufungsinstanz die Jugendstrafe zur Bewährung ausgesetzt werden konnte und der Angeklagte sich nunmehr als Bewährungsauflage zu dem inzwischen rechtskräftigen Berufungsurteil in einer therapeutischen Einrichtung aufhalten muss.

Im Arbeitskreis 5 wurde unter anderem eine gesetzliche Pflicht zur Teilnahme der JGH am Haftentscheidungsverfahren, auch in Haft bei Entscheidungen nach § 88 JGG, deutlich über die Mitteilungspflichten nach § 72a JGG postuliert, ferner eine Beteiligung der JGH im Erziehungsplanverfahren, eine

Supervision für den Sozialdienst im Vollzug sowie die psychologische und psychiatrische Begutachtung schon in der U-Haft. Eine derartige Stärkung der Stellung der JGH ist aus Sicht des Verfassers zu unterstützen, ebenso aber eine auskömmliche Ausstattung der Jugendanstalt mit psychologisch oder psychiatrisch geschultem Personal, das qualifiziert Therapien vorbereiten, beginnen oder jedenfalls für die Zeit nach der U-Haft vermitteln kann.

4   Vorzeitige Entlassung nach § 88 JGG: Warum ist sie so wichtig und warum sind gleichwohl die Zahlen so gering?

Die Zahl der Aussetzungen des Strafrestes zur Bewährung nach § 88 JGG nimmt kontinuierlich ab, in den letzten Jahren sogar verstärkt:

Tabelle 1:   *Entlassungen mit einer Reststrafenbewährung gem. §§ 88, 89 JGG*

Jahr	Entlassungen	Jahr	Entlassungen
1985	4327	2015	1868
1990	2834	2016	1792
1995	2909	2017	1420
2000	3329	2018	1176
2005	3176	2019	1133
2010	3044	2020	1075
2011	2908	2021	967
2012	2312	2022	722

Quelle: Aktualisierte Tabelle mit Zahlen destatis aus: Ostendorf, H. (2021). Jugendgerichtsgesetz (11. Aufl.). Baden-Baden: Nomos; Grundlagen zu § 88 JGG, Rn. 4; wegen Einstellung der Statistik in destatis teilweise hochgerechnet.

Zwar sank auch die Zahl der im Jugendstrafvollzug befindlichen Gefangenen kontinuierlich, so etwa von Januar 2021 (3130) bis Juni 2022 (Ende der destatis-Statistik in diesem Monat mit 2753). Dies ist aber ‚nur' ein Rückgang um 12 %, die Zahl der Entlassungen von 2021 bis 2022 sank hingegen um mehr als das

Doppelte um 25 %.[2] Im Sinne der Rückfallvermeidung ist eine wieder häufigere Anwendung des § 88 JGG äußerst wünschenswert. Nach der Untersuchung von Hartenstein, Philipp, Hinz und Meischner-Al-Mousawi sprechen mehrere kriminologische Gründe für die Anwendung von § 88 JGG.[3] In einer bundesweiten Rückfalluntersuchung zeigten sich nach Jugendstrafe zwar nur marginal höhere Rückfallraten bei Vollverbüßung als bei Strafrestaussetzung, wenn die Haftdauer statistisch kontrolliert wird. Gefangene, die zum Strafende entlassen werden, werden aber schneller rückfällig als solche, die unter Bewährung stehen. Eine mögliche Erklärung dafür ist, dass Gerichte die Aussetzung einer Reststrafe zur Bewährung bei niedrigerem Rückfallrisiko häufiger verantworten als bei höherem Risiko. Ein weiterer Grund für den Unterschied dürfte in der – jedenfalls in einigen Fällen – kriminalpräventiven Wirkung von Bewährungsauflagen liegen.

5   Übergangsmanagement: Die wichtige und devianzgefährdete Zeit nach der Entlassung

Nach der bereits erwähnten Untersuchung von Hartenstein und Kolleg*innen[4]verstärken sich die Anhaltspunkte für die Wichtigkeit einer Unterstützung junger Inhaftierter nach ihrer Entlassung – insbesondere in den ersten Monaten. Die Anforderungen des Alltags und erst recht manifeste Probleme wie fehlende Kompetenzen für Erfolge in Ausbildung oder Arbeit oder eine Suchtmittelproblematik können die Betroffenen überfordern und erneute Straffälligkeit begünstigen. Dies gilt besonders, wenn keine Anbindung an soziale Dienste durch Bewährungsauflagen besteht. Wünschenswert ist darum, Angebote des Übergangsmanagements quantitativ und qualitativ auszubauen und zu evaluieren.

Das Gericht sollte im Falle einer vorzeitigen Entlassung nach § 88 JGG kritisch prüfen:

- Welche Bewährungsauflagen nach der vorzeitigen Entlassung sind wirksam im Sinne von Kriminalitätsverhütung?

---

2   Zahlen aus www.destatis.de, Rechtspflege/Bestand der Gefangenen und Verwahrten in Deutschen Justizvollzugsanstalten (letzter Abruf am 14.02.24).

3   Hartenstein, S., Philipp, A., Hinz, S. & Meischner-Al-Mousawi, M. (2023). Rückfälligkeit nach Entlassung aus Jugendstrafe. Zeitschrift für Jugendkriminalrecht und Jugendhilfe, 34 (2), S. 148–160, hier S. 151.

4   Hartenstein, Philipp et al., 2023, S. 159.

- Ergeht der Beschluss nach § 88 JGG rechtzeitig vor der Entlassung?
- Kann der*die künftige Bewährungshelfer*in den*die Gefangene*n in der Haft besuchen und dort vor der vorzeitigen Entlassung kennenlernen?
- Wie kommunizieren Jugendanstalt, Bewährungshelfer*innen und die übrigen Institutionen (z. B. Jobcenter)?

Das Bundesverfassungsgericht hat in seiner Grundsatzentscheidung zum Jugendstrafvollzug vom 31. Mai 2006 „eine mit angemessenen Hilfen für die Phase nach der Entlassung verzahnte Entlassungsvorbereitung"[5] verlangt. Neben einer möglichen Nachbetreuung durch Vollzugsbedienstete sollte gleichzeitig versucht werden, Betriebe und Firmen in die Nachbetreuung in Form von Ausbildungs- und Arbeitsangeboten einzubinden. Ein solches Angebot muss mit einer persönlichen Betreuung verbunden werden, um Eingewöhnungs- und Sozialisationsprobleme zu meistern.[6]

Dieser Beitrag kann nur einige wenige aktuelle Probleme an der Schnittstelle zwischen Jugendgericht und Jugendstrafvollzug andeuten. Der Arbeitskreis 5 hat unter anderem postuliert, die Arbeit der DVJJ solle den Fokus in Zukunft verstärkt auch auf Mitarbeitende aller Fachgruppen im Jugendvollzug und Jugendarrest richten, die aktuell bundesweit kaum repräsentiert seien. In diesem Kontext dürfte es – wie die beschriebenen Probleme zeigen – sinnvoll sein, jedenfalls auch einen Blick auf die Kooperation zwischen Jugendgericht und den Mitarbeitenden im Jugendvollzug und dem Jugendarrest zu werfen. Es lohnt sich – wie der Arbeitskreis 5 gezeigt hat.

---

[5]   BVerfG, NJW, 2006, S. 2093, 2096; vgl. BVerfGE 35, S. 202, 236.
[6]   Näher Ostendorf, H. (2022). Jugendstrafvollzugsrecht (4. Aufl.). Baden-Baden: Nomos, § 2 Vollzugsplanung, Rn. 56 m. w. N.

Acht Jahre Jugendhilfe als verlängerter Arm restriktiver Migrationspolitik – Kritik der vorläufigen Inobhutnahme am Beispiel Bremen

Holger Dieckmann

Die Ausgestaltung der vorläufigen Inobhutnahme wird in Bremen dem Anspruch an eine fach- und bedarfsgerechte Jugendhilfe in vielfacher Hinsicht nicht gerecht. Während ein effektiver Rechtsschutz gegen die teilweise schwerwiegenden Eingriffe in die Rechte der Minderjährigen – wie die fiktive Festsetzung des Alters und die ggf. gewaltsame Verteilung gegen den eigenen Willen – de facto inexistent ist, bleiben grundlegende Schutzansprüche der Minderjährigen – etwa der Zugang zum Asylverfahren, die Unterbringung, gesundheitliche Versorgung und das Recht auf Bildung – während der vorläufigen Inobhutnahme teilweise vollständig ausgesetzt. Die in § 1 Abs. 1 und § 3 SGB VIII definierten Rechte junger Menschen und Aufgaben der Jugendhilfe werden den Zielen restriktiver Migrationspolitik untergeordnet.

Gleichzeitig wurde das vorgebliche Ziel – die Verbesserung der Jugendhilfe mittels einer teilweisen Verlagerung – nicht erreicht.

Die kritische Benennung als ‚Ausländer-Jugendhilfe zweiter Klasse‘ wird diesem Sachverhalt nicht ausreichend gerecht. Die vorläufige Inobhutnahme trägt in Bremen vielmehr dazu bei, dass schutzbedürftige Minderjährige von der Inanspruchnahme von Jugendhilfe abgeschreckt werden, aus ihr davonlaufen, aus ihr ausgegrenzt werden und keine Leistungen der Jugendhilfe mehr erhalten. Daraus ergibt sich ein erhöhtes Risiko für Exklusion, Entrechtung und Kriminalisierung, u. a. durch strafrechtliche Verfolgung ihrer Überlebens- und Anpassungsstrategien. Sie können in extrem prekäre Lebenssituationen geraten, während positive Lebensperspektiven oft fehlen. Dies steht der Aufgabenstellung der Jugendhilfe, unter anderem „junge Menschen in ihrer individuellen und sozialen Entwicklung [zu] fördern und dazu bei[zu]tragen, Benachteiligungen zu vermeiden oder abzubauen" (§ 1 Abs. 3 Nr. 1 SGB VIII), diametral entgegen.

Wo weder die Ziele, noch die Methoden noch die Mindeststandards der Jugendhilfe vollständig Anwendung finden, sollte nicht von Jugendhilfe gesprochen werden.

1 Einleitung

Im November 2015 führte die Bundesgesetzgebung die §§ 42a bis 42f in das SGB VIII ein. Die Neuregelung brachte unter anderem eine vorläufige Inobhutnahme, ein Verfahren zur Verteilung von unbegleiteten Minderjährigen nach einer Quote und ein behördliches Verfahren zur Altersfestsetzung.[1]

Begründet wurde die Gesetzesänderung vor allem mit der unterschiedlich starken Anwahl der Kommunen durch neu einreisende unbegleitete Minderjährige. Diese vermeintliche oder tatsächliche Belastung sollte durch die Verteilung von Jugendlichen ausgeglichen werden. Der länderübergreifende finanzielle Ausgleich (§ 89d Abs. 3 SGB VIII) wurde dagegen schrittweise aus dem Gesetz gestrichen.

Menschen wie Gegenstände nach administrativen Erwägungen räumlich zu verteilen, steht in engem Zusammenhang mit restriktiver Migrationspolitik.[2] Das Aufenthaltsrecht ist vor allem Ordnungs- und Abwehrrecht. Einschränkungen der Bewegungsfreiheit werden nicht nur administrativ begründet, sondern auch mit dem behaupteten Erfordernis, Ausländer*innen in Deutschland stärker als deutsche Staatsangehörige zu überwachen. So soll das Aufenthaltsrecht und insbesondere eine etwaige Ausreisepflicht durchgesetzt oder eine implizierte spezifische ,Ausländerkriminalität' bekämpft werden. Dies steht in engem Zusammenhang mit biologistischem Rassismus und rassistischer Diskriminierung. Es handelt sich um eine Form von gesetzgeberischem Racial Profiling.

Die §§ 42a und b SGB VIII stellen das grundsätzlich geltende Zuständigkeitsprinzip der Jugendhilfe auf den Kopf. Bisherige Regelungen zum Wechsel der Zuständigkeit waren an dem Ziel orientiert, unterbrechungslos angemessene Jugendhilfe zu gewährleisten (vgl. § 86c SGB VIII). Die Zuständigkeit des örtlichen Trägers folgt(e) dem Anspruch einer sachgerecht kurzfristigen Inobhutnahme. Für UM orientiert sich die Zuständigkeit nun an einer Quote.[3] Der Anspruch, im jeweiligen Einzelfall sachlich und dem Wohl des Kindes angemessene Jugendhilfe zu leisten, wird dem nicht nur nachgeordnet, sondern mit der

---

[1] Das Gesetz wurde nach einem „beschleunigten" Verfahren, das kaum Zeit für Beteiligung ließ, am 16.10.2015 im Bundesrat beschlossen und trat am 01.11.2015 in Kraft.

[2] Zuweisungen und Einschränkung der Bewegungsfreiheit sind im Asyl- und Aufenthaltsrecht allgegenwärtig. Neben dem europäischen „Dublin-Verfahren" gibt es verschiedene abgestufte Wohnsitz- und Aufenthaltsverpflichtungen sowie mindestens drei Verfahren zur zwangsweisen Umverteilung von Menschen mit den euphemistischen Bezeichnungen EASY, ViLA und FREE.

[3] Die Quote wird nach dem „Königsteiner Schlüssel" berechnet (§ 42c Abs. 1 SGB VIII), der auch für die Verteilungsregelungen nach dem AsylG und § 15a AufenthG benutzt wird. Die Zuständigkeit für die Durchführung des Verfahrens liegt nicht bei einer Einrichtung der Jugendhilfe, sondern beim Bundesverwaltungsamt, das auch das Ausländerzentralregister führt.

vorläufigen Inobhutnahme sogar vorübergehend ausgesetzt.[4] Darüber kann auch die in § 42a Abs. 2 SGB VIII vorgesehene Prüfung auf etwaige Gefährdungen des Kindeswohls durch die Verteilung nicht hinwegtäuschen. Der ohnehin schon vorübergehenden Schutzmaßnahme wurde ein Vor-Verfahren vorgeschaltet, das nicht auf das bestmögliche Interesse der Minderjährigen abzielt, sondern dessen Berücksichtigung von einer Prüfung abhängig macht – ein Verstoß gegen Art. 3 der UN-Kinderrechtskonvention.

Die konkrete Umsetzung zeigt keine Verbesserung, sondern eine Verschlechterung der Jugendhilfe, bestenfalls den Einstieg in eine gesonderte ‚Ausländer-Jugendhilfe', in der der Schutz von Jugendlichen einer restriktiven Migrationspolitik untergeordnet wird.

Dies schlägt sich nicht zuletzt sprachlich nieder. Während bisher meist von „UMF", also von unbegleiteten minderjährigen Flüchtlingen, oder von „MUF" gesprochen wurde, wird nun die Bezeichnung „unbegleitete minderjährige Ausländer" mit der Abkürzung „umA" verwendet. Dieser Begriff erscheint zunächst in einer Hinsicht präziser, da es sich nicht unbedingt um Flüchtlinge in einer der unterschiedlichen Definitionen handeln muss. Nicht alle jungen Menschen stellen einen Asylantrag, eine noch geringere Anzahl wird anschließend im Sinne der Genfer Flüchtlingskonvention anerkannt. Nicht alle bezeichnen sich selbst als Flüchtlinge. Der Begriff Flüchtling stellte jedoch immerhin die potenzielle Schutzbedürftigkeit in den Mittelpunkt. An diese Stelle tritt mit der Bezeichnung als Ausländer*in die Staatsangehörigkeit, die für die Feststellung eines Jugendhilfebedarfs irrelevant sein sollte. Innerhalb der neuen Bezeichnung wird das Substantiv ‚Ausländer' zum bestimmenden Teil, während die attributiven Adjektive ‚unbegleitet' und ‚minderjährig' dem lediglich beigeordnet sind. Der Zielsetzung der Jugendhilfe wäre, sofern Unterscheidungen nach der Staatsangehörigkeit überhaupt akzeptiert werden, allenfalls die umgekehrte Reihenfolge angemessen: „Unbegleitete ausländische Minderjährige (UaM)".[5]

Aus ausländischen Minderjährigen wurden minderjährige Ausländer. Die Gesetzgebung hat eine Neuregelung konzipiert, die ihrer repressiven Ziel-

---

4 Im Gesetzgebungsverfahren wurde u. a. argumentiert, die Verteilung sei notwendig, um das Kindeswohl sicherzustellen. Diese These fand sich später auch in Bescheiden des Bremer Jugendamtes.

5 Im SGB VIII ist an keiner Stelle von „unbegleiteten minderjährigen Ausländern", sondern durchgehend von „unbegleiteten ausländischen Kindern und Jugendlichen" die Rede. Da nur ausländische Minderjährige unbegleitet im hier besprochenen Sinn sein können, verzichte ich im Folgenden auf „ausländisch" und spreche von unbegleiteten Minderjährigen (UM).

setzung und ihren Auswirkungen nach dem Aufenthaltsgesetz zuzuordnen ist, diese aber im Kinder- und Jugendhilfegesetz platziert. In Politik und Verwaltung wurde diese Umorientierung auch begrifflich vollzogen.[6]

Dieser Text zeigt als Beitrag zum Arbeitskreis „Spannungsfeld Migrationsrecht – Strafrecht – Jugendhilfe" des 32. Jugendgerichtstages die konkreten Mängel der vorläufigen Inobhutnahme und ihre Auswirkungen am Beispiel Bremen auf.

2   Verteilung gegen den Willen der UM

Das zentrale Argument für die Einführung der Verteilung lautete, angesichts der Überlastung einiger Kommunen könne die Qualität der Jugendhilfe nur durch Umverteilungen gewahrt werden.[7] Diese Argumentation ist wenig überzeugend. Sofern es sich auf die Kosten der Jugendhilfe bezieht, wäre eine Verbesserung der Kostenverteilung zwischen Kommunen und Bundesländern die angemessenere Lösung. Dem Mangel an Fachkräften und der Unterschreitung von Mindeststandards kann nur durch die Verbesserung von Kompetenzen und die Ausweitung von Ressourcen begegnet werden, nicht durch Verschiebung an einen Ort, an dem beides ebenfalls knapp ist.

Dementsprechend forderten Nichtregierungsorganisationen im Rahmen des extrem kurzen Beteiligungsverfahrens, den Aufbau der benötigten Strukturen in den weniger angewählten Ländern und Kommunen *vor* Einführung der gesetzlichen Verteilungsregelung.[8] Diese Forderung wurde nicht umgesetzt. Es blieb bei der bloßen Behauptung, durch die Verteilung werde den besonderen Schutzbedürfnissen und Bedarfslagen von UM Rechnung getragen. Einige Kommunen zeigten sich nach Beginn der Verteilungen vollständig unvorbereitet. Auch acht Jahre danach ist teilweise keine für UM geeignete Jugendhilfe vorhanden.

Gründe für die stärkere Anwahl der Großstädte durch UM sind vorrangig jenseits der Ausstattung der Jugendhilfe zu finden. Wichtigster Aspekt sind

---

6   Die vorläufige Inobhutnahme wird analog zum Asylrecht „Erstaufnahmeeinrichtung (EAE)" genannt.

7   BR-Drs. 349/15, S. 2. Ähnlich haben sich unter anderem das Bremer Sozial- und das Innenressort geäußert, vgl. Baeck, 2015.

8   U. a.: Espenhorst, 2015, S. 2; DIJuF, 2015, S. 6 f.; Pro Asyl, 2015, S. 8. Weitere Vorschläge bezogen sich auf die Änderung der Zuständigkeit im Asylverfahren in § 86 Abs. 7 SGB VIII (vgl. DIJuf, 2015).

soziale Beziehungen, u. a. der Kontakt mit Menschen in der eigenen Sprache und in einer vergleichbaren Lebenssituation.[9] Ein weiterer häufig genannter Grund sind positive und negative Erwartungen zur eigenen Zukunftsperspektive. Befragte UM haben zwar oftmals sehr adäquate Einschätzungen dazu, wo ihre Aussichten größer sind, die deutsche Sprache zu lernen, ihrer Lebenssituation angemessene Bildungsangebote zu finden, schulische und berufliche Abschlüsse erwerben zu können und allgemein in ihren Bedürfnissen Anerkennung zu finden. Der überwiegende Wunsch von UM, in Großstädten zu leben, kann auch insofern kaum überraschen, da auch junge Menschen mit deutscher Staatsangehörigkeit unverändert überwiegend dazu tendieren, den ländlichen Raum zu verlassen.[10]

Die Gefahr, Opfer von rassistischen Übergriffen zu werden, ist in unterschiedlichem Ausmaß im ländlichen Raum wesentlich größer als in Bremen.[11] Abgesehen von den empirischen Belegen für diese Gefahr gehört die Einschätzung zum migrantisch-situierten Wissen.[12] Die Jugendlichen wissen, dass sie beispielsweise in brandenburgischen Kleinstädten Gefahr laufen, Opfer von rassistischen Angriffen oder Übergriffen zu werden. Die öffentlichen Debatten, beispielsweise um ‚no-go-areas‘, Reisewarnungen an ausländische Tourist*innen für manche Teile Deutschlands, eine Wiederkehr der ‚Baseballschläger-Jahre‘ oder von ‚national befreiten Zonen‘ schlagen sich in diesem Wissen nieder.[13]

Zum migrantisch-situierten Wissen gehört ebenso das Bewusstsein, behördlichem und strukturellem Rassismus in manchen Teilen Deutschlands mit größerer Wahrscheinlichkeit und ungeschützter ausgeliefert zu sein als in anderen. Unabhängig von einer empirischen wissenschaftlichen Auswertung zu strukturellem Rassismus sind lokale Unterschiede bei der Berücksichtigung vitaler Interessen von UM durch Behörden und Politik evident. Beispielsweise haben mehrere Bundesländer bis zum August 2021 Abschiebungen nach Afghanistan durchgeführt und dabei die Abschiebung alleinstehender junger Männer priorisiert, was mehrfach zur Abschiebung von jungen ehemaligen UM führte.[14] Gleichzeitig bestand in Bremen ein faktisch weitgehender Abschiebestopp für

9   SfSJIS, 2022a, S. 3.
10 U. a. Beierle, Tillmann & Reißig, 2016, S. 5.
11 Antirassistische Initiative Berlin, 2023.
12 Zur Erläuterung des Begriffs „migrantisch-situiertes Wissen" Hielscher, 2016, S. 192.
13 Vgl. Spiegel International, 2016; Nationaler Diskriminierungs- und Rassismusmonitor, 2023.
14 Bolz, Bongen et al., 2018.

afghanische Staatsangehörige.[15] Somit konnte eine Verteilung von Bremen in ein anderes Bundesland in diesem Zeitraum zu einer massiven Verletzung der eigenen Menschenrechte führen bzw. zu einer konkreten, potenziell tödlichen Bedrohung werden, während der Verbleib in Bremen die Wahrscheinlichkeit für den Zugang zu Bildung und der späteren Erteilung einer Aufenthaltserlaubnis erhöhte.[16] Die Lebensbedingungen und Perspektiven der Jugendlichen können also mitunter sehr stark vom Ort ihrer Inobhutnahme abhängen. Die betroffenen Jugendlichen haben dazu nicht nur teilweise umfangreiche und adäquate Informationen, sondern selbstverständlich auch eigene Einschätzungen und Meinungen.

Das migrantisch-situierte Wissen wird jedoch außerhalb der Gruppe der Betroffenen systematisch ignoriert, negiert oder als irrelevant eingestuft. Ebenso unberücksichtigt bleibt die unterschiedliche Wahrscheinlichkeit positiver Lebensperspektiven. Zur Legitimierung von Verteilungen nach dem SGB VIII wird demgegenüber unhinterfragt vorausgesetzt, jeder Ort in Deutschland sei grundsätzlich für die Inobhutnahme von UM gleichermaßen uneingeschränkt geeignet.

Präferenzen der UM für einen bestimmten Ort werden bei Verteilungsentscheidungen schon deswegen nicht berücksichtigt, weil durch die Gestaltung des Verfahrens als administrative Quote vor der Verteilung gar nicht feststeht, wohin diese erfolgen soll. Im Hinblick auf den Zuweisungsort wird somit eine für die UM möglicherweise existenziell wichtige Entscheidung nicht nur vollständig ohne deren Beteiligung getroffen, sondern sogar ohne dass diese vor der Durchsetzung darüber informiert werden.[17]

Angesichts dieser Sachlage kann es nicht verwundern, dass das Bremer Jugendamt zu dem Schluss kommt, es sei eine Fehleinschätzung, man könne von Umverteilung bedrohte Jugendliche „in einem – aus rechtlichen Gründen nur wenige Tage andauernden – pädagogischen Prozess zur Änderung ihrer persönlichen Präferenzen bewegen". Dies sei „nicht durch Pädagogik aufzulösen, sondern nur dadurch, dass ein nicht persönlich interessierter Dritter – konkret: das Jugendamt – die Verteilentscheidungen trifft und in der Folge ergangene Zuweisungsbescheide dann auch durchsetzt."[18]

---

15   SfI, 2012; Weser-Kurier, 2017.
16   Zur Frage von Menschenrechtsverletzungen an abgeschobenen afghanischen Staatsangehörigen u. a. Stahlmann, 2021; Schwörer, 2020; Bolz, Bongen et al., 2018.
17   Betroffene berichteten, sie hätten beim Besteigen des Fahrzeugs nicht gewusst, wohin sie gerade verteilt werden.
18   SfSJIS, 2022a, o. S.

Es wird also von der zuständigen Behörde ausdrücklich vorgeschlagen, die ‚starken Präferenzen' der Jugendlichen vollständig zu ignorieren, eine weitreichende Entscheidung ohne Beteiligung der Betroffenen zu treffen und diese ggf. mit Gewalt durchzusetzen. Mitarbeitende des Jugendamtes sind auch keine unbeteiligten Dritten, sondern dürften sich einem enormen Druck ausgesetzt sehen, Bremens Aufnahmezahlen von UM, die seit 2015 durchgehend deutlich über der berechneten Quote liegt, abzusenken. Seit der Streichung des länderübergreifenden Kostenausgleichs aus dem Gesetz ist die ‚Verschiebung' junger Menschen die einzig verbliebene Möglichkeit zur Kostenverschiebung.[19]

Dies spiegelt sich in der Praxis der Verteilungsentscheidungen und im Umgang der Behörde mit Widersprüchen, Klageverfahren und Zweifelsfällen wider. Auch bei offenkundig gegen die Durchsetzung eines Verteilungsbescheids sprechenden Umständen wird darauf bestanden.[20]

3   Gewaltsame Durchsetzung von Verteilungen

Spätestens seit Ende 2019 hat das Bremer Jugendamt direkte körperliche Gewalt gegen Minderjährige anwenden lassen, um deren Zuweisung zu einem anderen Jugendamt gewaltsam durchzusetzen.[21] Die angebliche Zulässigkeit von gewaltsamen Verteilungen gegen den erklärten Willen der Jugendlichen wurde unter anderem damit begründet, die vorläufige Inobhutnahme stelle sich unter „den Bedingungen der Pandemiebekämpfung" als stark belastend für die UM dar. Unter anderem führe die „Verzögerung des Aufnahmeprozesses" zu „Ängsten

---

19 Vor der Einführung des Gesetzes hatte Bremen nach eigenen Angaben keinen Cent aus eigenen Mitteln für die Jugendhilfe für UM aufgewendet (Baeck 2015). Durch den Wegfall des länderübergreifenden Kostenausgleichs muss Bremen nun sämtliche Kosten allein tragen. Allerdings bezog der Kostenausgleich nach § 89d Abs. 3 SGB VIII die Verwaltungskosten (z. B. der Amtsvormundschaft) nicht mit ein. Insofern war die oben angesprochene Behauptung falsch. Angesichts der unverändert hohen Aufnahmequote spricht dennoch einiges dafür, dass Bremen durch die Gesetzesänderung letztlich erhebliche finanzielle Nachteile hat.

20 TwaB, 2022; Fluchtraum Bremen e. V., 2022.

21 Die Behörde spricht von der „Anwendung unmittelbaren Zwangs" und vermeidet die Benennung als Gewalt – vermutlich weil dies auf die offenkundige Verletzung des Gewaltverbots in der Jugendhilfe hindeutet – verweist aber als Rechtsgrundlage auf das Bremische Verwaltungsvollstreckungsgesetz und das Bremische Polizeigesetz. In beiden werden „Gewalt" und „unmittelbarer Zwang" synonym verwendet.

und Unsicherheiten".[22] Als „Lösung" des Problems wurde die Anwendung von Gewalt gegen die UM gewählt.

Die Behörde hat eine Verwaltungsvorschrift veröffentlicht, in der geregelt wird, unter welchen Voraussetzungen und wie „unmittelbarer Zwang" auszuüben ist. Unter anderem ist darin das Anlegen von Hand- und Fußfesseln vorgesehen. Die öffentliche Skandalisierung dieser bis dahin öffentlich unbemerkten Praxis durch den Flüchtlingsrat Bremen führte zu breiter fachlicher Kritik aus verschiedenen Perspektiven. Mehrere fachliche Stellungnahmen kamen zu dem Schluss, die Anwendung von Gewalt sei offensichtlich rechtswidrig. Kritisiert wird neben der Übertretung des grundsätzlichen Gewaltverbots und der Unverhältnismäßigkeit der Maßnahmen u. a. auch, dass es schon an einem vollstreckbaren Verwaltungsakt fehlt.[23] Die Praxis der Gewaltanwendung wurde im Verlauf der Diskussion vorübergehend ausgesetzt, was neben der öffentlichen Kritik und der folgenden Auseinandersetzung innerhalb der Regierungskoalition auch auf die zeitweise Aussetzung von Verteilungen auf Grund der Pandemiemaßnahmen zurückzuführen war. Inzwischen wird ungeachtet der Kritik körperliche Gewalt wieder angedroht und angewendet. Ausgeführt werden die gewaltsamen Verteilungen von der Polizei, das Jugendamt gibt sie in Auftrag.[24] Von Mitarbeitenden des jeweiligen Trägers der Unterkunft (Innere Mission und Johanniter) wird Zuarbeit verlangt, was sich mit Sicherheit negativ auf das Vertrauen – auch der selbst nicht betroffenen Minderjährigen – zum Personal auswirkt. Die gewaltsame Durchsetzung einer Verteilentscheidung führt zum Übergang der Zuständigkeit.

4   Ein Ausreisezentrum in der Jugendhilfe?

Es kommt regelmäßig vor, dass verteilte Minderjährige trotz begonnener Inobhutnahme oder Jugendhilfemaßnahme an einem anderen Ort nach Bremen zurückkehren. Gründe dafür sind u. a. bestehende Bindungen an Personen oder Unterstützungsangebote in Bremen (die bei der Verteilung nicht berücksichtigt wurden), schlechte Lebensbedingungen am Zielort der Verteilung und fehlende

---

22 SfSJIS, 2020a, S. 5.
23 Flüchtlingsrat Bremen, 2021.
24 SfSJIS, 2020c. Bislang findet sich die hier kritisierte Verwaltungsanweisung nicht im ansonsten recht vollständigen Transparenzportal Bremen. Sie ist auf der Website des Flüchtlingsrates Bremen dokumentiert.

Zukunftsperspektiven.[25] Seit Dezember 2022 lässt Bremen von den Johannitern eine Unterkunft betreiben, deren vornehmlicher Zweck die Unterbringung solcher ‚Rückkehrer' ist. Daneben werden dort männliche Minderjährige untergebracht, die zur Verteilung angemeldet werden. Die Einrichtung ist gleichermaßen Inobhutnahme und vorläufige Inobhutnahme und befindet sich in einer Turnhalle. Dort gibt es keine Räume, sondern nur nach oben offene, winzige Kabinen mit jeweils mehreren provisorischen Betten, wodurch die Minderjährigen keinerlei Privatsphäre haben. Die Einrichtung erfüllt nicht die Mindeststandards einer Jugendhilfeeinrichtung.[26]

Zum Zeitpunkt der Eröffnung der Turnhalle wies die eigentliche Unterkunft zur vorläufigen Inobhutnahme freie Plätze aus.[27] Die Behörde möchte laut eigener Auskunft, dass die gesonderte Unterbringung nicht als Druckmittel verstanden wird, gesteht aber andererseits genau dies ein: Den Jugendlichen solle verdeutlicht werden, „dass eine neue Phase in ihrem Verfahren beginnt",[28] sie würden durch den Träger „sehr intensiv und zielorientiert beraten". Die Freiwilligkeit dieser Beratung ist fraglich. Da zudem ihr Ziel schon im Vorhinein feststeht, steht sie im Widerspruch zu Minimalstandards der Sozialen Arbeit.[29] Besonders bei den Rückkehrer*innen ist offenkundig, dass das vorgegebene Beratungsziel auch im Widerspruch zu den geäußerten Interessen der Jugendlichen steht. Die im Sinne der Behörde ‚zielorientierte' Beratung kann daher kaum mit dem Anspruch des § 8 SGB VIII im Einklang stehen, Kinder und Jugendliche entsprechend ihrem Entwicklungsstand zu beteiligen. Die schlechten Unterbringungsbedingungen waren mehrfach Anlass für Proteste vor der Einrichtung.[30] Es drängt sich der Eindruck auf, dass die Jugendlichen durch das Provisorium unter schwer zu ertragenden Bedingungen zum Verlassen von Bremen gedrängt werden sollen. Damit wird das mit weitgehender Entrechtung verbundene Konzept zur Durchsetzung von Verteilungen und Abschiebungen mittels

---

25 SfSJIS, 2022a, S. 3. Einer der „Rückkehrer" berichtet dem Flüchtlingsrat im Sommer 2023, er sei zwei Tage unbetreut in einem Hotelzimmer untergebracht worden. „Sobald du 18 bist, schieben wir dich ab", sei einer der ersten Sätze am zugewiesenen Ort gewesen.
26 TwaB, 2023.
27 SfSJIS, 2023.
28 SfSJIS, 2023.
29 U. a. Deutscher Berufsverband für Soziale Arbeit e. V., 2002.
30 TwaB, 2023.

‚Ankerzentren' und ‚Ausreisezentren' teilweise auf die Jugendhilfe übertragen.[31]

5   Fehleranfällige Altersfestsetzung

Mit § 42f SGB VIII wurde auch ein „behördliches Verfahren zur Altersfeststellung" eingeführt. Sowohl in der sozialwissenschaftlichen als auch in der medizinischen Diskussion besteht weitgehende Einigkeit, dass das Alter eines Menschen nicht festgestellt, sondern allenfalls mehr oder weniger genau geschätzt werden kann. Es handelt sich also nicht um die Feststellung des tatsächlichen Alters, sondern um die Festlegung eines fiktiven Geburtsdatums. Die Altersfestsetzung dient der rechtssicheren Verweigerung von Jugendhilfeleistungen an Personen, die für volljährig gehalten werden. Die inhaltliche Feststellung eines etwaigen Jugendhilfebedarfs (auch bei jungen Volljährigen) gerät dem gegenüber in den Hintergrund. Zur rechtlichen und berufsethischen Problematik liegen zahlreiche Veröffentlichungen vor.[32]

Das Gesetz sieht keine aufschiebende Wirkung von Widerspruch und Klage vor, was faktisch zu einer Beweislastumkehr unter erschwerten Bedingungen zu Ungunsten der jungen Menschen führt, wenn das Jugendamt die Volljährigkeit ‚feststellt'.[33] Das Setting der Inaugenscheinnahmen deutet auf eine routinierte Ablehnungspraxis hin.[34]

In einer Reihe von Fällen haben andere Stellen (Gerichte, Haftanstalt, Psychiater*innen, Psycholog*innen, Gesundheitsamt, Migrationsamt, Bundespolizei) die Betroffenen für minderjährig eingestuft und arbeiten auf dieser Grundlage. Es kommt außerdem vor, dass die vom Jugendamt verworfenen Unterlagen an anderer Stelle anerkannt werden bzw. sich deren Echtheit erweist. In diesen Fällen hat die betroffene Person mehrere einander widersprechende Geburtsdaten, die für den jeweiligen Bereich als gültig angesehen werden.[35]

---

31   Von 2016 bis 2018 hatte die Behörde ein Zelt und später eine Leichtbauhalle zur Unterbringung von (ehemaligen) UM betreiben lassen, das wegen ähnlicher Mängel in der Kritik stand. Vgl. TwaB, 2018.
32   U. a. Beckmann, 2022; Achterfeld, 2019; Gonzales Mendez de Vigo & Wiesinger, 2019; IGFH, 2022.
33   Siehe Abschnitt 8.
34   Dem Autor liegen Unterlagen zu einem Fall vor, in dem das Jugendamt die angebliche Volljährigkeit einer jungen Frau mit deren „fortgeschrittenem Bartwuchs" begründete. Offenbar war vergessen worden, den Textbaustein auszuwechseln.
35   Schnase, 2016.

6   Gesundheitliche Versorgung

§ 42a Abs. 2 Nr. 4 SGB VIII sieht das Einholen einer ärztlichen Stellungnahme zu der Frage vor, ob der Gesundheitszustand der Verteilung im Weg steht. Ärzt*innen des Gesundheitsamtes Bremen führen eine medizinische Erstuntersuchung durch und bieten Schutzimpfungen an. Außerdem sollen die Mitarbeitenden des Gesundheitsamtes im von ihnen festgestellten Bedarfsfall für weitere Behandlungen einen Kostenübernahmeschein ausstellen.[36] Eine Übernahme der Krankenbehandlung durch die gesetzliche Krankenkasse wird entgegen § 264 Abs. 2 SGB V und der Erfahrung, dass die vorläufige Inobhutnahme regelmäßig länger als einen Monat andauert, nicht durchgeführt.[37]

Damit sind die obligatorische Untersuchung auf Lungentuberkulose, der Zugang zu weiterer gesundheitlicher Versorgung und die ärztliche Stellungnahme zur Frage der ‚Verteilbarkeit' personell, räumlich und zeitlich eng miteinander verknüpft. Dies kann ein Hindernis für das Entstehen eines Vertrauensverhältnisses sein, das für ärztliche Untersuchungen, insbesondere zur Diagnostik psychischer Erkrankungen, die einer Verteilung im Weg stehen könnten, erforderlich ist. Es ist fraglich, ob die Jugendlichen die freie Arztwahl haben. Die Anzahl der Jugendlichen, bei denen gesundheitliche Gründe zum Ausschluss von der Verteilung führten, schwankte in den Jahren 2018 bis 2022 erheblich.[38]

7   Einschränkungen des Rechts auf Bildung

Während der vorläufigen Inobhutnahme sieht die Behörde keine Beschulung vor. Anders als der Wortlaut des Gesetzes es vorsieht, dauert diese regelmäßig länger als einen Monat an.[39] UM, die nicht zur Verteilung angemeldet wurden, sollen beschult werden. Es kommt allerdings dabei zu teilweise extrem langen Verzögerungen, und zwar sowohl bei der Anmeldung zur Schule als auch hinsichtlich des tatsächlichen Beginns des Schulbesuchs.

---

36   Gesundheitsamt Bremen, o. J.
37   Siehe Abschnitt 10.
38   Vgl. SfSJIS, 2018; 2022a; 2022b.
39   Siehe Abschnitt 10.

8   Eingeschränkter Rechtsschutz

Im Verlauf der vorläufigen Inobhutnahme werden in kurzer Zeit behördliche Entscheidungen getroffen, die für die Jugendlichen von weitreichender Bedeutung sind. Das einzige Rechtsmittel gegen eine Verteilentscheidung ist eine Klage beim Verwaltungsgericht, die keine aufschiebende Wirkung hat. Für Widerspruch und Klage gegen Altersfestsetzungen bzw. die daraus folgende Ablehnung der Inobhutnahme sieht § 42f Abs. 3 SGB VIII keine aufschiebende Wirkung vor. Durch ablehnende behördliche Entscheidungen werden also innerhalb von Stunden schwer überwindbare und rückwirkend nicht oder nur schwer korrigierbare Tatsachen geschaffen.

Die durchschnittliche Dauer von Verfahren zum einstweiligen Rechtsschutz betrug beim Verwaltungsgericht Bremen zuletzt 2,3 Monate.[40] Die formalen und inhaltlichen Anforderungen an Anträge auf einstweiligen Rechtsschutz sind vergleichsweise hoch. Informationen dazu stehen ausschließlich in deutscher und weder in einfacher noch in leichter Sprache zur Verfügung. Die Rechtsantragsstelle fordert zu einer vorherigen Terminvereinbarung auf. Minderjährige ab dem 15. Lebensjahr sind zwar in diesen Fragen selbst handlungs- bzw. prozessfähig, dem stehen aber große Hürden im Weg (§ 62 Abs. 4 VwGO, § 55 ZPO, § 62 Abs. 1 Nr. 2 VwGO, § 36 Abs. 1 Satz 1, § 37 Satz 1 und 2 SGB I). Um Rechtsanwält*innen mandatieren zu können, ist in der Regel eine Vorschusszahlung notwendig. Die Betroffenen verfügen jedoch über wenig bis gar kein Geld.[41]

Während der vorläufigen Inobhutnahme ist das Jugendamt berechtigt und verpflichtet, alle Rechtshandlungen vorzunehmen, die zum Wohle des Kindes erforderlich sind (§ 42a Abs. 3 SGB VIII). Damit ist es ggf. die Aufgabe des Jugendamtes, Rechtsmittel gegen die eigenen Entscheidungen einzulegen. Dieser offensichtlich problematischen Konstellation begegnete die Behörde erstmals in der Leitlinie zur Altersfeststellung 2020 mit der Empfehlung, die rechtliche Vertretung von Mitarbeitenden des Fachdienstes Amtsvormundschaften wahrnehmen zu lassen.[42] Ob, in welchem Umfang und wie diese Empfehlung umgesetzt wird, wurde bisher nicht berichtet. Der Leitfaden zum Verteilungsverfahren geht auf die Möglichkeit eines Widerspruchs nicht ein. Insgesamt resultiert aus

40   OVG Bremen, 2022.
41   Siehe auch Abschnitt 9.
42   SfSJIS, 2020a, S. 6.

gesetzlicher Grundlage und behördlicher Praxis ein fast einzigartig stark erschwerter Zugang zu effektivem Rechtsschutz.

9   Zu geringe Geldleistungen

Bis Ende Dezember 2023 erhielten UM in der vorläufigen Inobhutnahme erst nach acht Tagen Aufenthalt und Erfüllung weiterer Bedingungen Taschengeld. Der Barbetrag war mit 1,50 € pro Anspruchstag (also 45 € in einem vollen Monat ohne die oben angesprochene ‚Wartezeit‘) gegenüber dem der sonstigen Jugendhilfe erheblich reduziert.[43]

Abbildung 1:   *Monatliche Taschengeldbeträge in der vorl. Inobhutnahme/in der sonstigen Jugendhilfe*

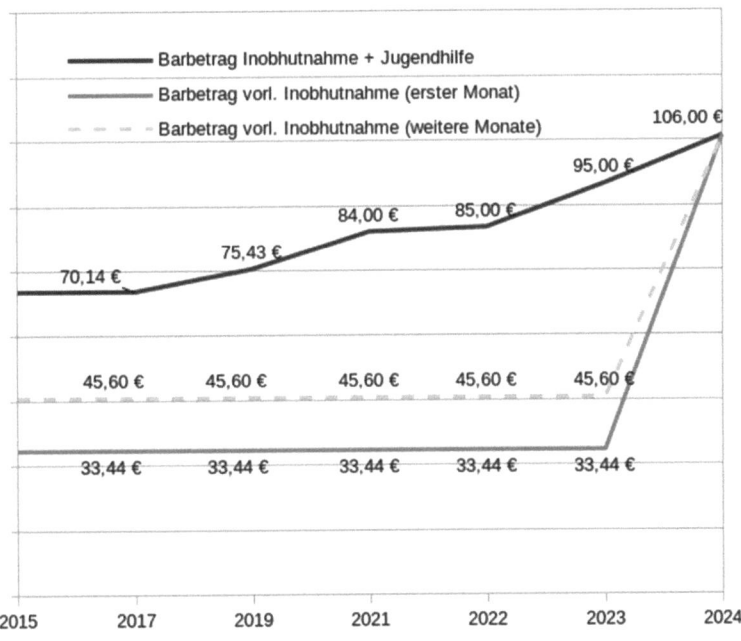

Datenquellen: SfSJIS, 2015; SfSJI 2023

---

43   SfSJIS, 2015.

Die Höhe dieses Barbetrags war sachfremd an der Höhe von Leistungen nach dem AsylbLG orientiert worden. Die Behörde argumentierte u. a., der Bedarf an Taschengeld in der vorläufigen Inobhutnahme sei reduziert, weil verschiedene Sachleistungen gewährt würden.[44] Diese Argumentation entstammt dem AsylbLG und ist in der Jugendhilfe unzulässig. Der Barbetrag hat den jungen Menschen vollständig zur eigenverantwortlichen Verwendung zur Verfügung zu stehen und kann nur mit deren Einverständnis anderweitig angerechnet werden.[45]

Der reduzierte Taschengeldbetrag wurde entgegen der gesetzlichen Verpflichtung zur Fortschreibung der Regelbedarfe kein einziges Mal erhöht.[46]

Nach einer öffentlichen Problematisierung durch den Flüchtlingsrat wurden Anfang 2024 auch UM in der vorläufigen Inobhutnahme in die Landesrichtlinie zu § 39 Abs. 2 SGB VIII aufgenommen. Eine Regelung zur rückwirkenden Aufhebung der rechtswidrig zu niedrigen Bescheidung und zur Nachzahlung des vorenthaltenen Taschengeldes wurde nicht getroffen.

10   Dauer der vorläufigen Inobhutnahme

Die vorläufige Inobhutnahme soll gemäß § 42b Abs. 4 Nr. 4 SGB VIII i. V. m. § 42a Abs. 6 SGB VIII maximal einen Monat andauern. Mit dieser gesetzlichen Regelung sollte offenbar der Zeitraum der faktischen (Noch-)Nicht-Inobhutnahme begrenzt werden. Das Bremer Jugendamt setzte den Beginn dieser Frist jedoch erst auf den Abschluss der Altersfestsetzung und wird darin durch die Rechtsprechung gestützt.[47] Somit halten sich UM in Zweifelsfällen länger als einen Monat in der vorläufigen Inobhutnahme auf. Für diesen Fall besteht die Möglichkeit, die vorläufige Inobhutnahme nach Ablauf eines Monats aus Kindeswohlgründen abzubrechen und auf die Verteilung zu verzichten.[48] Bremen macht von dieser Möglichkeit keinen Gebrauch. Stattdessen dauert die vorläufige Inobhutnahme regelmäßig länger als gesetzlich vorgesehen. Die Behörde

44   Knödler, 2023.
45   Vgl. § 39 Abs. 2 SGB VIII und die Bremer Landesrichtlinie zu § 39 Abs. 2 SGB VIII in Verbindung mit § 42a Abs. 1 Satz 3 SGB VIII und § 42 Abs. 2 Satz 3 SGB VIII.
46   SfSJI, 2023.
47   BVerwG, Urteil vom 26.04.2018, 5 C 11.17, Rn. 26 ff.
48   Vgl. Niedersächsisches Landesamt für Soziales, Jugend und Familie, 2018.

selbst geht von einer durchschnittlichen Aufenthaltszeit von sechs Wochen aus.[49]

11 Vorläufige Inobhutnahme von Minderjährigen, die bei ihren Eltern leben

Das Jugendamt Bremen nimmt regelmäßig Minderjährige vorläufig in Obhut, die nach ihrer Einreise bei ihren bereits in Bremen lebenden Eltern leben.[50] Dabei wird grundsätzlich von einer unbegleiteten Einreise ausgegangen, auch wenn die Umstände und die Angaben der Betroffenen auf eine begleitete Einreise hindeuten.[51] Dokumente, die Elternschaft und Sorgeberechtigung belegen können, werden vom Jugendamt regelmäßig nicht als beweiskräftig angesehen. Die Betroffenen werden bis zur Vorlage eines DNA-Gutachtens über die Abstammung als „umA" betrachtet. Dieses Vorgehen sei gesetzlich geboten und schütze Kinder vor Menschenhandel. Tatsächlich ist im Kontext des Verfahrens bisher kein einziger Verdacht auf Menschenhandel bekannt geworden.[52] Das Vorgehen läuft insgesamt auf eine Umkehr von Beweislasten und einen nicht gerechtfertigten Generalverdacht hinaus. Die Einstufung der Kinder als umA führt zu erheblichen psychischen Belastungen in den Familien, die voneinander getrennt und teilweise verhörartig befragt werden, wobei unabhängig vom Ergebnis der Befragung immer ein DNA-Test verlangt wird. In Verbindung mit der Kriminalisierung der Fluchthilfe für UM durch das *Rückführungsverbesserungsgesetz* im Jahr 2024 könnte dieses Vorgehen dazu beitragen, dass zukünftig noch mehr Menschen ohne Behördenkontakte und ungeschützter im Verborgenen leben.

12 ‚Widersprüchler*innen'

Eine behördliche Altersfestsetzung als ‚zweifelsfrei volljährig' hat eine sofortige Beendigung der vorläufigen Inobhutnahme zur Folge. Die Betroffenen erhalten

---

49 SfSJIS, 2019, S. 5.
50 Senat der Freien Hansestadt Bremen, 2021, S. 1.
51 Der Senat behauptet, die jungen Menschen würden nicht offenbaren, wer sie begleitet hat. Weiter behauptet er, der Grund hierfür sei, dass strafrechtliche Verfolgung der unerlaubten Einreise vermieden werden solle. Das Jugendamt fordert also den Beweis einer begleiteten Einreise.
52 Senat der Freien Hansestadt Bremen, 2021, S. 4.

einen ablehnenden Bescheid und werden auf die Aufnahmestelle für Erwachsene hingewiesen. Sofern sie versuchen, im gerichtlichen Verfahren die aufschiebende Wirkung herzustellen, werden sie für die Dauer dieses Verfahrens in Einrichtungen für Erwachsene untergebracht. Der Verein Fluchtraum hat Anfang 2022 eine Petition übergeben, in der ein Bleiberecht für etwa 40 junge Menschen gefordert wurde, die sich seit langem in Bremen aufgehalten hatten. Begleitend wurden umfangreiche Unterlagen überreicht, die die prekäre und belastende Lebenssituation ‚im Wartestand' umfangreich aufzeigen. Die Betroffenen sind einerseits zum Teil der Bremer Stadtgesellschaft geworden, anderseits biographisch und durch die fehlende Aufenthaltsperspektive psychisch bis hin zur Suizidalität belastet.[53] Die beschriebene Lebenssituation ist in Bremen so allgegenwärtig, dass sich dafür mit ‚Widersprüchler*innen' ein eigener Begriff etablieren konnte.

13   ‚Abgängige' und ‚entwichene' Minderjährige

Seit 2015 berichtete das Jugendamt von 50 bis zu über 100 jährlich aus der vorläufigen Inobhutnahme ‚entwichenen' oder ‚abgängigen' UM. Gemeint sind Minderjährige, die vorläufig in Obhut genommen (oder zumindest in diesem Kontext registriert) wurden, anschließend aber nicht mehr auffindbar sind.[54] Junge Menschen, die in Folge einer (möglicherweise falschen) Altersschätzung aus dem System der sozialen Sicherung fallen, sind in diesen Zahlen ebenso wenig enthalten wie solche, die im Verlauf des Verfahrens volljährig werden.

Das Recherchenetzwerk *Lost in Europe* lenkte Anfang 2021 mit der Veröffentlichung einer Datenanalyse Aufmerksamkeit auf verschwundene UM in Europa.[55] Für die Interpretation, dies deute auf eine große Dimension des Menschenhandels mit Kindern hin, findet sich keine Bestätigung. Es ist wahrscheinlicher, dass ein großer Teil der jungen Menschen nach ihrer Abschreckung oder Ausgrenzung aus der Jugendhilfe Wege suchen, woanders oder auf andere Weise Schutz zu finden.[56] Während dieser Suche befinden sie sich gleichwohl in mitunter extrem prekären und ungeschützten Lebenssituationen.

---

53   Fluchtraum Bremen, 2021.
54   Vgl. SfSJIS, 2022a. Die Begriffe „abgängig" und „entwichen" sind Euphemismen für „vermisst".
55   Einashe & Homolova, 2021.
56   Vgl. BMFSFJ, 2023, S. 39 f.

Den Wohnungslosen- und Drogenberatungsstellen sowie Einrichtungen zur medizinischen Versorgung und Flüchtlingsselbstorganisationen in Bremen ist eine Vielzahl ehemaliger UM bekannt, die in Zusammenhang mit der vorläufigen Inobhutnahme den Kontakt zur Jugendhilfe verloren haben und nun auf der Straße oder in anderen prekären Verhältnissen leben.[57]

Die Problematik verschwindender Jugendlicher wurde schon kurz nach der Einführung der vorläufigen Inobhutnahme konstatiert und diskutiert. Ihre hohe Zahl deutet u. a. auf einen Mangel an Vertrauen in die Einrichtungen der vorläufigen Inobhutnahme und auf die mangelnde Berücksichtigung der Interessen der UM hin. Die große Zahl und die Lebensrealität von nach Bremen zurückkehrenden, nach § 42b SGB VIII verteilten Jugendlichen und von außerhalb von staatlichen Versorgungssystemen lebenden jungen Menschen, die als vermeintlich Volljährige verteilt wurden, zeigt, dass die vorläufige Inobhutnahme nicht zum kurzfristigen Einsetzen von Hilfesystemen beiträgt. Vielmehr kommt es oft zu jahrelanger Unzuständigkeit.

Obwohl auch die Jugendämter den wichtigsten Grund für ‚Abgängigkeit‘ in der Nichtberücksichtigung der Bedürfnisse und Wünsche der jungen Menschen in der vorläufigen Inobhutnahme sehen, führte dies bisher nicht zu einer Anpassung der vorläufigen Inobhutnahme, sondern zur Erörterung und Umsetzung repressiver Gegenstrategien.[58] Die Einführung der obligatorischen erkennungsdienstlichen Behandlung in § 42a Abs. 3a SGB VIII mit dem *Datenaustauschverbesserungsgesetz* ist eine solche Reaktion der Bundesgesetzgebung. Sie trägt nun dazu bei, dass die Schutzsuchenden ausnahmslos kriminalisiert werden.[59]

14   Kriminalisierung

Die Zahl der Ermittlungsverfahren gegen Jugendliche und Kinder wegen unterstellter Verstöße gegen das AufenthG korreliert seit 2015 auffällig eng mit der Zahl registrierter UM in der vorläufigen Inobhutnahme.[60]

Der Träger der Einrichtung und das Jugendamt bestreiten öffentlich, Strafanzeigen gegen die in der Einrichtung aufgenommenen Jugendlichen zu erstat-

---

57 U. a. TwaB, 2022.
58 BMFSFJ, 2023, S. 97.
59 Siehe Abschnitt 14.
60 BKA, 2023. Siehe Abbildung 2. Es handelt sich dabei fast ausschließlich um Verdachte der unerlaubten Einreise und des unerlaubten Aufenthaltes.

ten. Die Polizei vermerkt im Strafverfahren jedoch, der Hinweis auf eine Straftat sei aus der Einrichtung gekommen.[61] Die Behörde verweist zur Erklärung auf die in bestimmten Fällen in § 42a Abs. 3a SGB VIII vorgeschriebene Durchführung einer erkennungsdienstlichen Behandlung, was jedoch erst seit 2019 gilt. Die Leitlinie der Behörde zur vorläufigen Inobhutnahme sieht obligatorisch eine Befragung ‚zur illegalen Einreise' vor.[62]

Abbildung 2:   *Junge Verdächtigte / Registrierte UM in Bremen*

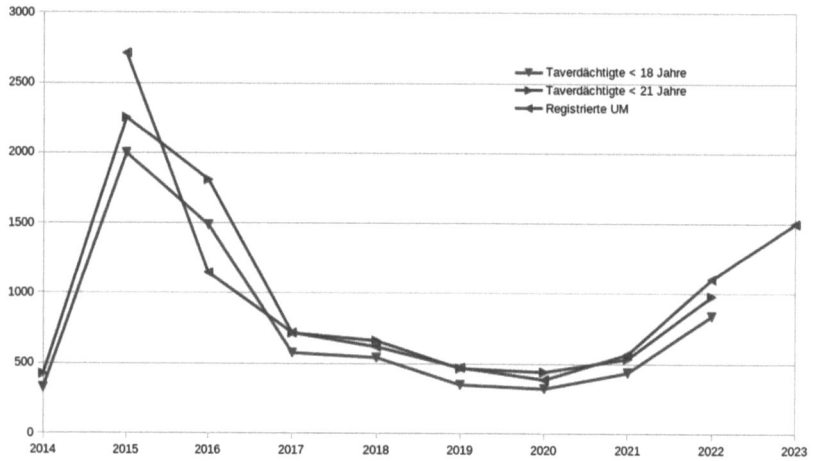

Datenquellen: BKA, 2022; SfSJIS 2015-2023

Dieses Vorgehen führt dazu, dass Altersfestsetzung, vorläufige Inobhutnahme, Verteilverfahren und Ermittlungsverfahren aus der Perspektive der Jugendlichen zu einer nicht unterscheidbaren Einheit werden. Während es im Strafverfahren grundsätzlich sinnvoll ist, vom Aussageverweigerungsrecht Gebrauch zu machen, benötigt die Jugendhilfe ein Vertrauensverhältnis, das möglichst viele Fakten und Erlebnisse zur Sprache kommen lässt, die für die Jugendhilfe einschließlich der Verteilentscheidung relevant sein könnten. Die enge Verzahnung der beschriebenen Verfahren steht dem im Weg.[63]

---

61   Henning, 2023.
62   SfSJIS, 2020b, S. 51.
63   Drügemöller, 2020.

Die erforderliche Priorisierung gesetzlich vorgesehener Schritte, die im Interesse der Jugendlichen liegen könnten (Aufklärung familiärer oder anderer Bezüge, Vormundschaft, Asylantrag, aufenthaltsrechtliche Anträge) gegenüber erkennungsdienstlicher Behandlung und Strafverfahren wurde umgekehrt.

Literaturverzeichnis

Achterfeld, S. (2019). Alterseinschätzung bei unbegleiteten minderjährigen Geflüchteten. Das Jugendamt, 92 (6), S. 294–298.

Antirassistische Initiative Berlin (2023). Bundesdeutsche Flüchtlingspolitik und ihre tödlichen Folgen. Webdokumentation. Online verfügbar unter: http://tinyurl.com/536scmps (letzter Abruf am: 09.11.2023).

Baeck, J.-P. (2015). Junge Flüchtlinge in Bremen. Bremen wird Kinder los. taz vom 28.01.2015. Online verfügbar unter: http://tinyurl.com/yc5bfpb6 (letzter Abruf am: 14.01.2024).

Beckmann, M. (2022). Radiologische Altersbestimmung – Rechtliche Zulässigkeit bei hinreichender Beachtung von Maßgaben. Radiologie und Recht, RÖFO-Beitrag 6, S. 596–598.

Beierle, S., Tillmann, F. & Reißig, B. (2016). Jugend im Blick – Regionale Bewältigung demografischer Entwicklungen. Abschlussbericht der Studie. München: Deutsches Jugendinstitut e. V.

Bolz, B., Bongen, R., Lenz, P., & Orth, A. (2018). Seehofers 69 Afghanen: Keineswegs nur Kriminelle. Online verfügbar unter: http://tinyurl.com/36zxrucf (letzter Abruf am: 10.11.2023).

Bundeskriminalamt (BKA) (2023). Die polizeiliche Bearbeitung von Vermisstenfällen in Deutschland. Online verfügbar unter: http://tinyurl.com/22dxhr4e (letzter Abruf am: 14.01.2024).

Bundeskriminalamt (BKA) (2022). Polizeiliche Kriminalstatistik 2020, 2021, 2022. Tabelle 50. Online verfügbar unter: http://tinyurl.com/39epjwy2 (letzter Abruf am: 14.01.2024).

Bundesministerium für Familie, Senioren, Frauen und Jugend (BMFSFJ) (2023). Bericht der Bundesregierung über die Situation unbegleiteter ausländischer Minderjähriger in Deutschland. Online verfügbar unter: http://tinyurl.com/3147bafm (letzter Abruf am: 14.01.2024).

Der Senator für Inneres (SfI) (2012). Erlass e12-12-01 vom 10.12.2012. Online verfügbar unter: http://tinyurl.com/5xzx8c4e (letzter Abruf am: 14.01.2024).

Deutscher Berufsverband für Soziale Arbeit e. V. (2002). Qualitätsbeschreibung sozialprofessionelle Beratung. Online verfügbar unter: http://tinyurl.com/36rnyrpb (letzter Abruf am: 14.01.2024).

Deutsches Institut für Jugendhilfe und Familienrecht e. V. (DIJuF) (2015). Hinweise zum Referentenentwurf eines Gesetzes zur Verbesserung der Unterbringung, Versorgung und Betreuung ausländischer Kinder und Jugendlicher vom 9. Juni 2015. Heidelberg: Deutsches Institut für Jugendhilfe und Familienrecht e. V. (DIJuF).

Die Senatorin für Arbeit, Soziales, Jugend und Integration (SfSJI) (2023). Deckung des notwendigen persönlichen Bedarfs durch „Taschengeld" in der Jugendhilfe. Vorlage VL 21/798 (Berichtsbitte der Fraktion DIE LINKE). Bremen.

Die Senatorin für Soziales, Jugend, Integration und Sport (SfSJIS) (2023). Antwort auf die Anfrage für die Fragestunde der Stadtbürgerschaft vom 20.04.2023, „Turnhalle trotz freier Plätze – Unterbringung von Minderjährigen". Online verfügbar unter: http://tinyurl.com/c7xxmeek (letzter Abruf am: 14.01.2024).

Die Senatorin für Soziales, Jugend, Integration und Sport (SfSJIS) (2022a). Vorlage für die Sitzung des Jugendhilfeausschusses der Stadtgemeinde Bremen am 04.11.2022. TOP 13 Evaluation der Verwaltungsanweisung zur Durchführung des Verfahrens nach § 42a ff. Abs. 2 i. V. m. § 42b Abs. 4 SGB VIII. Bremen.

Die Senatorin für Soziales, Jugend, Integration und Sport (SfSJIS) (2022b). Bericht zum Stand der Versorgung, Betreuung, Teilhabe und Integration unbegleiteter minderjähriger Ausländer:innen (umA). Bremen.

Die Senatorin für Soziales, Jugend, Frauen, Integration und Sport (SfSJIS) (2022c). Vorlage für die Sitzung des Jugendhilfeausschusses der Stadtgemeinde Bremen am 03.03.2022. Bremen.

Die Senatorin für Soziales, Jugend, Integration und Sport (SfSJIS) (2020a). Bericht zum Stand der Versorgung, Betreuung und Integration unbegleiteter minderjähriger und heranwachsender Ausländer*innen (umA). Bremen.

Die Senatorin für Soziales, Jugend, Frauen, Integration und Sport (SfSJIS 2020b). Leitlinie zur vorläufigen Inobhutnahme gemäß § 42a SGB VIII, S. 51. Bremen, Juni 2020.

Die Senatorin für Soziales, Jugend, Frauen, Integration und Sport (SfSJIS) (2020c). Verwaltungsanweisung zu § 42a Abs.5 Satz 1 Nr. 1 SGB VIII i. V. m. § 42b Abs. 3 Satz 1 SGB VIII. Anwendung von unmittelbarem Zwang im Verfahren zur Verteilung unbegleiteter minderjähriger Ausländerinnen und Ausländer (umA). Online verfügbar unter: http://tinyurl.com/26ftxu33 (letzter Abruf am: 14.01. 2024).

Die Senatorin für Soziales, Jugend, Frauen, Integration und Sport (SfSJIS) (2019). Vorlage für die Sitzung des Jugendhilfeausschusses am 25.04.2019. Bremen.

Die Senatorin für Soziales, Jugend, Integration und Sport (SfSJIS) (2018). Bericht zum Stand der Versorgung, Teilhabe und Integration unbegleiteter minderjähriger und heranwachsender Ausländer*innen (umA). Bremen.

Die Senatorin für Soziales, Jugend, Frauen, Integration und Sport (SfSJIS) (2015). Verwaltungsvorschrift über die Gewährung eines Barbetrages zur persönlichen

Verfügung für junge Menschen in Einrichtungen der vorläufigen Inobhutnahme nach § 42a SGB VIII. Bremen, 13.11.2015.

Drügemöller, L. (2020). Protest gegen Innere Mission. taz vom 05.02.2020. Online verfügbar unter: http://tinyurl.com/mvxxkh3f (letzter Abruf am: 14.01.2024).

Einashe, I. & Homolova, A. (2021) Nearly 17 child migrants a day vanished in Europe since 2018. The Guardian. Europe Edition. Online verfügbar unter: http://tinyurl.com/58ysj3jf (letzter Abruf am: 12.01.2024),

Espenhorst, N. (2015) Schriftlicher Bericht für die öffentliche Anhörung zum Entwurf eines Gesetzes zur Verbesserung der Unterbringung, Versorgung und Betreuung ausländischer Kinder und Jugendlicher u. a. Berlin: Bundesfachverband Unbegleitete Minderjährige Flüchtlinge e. V.

Fluchtraum Bremen e. V. (2022). Pressemitteilung – 2300 Unterschriften für Bleiberecht – Fluchtraum Bremen e. V. übergibt Petition an Sozialbehörde. Online verfügbar unter: http://tinyurl.com/54695wsv (letzter Abruf am: 14.01.2024).

Fluchtraum Bremen e. V. (2021). Hiergeblieben – Bleiberecht statt Umverteilung! Petition online verfügbar unter: http://tinyurl.com/mpuuhv7m (letzter Abruf am: 14.01.2024).

Flüchtlingsrat Bremen (2021). Hand- und Fußfesseln sind keine Jugendhilfe! Zusammenstellung von Dokumenten und Informationen. Online verfügbar unter: http://tinyurl.com/3ezbxnzc (letzter Abruf am: 06.11.2023).

Gesundheitsamt Bremen (o. J.). Erstuntersuchung unbegleitete minderjährige Asylsuchende (umA). Online verfügbar unter: http://tinyurl.com/pspt644a (letzter Abruf am: 08.01.2024).

Gonzales Mendez de Vigo, N. & Wiesinger, I. (2019). Alterseinschätzung – Rechtlicher Rahmen, fachliche Standards und Hinweise für die Praxis. Berlin: Bundesfachverband unbegleitete minderjährige Flüchtlinge e. V.

Henning, C. (2023). Aufgenommen und angezeigt. taz vom 09.06.2023. Online verfügbar unter: http://tinyurl.com/vm9tbcf3 (letzter Abruf am: 14.01.2024).

Hielscher, L. (2016). Das Staatsgeheimnis ist Rassismus. Migrantisch-situiertes Wissen um die Bedeutungsebenen des NSU-Terrors. movements, 2 (1), S. 187–197.

Internationale Gesellschaft für erzieherische Hilfen (IGFH) (2022). Stellungnahme zur Situation von unbegleiteten minderjährigen Geflüchteten in Deutschland. Online verfügbar unter: http://tinyurl.com/3t9r8wtk (letzter Abruf am: 14.01. 2024).

Knödler, G. (2023). Sanktionen für minderjährige Geflüchtete: Dann gibt's halt kein Taschengeld. taz vom 17.10.2023. Online verfügbar unter: http://tinyurl.com/39bsukr3 (letzter Abruf am: 14.01.2024).

Nationaler Diskriminierungs- und Rassismusmonitor (Hrsg.) (2023). Rassismus und seine Symptome. Bericht des Nationalen Diskriminierungs- und Rassismusmonitors. Online verfügbar unter: http://tinyurl.com/yuwv9zkt (letzter Abruf am: 05.02.2024).

Niedersächsisches Landesamt für Soziales, Jugend und Familie (2018). Beginn der Monatsfrist des § 42b Abs. 4 Nr. 4 SGB VIII mit Feststellung der Minderjährigkeit. Hannover. Online verfügbar unter: https://soziales.niedersachsen.de/startseite/kinder_jugend_amp_familie/landesjugendamt/newsletter_jin/newsletter_03_2018/beginn-der-monatsfrist-des--42b-abs-4-nr-4-sgb-viii-mit-feststellung-der-minderjaehrigkeit-170426.html (letzter Abruf am: 05.02.024)

Oberverwaltungsgericht der Freien Hansestadt Bremen (OVG Bremen) (2022). Jahresbericht 2021. Bremen.

Pro Asyl (Hrsg.) (2015). Stellungnahme zum Entwurf eines Gesetzes zur Verbesserung der Unterbringung, Versorgung und Betreuung ausländischer Kinder und Jugendlicher. Frankfurt: Pro Asyl. Bundesweite Arbeitsgemeinschaft für Flüchtlinge e. V.

Schnase, S. (2016). Altersschätzung bei Flüchtlingen. Im Zweifel volljährig. taz vom 25.02.2016. Online verfügbar unter: https://taz.de/Altersschaetzung-bei-Fluechtlingen/!5278298/ (letzter Abruf am: 14.01.2024).

Schwörer, E. (2020). Auswirkungen der COVID-19 Pandemie auf die Lage in Afghanistan. [o. O.]: Havah Consulting.

Senat der Freien Hansestadt Bremen (2021). Antwort des Senats auf die Kleine Anfrage der Fraktion DIE LINKE vom 22. Juli 2021. „Inobhutnahmen von Kindern und Jugendlichen nach § 42a SGB VIII". Bremen.

Spiegel International (Hrsg.) (2016). Is Eastern Germany Safe for Foreigners? Racism Warning Has German Hackles Raised. Spiegel International vom 18.05. 2006. Online verfügbar unter: http://tinyurl.com/3cz43da2 (letzter Abruf am: 05.02.2024).

Stahlmann, F. (2021). Erfahrungen und Perspektiven abgeschobener Afghanen. Frankfurt und Berlin: Diakonie Deutschland, Brot für die Welt, Diakonie Hessen.

Together we are Bremen (TwaB) (2023). Rassistische Unterbringung von Jugendlichen in Bremen stoppen. Online verfügbar unter: http://tinyurl.com/2rn5zpw3 (letzter Abruf am: 14.01.2024).

Together we are Bremen (TwaB) (2022). Umverteilung um jeden Preis – Eine Sozialbehörde, die ihren Namen nicht verdient. Online verfügbar unter: http://tinyurl.com/3zyy5r7f (letzter Abruf am: 16.02.2023).

Together we are Bremen (TwaB) (2018). Gottlieb-Daimler-Straße has been shut down! Online verfügbar unter: http://tinyurl.com/3jmhsb69 (letzter Abruf am: 14.01.2024).

Weser-Kurier (2017). Abschiebung nach Afghanistan nur für Straftäter. Weser-Kurier vom 22.07.2017. Online verfügbar unter: http://tinyurl.com/yzramr74 (letzter Abruf am: 14.01.2024).

Krimmigrationsrecht – Verflechtung (jugend-)strafrechtlicher mit migrationsrechtlicher Kontrolle

Christine Graebsch

Aus kriminologischer Sicht lassen sich Tendenzen beobachten, jugendstrafrechtliche Zielsetzungen dem staatlichen Anliegen der Migrationskontrolle unterzuordnen. Dies geschieht sowohl in Gesetzen als auch in der Rechtswirklichkeit. Beispielsweise überlagert im Ausweisungsrecht der Gedanke der migrationsrechtlichen Gefahrenabwehr jegliche Erkenntnis über Prognosen jugendtypischen Verhaltens. Gleichzeitig überlagert der Strafgedanke Chancen junger Menschen auf aufenthaltsrechtliche Verfestigung und beeinträchtigt damit wiederum ihre kriminalprognostischen Aussichten. Wo das Jugendstrafrecht kriminologische Erkenntnisse zu Ubiquität und Episodenhaftigkeit von Jugenddelinquenz berücksichtigt, werden diese migrationsrechtlich ignoriert. Berücksichtigung findet im Migrationsrecht stattdessen ein starrer Strafgedanke. Dies ist deswegen besonders eklatant, weil das Migrationsrecht seine Interventionen mit dem Gedanken der Gefahrenabwehr legitimiert und für sich in Anspruch nimmt, aufgrund seines prognostischen Charakters gerade etwas anderes als Strafrecht zu sein. Weiterhin sind die Rechtsgebiete in prozessualer Hinsicht so miteinander verflochten, dass Behörden die Möglichkeit eröffnet wird, zwischen Eingriffskompetenzen beider Bereiche hin- und herzuspringen. Im Ergebnis erfahren nichtdeutsche Staatsangehörige so ein völlig anderes und unreflektiert punitives Rechtsfolgenrecht in Anknüpfung an eine strafrechtlich relevante Beschuldigung, als es bei deutschen Staatsangehörigen der Fall ist.

Die Verflechtung strafrechtlicher mit migrationsrechtlicher Kontrolle wird international als ‚Crimmigration‘ diskutiert,[1] hier soll von Krimmigration die Rede sein, weil es um die spezifische Ausgestaltung im deutschen Recht gehen wird. Da es sich vorliegend um die Verschriftlichung eines Vortrags im vorgegeben knappen Rahmen handelt, wird versucht, Zusammenhänge ohne umfassenden Quellenapparat verständlich werden zu lassen. Nachweise lassen sich aber in den jeweils in Bezug genommenen ausführlicheren Publikationen fin-

---

[1] Ausgehend von Stumpf, 2006, S. 367.

den.[2] Außerdem soll zunächst allgemein in das Thema eingeführt werden, um danach bezogen auf das Thema Ausweisung und Jugendstrafrecht einen für die Adressat*innen des Deutschen Jugendgerichtstag relevanten Aspekt exemplarisch zu vertiefen.

1 Krimmigration I: Strafrechtliche Elemente im Migrationsrecht

Die Verflechtung der beiden Rechtsgebiete kann von zwei Seiten betrachtet werden. Zunächst einmal lassen sich im Migrationsrecht zunehmend Elemente finden, die früher dem Strafrecht vorbehalten waren: Gefängnisartige Zwangsunterbringung zeigt sich besonders an der Abschiebungshaft, die in den letzten Jahren immer mehr ausgeweitet wird. Sie wird zudem als Institution mit Sicherungsmaßnahmen wie Isolation und Fixierung immer gefängnisartiger.[3] Weiterhin kommen im Asyl- und Aufenthaltsrecht immer mehr aus dem Strafprozess bekannte Instrumentarien zum Einsatz, wie die Abnahme von Fingerabdrücken, das Auslesen von Mobiltelefonen[4] oder die Durchsuchung von Wohnräumen[5].

Die Strafbarkeit des unerlaubten Aufenthalts kombiniert beide Rechtsgebiete nicht nur unmittelbar. Sie legitimiert auch die beständige Kontrollierbarkeit als migrantisch gelesener Personen durch die Polizei und ist Ausgangspunkt für racial und social profiling. Sie konstituiert eine Allgegenwart der Grenze im Landesinnern.[6]

2 Krimmigration II: Migrationsrechtliche Elemente im Straf(tatverdachtsfolgen)recht

Strafrechtswissenschaft und -praxis beharren darauf, dass Ausweisung keine Strafe sei, sondern eine Maßnahme der Gefahrenabwehr.[7] Allerdings stehen

2 Grundlegend dazu Graebsch, 2019a und 2020a; insbesondere auf den Jugendbereich bezogen Graebsch, 2019b.
3 Näher dazu Graebsch 2023a; Graebsch in Feest, Lesting & Lindemann, 2021, Teil VII, Kap. 3, Rn. 79 ff., 97.
4 Z. B. §§ 15a, 16 AsylG.
5 § 58 Abs. 6 AufenthG sowie das in § 58 Abs. 5 AufenthG euphemistisch mit „betreten" bezeichnete Durchsuchen zu dem Zweck die abzuschiebende Person aufzufinden.
6 Näher dazu Graebsch, 2020b.
7 Näher Graebsch, 2019a, S. 87 ff.

Ausweisungen in untrennbarem Zusammenhang mit strafrechtlichen Verurteilungen, wobei aber sogar schon ein nicht gerichtlich bestätigter Verdacht genügen kann. Auch sonst ist die Ausweisung nahezu ununterscheidbar von einer strafrechtlichen Sanktion. Die Selbstverständlichkeit, mit der akzeptiert wird, dass Nichtdeutschen zusätzlich zu einer strafrechtlichen Sanktion noch eine aufenthaltsrechtliche droht, geht auf die unterschwellige Annahme eines Gastrechts, das bei seinem Missbrauch aufgehoben werden könne, zurück, das es jedoch nach rechtsstaatlichen Grundsätzen nicht geben darf.[8] Im Strafvollzug führt die aufenthaltsrechtliche Situation zu einer Diskriminierung nichtdeutscher Gefangener.[9]

3 Prozessuale Standards im Straf- im Vergleich zum Migrationsrecht

Das Migrationsrecht trifft Nichtdeutsche in Verbindung mit Straftaten zusätzlich zum Strafrecht, gewinnt aber nicht selten die Oberhand und tritt an dessen Stelle. Dabei gelten in den beiden Rechtsgebieten sehr unterschiedliche verfahrensrechtliche Standards. Während im Strafrecht die Unschuldsvermutung gilt und ein Verdacht erst überprüft werden muss, bevor an ihn Sanktionen angeknüpft werden können, genügt im Aufenthaltsrecht oft ein Verdacht auf Grundlage ,bestimmter Tatsachen' für eine Aufenthaltsbeendigung. Dabei geht es dort häufig um einen in die Zukunft gerichteten Verdacht, wonach die Person eine (terroristische) Tat erst noch begehen könnte.[10] Obwohl sich für zukünftige Taten noch viel erheblichere Probleme der Beweiserhebung stellen als bei Taten in der Vergangenheit, bleibt das Verfahren zur Feststellung weit hinter dem Strafverfahren zurück. So werden, obwohl das Aufenthaltsrecht als Gefahrenabwehrrecht den Anspruch erhebt, in besonderem Maße zukunftsgerichtet zu sein, und also auf Prognosen gestützt ist, in der Praxis für die Prognose keine Sachverständigengutachten eingeholt. Es wird von der Geltung eines nicht explizierten anderen Prognosemaßstabes ausgegangen. Immerhin hat das Bundesverfassungsgericht verdeutlicht, dass aber eine (günstige) sachverständige Prognose im Strafverfahren, insbesondere zur Reststrafenaussetzung, nicht unfundiert

---

8   Näher Kießling, 2016; Schwarz, 2010.
9   Näher Graebsch, 2023b; Graebsch in Feest, Lesting & Lindemann, 2021, Teil VII, Kap. 3, Rn. 102 ff.
10 Näher dazu Graebsch & Burkhardt. 2024; Graebsch, 2019a, S. 97 ff.

im aufenthaltsrechtlichen Verfahren übergangen werden darf.[11] Während im Strafrecht die Selbstbelastungsfreiheit gilt, gilt im Migrationsrecht Mitwirkungspflicht,[12] wobei die in deren Rahmen gewonnenen Erkenntnisse dann auch in ein Strafverfahren einfließen.

Als wichtigster Unterschied zwischen Strafe und Ausweisung wird regelmäßig auf die Geltung des Schuldprinzips verwiesen, die die Unterschiedlichkeit der Rechtsgebiete und Interventionen zu erklären scheint. Allerdings handelt es sich bei dem Schuldprinzip im Strafrecht gerade um eine die Verfolgung präventiver Zwecke limitierende Größe; d. h., Sicherungsdenken, Abschreckung usw. dürfen im Strafrecht nur bis zu der Grenze einer in der Tat zum Ausdruck kommenden Schuld verfolgt werden, nicht darüber hinaus. Auch wenn es zum Beispiel prognostisch für die Prävention weiterer Ladendiebstähle förderlich wäre, darf man nach Begehung eines solchen Delikts nicht langjährig eingesperrt werden, weil die damit verwirklichte Schuld zu gering wäre. Im Aufenthaltsrecht entfällt diese Grenzziehung durch das Schuldprinzip. Dementsprechend lässt sich durchaus argumentieren, dass eine Verschiedenheit der Rechtsgebiete besteht. Insbesondere bedarf es eben gar keiner vergangenheitsbezogenen Schuld, um aufenthaltsrechtlich zu intervenieren, sondern es genügt schon ein auf die Zukunft bezogener Verdacht, wobei in der Praxis keinerlei Konkretisierung der Art bevorstehender Taten oder ihres Zeitpunkts vorausgesetzt wird.[13]

4   Wirkungen einer Ausweisung

Die Ausweisung ist ein Bescheid, der eventuell bestehende Aufenthaltstitel zum Erlöschen bringt und die Ausreisepflicht auslöst. Sie führt nicht direkt und nicht zwingend zu einer Abschiebung, auch wenn sie mit der Setzung einer Ausreisefrist und einer Abschiebungsandrohung verbunden wird. Der Abschiebung können tatsächliche und/oder rechtliche Hindernisse entgegenstehen,[14] z. B. das Fehlen von Pass und Passersatzpapieren, gesundheitliche Gründe, enge familiäre Bindungen oder auch, dass die Staatsanwaltschaft erst noch eine Strafe vollstrecken will. Umgekehrt ist eine Ausweisung nicht zwingende Voraus-

---

[11]   BVerfG, Beschluss vom 06.12.2021, 2 BvR 860/21, Rn. 19, juris.
[12]   § 82 AufenthG.
[13]   Ausführlich zur Kritik der aufenthaltsrechtlichen Konstruktion von ‚Gefährdern' Graebsch & Burkhardt, 2024.
[14]   § 60a Abs. 2 S. 1 AufenthG.

setzung einer Abschiebung. Wer gar nicht erst über ein Aufenthaltsrecht verfügt, sondern vielleicht nur über eine Duldung, kann bereits ohne ein Ausweisungsverfahren abgeschoben werden. Auch wenn die Ausländerbehörde das Auslaufen eines befristeten Aufenthaltstitels, typischerweise einer Aufenthaltserlaubnis, abwartet, muss sie kein Ausweisungsverfahren betreiben, sondern es genügt für die Ablehnung der Verlängerung des Aufenthaltstitels regelmäßig das Bestehen eines „Ausweisungsinteresses",[15] das, anders als wenn eine Ausweisung erfolgen soll, nicht gegen mögliche Bleibeinteressen abgewogen werden muss.[16] Eine weitere, zwar selten genutzte, aber aufgrund ihrer Eingriffsintensität erwähnenswerte Möglichkeit der Abschiebung ohne vorherige Ausweisung aus einem noch bestehenden Aufenthaltsrecht heraus ist zudem die sog. Gefährderabschiebung nach § 58a AufenthG. Sie wird in der Praxis durch Abschiebungen als ‚Gefährder' klassifizierter Personen auf für die Behörden niedrigschwelligerer Grundlage ergänzt. Dabei springen diese zwischen strafprozessualen und aufenthaltsrechtlichen Eingriffsbefugnissen frei hin und her und legen etwa einer Abschiebung Verdachtsmomente zugrunde, die in einem Strafverfahren gewonnen wurden, das aber eingestellt ist, so dass die betroffene Person sich nicht mehr dagegen verteidigen kann.[17]

Erfolgt nach einer Ausweisung keine Abschiebung, so wird die betroffene Person zunächst geduldet. Dabei transportieren die Begriffe ‚zunächst' und ‚geduldet' eine für die Betroffenen höchst relevante rechtliche Ausgestaltung ihrer Situation. So bedeutet ‚Duldung', dass die Abschiebung nur vorübergehend ausgesetzt ist[18] und dass die Betroffenen nicht (mehr) über einen Rechtsstatus verfügen. Ihr Aufenthalt gilt vielmehr als nicht mehr rechtmäßig und diese Statuslosigkeit wird schon über den Begriff ‚Duldung' transportiert. Daraus folgt ein Zustand permanenter Abschiebbarkeit und Ungewissheit. Hinzu tritt die mit der Duldung verbundene Schlechterstellung in allen relevanten Lebensbereichen, namentlich Zugang zum Arbeitsmarkt, zu Sozial- und Gesundheitsleistungen sowie des Wohnens und der Bewegungsfreiheit. Von den wenigen in der letzten Dekade eingeführten Verbesserungen der Rechtsposition von Geduldeten sind gerade die strafrechtlich in Erscheinung Getretenen ausgenommen. So wurde etwa die räumliche Beschränkung für Geduldete auf die ersten drei

---

[15] § 5 Abs. 1 Nr. 2 AufenthG.

[16] §§ 53–55 AufenthG, für nähere Erläuterung vgl. etwa Graebsch & Borstel 2021, S. 45 ff.

[17] Näher dazu Graebsch & Burkhardt, 2024; Graebsch & Borstel, 2021, S. 177 ff.; Graebsch, 2022; 2019a, 97 ff.

[18] § 60a Abs. 2 S. 1 AufenthG.

Monate beschränkt,[19] aber nach Verurteilungen wegen Straftaten oder aber dem
bloßen Verdacht von Straftaten nach dem Betäubungsmittelgesetz kann sie im
Einzelfall wieder eingesetzt werden[20] – auch wenn ein kriminalpräventiver Nutzen der Beschränkung des Aufenthalts auf z. B. eine Stadt, in der vielleicht sogar
die letzten Taten begangen wurden, nicht erkennbar ist. So aber entsteht eine
räumliche Quasi-Bestrafung im Landesinneren, die für Personen, bei denen
eine Abschiebung nicht möglich ist, an deren Stelle tritt. Das Verlassen des zugewiesenen Bereichs ohne Genehmigung der Ausländerbehörde stellt dann
selbst eine Ordnungswidrigkeit und im Wiederholungsfall eine Straftat dar.[21]

Die Betroffenen werden anstelle einer Abschiebung gewissermaßen in die
Duldung und damit in höchst prekäre Lebensverhältnisse abgeschoben, die eher
geeignet sind (weitere) Straftaten zu fördern als solche zu verhindern. Sie erhalten weniger Sozialleistungen, der Zugang etwa zu Einrichtungen für Haftent-
lassene, Therapien etc. ist rechtlich für den Regelfall ausgeschlossen, so dass
lediglich versucht werden kann, eine Ausnahme zu erwirken.[22]

Dabei wurde noch eine im Gegensatz zu der sonst verwaltungsrechtlich bestehenden prozessualen Situation geschaffen, mit der die Behörden durch ihre
Bescheide Fakten schaffen können, ohne dass die Möglichkeit bestünde, sich
dagegen gerichtlich effektiv zur Wehr zu setzen. Rechtsmittel gegen eine Aus-
weisungsverfügung haben nämlich nicht nur keine aufschiebende Wirkung,
darüber weit hinausgehend entfaltet eine Ausweisung nach dem Gesetz ausdrücklich ihre Wirkung selbst dann schon, wenn man per gerichtlichem Rechtsschutz die aufschiebende Wirkung einer Klage erwirkt – nur den Lebensunter-
halt darf man weiterhin selbst erwirtschaften.[23] Dann kann während der Dauer
des Verfahrens zwar immerhin keine Abschiebung erfolgen, aber dass es bei
den Wirkungen einer Ausweisung, insbesondere dem Herabstufen in eine Duldung, dennoch selbst dann bleibt, wenn das Gericht nach summarischer Prüfung die voraussichtliche Rechtswidrigkeit dieser Verfügung festgestellt hat,
wäre in anderen Rechtsbereichen undenkbar. Die Behörden können so unter
Bezugnahme auf einen in keiner Weise belegten Verdacht über Jahre hinaus
eine faktische Bestrafung der Betroffenen und deren Prekarisierung erreichen.

Findet sogar eine Abschiebung statt, was ebenfalls auf vager Grundlage geschehen kann, wenn keine aufschiebende Wirkung angenommen wird, geht

---

19   § 61 Abs. 1b AufenthG.
20   § 61 Abs. 1c Nr. 1 und 2 AufenthG.
21   § 95 Abs. 1 Nr. 7 AufenthG
22   Näher Graebsch, 2024.
23   § 84 Abs. 2 AufenthG.

diese mit einer Einreisesperre einher, die bei Straftaten über fünf Jahre hinaus-
gehen darf. Auch diese Ausgestaltung macht die Strafähnlichkeit deutlich, zumal es die Möglichkeit gibt – ebenfalls in Umkehrung der strafrechtlichen Be-
weisverteilung –, die Befristung des Einreiseverbots vom Nachweis der Straf-
und Drogenfreiheit abhängig zu machen.[24] Es geht bei dem Einreiseverbot im
Übrigen nicht um eine bloße Sperrfrist in dem Sinne, dass man danach ohne
Weiteres wieder einreisen dürfte. Vielmehr braucht es für die Wiedereinreise
auch nach dessen Ablauf einen aufenthaltsrechtlich anerkannten Grund und regelmäßig ein Visum. Während des Einreiseverbots ist ein erlaubter Aufenthalt
aber grundsätzlich ausgeschlossen, auch bei mit Deutschen Verheirateten und
bei deutschen Kindern. Es handelt sich faktisch um eine Verbannungsstrafe, die
nur aus unionsrechtlichen Gründen[25] inzwischen von Anfang an befristet werden muss und nicht im unbefristet Ungefähren belassen werden darf.

5   Gesetzesänderungen nach ‚den Ereignissen von Köln‘

Es spricht für sich, dass noch heute ohne Weiteres diskursiv an die ‚Ereignisse
von Köln‘ oder die ‚Ereignisse der Kölner Silvesternacht 2015/2016‘ angeknüpft
werden kann, ohne dass es weiterer Verständigung darüber bedürfte, was dort
und dann denn geschehen sei. Bis heute steht die Bedrohung durch sexualisierte
Übergriffe junger muslimischer Männer als Gegenbild zu schutzsuchenden Geflüchteten im kollektiven Gedächtnis. Sie eignet sich, um die Naivität einer ‚Will-
kommenskultur‘ aufzuzeigen, die Geflüchteten Schutz bietet und diese dabei
diskursiv auf der Opferseite der Geschichte verortet und die – in weitgehen-
dem Gegensatz zur migrationsrechtlichen Gesetzgebungsrealität der fraglichen
Zeit – mit (‚Mama‘) Merkel verbunden wird. Dieser (vermeintlichen) Naivität
wird die ‚wahre‘ Natur der Ankommenden entgegengesetzt, womit diese auf die
Täterseite verschoben werden. Gleichzeitig vermögen sich Staat und Gesellschaft damit aktiv gegen sexualisierte Gewalt zu positionieren. So wird diese
Problematik in die jungen muslimischen Männerkörper eingeschrieben, die als
von außerhalb ‚unserer‘ Kultur kommend verortet werden. Mit dieser Externali-
sierung der Bedrohung vermag eine Entlastung der hiesigen Männlichkeit ein-
herzugehen.[26]

---

24 § 11 AufenthG, Letzteres findet sich in § 11 Abs. 2 S. 5 AufenthG.
25 Art. 11 RL 2008/115/EG (Rückführungsrichtlinie).
26 Näher Dietze, 2016.

In einem machtvollen symbolischen Gesetzgebungsakt wurden die mit ‚Köln' assoziierten Bilder im Recht verankert. Unter Umgehung von Beweisproblemen, Schuld- und Bestimmtheitsgrundsatz wurde eine Norm geschaffen, die die Beteiligung an einer Gruppe unter Strafe stellt, wenn aus dieser heraus Sexualstraftaten begangen werden. Damit wird die Gefahr von Sexualstraftaten als typische Gefahr von Gruppenbildungen symbolisch konstituiert, wobei man sich darüber einig ist, dass die Norm nicht zur Anwendung kommen wird.[27]

Für die Normadressat*innen im Aufenthaltsrecht haben die Neuregelungen allerdings keineswegs nur symbolische Konsequenzen. Mit ihnen wurde das Ausweisungsrecht weiter verschärft, das erst in der nämlichen Silvesternacht in Kraft getreten war und also noch gar keine Anwendungsrealität erfahren hatte.

Im politischen Diskurs wurden Staatsangehörige der Maghreb-Staaten – nunmehr als ‚Nordafrikaner' bezeichnet, was die Wahrnehmung als Fremde gefördert haben dürfte – mit den ‚Ereignissen von Köln' in Verbindung gebracht. Dies wurde in der Debatte über die Einstufung von Marokko, Tunesien und Algerien als ‚sichere Herkunftsstaaten' im Asylverfahren argumentativ eingesetzt, wobei an dieser Einstufung bereits zuvor politisches Interesse bestanden hatte, da es sich um Staaten handelte, aus denen relativ viele Asylbewerber*innen stammten.[28]

6 Aufenthaltsrechtliche Besonderheiten bei Jugendlichen und Heranwachsenden

Die aufenthaltsrechtliche Situation von Minderjährigen ist abgeleitet von derjenigen ihrer Eltern. Minderjährige, die sich unbegleitet im Bundesgebiet aufhalten, können bis zu ihrem 18. Geburtstag faktisch nicht abgeschoben werden, da sie dafür im Zielstaat der Abschiebung von Familienangehörigen, Personensorgeberechtigten oder einer Aufnahmeeinrichtung in Empfang genommen werden müssten.[29] Zunächst in der behördlichen Praxis und inzwischen auch im Gesetz[30] wird die Amtsvormundschaft dazu gedrängt, für unbegleitete Minderjährige möglichst frühzeitig Asylanträge zu stellen. Dabei nimmt das Jugendamt im Rahmen der vorläufigen Inobhutnahme schon eine höchst problematische

---

27   Zur Kritik Eschelbach in Matt & Renzikowski, 2020, § 184j Rn. 1 ff.
28   https://www.zeit.de/politik/deutschland/2016-01/fluechtlinge-aus-nordafrika-marokko-tunesien-algerien-sichere-herkunftsstaaten (letzter Abruf am: 29.02.2024).
29   § 58 Abs. 1a AufenthG.
30   § 42 Abs. 2 S. 5 SGB VIII.

Doppelfunktion ein, in deren Rahmen es einerseits belastende Entscheidungen gegen die in ihrer Obhut stehenden Personen trifft, etwa im Rahmen der Altersfeststellung, es aber andererseits in seiner Zuständigkeit läge, gegen solche belastenden Entscheidungen vorzugehen, letztlich also gegen sich selbst/die eigene Behörde.[31] Die Stellung eines Asylantrags noch während der Minderjährigkeit kann im Einzelfall durchaus sinnvoll sein. Allerdings hat die gesetzliche Aufforderung an das Jugendamt den Zweck zu verhindern, dass ein Asylantrag erst nach Eintritt der Volljährigkeit gestellt wird, wenn eine Abschiebung droht und der Aufenthalt damit verlängert und Zeit für eine anderweitige Aufenthaltsverfestigung gewonnen werden könnte, wenn es sich um einen ersten Asylantrag handelt.

Der Versuch nach Eintritt der Volljährigkeit von der Duldung und der dann drohenden Abschiebung in einen rechtmäßigen Aufenthalt zu kommen, kann am ehesten über einen Aufenthaltstitel gelingen, der an eine bislang gelungene Integration anknüpft.[32] Dabei muss jedoch bedacht werden, dass aufenthaltsrechtlich Straftaten der Annahme gelungener Integration als entgegenstehend betrachtet werden. Der (Rück-)Weg in einen gesicherten Aufenthalt ist dann oftmals versperrt. Dabei muss weiterhin berücksichtigt werden, dass eine (jugend-)strafrechtlich betrachtet günstige Verfahrenseinstellung nach §§ 45, 47 JGG oder §§ 153 ff. StPO oder eine aus strafrechtlicher Perspektive geringe Strafe aufenthaltsrechtlich durchaus eine sehr starke negative Bedeutung erlangen kann.

7   Krimmigrationsrecht am Beispiel des Jugendstrafrechts

Die Änderungen des Ausweisungsrechts nach ‚Köln' sind auch für nach Jugendstrafrecht Verurteilte gravierend und führen zu einem schwerwiegenden systematischen Bruch zwischen den Rechtsgebieten – die aber gleichwohl zulasten der Betroffenen mehr und mehr miteinander verschmelzen.

Weiterhin ist ein besonders schwerwiegendes Ausweisungsinteresse anzunehmen, wenn der junge Mensch wegen einer oder mehrerer vorsätzlicher Straftaten rechtskräftig zu einer Freiheits- oder Jugendstrafe von mindestens zwei Jahren verurteilt worden ist.[33] Allerdings soll dafür seither die Verurteilung zu einer Freiheits- oder Jugendstrafe wegen vorsätzlicher Straftaten zu mindestens einem Jahr wegen vorsätzlicher Straftaten aus einer Liste bestimmter Taten

---

31   Zur Kritik Graebsch, 2016; 2019b.
32   Näher Graebsch & Borstel, 2021, S. 109 ff.
33   § 54 Abs. 1 Nr. 1 AufenthG.

genügen.[34] Da hier nicht ausdrücklich die Rede davon ist, dass dies nur für Strafen gilt, die nicht zur Bewährung ausgesetzt wurden, kann das Gesetz nicht anders verstanden werden, als dass dies ebenfalls für zur Bewährung ausgesetzte Freiheitsstrafen, aber auch zur Bewährung ausgesetzte Jugendstrafen gelten soll.[35] Die Taten, auf die dies anwendbar sein soll, stellen zwar rechtstechnisch einen abgeschlossenen Katalog dar, dieser umfasst allerdings sehr verbreitete Taten, für die man eine Jugendstrafe von mindestens einem Jahr bekommen kann: solche gegen das Leben oder die körperliche Unversehrtheit, die meisten Taten gegen die sexuelle Selbstbestimmung, aber auch ‚serienmäßig' gegen das Eigentum begangene Taten, die im Mindestmaß mit einer erhöhten Freiheitsstrafe bedroht sind, und Widerstand oder tätlicher Angriff gegen Vollstreckungsbeamte, Sozialleistungsbetrug sowie Taten nach dem Betäubungsmittelgesetz.[36] Obwohl hier nur wenig ohne Abdeckung blieb, gelang es der Gesetzgebung mit dem jüngsten Verschärfungsgesetz der Ampel-Regierung[37] für die Konkretisierung noch weitere Delikte aufzufinden und damit neue symbolische Zeichen in Fortsetzung der Krimmigrationspolitik der vorherigen Bundesregierung zu setzen, indem noch Delikte des ‚Einschleusens' in diese Liste aufgenommen wurden.[38]

Der erwähnte schwerwiegende Bruch mit der jugendstrafrechtlichen Perspektive liegt bei dieser aufenthaltsrechtlichen Normierung nun darin, dass zur

---

34   § 54 Abs. 1 Nr. 2 AufenthG.

35   Dies ergibt sich zwingend im Umkehrschluss aus der Regelung des § 54 Abs. 2 Nr. 2 AufenthG, die ausdrücklich nur dann gilt, wenn die Person „wegen einer oder mehrerer vorsätzlicher Straftaten rechtskräftig zu einer Jugendstrafe von mindestens einem Jahr verurteilt *und die Vollstreckung der Strafe nicht zur Bewährung ausgesetzt worden ist*" (Hervorhebung d. Verf.). Nach dieser Norm ist – nur – dann ein (nur) schwerwiegendes (nicht wie bei Abs. 1 Nr. 2 besonders schwerwiegendes) Ausweisungsinteresse gegeben, wenn es sich um andere als die vorsätzlichen Straftaten aus der Liste des Abs. 1 Nr. 2 handelt. Dies ist nur eine der vielfältigen Widersprüche, die sich in den Ausweisungsregelungen finden, in denen ein Wille zur symbolischen Gesetzgebung zum Ausdruck kommt, der sich über rechtsdogmatische Einwände ebenso hinwegsetzt wie über solche, die die keineswegs nur symbolischen, sondern höchst gravierenden Konsequenzen für die Betroffenen thematisieren. Vgl. zur zusammenfassenden Kritik etwa Bauer in Bergmann & Dienelt, 2022, § 54 Rn. 21.

36   Die beiden letztgenannten sind geregelt in § 54 Abs. 1 Nr. 1b AufenthG.

37   Gesetz zur Verbesserung der Rückführung (Rückführungsverbesserungsgesetz) vom 21.02.2024 (BGBl. I Nr. 54), in Kraft getreten am 27.02.2024.

38   § 54 Abs. 1 Nr. 1c AufenthG. Außerdem wurden die schwerwiegenden Ausweisungsinteressen in § 54 Abs. 2 AufenthG in höchst problematischer Weise für Strafen nur nach Erwachsenenstrafrecht erweitert, was hier nicht diskutiert werden kann.

Bewährung ausgesetzte Jugendstrafen ein besonders schwerwiegendes Ausweisungsinteresse begründen können. Da das Ausweisungsrecht mit der Behauptung antritt, Gefahrenabwehrrecht zu sein, müsste sich aus einer solchen Verurteilung systematisch eine Gefahr von der Person zukünftig ausgehender Straftaten ableiten lassen. Dies steht in diametralem Widerspruch zu der Voraussetzung, wonach eine Jugendstrafe von nicht mehr als einem Jahr nur zur Bewährung ausgesetzt werden darf, nämlich „wenn zu erwarten ist, daß der Jugendliche sich schon die Verurteilung zur Warnung dienen lassen und auch ohne die Einwirkung des Strafvollzugs unter der erzieherischen Einwirkung in der Bewährungszeit künftig einen rechtschaffenen Lebenswandel führen wird."[39] Diese im Jugendstrafrecht fest verankerte und dem Erziehungsgedanken sowie der Ubiquität und Episodenhaftigkeit von Jugenddelinquenz entsprechende Vorgabe soll für drittstaatsangehörige Nichtdeutsche also nicht gelten.[40] Denn für sie gilt zwar gleiches Recht wie für Deutsche im Strafrecht, sie sind jedoch zusätzlich vor dem Aufenthaltsgesetz gleich. Sie werden somit im Ergebnis bezogen auf die Begehung der der Verurteilung zugrundeliegenden Tat vollkommen ungleich behandelt – was rechtsdogmatisch nur über die Behauptung funktioniert, bei der Ausweisung handele es sich gar nicht um eine Strafe. Es wird damit zudem rechtssystematisch davon ausgegangen, dass sich ein zu einer Jugendstrafe verurteilter junger Mensch entgegen der Erwartung des die Jugendstrafe zur Bewährung aussetzenden Gerichts dann voraussichtlich nicht tatsächlich bewähren wird, wenn es sich bei ihm um einen drittstaatsangehörigen Menschen handelt. Die Staatsangehörigkeit prädisponiert demnach die Gefährlichkeit – unabhängig vom Votum des Jugendgerichts. Damit schafft das Zusammenspiel von (Jugend-)Strafrecht und Aufenthaltsrecht neben höchst eingriffsintensiven Fakten auch Bilder von Gefährlichkeit und ‚Ausländerkriminalität‘, die so in einem politisch-publizistischen Verstärkerkreislauf[41] stets weiter in den Köpfen verankert werden.[42]

---

39 § 21 Abs. 1 Nr. 1 JGG.
40 Drittstaatsangehörig bedeutet, dass sie weder über die deutsche Staatsangehörigkeit noch die eines Staates der Europäischen Union verfügen.
41 Scheerer, 1978.
42 Zur Produktion solcher Bilder auf dem Stand der damaligen Zeit am Beispiel von Drogendealern bereits Graebsch, 1998.

Literaturverzeichnis

Bergmann, J. & Dienelt, K. (2022). Ausländerrecht. Kommentar (14. Aufl.). München: C. H. Beck.

Dietze, G. (2016). Das ,Ereignis Ko¨ln'. Femina Politica – Zeitschrift für feministische Politikwissenschaft, 25 (1), S. 93–102.

Feest, J., Lesting, W. & Lindemann, M. (Hrsg.) (2021). Strafvollzugsgesetze. Kommentar (8. Aufl.) Köln: Carl Heymanns.

Graebsch, C. (2024). Diskriminierung nichtdeutscher Gefangener und Haftentlassener. Informationsdienst Straffälligenhilfe, (1), S. 39–42.

Graebsch, C. (2023a). Abschiebungshaft zur Gefahrenabwehr. Vorbeugender Strafvollzug für Nichtdeutsche? In B. Derin, R. Gössner, W. Judith, S. Lincoln, R. Militz, M. Putzer, B. Rabe, R. Rehak, L. Welsch & R. Will (Hrsg.), Grundrechte-Report. Zur Lage der Bürger- und Menschenrechte in Deutschland (S. 55–58). Frankfurt am Main: Fischer Taschenbuch.

Graebsch, C. (2023b). Resozialisierung bei nichtdeutscher Staatsangehörigkeit. In H. Cornel, C. Ghanem, G. Kawamura-Reindl & I. Pruin (Hrsg.), Resozialisierung (S. 437–450). Baden-Baden: Nomos.

Graebsch, C. (2022). Crimmigration and pre-crime in German law. Connecting the international debate to the German national (legal) context. Kriminologisches Journal, 54 (1), S. 16–35.

Graebsch, C. (2020a). Krimmigration im deutschen Recht. In C. Grafl, M. Stempkowski, K. Beclin, I. Haider & I. Aertsen (Hrsg.), „Sag, wie hast du's mit der Kriminologie?" – Die Kriminologie im Gespräch mit ihren Nachbardisziplinen (S. 697–714). Mönchengladbach: Forum Verlag Godesberg.

Graebsch, C. (2020b). Krimmigration in der Verflechtung von Polizei- und Migrationsrecht. Pre-crime, ban-opticon und Präventivgewahrsam. Kriminologisches Journal, 52 (2), S. 176–187.

Graebsch, C. (2019a). Krimmigration: Die Verwobenheit strafrechtlicher mit migrationsrechtlicher Kontrolle unter besonderer Berücksichtigung des Pre-Crime-Rechts für „Gefährder". Kriminologie – Das Online-Journal, 1 (1), S. 75–102. Online verfügbar unter: https://www.kriminologie.de/index.php/krimoj/article/view/9 (letzter Abruf am: 08.03.2024).

Graebsch, C. (2019b). Rechtsgrundlagen: von bevormundendem Schutz, prekärem Erwachsenwerden und crimmigrant bodies. In K. Nowacki & S. Remiorz (Hrsg.), Junge Geflüchtete in der Jugendhilfe. Chancen und Herausforderungen der Integration (S. 7–24). Wiesbaden: Springer VS.

Graebsch, C. (2016). Bevormundet und schutzlos? Lebenslagen von UMF aufgrund neuerer Rechtslage. Sozialmagazin, 1. Sonderband, S. 87–99.

Graebsch, C. (1998). Ausweisung als Strafe oder: Das geteilte Dealerbild des Rechts. In B. Paul & H. Schmidt-Semisch (Hrsg.), Drogendealer: Ansichten eines verrufenen Gewerbes (S. 109–123). Freiburg im Breisgau: Lambertus.

Graebsch, C. & Borstel, M. von (2021). Drohende Abschiebung. Handlungsmöglichkeiten und Rechtsschutz. Göttingen: Vandenhoeck & Ruprecht.

Graebsch, C. & Burkhardt, S. U. (2024). Abschiebung von ‚Gefährdern' – die Verknüpfung von Terrorismus mit Migration. In Deutsches Institut für Menschenrechte (Hrsg.), Menschenrechte und die neue „Gefahr" in der Terrorismusprävention (im Erscheinen). Baden-Baden: Nomos.

Kießling, A. (2016). Fremdenpolizeirecht im Rechtsstaat(?) – Zu Herkunft und Zukunft des Ausweisungsrechts. Zeitschrift für Ausländerrecht und Ausländerpolitik, 36 (2), S. 45–53.

Matt, H. & Renzikowski, J. (Hrsg.) (2020). Strafgesetzbuch. Kommentar (2. Aufl.). München: Franz Vahlen.

Scheerer, S. (1978/2022). Der politisch-publizistische Verstärkerkreislauf. Zur Beeinflussung der Massenmedien im Prozeß strafrechtlicher Normgenese. In A. Legnaro & D. Klimke (Hrsg.) (2022), Kriminologische Diskussionstexte I (S. 119–123). Wiesbaden: Springer VS. [Erstabdruck: Kriminologisches Journal, 10/1978, S. 223–227].

Schwarz, T. (2010). Bedrohung, Gastrecht, Integrationspflicht. Differenzkonstruktionen im deutschen Ausweisungsdiskurs. Bielefeld: transcript.

Stumpf, J. (2006). The Crimmigration Crisis. Immigrants, Crime, and Sovereign Power. American University Law Review, 56 (2), S. 367–419.

Rechtliche Aspekte der Reform der bundesweiten Polizeidienstvorschrift 382 (PDV 382 – *Bearbeitung von Jugendsachen*)*

Markus Thiel

Derzeit befindet sich die ‚in die Jahre gekommene' PDV 382 zur Bearbeitung von Jugendsachen in einer umfassenden Überarbeitung. Der Beitrag zeichnet im Überblick die rechtlichen Vorgaben auf verschiedenen Ebenen (Völker- und Europarecht, Verfassungsrecht, einfaches Recht) nach und gibt Impulse für eine rechtskonforme Neugestaltung der praktisch bedeutsamen und besonders vulnerable Gruppen betreffenden Polizeidienstvorschrift.

1   Einleitung

Die Polizeidienstvorschrift (PDV) 382 – „Bearbeitung von Jugendsachen"[1] – wurde 1995 ausgehend von einem Arbeitskreis des 22. Deutschen Jugendgerichtstag 1992 in Regensburg überarbeitet und ist an die Stelle der zuvor geltenden Fassung aus dem Jahr 1987 getreten.[2] Gegenwärtig wird eine Neuauflage der PDV 382 erstellt, die gegenüber der Rechtslage von 1987 und 1995 erheblich veränderte rechtliche Rahmenbedingungen zu berücksichtigen hat. Die Schaffung und Revision von Polizeidienstvorschriften als bundesweit geltende und verbindliche untergesetzliche Regelungen unterliegen wie die Rechtssetzung im Allgemeinen den Bindungen des Rechtsstaatsprinzips, wie es etwa in Art. 20 Abs. 3 GG zum Ausdruck kommt: „Die Gesetzgebung ist an die verfassungsmäßige Ordnung, die vollziehende Gewalt und die Rechtsprechung sind an Gesetz und Recht gebunden." Der sog. Vorrang des Gesetzes[3] ist eine Ausprägung der

---

*   Der Beitrag beruht auf einem Vortrag, den der Verfasser im Arbeitskreis 8: Die Reform der bundesweiten Polizeidienstvorschrift 382 (PDV 382) gehalten hat. Er wurde um einen wissenschaftlichen Nachweisapparat mit weiterführenden Hinweisen ergänzt.

[1]   Zur Kinder- und Jugenddelinquenz in der strafrechtlichen Ermittlung allgemein etwa Sonnen, 2013; Nix, 1993; Ostendorf, 2012; zur Kinderdelinquenz Verrel, 2001; s. auch Steiger, 2014.

[2]   Text verfügbar unter: https://www.dvjj.de/wp-content/uploads/2019/08/PDV-382.pdf (letzter Abruf am: 26.04.2024).

[3]   Dazu etwa BVerfG, Beschluss vom 28.10.1975, 2 BvR 883/73 u. a., BVerfGE 40, S. 237, 248 f.

Rechtsstaatlichkeit und besagt im Sinne einer „Kollisionsnorm",[4] dass Akte des Hoheitsträgers nicht gegen höherrangiges Recht verstoßen dürfen. Damit sind auch Polizeidienstvorschriften an Vorgaben auf sämtlichen Ebenen der „Normenhierarchie" gebunden, so dass es für die Reformdiskussionen um die PDV 382 unerlässlich ist, die wesentlichen normativen Leitlinien und Bindungen zu kennen und zu berücksichtigen. Verfassungs- und anderweitig rechtswidrige Polizeidienstvorschriften führen aufgrund ihrer steuernden Funktion zu unrechtmäßigen polizeilichen Einzelmaßnahmen, die wiederum gerichtliche Beanstandungen, Haftungsfolgen und Disziplinar-, gegebenenfalls sogar Strafverfahren zur Konsequenz haben können. Unabhängig von dieser einzelfallbezogenen Perspektive muss durch rechtlich einwandfreie Verfahrensvorgaben für die Polizei den handelnden Bediensteten und dem polizeilichen ‚Gegenüber' Rechtssicherheit geschaffen werden. Bei der Bearbeitung von Jugendsachen sind dabei vor allem die besondere Vulnerabilität und Schutzwürdigkeit der betroffenen Personen, das komplexe Verhältnis zu den Erziehungsberechtigten und die allgemeinen präventiven Konzepte hinsichtlich der Jugenddelinquenz[5] zu beachten.

Der Beitrag beleuchtet im Überblick die bei der Neufassung der PDV 382 zu beachtenden wesentlichen rechtlichen Vorgaben (2) auf international- und europarechtlicher (2.1) und verfassungsrechtlicher Ebene (2.2) und untersucht ausgewählte einfachgesetzliche Aspekte (2.3). Er schließt mit einem Fazit (3). Die Ausführungen verfolgen nicht das Ziel einer lückenlosen Darstellung im Sinne einer ‚Checkliste' oder einer rechtswissenschaftlichen Detailanalyse einzelner Vorschriften, sondern sollen als ‚Gedankenanstoß' und Grundlage für die weiteren Diskussionen dienen.

2   Rechtliche Rahmenbedingungen der Reform

Für die Überarbeitung der PDV 382 sind vor allem diejenigen rechtlichen Vorgaben von Bedeutung, die den Schutz von Kindern und Jugendlichen gewährleisten sollen. Sie finden sich auf allen Ebenen im ‚Mehrebenensystem', also im Völker- und Europarecht, aber auch im Verfassungsrecht des Grundgesetzes und der Landesverfassungen sowie auf einfachgesetzlicher Ebene im Bundes- und Landesrecht. Die einschlägigen Normen entfalten unterschiedliche ‚Bindungswirkung' – während internationalrechtliche Bestimmungen häufig nur

---

4   Sachs in Sachs, 2021, Art. 20 Rn. 112.
5   Dazu etwa Kutschaty & Kubink, 2011.

den Charakter politischer Zielbestimmungen besitzen, mitunter kaum konkretisierte Verpflichtungen für die ihnen unterworfenen Staaten entfalten oder nur im Rang einfachen Rechts gelten, wirken etwa Vorgaben des Primärrechts der Europäischen Union (namentlich die Charta der Grundrechte der Europäischen Union) sowie grundgesetzliche Vorschriften unmittelbar auch auf die untergesetzliche Normsetzung ein. Für das Themenfeld der Jugendsachbearbeitung ergeben sich damit vielfältige zu berücksichtigende rechtliche Gesichtspunkte.

2.1 International- und europarechtliche Regelungen

2.1.1 Völkerrecht

Auf der Ebene des Völkerrechts sind vor allem die Menschenrechtsabkommen der Vereinten Nationen zu nennen.[6] Das am 20. November 1989 verabschiedete und am 5. April 1992 für die Bundesrepublik Deutschland in Kraft getretene Übereinkommen über die Rechte des Kindes (UN-Kinderrechtskonvention – UN-KRK)[7] enthält vielfältige Schutzvorschriften zu Gunsten von ‚Kindern‘, wobei dieser Begriff (wie überhaupt im ‚überstaatlichen‘ Recht) im Sinne der Konvention weit zu verstehen ist: Nach Art. 1 UN-KRK ist ein Kind „jeder Mensch, der das achtzehnte Lebensjahr noch nicht vollendet hat, soweit die Volljährigkeit nach dem auf das Kind anzuwendenden Recht nicht früher eintritt". Für die Jugendsachbearbeitung bedeutsam ist neben den allgemeinen Bestimmungen der Konvention vor allem Art. 40 UN-KRK, der die Behandlung des Kindes in Strafrecht und Strafverfahren regelt. Er statuiert ein Recht jedes Kindes, das der Verletzung der Strafgesetze verdächtigt, beschuldigt oder überführt wird, „in einer Weise behandelt zu werden, die das Gefühl des Kindes für die eigene Würde und den eigenen Wert fördert, seine Achtung vor den Menschenrechten und den Grundfreiheiten anderer stärkt und das Alter des Kindes sowie die Notwendigkeit berücksichtigt, seine soziale Wiedereingliederung sowie die Übernahme einer konstruktiven Rolle in der Gesellschaft durch das Kind zu fördern" (Abs. 1). In Art. 40 Abs. 2 UN-KRK werden die Vertragsstaaten zu konkreten Gewährleistungen verpflichtet. So soll jedes Kind Anspruch auf bestimmte ‚Mindestgarantien‘ haben, etwa, unverzüglich und unmittelbar über die gegen

---

6   Auch für Kinder und Jugendliche gelten – selbstverständlich – die entsprechenden Gewährleistungen, z. B. des Internationalen Pakts über bürgerliche und politische Rechte vom 19. Dezember 1966.

7   Eingehend Steindorff-Classen, 2011, S. 19, 20 ff.

es erhobenen Beschuldigungen unterrichtet zu werden (gegebenenfalls durch seine Eltern oder seinen Vormund), und einen rechtskundigen oder anderen geeigneten Beistand zur Vorbereitung und Wahrnehmung seiner Verteidigung zu erhalten (Abs. 2 lit. b) II)). Absatz 3 sieht vor, dass die Vertragsstaaten sich bemühen, „den Erlass von Gesetzen sowie die Schaffung von Verfahren, Behörden und Einrichtungen zu fördern, die besonders für Kinder, die einer Verletzung der Strafgesetze verdächtigt, beschuldigt oder überführt werden, gelten oder zuständig sind"; insbesondere legen die Vertragsstaaten „ein Mindestalter fest, das ein Kind erreicht haben muss, um als strafmündig angesehen zu werden" (Abs. 2 2. Hs. lit. a)). Art. 40 Abs. 4 UN-KRK ordnet an, dass „eine Vielzahl von Vorkehrungen zur Verfügung stehen" müsse, um „sicherzustellen, dass Kinder in einer Weise behandelt werden, die ihrem Wohl dienlich ist und ihren Umständen sowie der Straftat entspricht"; beispielhaft genannt werden „Anordnungen über Betreuung, Anleitung und Aufsicht, wie Beratung, Entlassung auf Bewährung, Aufnahme in eine Pflegefamilie, Bildungs- und Berufsbildungsprogramme und andere Alternativen zur Heimerziehung". Die Beachtung der Verpflichtungen aus der UN-KRK überwacht ein Ausschuss für die Rechte des Kindes (Art. 43 UN-KRK), dem gegenüber die Vertragsstaaten nach Art. 44 UN-KRK berichtspflichtig sind.

Unmittelbare Bindungswirkung entfalten die Vorschriften der UN-KRK in Deutschland nicht. Art. 25 GG erklärt zwar, dass die allgemeinen Regeln des Völkerrechts Bestandteil des Bundesrechtes sind, den Gesetzen vorgehen und unmittelbar Rechte und Pflichten für die Bewohner des Bundesgebietes erzeugen; die Konventionen der Vereinten Nationen gehören aber als ,Völkervertragsrecht' nicht zu den in der Verfassungsnorm in Bezug genommenen „allgemeinen Regeln des Völkerrechts". Gemäß Art. 59 Abs. 2 GG bedürfen Verträge, „welche die politischen Beziehungen des Bundes regeln oder sich auf Gegenstände der Bundesgesetzgebung beziehen, [...] der Zustimmung oder der Mitwirkung der jeweils für die Bundesgesetzgebung zuständigen Körperschaften in der Form eines Bundesgesetzes". Damit ist eine Ratifizierung erforderlich, in deren Rahmen Vorbehalte hinsichtlich einer Bindungswirkung des Vertrags möglich sind. Die entsprechenden Vorbehaltserklärungen hat die Bundesregierung schon 2010 zurückgenommen;[8] der Konvention kommt gleichwohl nur die Bindungswirkung eines Bundesgesetzes zu.[9]

---

8   Dazu Löhr, 2010.
9   Dittrich, 2024, S. 2.

2.1.2 Europarecht

Auf europarechtlicher Ebene bestehen zahlreiche Gewährleistungen zu Gunsten von Kindern und Jugendlichen. Selbstverständlich gelten für sie sämtliche allgemeine Bestimmungen, die Rechte einräumen[10] – im Kontext der Jugendsachbearbeitung sind vor allem die justiziellen Rechte des Kapitels VI (Art. 47 ff.) der Charta der Grundrechte der Europäischen Union (GrRCh) relevant. Spezifische Kinderrechte finden sich z. B. in Art. 24 GrRCh. Nach Abs. 1 haben Kinder „Anspruch auf den Schutz und die Fürsorge, die für ihr Wohlergehen notwendig sind". Sie „können ihre Meinung frei äußern". Ihre Meinung „wird in den Angelegenheiten, die sie betreffen, in einer ihrem Alter und ihrem Reifegrad entsprechenden Weise berücksichtigt". Art. 24 Abs. 2 GrRCh ordnet an, dass bei „allen Kinder betreffenden Maßnahmen öffentlicher oder privater Einrichtungen [...] das Wohl des Kindes eine vorrangige Erwägung sein" müsse. Art. 32 GrRCh verbietet Kinderarbeit und trifft Regelungen zum Schutz der Jugendlichen am Arbeitsplatz. Die Vorgaben der GrRCh entfalten unter den Voraussetzungen des Art. 51 GrRCh unmittelbare Bindungswirkung in den Mitgliedstaaten und gehen nationalen Bestimmungen (sogar auf verfassungsrechtlicher Ebene) vor (sog. ‚Anwendungsvorrang').[11] Aufgrund ihrer allgemeinen Formulierungen sind sie allerdings für den Kontext der PDV 382 über die Verpflichtung zur Orientierung am Kindeswohl hinaus wenig ergiebig.

Neben die primärrechtlichen Regelungen treten Vorgaben des sog. Sekundärrechts der Europäischen Union, also solche Bestimmungen, die die Normsetzungsorgane der Union selbst geschaffen haben. Bedeutsam ist – neben einigen anderen Vorschriften – vor allem die Richtlinie (EU) 2016/800 des Europäischen Parlaments und des Rates vom 11. Mai 2016 über Verfahrensgarantien in Strafverfahren für Kinder, die Verdächtige oder beschuldigte Personen in Strafverfahren sind.[12] Die Europäische Union hat erkannt, dass der Beitritt der Mitgliedstaaten zu verschiedenen völkerrechtlichen Verträgen nicht „immer ein hinreichendes Maß an Vertrauen in die Strafrechtspflege anderer Mitgliedstaaten" schafft (Erwägungsgrund 3 der Richtlinie). Daher zielt die Richtlinie auf die Festlegung von Verfahrensgarantien ab, „um zu gewährleisten, dass Kinder, das heißt Personen unter 18 Jahren, die Verdächtige oder beschuldigte Personen in

---

10 So gelten namentlich die Gewährleistungen der Europäischen Menschenrechtskonvention – Konvention zum Schutze der Menschenrechte und Grundfreiheiten vom 4. November 1950 (EMRK), bei der es sich um einen völkerrechtlichen Vertrag handelt.

11 Instruktiv Kirchhof, 2022.

12 Zur Richtlinie Eckel & Körner, 2019; Höynck & Ernst, 2020.

Strafverfahren sind, diese Verfahren verstehen, ihnen folgen und ihr Recht auf
ein faires Verfahren ausüben können, um zu verhindern, dass Kinder erneut
straffällig werden und um ihre soziale Integration zu fördern" (Erwägungsgrund
1). Die Gewährleistungen der Richtlinie beginnen mit Art. 4, der ein Auskunfts-
recht von Kindern über ihre Rechte normiert, das eingreift, wenn sie davon in
Kenntnis gesetzt werden, dass sie Verdächtige oder beschuldigte Personen in
einem Strafverfahren sind. Im Folgenden (Art. 5 ff. der Richtlinie) geregelt sind
z. B. Rechte auf Unterrichtung der Träger der elterlichen Verantwortung, auf
Unterstützung durch einen Rechtsbeistand, auf Schutz der Privatsphäre, und
darauf, vom Träger der elterlichen Verantwortung in anderen Phasen des Verfahrens als den Gerichtsverhandlungen begleitet zu werden. Ferner werden
Rechte auf individuelle Begutachtung, auf eine medizinische Untersuchung, auf
die Begrenzung des Freiheitsentzugs und auf die Anwendung alternativer Maßnahmen, auf Begleitung durch den Träger der elterlichen Verantwortung, auf
wirksamen Rechtsbehelf usw. eingeräumt.

Richtlinien der Europäischen Union bedürfen der Umsetzung in nationales
Recht durch die zuständigen Legislativorgane in den Mitgliedstaaten; nach Art.
288 Abs. 3 AEUV ist eine Richtlinie „für jeden Mitgliedstaat, an den sie gerichtet
ist, hinsichtlich des zu erreichenden Ziels verbindlich, überlässt jedoch den in-
nerstaatlichen Stellen die Wahl der Form und der Mittel". Die Richtlinie (EU)
2016/800 wurde in Deutschland u. a. durch das Gesetz zur Stärkung der Verfahrensrechte von Beschuldigten im Jugendstrafverfahren vom 9. Dezember
2019 (verspätet)[13] in deutsches Recht umgesetzt, das vor allem umfassende Anpassungen und Ergänzungen des Jugendgerichtsgesetzes (JGG) vorgenommen
hat.[14] Mit dieser Implementierung in die deutsche Rechtsordnung ist die Richtlinie allerdings nicht gegenstandslos geworden; namentlich bei der Überarbeitung der PDV 382 wird im Detail zu prüfen sein, ob die Konkretisierung und
Präzisierung gesetzlicher Vorschriften etwa des JGG jeweils in richtlinienkon-
former Weise erfolgt sind. Gegebenenfalls ist eine richtlinienkonforme Auslegung auch der JGG-Bestimmungen selbst erforderlich. Besondere Bedeutung
kommt dabei den Erwägungsgründen der Richtlinie zu, die über den eigentlichen Normbestand hinausreichende Hinweise auf die Intention des Normge-
bers enthalten und bei der Schaffung untergesetzlicher Vorschriften ergänzend
herangezogen werden können. So formuliert Erwägungsgrund 9: „Kindern, die

---

[13] Zur unmittelbaren Richtliniengeltung bei nicht fristgerechter Umsetzung Eckel & Körner,
2019; Bock & Puschke, 2019.
[14] Eingehend Höynck & Ernst, 2020; Kölbel, 2021.

Verdächtige oder beschuldigte Personen in Strafverfahren sind, sollte besondere Aufmerksamkeit gewidmet werden, um das Potenzial für ihre Entwicklung und Wiedereingliederung in die Gesellschaft zu wahren". Erwägungsgrund 33 enthält wichtige Ausführungen zur Vertraulichkeit der Kommunikation zwischen Kindern und ihrem Rechtsbeistand. Erwägungsgrund 41 (Satz 1) lautet: „Die Fürsorgepflicht für Kinder, die Verdächtige oder beschuldigte Personen sind, ist Grundlage einer fairen Justiz, insbesondere dann, wenn Kindern die Freiheit entzogen ist und sie sich daher in einer besonders schwachen Position befinden".

2.2   Verfassungsrechtliche Vorgaben

Aus dem Grundgesetz und den Landesverfassungen[15] ergeben sich weitere Gewährleistungen zu Gunsten von Kindern und Jugendlichen im Zusammenhang mit Strafverfahren, die aber überwiegend ohnehin für alle Grundrechtsträger*innen gelten. Explizite ‚Kinderrechte'[16] finden sich nur ganz vereinzelt; im Schrifttum wird häufig eine ausdrückliche Aufnahme in das Grundgesetz unter Orientierung an der UN-KRK gefordert.[17] Gemäß Art. 1 Abs. 3 GG binden die Grundrechte des Grundgesetzes Gesetzgebung, vollziehende Gewalt und Rechtsprechung als unmittelbar geltendes Recht. Die Bestimmungen der PDV 382 sind mithin uneingeschränkt auf Verfassungskonformität nach grundrechtlichen Maßstäben verpflichtet.

Auch für Kinder und Jugendliche gelten die sog. Prozess- und Verfahrensgrundrechte, z. B. das Gebot effektiven Rechtsschutzes in Art. 19 Abs. 4 GG: „Wird jemand durch die öffentliche Gewalt in seinen Rechten verletzt, so steht ihm der Rechtsweg offen." Diese Gewährleistung entfaltet zahlreiche ‚Vorwirkungen' – nicht erst das eigentliche gerichtliche Verfahren muss ‚effektiv' sein,[18] sondern auch schon die vorgelagerten (Verwaltungs- bzw. Ermittlungs-)Verfahren. Dies zwingt die Gesetzgeber zur Schaffung umfangreicher Verfahrens-

---

15   Die hier nicht vertieft behandelt werden. Es finden sich teilweise spezifische Gewährleistungen zu Gunsten von Kindern und Jugendlichen, z. B. in Art. 125, 126 Verf Bay; Art. 6, 8 Abs. 1 Verf NRW.

16   Zur Geschichte der Kinderrechte Peschel-Gutzeit, 2008.

17   Eingehend Dittrich, 2024, S. 1 ff.; deutliche Forderungen bei Benassi, 2015; s. auch Kirchhof, 2018; kritisch zu einem Regierungsentwurf von 2021 Landenberg-Roberg, 2021.

18   Vgl. dazu etwa BVerfG, Beschluss vom 19.06.1973, 1 BvL 39/69 u. a., BVerfGE 35, S. 263, 278.

bestimmungen, die darauf ausgerichtet sind, dass der*die Betroffene wirksamen vor- und nachgelagerten Rechtsschutz erlangen kann. Weitere grundrechtliche Gewährleistungen ergeben sich z. B. aus Art. 101 GG, nach dessen Absatz 1 niemand seinem gesetzlichen Richter entzogen werden darf.[19] Die Vorschrift verpflichtet den Staat z. B. zu einer nachvollziehbaren Gerichtsorganisation und Geschäftsverteilung durch Gesetz und nachgeordnete Normen; dies ist auch für Jugendsachen von besonderer Bedeutung, wie sich etwa einfachgesetzlich an § 37 Abs. 1 JGG zeigt, dem zufolge die Richter bei den Jugendgerichten und die Jugendstaatsanwälte erzieherisch befähigt und in der Jugenderziehung erfahren sein und über Kenntnisse auf den Gebieten der Kriminologie, Pädagogik und Sozialpädagogik sowie der Jugendpsychologie verfügen sollen. Zu beachten ist ferner das eng mit dem Gebot auf effektiven Rechtsschutz zusammenhängende Recht auf rechtliches Gehör nach Art. 103 Abs. 1 GG. Während Art 19 Abs. 4 GG eher den ‚Rahmen' für das Verfahren vorgibt, bezieht sich Art. 103 GG spezifisch auf das Recht, vor Gericht und in vorgelagerten Verfahren in angemessener Weise in der Sache ‚gehört' zu werden, also sich adäquat äußern zu dürfen.[20] Dies stellt bei Jugendlichen eine besondere Herausforderung dar, weil altersgerechte Äußerungsmöglichkeiten unter Berücksichtigung des individuellen Entwicklungsstandes etc. sicherzustellen sind.

Neben diese Verfahrensgrundrechte treten weitere grundrechtliche Gewährleistungen, die für den Umgang mit Kindern und Jugendlichen von grundsätzlicher Bedeutung sind. Im Verhältnis zwischen Eltern und Kindern ist namentlich Art. 6 GG wichtig: Nach dessen Absatz 1 stehen Ehe und Familie unter dem besonderen Schutze der staatlichen Ordnung, nach Absatz 2 sind Pflege und Erziehung der Kinder das natürliche Recht der Eltern und die zuvörderst ihnen obliegende Pflicht (sog. ‚Elternrecht'[21]); über die Betätigung wacht die staatliche Gemeinschaft (sog. ‚staatliches Wächteramt').[22] Inhalt und Reichweite vor allem des Elternrechts nach Absatz 2 sind im Einzelnen umstritten; beispielhaft genannt werden kann die seit Jahrzehnten diskutierte Abgrenzung von elterlichem und schulischem Erziehungsrecht nach Art. 7 Abs. 1 GG.[23] Bei der Ausgestaltung der PDV 382 ist dem Elternrecht jedenfalls ein eigenständiges Gewicht

---

[19]   Dazu Kuch, 2020.
[20]   Vgl. dazu BVerfG, Beschluss vom 08.06.1993, 1 BvR 878/90, BVerfGE 89, S. 28, 35.
[21]   Über Zusammenhänge zwischen elterlicher Erziehung und Jugenddelinquenz vgl. schon Eisenberg, 1991.
[22]   S. dazu eingehend BVerfG, Stattgebender Kammerbeschluss vom 05.09.2022, 1 BvR 65/22, NJW 2022, S. 3570 ff.
[23]   Dazu Thiel, 2000, S. 137 ff.; Beaucamp, 2003.

beizumessen – es handelt nicht etwa um Grundrechte der Kinder und Jugendlichen, die von den Eltern gewissermaßen ‚in Vertretung' wahrgenommen werden, sondern um eigene grundrechtliche Rechtspositionen der Eltern. Damit ist ein besonderes verfassungsrechtliches Konfliktpotenzial aufgeworfen, wenn Eltern die aus dem Elternrecht herzuleitenden Befugnisse gegen den Willen des Kindes bzw. des*der Jugendlichen[24] ausüben, wenn ein Elternteil selbst Täter*in oder Teilnehmer*in einer vom Kind oder Jugendlichen begangenen Straftat ist, oder wenn ein Elternteil Täter*in einer zu Lasten des Kindes oder des*der Jugendlichen begangenen Straftat ist. Die diesbezüglich jeweils zwischen den Grundrechten des*der Minderjährigen und des Elternteils bestehenden Kollisionen sind von der Rechtsordnung aufzulösen.[25] Dabei und auch generell spielt der sog. ‚Wesentlichkeitsgrundsatz'[26] eine bedeutsame Rolle. Dieser ist verfassungsrechtlich dem Rechtsstaatsprinzip zu entnehmen; mitunter wird er an das Demokratieprinzip angeknüpft. Im Detail umstritten, gebietet es der Grundsatz, im Einzelnen zu prüfen, ob Vorschriften – etwa aufgrund ihrer grundrechtsbeeinträchtigenden Wirkung – derart fundamental sind, dass sie einer Regelung durch ein Parlamentsgesetz bedürfen, also durch den demokratisch unmittelbar legitimierten Gesetzgeber ausgestaltet werden müssen. Sie dürften dann nicht „nur" etwa in einer Polizeidienstvorschrift niedergelegt werden. Es muss daher bei jeder Norm der PDV 382 erwogen werden, welche Reichweite sie entfaltet, und ob sie in gesetzlichen Vorschriften etwa des JGG ‚angelegt' bzw. von diesen ‚abgedeckt' sind. Ist dies nicht der Fall, müsste bei wesentlichen Aspekten eine Änderung bzw. Ergänzung des JGG (und gegebenenfalls weiterer Gesetze) angestoßen werden.

Die PDV 382 darf nach alledem die zwischen Kindern und Jugendlichen auf der einen und den Erziehungsberechtigten auf der anderen Seite bestehenden potenziellen Grundrechtskollisionen nicht einfach unberücksichtigt lassen; zwar ist der Normgeber diesbezüglich nicht dazu verpflichtet, eventuelle Nachlässigkeiten des Parlamentsgesetzgebers zu korrigieren. Doch auch die Bestimmungen der PDV 382 müssen bei einer ‚Stand-alone'-Betrachtung für sich genommen verfassungskonform sein und bestehende Grundrechtskonflikte unter Herstellung einer sog. ‚praktischen Konkordanz', also eines sachgerechten Ausgleichs der widerstreitenden Interessen unter größtmöglicher ‚Verwirklichung'

---

24   Zum Konfliktfeld von Kindeswillen, Kindesinteresse und Elternrecht vgl. schon Röchling, 2008.

25   Eingehend Kölbel & Zierer, 2023; Engels, 1997.

26   Dazu etwa schon BVerfG, Beschluss vom 08.08.1978, 2 BvL 8/77, BVerfGE 49, S. 89, 126; s. auch Kalscheuer & Jacobsen, 2018.

der jeweiligen Gewährleistungen, zu lösen versuchen. Ein Beispiel aus der Praxis ist die Beschlagnahme von Mobiltelefonen bei Minderjährigen:[27] Weigert sich die*der Minderjährige, es herauszugeben, entscheiden die Eltern aber, dass es der Polizei übergeben werden muss, entsteht eine komplexe grundrechtliche Kollisionslage. Das Recht auf informationelle Selbstbestimmung, das Recht auf Gewährleistung der Vertraulichkeit und Integrität informationstechnischer Systeme (beide Art. 2 Abs. 1 i.V.m. Art. 1 Abs. 1 GG) und die Verfahrensgrundrechte der*des Minderjährigen sind gegen das elterliche Erziehungsrecht abzuwägen. Kinder und Jugendliche sind gegenüber ihren Eltern jedenfalls nicht schutzlos gestellt, wenngleich die Rechtsordnung strukturell doch sehr deutlich vom Regelfall ‚wohlwollender' Erziehungsberechtigter ausgeht.

Da die Grundrechte nicht nur ‚Abwehrfunktionen' gegenüber staatlichem Zugriff entfalten, sondern zugleich eine objektive Werteordnung bilden und daher als Maßstäbe für die Ausgestaltung der gesamten Rechtsordnung heranzuziehen sind, muss bei jeder Norm, insbesondere im Zusammenhang mit gerichtlichen Verfahren, geprüft werden, ob sie einer Inanspruchnahme von Rechtsschutz nicht entgegensteht; im besten Falle fördert sie die Rechtsschutzmöglichkeiten für die Betroffenen. Damit sind etwa Hinweis-, Informations- und Dokumentationspflichten (Belehrung), die Ermöglichung der Inanspruchnahme von Verfahrensbevollmächtigten und Rechtsbeiständen etc. geboten. Die verfassungsrechtlichen Gewährleistungen für Kinder und Jugendliche sind weitreichend; im Zusammenhang mit der Bearbeitung von Jugendsachen steht in der Abwägung in erster Linie das staatliche Strafverfolgungsinteresse gegenüber, dem ebenfalls Verfassungsrang zukommt. Im Schrifttum führt die Gemengelage mitunter zu dem Vorschlag, in Jugendsachen jedenfalls für einzelne Delikte das sog. ‚Legalitätsprinzip'[28] neben den ohnehin schon bestehenden Ausnahmen zu lockern. Dieses findet z. B. Ausdruck in § 152 Abs. 2 StPO, der die Staatsanwaltschaft – soweit nicht gesetzlich ein anderes bestimmt ist – dazu verpflichtet, „wegen aller verfolgbaren Straftaten einzuschreiten, sofern zureichende tatsächliche Anhaltspunkte vorliegen".

2.3   Einfachgesetzliche Einzelfragen

Die einfachgesetzlichen Vorschriften, die für die Überarbeitung der PDV 382 von Bedeutung sind, finden sich vor allem im Jugendgerichtsgesetz (JGG).

---

27   Dazu eingehend Thiel, 2023; s. auch Bäumerich, 2017; Neuhaus, 2020; Weyand, 2005.
28   Dazu etwa Pommer, 2007.

Relevante Vorschriften lassen sich aber auch anderen Regelwerken entnehmen, namentlich dem Strafgesetzbuch (StGB), dem Ordnungswidrigkeitengesetz (OWiG), der Strafprozessordnung (StPO) usw.[29] Sie sind aufgrund des rechtsstaatlich fundierten Vorrangs des Gesetzes (kein Verstoß gegen höherrangiges Recht) zwingend zu beachten. Dies betrifft vor allem die konzeptionellen Grundentscheidungen des Gesetzgebers, die Systematik und Struktur des JGG, die wesentlichen Begriffe und Rechtsfiguren usw. Daneben tritt eine umfangreiche Rechtsprechung namentlich zum JGG und seinen Bestimmungen. Spezifisch auf die PDV 382 gestützte Rechtsstreitigkeiten sind – soweit ersichtlich – noch nicht geführt, zumindest aber nicht dokumentiert entschieden worden. Es finden sich aber beispielsweise aktuellere Judikate des Bundesgerichtshofs zur Bemessung und Begründung von Jugendstrafen,[30] die für die PDV 382 zumindest mittelbar bedeutsam sein können, etwa hinsichtlich der Reichweite der Sachverhaltsermittlungen und ihrer Dokumentation. Darüber hinaus gibt es einige Entscheidungen des Bundesverfassungsgerichts zu Einzelmaßnahmen etwa nach der StPO und zu ihrer Anwendung auf Jugendliche. Zu § 81g StPO, der die DNA-Identitätsfeststellung regelt, hat das Gericht auf die Notwendigkeit der Berücksichtigung der weiteren Auswirkungen einer solchen Maßnahme auf die Entwicklung des Jugendlichen hingewiesen.[31] Diese Gerichtsentscheidungen entfalten allerdings nur ‚punktuell‘ Wirkung, so dass die einzelnen Regelungen der PDV 382 gesondert anhand der gesetzlichen und gerichtlichen Vorgaben bewertet werden müssen. Dabei darf aber auch ihr ‚Zusammenwirken‘ nicht außer Acht gelassen werden; verschiedene Maßnahmen können sich zu besonderen Grundrechtsbelastungen ‚aufsummieren‘ (Stichworte: ‚additiver Grundrechtseingriff‘,[32] ‚Überwachungsgesamtrechnung‘[33] etc.).

Umgekehrt wird man an die neue PDV 382 die Erwartung formulieren können, dass eine Konkretisierung und Präzisierung im Gesetz verwendeter ‚unbestimmter Rechtsbegriffe‘ erfolgt, dass grob ausgestaltete Verfahrensregelungen ‚feiner‘ ausgearbeitet werden, dass Kriterien etwa für hoheitliche Ermessensentscheidungen detailliert und differenziert aufgestellt werden usw. Dabei dürfen allerdings die Grenzen der Auslegung des JGG und anderer Gesetze sowie ihrer

---

29 Zu strafprozessualen Maßnahmen gegenüber Kindern und Jugendlichen eingehend Thiel & Brüggemeier, 2023; zum Grundsatz der Verhältnismäßigkeit Thiel, 2022.

30 Z. B. BGH, Urteil vom 29.09.2021, 2 StR 174/21, NStZ 2022, S. 553 ff.

31 BVerfG, Stattgebender Kammerbeschluss vom 02.06.2013, 2 BvR 2392/12, StV 2014, S. 578 ff.

32 Dazu eingehend Ruschemeier, 2019.

33 Vgl. Löffelmann, 2022.

Einzelnormen nicht überschritten werden; für diese Auslegung sind nach der gängigen rechtswissenschaftlichen Methodik der Wortlaut, die Systematik, die Entstehungsgeschichte und der Zweck (Telos) von Bedeutung. Angesichts der dargelegten rechtlichen Direktiven ergibt sich dabei die Notwendigkeit einer ‚jugendadäquaten' Auslegung[34] und Normgestaltung. Auf diese Weise können durch die Gestaltung der PDV 382 Defizite des JGG (etwa mit Blick auf die Umsetzung der Richtlinie (EU) 2016/800, s. o. 2.1.2) partiell ausgeglichen werden; die PDV 382 darf aber nicht ‚an Stelle des Gesetzes' treten und vom JGG abweichende Begriffsverständnisse, Verfahrensweisen etc. festschreiben. Festgestellte signifikante Mängel des JGG sollten auf den üblichen politischen Kommunikationswegen an den Gesetzgeber gemeldet werden. Grundsätzlich bietet sich auch nach der Überarbeitung der PDV 382 eine nachgelagerte, fortlaufende und empiriegestützte Evaluation des Regelwerks an, um Nachbesserungsbedarfe zu ermitteln, eventuelle Brüche mit den rechtlichen Vorgaben auszumachen und praktische Erfahrungen bei der Umsetzung aufzugreifen.

3   Fazit

Für die Überarbeitung der PDV 382 ergeben sich vielfältige Vorgaben und Einflüsse auf international-, europa-, verfassungs- und einfachgesetzlicher Ebene. Aufgrund der Entwicklungen seit der letzten Fassung der PDV 382 von 1995 erscheint es als erforderlich, nicht lediglich punktuelle Anpassungen vorzunehmen, sondern (insbesondere auch unter dem Einfluss der Richtlinie (EU) 2016/800) das gesamte Regelwerk auf den Prüfstand zu stellen. Dabei ist (auch) aufgrund verfassungsrechtlicher Vorgaben (Gebote der Bestimmtheit, Verständlichkeit, Normenklarheit etc.) darauf zu achten, dass die Formulierungen allgemeinverständlich sind und auch von Polizeibediensteten nachvollzogen und angewendet werden können, die keine Jugendsachbearbeiter*innen sind. Es ergeben sich im Übrigen zahlreiche Detailvorgaben, die hier nur im Überblick nachgezeichnet werden konnten. Die Rechtsprechung ist – soweit ersichtlich – mit Blick unmittelbar auf die PDV 382 unergiebig, liefert aber generelle Anhaltspunkte für den Umgang mit Tatverdächtigen, Beschuldigten, Zeugen etc. sowie für die Behandlung Minderjähriger im Ermittlungs- und Strafverfahren.

---

34   Zum Gedanken einer „jugendadäquaten" Strafrechtsauslegung Zierer, 2022; 2023.

Literaturverzeichnis

Bäumerich, M. (2017). Verschlüsselte Smartphones als Herausforderung für die Strafverfolgung. Neue Technologien, alte Befugnisse. Neue Juristische Wochenschrift, 70 (38), S. 2718–2722.

Beaucamp, G. (2003). Elternrechte in der Schule. Landes- und Kommunalverwaltung, 13 (10), S. 18–20.

Benassi, G. (2015). Kinderrechte ins Grundgesetz – alternativlos! Zeitschrift für Rechtspolitik, 48 (1), S. 24–26.

Bock, S. & Puschke, J. (2019). Heilung gesetzgeberischer Untätigkeit? Überlegungen zur Wirkung der nicht fristgerecht umgesetzten Richtlinie (EU) 2016/800 über Verfahrensgarantien in Strafverfahren für Kinder, die Verdächtige oder beschuldigte Personen in Strafverfahren sind. Zeitschrift für Jugendkriminalrecht und Jugendhilfe, 30 (3), S. 224–234.

Dittrich, S. (2024). Kinderrechte ausdrücklich ins Grundgesetz – aber mit Bedacht! Neue Zeitschrift für Familienrecht, 11 (1), S. 1–10.

Eckel, P. & Körner, A. (2019). Unmittelbare Anwendbarkeit der Kinderrechte-Richtlinie EU/2016/800 im Jugendstrafverfahren: Überblick und Handlungsmöglichkeiten für die Praxis. Neue Zeitschrift für Strafrecht, 39 (8), S. 433–438.

Eisenberg, U. (1991). Über Zusammenhänge zwischen elterlicher Erziehung und (zukünftiger) Kindes- und Jugenddelinquenz. Zeitschrift für das Gesamte Familienrecht, 37 (2), S. 147–155.

Engels, S. (1997). Kinder- und Jugendschutz in der Verfassung. Verankerung, Funktion und Verhältnis zum Elternrecht. Archiv des öffentlichen Rechts, 122 (2), S. 212–247.

Höynck, T. & Ernst, S. (2020). Das Gesetz zur Stärkung der Verfahrensrechte von Beschuldigten im Jugendstrafverfahren. Die Umsetzung der Vorgaben der EU-Richtlinie 2016/800 und ihre Auswirkungen auf das deutsche Jugendstraf-(verfahrens-)recht. Zeitschrift für Jugendkriminalrecht und Jugendhilfe, 31 (3), S. 245–258.

Kalscheuer, F. & Jacobsen, A. (2018). Der Parlamentsvorbehalt: Wesentlichkeitstheorie. Die Öffentliche Verwaltung, 71 (13), S. 523–529.

Kirchhof, G. (2018). Die Kinderrechte des Grundgesetzes. Sollte die Verfassung zugunsten von Kindern geändert werden? Neue Juristische Wochenschrift, 71 (37), S. 2690–2693.

Kirchhof, P. (2022). Vorrang des Rechts. Zu den Grenzen eines Anwendungsvorrangs von Europarecht. Neue Juristische Wochenschrift, 75 (15), S. 1049–1054.

Kölbel, R. (2021). Veränderte jugendstrafrechtliche Standards im Ermittlungsverfahren. Neue Zeitschrift für Strafrecht, 41 (9), S. 524–530.

Kölbel, R. & Zierer, A. (2023). Eltern-Kind-Konflikte auf der Beschuldigtenseite. Zur Neubestimmung der Verteidigungskompetenz im jugendstrafrechtlichen Ermittlungsverfahren. Neue Zeitschrift für Strafrecht, 43 (1), S. 1–7.

Kuch, D. (2020). Recht auf den gesetzlichen Richter (Art. 101 Abs. 1 S. 2 GG). Jura – Juristische Ausbildung, 42 (3), S. 228–238.

Kutschaty, T. & Kubink, M. (2011). Wirksame Kriminalprävention im Jugendbereich. Neue Sichtweisen der Justiz. Zeitschrift für Rechtspolitik, 44 (2), S. 52–55.

Landenberg-Roberg, M. von (2021). Der Regierungsentwurf zur Verankerung von Kinderrechten im Grundgesetz. Verfassungsrechtliche Symbolpolitik am falschen Ort. Neue Zeitschrift für Familienrecht, 8 (4), S. 145–148.

Löffelmann, M. (2022). Überwachungsgesamtrechnung und Verhältnismäßigkeitsgrundsatz. Berlin: Duncker & Humblot.

Löhr, T. (2011). Gesetzliche Konsequenzen aus der Rücknahme des Vorbehalts zur Kinderrechtskonvention. Zeitschrift für Ausländerrecht und Ausländerpolitik, 30 (11/12), S. 378–385.

Neuhaus, M. (2020). Die Auswertung von Smartphones im Ermittlungsverfahren. Strafverteidiger, 40 (7), S. 489–492.

Nix, C. (1993). Vorläufige Festnahme und verbotene Vernehmungsmethoden gegenüber Kindern, Jugendlichen und Heranwachsenden im strafrechtlichen Ermittlungsverfahren. Monatsschrift für Kriminologie und Strafrechtsreform, 76 (3), S. 183–191.

Ostendorf, H. (2012). Die Rechte von tatverdächtigen Kindern und Jugendlichen sowie deren Eltern bei der polizeilichen Vernehmung. In R. Rengier (Hrsg.), Festschrift für Wolfgang Heinz zum 70. Geburtstag (S. 464–478). Baden-Baden: Nomos.

Peschel-Gutzeit, L. (2008). Zur Geschichte der Kinderrechte. Familie, Partnerschaft, Recht, 19 (10), S. 471–476.

Pommer, S. (2007). Das Legalitätsprinzip im Strafrecht. Jura – Juristische Ausbildung, 29 (5), S. 662–667.

Röchling, W. (2008). Kindeswille und Elternrecht. Familie, Partnerschaft, Recht, 14 (10), S. 481–483.

Ruschemeier, H. (2019). Der additive Grundrechtseingriff. Berlin: Duncker & Humblot.

Sachs, M. (Hrsg.) (2021). Grundgesetz. Kommentar (9. Aufl.). München: C. H. Beck.

Sonnen, B.-R. (2013). Kinder- und Jugenddelinquenz in der strafrechtlichen Ermittlung. Was ist der Polizei erlaubt, was ist verboten, was ist geboten? Familie, Partnerschaft, Recht, 19 (10), S. 408–412.

Steiger, A. (2014). Strafprozessuale Ermittlungsmaßnahmen gegen Kinder. Hamburg: Dr. Kovač.

Steindorff-Classen, C. (2011). Europäischer Kinderrechtsschutz nach dem EU-Reformvertrag von Lissabon. Europarecht, 46 (1), S. 19–39.

Thiel, M. (2023). Sicherstellung und Beschlagnahme von Mobiltelefonen bei Kindern und Jugendlichen. Zeitschrift für Jugendkriminalrecht und Jugendhilfe, 34 (4), S. 300–305.

Thiel, M. (2022). Der Verhältnismäßigkeitsgrundsatz bei sicherheitsbehördlichen Maßnahmen gegenüber Kindern und Jugendlichen. Zeitschrift für Jugendkriminalrecht und Jugendhilfe, 33 (1), S. 4–9.

Thiel, M. (2000). Der Erziehungsauftrag des Staates in der Schule. Grundlagen und Grenzen staatlicher Erziehungstätigkeit im öffentlichen Schulwesen. Berlin: Dunker & Humblot.

Thiel, M. & Brüggemeier, S. (2023). Der Verhältnismäßigkeitsgrundsatz bei strafprozessrechtlichen Maßnahmen gegenüber Kindern und Jugendlichen. Zeitschrift für Jugendkriminalrecht und Jugendhilfe, 34 (2), S. 140–147.

Verrel, T. (2001). Kinderdelinquenz – ein strafprozessuales Tabu? Neue Zeitschrift für Strafrecht, 21 (6), S. 284–290.

Weyand, C. (2005). Die Beschlagnahme von Mobiltelefonen – zugleich Anmerkung zum Beschluss des BVerfG vom 04.02.2005. Strafverteidiger, 25 (8), S. 520–522.

Zierer, A. (2023). Der Grundsatz der jugendgemäßen Auslegung. Berlin: Duncker & Humblot.

Zierer, A. (2022). Jugendadäquate Strafrechtsauslegung – die Berücksichtigung jugendtypischer Charakteristika bei der Norminterpretation. Zeitschrift für Jugendkriminalrecht und Jugendhilfe, 33 (4), S. 308–313.

Restorative Justice – Aktuelle Entwicklungen im europäischen Vergleich*

Frieder Dünkel & Ineke Pruin

*Der vorliegende Beitrag fasst neuere europäische Entwicklungen wiedergutmachungs-
orientierter Verfahren und Maßnahmen zusammen (‚Restorative Justice‘, RJ). Während in Deutschland in erster Linie der Täter-Opfer-Ausgleich bekannt ist, nutzen andere Länder verstärkt weitere Formen wiedergutmachungsorientierter Verfahren, wie
z. B. ‚conferencing‘ oder ‚circles‘, auch auf der Ebene des Strafvollzugs. Es werden erste
Ergebnisse aus einem laufenden Forschungsprojekt der Universitäten Greifswald, Bern
und Wellington mit Landesberichten aus 48 Ländern zur RJ vorgestellt. Neuere Erkenntnisse der Evaluationsforschung deuten positive Ergebnisse im Hinblick auf die
Zufriedenheit der Tatbetroffenen, die Aushandlung und Umsetzung von Wiedergut-
machungsvereinbarungen und nicht zuletzt die Legalbewährung bzw. Desistance i. S.
einer Beendigung krimineller Karrieren an.*

1 Einleitung

In den letzten vier Jahrzehnten haben zahlreiche europäische Länder am Wiedergutmachungsgedanken orientierte Reaktionen bzw. Sanktionen im Straf-
und Strafverfahrensrecht eingeführt, häufig zunächst im Jugendstrafrecht als
Vorreiter allgemeiner Strafrechtsreformen. Für diese neue Orientierung des
Strafrechts, aber auch darüber hinaus als Alternative zum Strafrecht hat sich der
Begriff ‚Restorative Justice‘ etabliert. Er wird im Folgenden als Sammelbegriff
für alle wiedergutmachungsorientierten theoretischen Überlegungen und Praktiken verwendet. Verschiedene internationale Menschenrechtsstandards haben
die Vorzüge einer Ausweitung der Restorative Justice hervorgehoben und ihre
breitere Anwendung gefordert.

---

* Der Beitrag basiert auf den Publikationen von Dünkel & Pǎroşanu, 2020 bzw. 2022, und
  wurde im Licht einer aktualisierten Bestandsaufnahme in 48 Ländern ergänzt und überarbeitet; vgl. Dünkel, Lehmkuhl et al., 2024 (vgl. auch Dünkel, Pǎroşanu et al., 2023). Wir
  danken den beiden Ko-Autor*innen der zuletzt angeführten Publikation, Andrea Pǎroşanu
  und Marianne Lehmkuhl, für ihre wertvollen Hinweise. Auf vertiefende Literaturhinweise
  haben wir teilweise verzichtet, s. hierzu Dünkel, Pǎroşanu et al., 2023.

Die europäische Landkarte zeigt bzgl. der Einführung und Implementation von Maßnahmen der RJ ein heterogenes Bild. Während es in einigen Ländern gelungen ist, dass wiedergutmachungsorientierte Verfahren (z. B. Mediation in Strafsachen, Täter-Opfer-Ausgleich) eine prominente Rolle im Kontext der Kriminaljustiz erlangten, kämpfen andere Länder noch immer damit, dass RJ Akzeptanz jenseits einiger erster Ansätze wiedergutmachungsorientierter Sanktionen im Rahmen des traditionellen Strafverfahrens und repressiver Sanktionsoptionen findet und aus dem Schatten einer marginalen Anwendungspraxis tritt.

Der vorliegende Beitrag gibt einen rechtsvergleichenden Überblick über die Entwicklung von Maßnahmen der RJ in Europa im Kontext gesellschafts- und kriminalpolitischer Rahmenbedingungen. Ferner geht es um die Implementation von wiedergutmachungsorientierten Maßnahmen und Verfahren in der Praxis sowie die Evaluation i. S. der Wirkungsforschung (Legalbewährung, Desistance etc.). Beachtung finden ferner die RJ-bezogenen internationalen Menschenrechtsstandards.[1] Der Beitrag basierte in seiner ursprünglichen Konzeption auf zwei 2015 abgeschlossenen Forschungsprojekten am seinerzeitigen Lehrstuhl für Kriminologie in Greifswald (Leitung: Frieder Dünkel). Dabei handelte es sich um eine rechtsvergleichende Studie zur Restorative Justice in 36 europäischen Ländern.[2] Im Jahr 2020 wurden im Rahmen eines weltweit angelegten Projekts einer Enzyklopädie zur RJ[3] mit einer erweiterten Neuauflage des europäischen Vergleichs mit nunmehr 48 Landesberichten[4] begonnen, die im Laufe des Jahres 2024 abgeschlossen und veröffentlicht wird.

---

[1]   Ausführlicher hierzu bereits Dünkel & Pǎroşanu, 2020, S. 312 ff.

[2]   Vgl. Dünkel, Grzywa-Holten & Horsfield, 2015.

[3]   Die insgesamt 6-bändige Enzyklopädie wird von Ivo Aertsen (Universität Leuven, Belgien) und Jennifer Llewellyn (Dalhousie Universität, Kanada) als Gesamtherausgeber*innen und – was den europäischen Vergleich anbelangt – von Frieder Dünkel (Universität Greifswald), Marianne Lehmkuhl, Ineke Pruin (beide Universität Bern) und Andrea Pǎroşanu (Universität Wellington) im Verlag Eleven (Boom Uitgevers, Den Haag), Niederlande, herausgegeben und 2024 erscheinen.

[4]   Teilnehmende Länder bzw. Rechtssysteme sind: Albanien, Armenien, Belarus, Belgien, Bosnien-Herzegowina, Bulgarien, Deutschland, Dänemark, England/Wales, Estland, Finnland, Frankreich, Georgien, Griechenland, Irland, Island, Israel, Kosovo, Kroatien, Lettland, Litauen, Luxemburg, Malta, Moldau, Montenegro, Niederlande, Nordirland, Nordmazedonien, Norwegen, Österreich, Polen, Portugal, Rumänien, Russland, Schottland, Schweden, Schweiz, Serbien, Slowakei, Slowenien, Spanien, Tschechien, Türkei, Ukraine, Ungarn, Zypern; vgl. Dünkel, Pǎroşanu et al., 2023; Dünkel, Lehmkuhl et al., 2024.

2   Historische Entwicklung, Definition der Restorative Justice und die Rolle internationaler Menschenrechtsstandards

Die Wurzeln der RJ-Bewegung gehen bekanntlich bis weit in das vormoderne Strafrecht zurück. Die Revitalisierung einer wiedergutmachungsorientierten Strafrechtspflege setzte in den 1970er Jahren und verstärkt in den 1980er Jahren ein. Allgemeine gesellschafts- und kriminalpolitische Entwicklungen haben dazu beigetragen. Dazu gehören die Bürgerrechtsbewegungen, in Deutschland insbesondere die Friedensbewegung der 1980er Jahre, ebenso wie strafrechtskritische Strömungen des Abolitionismus, die die ‚Wiederaneignung‘ der Konflikte durch die Konfliktparteien forderten. Nils Christie's Aufsatz *Conflicts as property* war eine der Grundlegungen dieser Richtung.[5] Auf der anderen Seite des kriminalpolitischen Spektrums standen Vertreter*innen der Opferhilfe, die in ihren Anfängen vor allem den Opferentschädigungsgedanken als wesentlichen Aspekt sahen, teilweise zunächst durchaus verbunden mit „Law-and-order"-Parolen einer härteren Bestrafung der Täter*innen. In der Tatsache, dass letztlich das gesamte kriminalpolitische Spektrum den Wiedergutmachungsgedanken für sich vereinnahmen konnte, liegt der phänomenale Erfolg der RJ-Bewegung. Kaum jemand kann es ‚wagen‘, gegen Wiedergutmachung, Konfliktschlichtung oder gar Frieden zu sein. Allenfalls leise und am Rande formulierte sich auch rechtsstaatliche Kritik, die auf Gefahren der Ungleichbehandlung, der zweifelhaften Freiwilligkeit der Teilnahme an einem Täter-Opfer-Ausgleich (TOA), eines zu starken Einflusses des Opfers auf die Sanktionierung von Täter*innen oder die Unschärfe der Begrifflichkeiten dessen, was als „Konflikt" zu bearbeiten ist, hinwiesen und kritisch anmerkten, dass damit u. U. klare tatbestandsorientierte Begrenzungen und Garantien des formalen Strafrechts aufgegeben würden.[6]

Inwieweit der scheinbare Siegeszug der RJ-Bewegung der heutigen Realität der Strafrechtspflege in Europa entspricht, soll im Folgenden anhand der Ergebnisse der o. g. Projekte sowie neuerer Forschungsergebnisse der letzten Jahre dargestellt werden.

Bisher gibt es weder eine einheitliche deutsche Definition noch eine einheitlich deutsche Übersetzung für die ‚Restorative Justice‘. Bei den vorhandenen *Definitionen* kann man verschiedene Entwicklungsschritte erkennen, die die Weiterentwicklungen des RJ-Diskurses widerspiegeln: Während die Empfeh-

---

5   Vgl. Christie, 1977.
6   Vgl. insbesondere Weigend, 1989, S. 315 ff.

lung der Vereinten Nationen von 2002 die Beteiligten in „victims", „offenders" und weitere Betroffene einteilt,[7] spricht der Europarat in seiner ‚Venice Declaration' der Justiminister*innen der Mitgliedstaaten vom 14. Dezember 2021[8] sowie in seiner Empfehlung „concerning restorative justice in criminal matters" aus dem Jahr 2018 offener von „those harmed by crime, and those responsible for that harm" als Beteiligte an RJ-Verfahren und betont schon in der Definition besonders den Aspekt der freiwilligen Teilnahme und der RJ als *Prozess*. Demgegenüber räumte die UN-Empfehlung von 2002 dem Element der Wiedergut-machungs*leistung* durch den Täter einen zentralen Platz ein.[9] Die Europarats-empfehlung aus dem Jahr 2018 betont darüber hinaus, dass der Fokus neben der Wiedergutmachung auch auf die Wiedereingliederung, die Erreichung eines gegenseitigen Verständnisses und die Vermeidung von Dominanz einer Seite (Nr. 14) gerichtet sein soll. Die Bedürfnisse aller Beteiligten sollen *gleichrangig* beachtet und bearbeitet werden (Nr. 15).

Auf den ersten Blick sind damit vor allem Maßnahmen, die den moderierten kommunikativen Kontakt zwischen Täter*innen und Geschädigten unter Einhaltung der RJ-Prinzipien beinhalten, als ‚restorative' zu bezeichnen. Dazu gehören neben dem in Deutschland bekannten TOA die in den vergangenen Jahren aufkommenden Formen eines ‚conferencing', sei es in der Form von Familiengruppenkonferenzen (family group conferencing), bei denen Täter und Opfer von ihren Verwandten oder Freund*innen begleitet werden, sei es in erweiterter Form von allgemeinen Konferenzen unter Einbeziehung auch anderer relevanter Personen. Daneben etablieren sich international aber auch zunehmend andere Formen, insbesondere Kreisverfahren, in denen sich Geschädigte und Täter*innen derselben Straftat nicht zwingend begegnen müssen.

---

7   Die Empfehlung des *United Nations Economic and Social Council* (ECOSOC) definiert Re-storative Justice in Art. 2 der Resolution 2002/12 als „any process in which the victim and the offender, and, where appropriate, any other individuals or community members af-fected by a crime, participate together actively in the resolution of matters arising from the crime, generally with the help of a facilitator".

8   Vgl. Venice Declaration on the Role of Restorative Justice in Criminal Matters. Online ver-fügbar unter: https://rm.coe.int/venice-ministerial-declaration-eng-4-12-2021/1680a4df79 (letzter Abruf am: 13.02.024).

9   Article 3 der ECOSOC-Resolution 2002/12 sagt dazu: „Restorative outcomes are agree-ments reached as a result of a restorative process. [They] include responses and pro-grammes such as reparation, restitution and community service, aimed at meeting the in-dividual and collective needs and responsibilities of the parties and achieving the reintegra-tion of the victim and the offender".

Ob auch andere Sanktionen, die (häufig nur materielle) Wiedergutma-
chungsleistungen vorsehen, nach diesen Definitionen Elemente einer restorative, wiedergutmachungsorientierten Justiz bezeichnet werden können, hängt
wohl maßgeblich von der dahinterstehenden Haltung ab. Zwar enthält die gemeinnützige Arbeit zweifellos abstrakte, symbolische Elemente einer ‚Wiedergutmachung gegenüber der Gesellschaft' (nur selten wird sie direkt gegenüber
dem Opfer geleistet). Wird sie aber, wie heute häufig, eher repressiv als Denk-
zettelstrafe ausgestaltet (z. B. indem die Arbeiten in weithin sichtbarer und stig-
matisierender (orangefarbener) Kleidung ausgeführt werden müssen, wie es
z. B. teilweise in England vorgesehen ist, bleibt von den Gedanken der RJ nicht
mehr viel übrig. Andererseits ist jedoch daran zu erinnern, dass einer der Vorreiter der Restorative-Justice-Bewegung, Martin Wright, die gemeinnützige Arbeit als vorrangig wiedergutmachende Sanktion definiert hat.[10]

Anlehnungen an abolitionistische Überlegungen spielten bei den Ländern
eine Rolle, die schon in den frühen 1980er Jahren Reformen zum TOA u. ä.
einführten: Finnland, Österreich und Norwegen, in den 2000er Jahren aber
auch in Albanien. In anderen Ländern wie Belgien, Kroatien, den Niederlanden
und Spanien dominierte die Unzufriedenheit mit dem traditionellen Justizsystem, das Konflikte im Interesse von Opfern und Tätern häufig nicht befriedigend löst. In diesem Zusammenhang spielte in mittel- und osteuropäischen
Ländern wie Bulgarien, Nordmazedonien, Tschechien, aber auch nach dem politischen Umbruch in Nordirland die Unzufriedenheit mit der überkommenen
Justiz des vorangegangenen politischen Systems eine Rolle. Wiederum andere
(z. T. auch dieselben) Länder betonten die Opferorientierung und die ange-
strebte Verbesserung der Rolle des Opfers im Verfahren als Leitmotiv der Re-
formbewegung zugunsten der Mediation, die große Mehrzahl hob allerdings die
Täterorientierung, d. h. die Resozialisierung bzw. Wiedereingliederung hervor,
wobei Reformen des Jugendstrafrechts z. B. in Österreich und Deutschland eine
Vorreiterrolle spielten. Nicht wenige Länder, vor allem in Mittel- und Osteuropa,

---

10 „The emphasis of community service is not on punishment nor on rehabilitation; rather, it
is on accountability." It focuses „not on offenders' needs but their strengths; not on their
lack of insight but their capacity for responsibility; not on their vulnerability to social and
psychological factors but their capacity to choose. These differentiate a rehabilitative response from a restorative/community service response to crime. And punitive elements of
community service orders may attend its imposition, within a restorative system, only as
by-products of the offender's commitment of time and effort". Damit war ein zentrales Be-
gründungselement der gemeinnützigen Arbeit der Gedanke der Wiedergutmachung, vgl.
Wright, 1991, S. 44.

stellten den TOA und ähnliche Maßnahmen in den Kontext der Reduzierung von Gefangenenraten (z. B. Estland, Russland, Slowakei, Ungarn, aber auch Nordirland, Norwegen und Schottland in Westeuropa).

Die genannten kriminalpolitischen Strömungen zur Ausweitung des Gedankens einer wiedergutmachenden Strafrechtspflege wurden durch verschiedene **internationale Empfehlungen** und **Standards des Europarats** und der **Vereinten Nationen**, neuerdings auch durch Empfehlungen der **Europäischen Union** gestützt.[11] Besonders relevant ist die umfangreiche Europaratsempfehlung Rec. (2018)8 (zu „Restorative Justice in Criminal Matters"). Sie enthält 67 sehr detaillierte Regelungen, die eine weitergehende Einführung von RJ-Maßnahmen und -verfahren empfehlen: Restorative Justice soll generell und in jedem Stadium des Verfahrens in Jugend- und Erwachsenenstrafrecht zur Verfügung stehen (Rule 18 und 19). Entsprechende Maßnahmen sollen beispielsweise in Verbindung mit der Einstellung des Verfahrens nach den Opportunitätsprinzip (Diversion), der Vermeidung von Untersuchungshaft, nach Anklageerhebung (vor einem richterlichen Urteil), nach einem Schuldspruch vor einer Strafzumessungsentscheidung, in Verbindung mit einer polizeilichen oder justiziellen Entscheidung, in Verbindung mit oder anstelle von Strafverfolgungsmaßnahmen, als Teil einer richterlichen Sanktionierung oder im Zeitraum nach der richterlichen Entscheidung möglich sein (vgl. Rule 6). Grundlegende Prinzipien wie die Freiwilligkeit der Teilnahme, ein sorgfältig abwägender und respektvoller Dialog, ein gleichermaßen die Bedürfnisse und Interessen aller Beteiligten berücksichtigender Umgang, ein faires Verfahren, eine auf allseitigem Konsens basierte Vereinbarung, der Fokus auf Wiedergutmachung, Wiedereingliederung und das Erreichen eines gegenseitigen Verständnisses sowie die Vermeidung der Dominanz einer der Parteien (vgl. Rule 14) werden in der neuen Empfehlung klarer ausformuliert.

Die Anwendung wird auf Bereiche jenseits des Strafverfahrens i. e. S. ausgeweitet, indem Grundsätze der RJ auch nach dem Zeitpunkt der Verurteilung als Bestandteil der Strafvollstreckung eingesetzt werden sollen, z. B. im Strafvollzug und im Rahmen der Strafaussetzung zur Bewährung und Bewährungshilfe (siehe Rules 60, 61). Große Bedeutung wird der Klärung des Verhältnisses und der Zusammenarbeit von Institutionen der Strafjustiz und der Fachstellen für den TOA und andere wiedergutmachungsorientierte Verfahren beigemessen

---

[11]   Siehe Dünkel & Pǎroşanu, 2020, S. 312 ff. Hinzugekommen ist seitdem noch die Declaration of the Ministers of Justice of the Council of Europe Member States on the role of restorative justice in criminal matters (Venice Declaration), 2021, s.o. Fn. 9.

(vgl. Teil III. und IV. der Rec.), ferner der Ausbildung und Supervision von Mediator*innen und von Vermittler*innen im Rahmen wiedergutmachungsorientierter Praxisansätze (siehe Teil V. der Rec.).

Zusammengefasst gesehen stellt die neue Rec. (2018)8 einen wichtigen weiteren Schritt dar, um den Gedanken der RJ und die Implementation von vielfältigen entsprechenden Maßnahmen in den Mitgliedstaaten des Europarats zu fördern. Dass verstärkte Bemühungen in diese Richtung dringend erforderlich sind, ergab insbesondere die empirische Forschung des Greifswalder Lehrstuhls für Kriminologie aus dem Jahr 2015.[12]

Abgesehen von der jüngsten Europaratsempfehlung haben verschiedene zuvor verabschiedete internationale Menschenrechtsstandards die verstärkte Nutzung restorativer Verfahren eingefordert und auch tatsächlich Einfluss gehabt.[13]

Der Blick auf die Vorgaben internationaler Standards könnte den Eindruck erwecken, dass sich RJ-Orientierungen vor allem als Top-down-Reformstrategie etabliert haben. Jedoch gibt es im Gegenteil zahlreiche Beispiele dafür, dass sich wiedergutmachungsorientierte Verfahren und Sanktionen als Bottom-up-Prozesse aus der Praxis der Justiz und der Zivilgesellschaft (so z. B. in Finnland) entwickelt haben, insbesondere im Jugendstrafrecht, das häufig Vorreiter von sanktionsrechtlichen Reformen für das Erwachsenenstrafrecht war und ist (vgl. z. B. Albanien, Belgien, Deutschland, Österreich, Nordirland).

3   Rechtliche Grundlagen

Hauptanwendungsbereich der Mediation in Strafsachen bzw. des TOA und anderer wiedergutmachungsorientierter Maßnahmen ist in nahezu allen Ländern der Bereich der **Diversion**. Von der Natur der Sache handelt es sich beim TOA in erster Linie um eine außergerichtliche Konfliktbewältigung, deren rechtliche Grundlage Vorschriften zur Einstellung des Verfahrens aus Opportunitätsgründen darstellen. Selbst Länder mit einem traditionell eher am Legalitätsprinzip orientierten Verfahrensmodell wie Italien, Portugal oder Spanien haben Durchbrechungen des Legalitätsprinzips geschaffen, die bei erfolgreicher Mediation eine Einstellung des Verfahrens ermöglichen, in Spanien allerdings immer noch nur mit erheblichen Einschränkungen. In manchen Ländern wurde der TOA oder die Wiedergutmachung als expliziter Grund einer Einstellung besonders

---

[12]   Dünkel, Grzywa-Holten & Horsfield, 2015.
[13]   S. dazu ausführlicher Dünkel & Pǎroşanu, 2020; vgl. auch Dünkel & Willms, 2023.

hervorgehoben (vgl. § 45 Abs. 2 JGG in Deutschland). Zu beachten ist, dass in den angelsächsischen Rechtssystemen und in den Niederlanden der Polizei weitreichende Möglichkeiten der Diversionsentscheidung übertragen wurden, so dass hier kleinere Delikte bereits auf dieser Ebene ‚geregelt' werden können.

Gesetzliche Vorgaben für den **Anwendungsbereich** des TOA sind häufig, dass vorrangig weniger schwere Delikte mit persönlichen Opfern als mediationsgeeignet' festgelegt werden, häufig sogar eher Bagatelldelikte wie Beleidigung, einfacher Diebstahl, Sachbeschädigung etc. (z. B. Albanien, Belarus, Türkei). Diese Reduktion auf leichte Straftaten birgt die Gefahr des ‚net widening' in sich und verkennt, dass die Kommunikation im Rahmen eines TOA für den Täter/die Täterin in der Regel wohl einen schwereren Weg darstellt als die Zahlung eines Geldbetrages im Rahmen einer Geldstrafe.[14] Schwere Delikte werden gelegentlich ausgeschlossen, etwa wenn eine Begrenzung auf Delikte mit einer maximalen Strafandrohung (z. B. drei Jahre Kosovo oder fünf Jahre in Armenien, Estland, Slowakei, Portugal)[15] vorgesehen werden. Da gerade auch schwerere Körperverletzungs- und andere Gewaltdelikte nach vorliegenden Praxiserfahrungen aber durchaus als mediationsgeeignet und erfolgversprechend (s. zur Evaluation Abschnitt 6) anzusehen sind, erscheint ein von vornherein festgelegter Ausschluss bestimmter Deliktsgruppen unzweckmäßig, ja sogar kontraproduktiv. Das gilt explizit für Fälle der häuslichen Gewalt, die in einigen Ländern von einem TOA ausgeschlossen (z. B. in Frankreich, Kosovo, Nordmazedonien, Spanien) oder zumindest erschwert werden (z. B. bei Wiederholungstäter*innen in Finnland), während sich eine entsprechende Initiative in Österreich nicht durchsetzen konnte.[16] In Estland wird ein TOA bei häuslicher Gewalt relativ häufig durchgeführt (14 % aller Mediationsverfahren[17]).

Auf gerichtlicher Ebene steht gleichfalls zunächst die Diversion im Vordergrund (vgl. z. B. § 47 JGG in Deutschland), dann aber sind die wiedergutmachenden Sanktionen zu nennen, wie Wiedergutmachungs- und Entschuldi-

---

14   Im Schweizerischen Jugendstrafrecht dürfen hingegen Mediationsverfahren bei Bagatelldelikten gerade nicht durchgeführt werden; vgl. Art. 17 Abs. 1 JStPO i. V. m. Art. 21 Abs. 1 JStG.

15   In Bosnien und Herzegowina gelten in den einzelnen Gebietskörperschaften unterschiedliche Obergrenzen (3-5 Jahre, Diversionsmaßnahmen sind nur im Jugendstrafrecht gesetzlich vorgesehen), in Nordmazedonien und Slowenien sind es grundsätzlich maximal drei Jahre, aber Ausnahmen werden bei bestimmten Delikten wie gefährlicher Körperverletzung, Einbruchsdiebstahl, häuslicher Gewalt mit bis zu fünf Jahren angedrohter Freiheitsstrafe gemacht.

16   Glaeser & Pelikan in Dünkel, Lehmkuhl et al., 2024.

17   Vgl. Ginter & Markina in Dünkel, Lehmkuhl et al., 2024.

gungsauflagen, in manchen Ländern auch die ‚Auferlegung‘ eines TOA (vgl. § 10 JGG in Deutschland), die aber wegen der (theoretisch)[18] zweifelhaften Freiwilligkeit in Frage gestellt wird. Der TOA kann einmal als selbständige Sanktion ‚verhängt‘ werden, zum anderen kommt er als ‚Bedingung‘ oder Auflage im Rahmen einer Bewährungsstrafe in Betracht.

Neuerdings werden in verschiedenen Ländern restorative Maßnahmen im **Strafvollzug** praktiziert.[19] Dabei geht es um zwei Aspekte: Zum einen die opferbezogene Gestaltung des Strafvollzugs,[20] indem die Auseinandersetzung des Täters mit der Tat und damit eine wiedergutmachungsorientierte Aufarbeitung programmatisch hervorgehoben wird, wie dies in Deutschland in einigen Landesgesetzen zum Strafvollzug der Fall ist[21] oder den schweizerischen Kreisverfahren in einigen Strafvollzugsanstalten.[22]

Zum anderen geht es um die Konfliktschlichtung bei innerhalb des Vollzugs auftretenden Problemen, z. B. Gewalt unter Gefangenen oder bei Problemen zwischen Gefangenen und Bediensteten. Hierzu geben die Europäischen Strafvollzugsgrundsätze von 2006 i. d. F. von 2020 wie auch die *European Rules for juvenile offenders subject to sanctions or measures* (ERJOSSM) Hinweise. Nr. 56.2 der *European Prison Rules* (EPR) fordert, „whenever possible, prison authorities shall use mechanisms of restoration and mediation to resolve disputes with and among prisoners."[23]

---

18 In der Praxis wird auch auf gerichtlicher Ebene die Zustimmung des Täters für erforderlich gehalten.

19 Landesweit gibt es entsprechende Programme in Belgien, vgl. Aertsen, 2005; Aertsen in Dünkel, Lehmkuhl et al., 2024; Modellprojekte in einzelnen Anstalten gab es 2023 in 23 von 48 Ländern bzw. Justizvollzugssystemen (48 %), vgl. Dünkel, Pǎroşanu & Pruin, 2023, S. 4 f.

20 Vgl. dazu schon Gelber & Walter, 2013; aktuell Dünkel, Pǎroşanu & Pruin, 2023.

21 Vgl. z. B. § 2 Abs. 5 BWStVollzG Buch 3: „Zur Erreichung des Vollzugsziels sollen die Einsicht in die dem Opfer zugefügten Tatfolgen geweckt und geeignete Maßnahmen zum Ausgleich angestrebt werden." Zur Evaluation eines hierauf basierenden Praxismodells in Baden-Württemberg vgl. Kilchling, 2017; zu den landesrechtlichen Normierungen ferner Dünkel, Pǎroşanu & Pruin, 2023, S. 6 f.

22 Vgl. Christen-Schneider, 2020 und Domenig in Dünkel, Lehmkuhl et al., 2024.

23 Ähnlich und noch detaillierter die ERJOSSM, Nr. 79: „Regime activities shall aim at education, personal and social development, vocational training, rehabilitation and preparation for release. These may include: ... programmes of restorative justice and making reparation for the offence." Und in Nr. 94.1 wird gefordert: „Disciplinary procedures shall be mechanisms of last resort. Restorative conflict resolution and educational interaction with the aim of norm validation shall be given priority over formal disciplinary hearings and punishments."

Flächendeckend gibt es restorative Programme in Belgien und den Niederlanden.[24] Modellprojekte in einzelnen Anstalten gab und gibt es 2023 in 23 von
48 Ländern, u. a. in Deutschland, Finnland, Frankreich, Norwegen, Polen, Portugal, Tschechien und Ungarn.[25]

4   Aktuelle Reformentwicklungen in Europa

Im Folgenden sollen anhand der aktuellen Bestandsaufnahme 2020–2024[26]
neuere gesetzliche Entwicklungen in einigen ausgewählten Ländern beispielhaft
aufgeführt werden. Zugleich wird versucht, Auswirkungen der Reformgesetze
in der Praxis darzustellen.

Albanien

In Albanien trat 2018 ein neues Jugendstrafrecht in Kraft, das für 14- bis 17-
jährige Jugendliche und 18- bis 20-jährige Heranwachsende die Möglichkeiten
der Diversion allgemein und der strafrechtlichen Mediation als Voraussetzung
einer Verfahrenseinstellung im Besonderen deutlich erweiterte.[27] Schon seit
Anfang der 2000er Jahre wurde der TOA (Mediation) mit Unterstützung Nor-
wegens in Pilotprojekten aufgebaut, erst 2018 wurden die gesetzlichen Grundlagen dafür ausgebaut. Zur quantitativen Entwicklung gibt es noch keine ver-
lässlichen Daten.

Estland

In Estland wurde 2018 ein neues Jugendstrafrecht verabschiedet, das den
Schwerpunkt auf die Zurückdrängung freiheitsentziehender Maßnahmen u. a.
durch die Ausweitung der Diversion und von wiedergutmachungsorientierten
Reaktionen/Sanktionen legte. Ziel war die Senkung der Inhaftiertenzahlen im
Jugendstrafvollzug. Die Zahl jugendlicher Angeklagter sank 2016–2020 um
45 %, bei den gerichtlichen Entscheidungen nahm der Anteil erzieherischer
Sanktionen von 45 % (2018) auf 64 % (2020) zu, und zugleich sanken die In-
haftiertenzahlen um 87 %. Der Anteil von Verfahren, die durch einen TOA

---

24   Vgl. Aertsen sowie Claessen, Wolthuis & Slump in Dünkel, Lehmkuhl et al., 2024.
25   Vgl. i. E. Dünkel, Pǎroşanu & Pruin, 2023; Dünkel, Lehmkuhl et al., 2024.
26   Dünkel, Lehmkuhl et al., 2024.
27   Vgl. Gjoka & Bala in Dünkel, Lehmkuhl et al., 2024.

beendet wurden, stieg schon im Laufe der Gesetzgebungsarbeiten von 2007 (0,2 %) auf 6,5 % 2016 und 7,5 % im Jahr 2020.[28]

Georgien

In Georgien wurde RJ in Form des Täter-Opfer-Ausgleichs im Jugendstrafrecht seit 2010 nachhaltig ausgebaut und erfuhr im Jahr 2016 mit Inkrafttreten des neuen Jugendstrafrechts eine noch stärkere Gewichtung. Das Gesetz priorisiert Maßnahmen der Restorative Justice und Diversion, was in der Sanktionspraxis zu einem deutlichen Anstieg von Diversion und TOA geführt hat. Einer Untersuchung der National Agency for Crime Prevention, Non-Custodial Punishment and Probation zufolge wurde eine verringerte Rückfälligkeit (−9 %) für Teilnehmende an Diversions- und Mediationsmaßnahmen festgestellt.[29]

Niederlande

In den Niederlanden wurden die Anwendungsmöglichkeiten der RJ in den vergangenen zehn Jahren nochmals ausgeweitet, bis hin zum Strafvollzug. Im gesetzlichen Rahmen ist nunmehr der weitere Begriff ‚Restorative Justice' anstelle von Mediation verankert, auch wenn Mediation in Strafsachen in der Praxis immer noch die größte Rolle spielt. RJ ist stärker in den Fokus der Kriminalpolitik gerückt und staatliche Investitionen in diesem Bereich wurden deutlich erhöht, sowohl in Bezug auf das Jugend- als auch das Erwachsenenstrafrecht.[30] Interessant sind partizipatorische Ansätze im Hinblick auf gesetzgeberische Initiativen – so sind die Vorschläge einer Vielzahl von RJ-Expert*innen, zusammengefasst in einer sog. ‚citizens' initiative bill', teilweise in Gesetze bzw. in ein Policy Framework *Restorative Justice* eingeflossen.[31]

Norwegen

In Norwegen ist ebenfalls ein starker politischer Wille erkennbar, RJ verstärkt zu fördern bzw. auszubauen. Neuere Bereiche sind beispielsweise Extremismus und Radikalisierung sowie Konfliktschlichtungen im Bereich häuslicher Gewalt.

---

28 Ginter & Markina in Dünkel, Lehmkuhl et al., 2024.

29 Vgl. Chochua & Javakhishvili in Dünkel, Lehmkuhl et al., 2024 m. w. N.

30 Im Erwachsenenstrafrecht wird derzeit jährlich eine Million Euro für Mediation in Strafsachen bereitgestellt, für Jugendliche 300.000 Euro. Eine weitere Million Euro wurde 2023 für den Aufbau eines Mediations-Registers, d. h. die statistische Erfassung von RJ-Verfahren, bereitgestellt.

31 Vgl. Claessen, Wolthuis & Slump in Dünkel, Lehmkuhl et al., 2024.

Interessant ist die stärkere Akzentuierung von RJ in Verbindung mit bewährungshilfeähnlichen Maßnahmen bzw. Auflagen. Seit 2014 werden RJ-Verfahren mit sog. ‚Follow-up'-Maßnahmen für 15- bis 17-jährige Jugendliche verbunden (‚Youth follow-up'). Wichtiger Bestandteil dieser Maßnahme sind zunächst ein restaurativer Dialog mit dem*der Geschädigten sowie eine individuell ausgearbeitete Vereinbarung (‚youth action plan'), an die die Jugendlichen gebunden sind. Letztere wird im Rahmen eines Conferencing-Verfahrens mit Praktiker*innen und dem sozialen Netzwerk der Jugendlichen ausgearbeitet. In ähnlicher Weise kann ein sog. ‚youth punishment' für Jugendliche derselben Altersgruppe verhängt werden, das eine Freiheitstrafe oder strengere gemeindebasierte Maßnahmen ersetzen kann.[32]

5   Anwendungspraxis

Die Anwendungspraxis des TOA und anderer wiedergutmachungsorientierter Maßnahmen bleibt hinter dem Maß der Aufmerksamkeit, den diese im wissenschaftlichen Diskurs und der kriminalpolitischen Rhetorik gefunden haben, weit zurück. Das mag für eine Reihe mittel- und osteuropäischer Länder, in denen die Implementation von RJ noch nicht allzu lange zurückliegt, verständlich erscheinen, jedoch bleiben auch Länder mit einer längeren Tradition wie Deutschland oder England/Wales auf einem eher bescheidenen Niveau verhaftet, insbesondere im Bereich des Erwachsenenstrafrechts.

Hauptproblem für eine Analyse der Rechtswirklichkeit ist die mangelhafte statistische Erfassung. Dies gilt auch für Deutschland mit Blick auf die statistische Erfassung von TOA-Fällen.[33] Trotz geschätzter 20–30.000 TOA-Verfahren pro Jahr[34] bleibt nach den verfügbaren Justizstatistiken der TOA eine (teilweise rückläufige) Randerscheinung in der staatsanwaltlichen und gerichtlichen Sanktionspraxis.[35]

Die Daten aus den 48 europäischen Nachbarländern unserer Studie sind zumeist ebenso lückenhaft. Immerhin wird deutlich, dass der TOA in einigen Ländern eine wesentliche Bedeutung in der vor allem jugendstrafrechtlichen Sanktionspraxis erlangt hat.

---

[32] Vgl. Paus in Dünkel, Lehmkuhl et al., 2024.
[33] Vgl. die auf freiwilliger Teilnahme von TOA-Fachstellen geführte TOA-Statistik.
[34] Vgl. Kilchling, 2012, S. 181.
[35] Vgl. i. E. Dünkel & Willms, 2023, S. 177 ff.

In Österreich hat der TOA (dort als Tatausgleich, TA, bezeichnet) seit 1985 bis 1999 erheblich zugenommen, die rückläufigen Zahlen seither täuschen etwas, weil gesetzlich erweiterte Möglichkeiten im Bereich der Diversion geschaffen wurden, im Rahmen derer zuletzt (2019) immerhin 22 % der Diversionsfälle den TA ausmachten.[36]

Ebenso wird man Belgien, Finnland, die Niederlande, Nordirland und Norwegen zu den Ländern zählen können, in denen der TOA bzw. RJ-Maßnahmen landesweit bzw. flächendeckend ein wesentlicher Faktor der Kriminalrechtspflege geworden ist bzw. sind. Butler und O'Mahony[37] zeigen auf, dass mit der Ausweitung der restorativen Maßnahmen, insbesondere des ‚family group conferencing' und des ‚restorative cautioning', in Nordirland die Zahl von im Jugendstrafvollzug Untergebrachten von N = ca. 200 Mitte der 1980er Jahre auf unter 40 seit den 1990er Jahren sank.

Auch in Litauen gibt es einen erheblichen Anteil von 13 % der staatsanwaltschaftlichen Verfahren, die 2022 aufgrund eines TOA eingestellt wurden (2011 waren es noch lediglich 7,5 % der Verfahren[38]).

In England/Wales sind restorative Verwarnungen auf Polizeiebene möglich, ferner eröffnen die sog. ‚referral orders' Möglichkeiten für einen TOA. Allerdings ist der restorative Charakter dieser Entscheidungen zweifelhaft, denn selten wird das Opfer direkt einbezogen (knapp 6 % der Zuweisungen an die Jugendbehörden) und noch seltener (weniger als ein Drittel der Opfer) akzeptieren den Vorschlag, an einem Treffen mit den Tatverantwortlichen teilzunehmen.[39] Im Erwachsenenstrafrecht spielt die Mediation praktisch keine Rolle.

In den meisten Ländern bewegen sich die absoluten Zahlen auf einem sehr niedrigen Niveau von weniger als 100 bzw. wenigen hundert Fällen pro Jahr. Ein Grund dafür ist, dass die Forderung der Recommendation (2018) 8 bzgl. *Restorative Justice in Criminal Matters* (s.o. 2.), den TOA flächendeckend anzubieten, in der Mehrzahl der 48 erfassten Länder noch nicht umgesetzt ist (in der ersten Erhebung von 2011–2013 waren es 13 der 36 erfassten Länder [= 36 %] gewesen[40]). Zu berücksichtigen ist hierbei, dass die neu hinzugekommenen Länder wie z. B. Albanien, Armenien, Belarus, Malta, Moldau oder Zypern erst seit wenigen Jahren erste Schritte zur Implementation von RJ-Maßnahmen

---

36   Vgl. i. E. Glaeser & Pelikan in Dünkel, Lehmkuhl et al., 2024.
37   In Dünkel, Lehmkuhl et al., 2024.
38   Vgl. Sakalauskas in Dünkel, Lehmkuhl et al., 2024.
39   Vgl. Doak, Liebmann et al. in Dünkel, Lehmkuhl et al., 2024.
40   Vgl. Dünkel, Grzywa-Holten & Horsfield, 2015, S. 1040 f.

unternommen haben und es noch keine etablierte, finanziell abgesicherte Infrastruktur von TOA-Fachstellen mit geschulten Mediator*innen gibt.

Kritisch muss man weiterhin festhalten, dass es in einigen Ländern ausgehend von einem relativ niedrigen Niveau sogar rückläufige Zahlen gibt, z. B. in Belarus, Frankreich (dort im Erwachsenenstrafrecht) und Slowenien. Im letzteren Fall werden hierfür die Finanzkrise und Budgetkürzungen bei Mediationsfachstellen verantwortlich gemacht. Der Anteil von Fällen, die von den Staatsanwaltschaften den Fachstellen für Mediation zugewiesen wurden sank 2006–2020 von 5,5 % auf 0,8 % bei Jugendlichen und von 4,0 % auf 1,7 % bei Erwachsenen.[41]

Insgesamt wird deutlich, dass der TOA europaweit quantitativ weit hinter seinem von Praktiker*innen und Wissenschaftler*innen eingeschätzten Potenzial zurückbleibt. Zudem werden zumeist weniger schwere Fälle der Körperverletzung sowie Eigentums- und Vermögensdelikte einschließlich Sachbeschädigung erfasst. Schwere Delikte (nach deutscher Diktion ‚Verbrechen') sind eher die Ausnahme, teilweise werden sie normativ explizit ausgenommen (s. o.). Finnland, Österreich, Slowenien und Ungarn gehören zu den wenigen Ländern, in denen der TOA bei Erwachsenen häufiger als bei Jugendlichen zur Anwendung gelangt, ansonsten bleibt er ein typisches jugendstrafrechtliches Reaktionsinstrument für überwiegend leichtere (bis mittelschwere) Kriminalität.

Gruppenkonferenzen als erweiterte Form des TOA werden seit 2001 flächendeckend in Nordirland eingesetzt, auch in Belgien hat eine Jugendstrafrechtsreform von 2007 dem ‚conferencing' zu seiner flächendeckenden Verbreitung verholfen (eingeschränkt auch in Irland und England/Wales, jeweils mit sinkenden bzw. geringen Fallzahlen[42]). Im Übrigen gibt es ansatzweise Implementierungen u. a. in Albanien, Deutschland,[43] Georgien, Israel, Lettland, Frankreich, den Niederlanden, Österreich, Polen, Schottland, und Spanien.

Folgende *Gründe* werden von uns und den Autor*innen der Berichte über die Situation in Europa für die **zurückhaltende Anwendungspraxis** für wiedergutmachungsorientierte Maßnahmen angenommen: Zum Teil fehlt es an der Bereitschaft der Justiz bzw. der Staatsanwaltschaften, die ‚neuen' Maßnahmen anzuwenden. Gerade in Ländern mit stark ausgeprägtem Legalitätsprinzip wird die RJ von Jurist*innen häufig als ‚systemfremd' eingestuft.[44] Auch wird die RJ

---

41 Vgl. Filipčič & Hafner in Dünkel, Lehmkuhl et al., 2024.
42 S. Marder und Doak, Liepmann et al. in Dünkel, Lehmkuhl et al., 2024.
43 In Deutschland werden Gemeinschaftskonferenzen auch als erweiterter TOA bezeichnet.
44 Vgl. z. B. Domenig in Dünkel, Lehmkuhl et al., 2024 über die aktuelle Reform in der Schweiz.

häufig als ‚zu täterfreundlich' be- bzw. verurteilt und hat es somit in Ländern mit einem eher punitiven Klima schwer (darauf weisen die Berichte aus England/Wales, Litauen und Polen hin). Auch vermuten wir einen Zusammenhang zwischen der vorhandenen Infrastruktur der RJ und deren Anwendung. Insbesondere, wenn die Bezahlung der Verfahren gesichert ist (z. B. in den Niederlanden), sind die Anwendungsquoten höher als in Ländern, in denen RJ zwar gesetzlich möglich, die Finanzierung aber nicht staatlich unterstützt wird.

6 Erfolgsbilanz

In vielen der in unseren Untersuchungen erfassten Länder fehlt es an einer methodischen Ansprüchen genügenden quantitativen Wirkungsforschung zu RJ-Verfahren. In den USA und Kanada gibt es mittlerweile einige Evaluationsstudien zur Frage, ob sich die Teilnahme an RJ-Verfahren positiv auf die Legalbewährung auswirkt. Auch in Europa existieren mittlerweile einige anspruchsvolle Evaluationsstudien, z. B. in England/Wales, Österreich, den Niederlanden und in Nordirland.[45]

Restorative-Justice-Verfahren sind in der Erfolgsbilanz nach den vorliegenden Erfahrungen vielversprechend, weil sie für alle an einer Straftat Beteiligten bzw. davon Betroffenen Vorteile versprechen. Übereinstimmend zeigen die Studien ein hohes Maß an Zufriedenheit von Täter*innen und Opfern, die an einem TOA o. ä. teilgenommen haben. Latimer, Dowden und Muise fanden in einer Meta-Analyse bzgl. mehr als 30 Studien zum TOA und zum sog. ‚conferencing', dass die Zufriedenheit von Täter*innen und Opfern und die Wahrnehmung des Verfahrens als fair größer war als bei herkömmlichen Strafverfahren.[46]

Was ebenfalls aus der vorhandenen Forschungsliteratur deutlich wird, ist, dass TOA und andere wiedergutmachende Verfahrensformen vielversprechend mit Blick auf die Legalbewährung sind, wofür eine zunehmende Zahl von Studien spricht.[47] Trotz bestehender methodischer Vorbehalte bzgl. einzelner

45   S. Doak, Liepmannn et al., Glaeser & Pelikan, Claessen, Wolthuis & Slump sowie Butler & O'Mahony in Dünkel, Lehmkuhl et al., 2024.
46   Latimer, Dowden & Muise, 2001; ebenso Braithwaite, 2002; McCold & Wachtel, 2002; Umbreit, Coates & Vos, 2008, S. 56 f.
47   Vgl. z. B. Steward, Thompson et al., 2018; Sherman, Strang et al., 2015a; Sherman, Strang et al., 2015b; Strang, Sherman et al., 2013; Sherman & Strang, 2007; Shapland, Atkinson et al., 2008; Braithwaite, 2002; Schütz, 1999; Latimer, Dowden & Muise, 2005; Bonta,

Studien ist die Feststellung zutreffend, dass RJ zumindest keine schlechteren Ergebnisse bzgl. der Rückfallvermeidung aufweist als herkömmliche Sanktionen.[48] Bonta und Kolleg*innen, die eine Meta-Analyse zahlreicher Studien vorlegten, kamen zu folgender Schlussfolgerung: „Restorative justice interventions, on average, are associated with reductions in recidivism. The effects are small but they are significant. It is also clear that the more recent studies are producing larger effects."[49]

Eine Untersuchung von Sherman und Kolleg*innen (2015) belegte, dass sich bei Hochrisiko-Wiederholungsstraftäter*innen das größte Potenzial im Hinblick auf die Rückfallreduzierung nach der Teilnahme an RJ-Verfahren gezeigt hat.[50]

Eine Studie von Schütz bzgl. der Mediation bei erwachsenen Straftäter*innen, die leichte Körperverletzungsdelikte begangen hatten, fand nach drei Jahren Risikozeitraum für Teilnehmer*innen des TOA eine signifikant niedrigere Rückfallquote als bei der Kontrollgruppe (14 % gegenüber 33 %).[51] Nicht zuletzt wurde evident, dass die besten Resultate erzielt werden, wenn es zu einer direkten Kommunikation zwischen Täter*in und Opfer, d. h. einem restorativen Verfahren i. e. S. kommt.[52]

Interessant ist das Ergebnis der englischen Studie (mit einem randomisierten Kontrollgruppendesign) von Angel, Sherman und Kolleg*innen (2014). Danach wiesen Opfer, die zusätzlich zu den regulären gerichtlichen Prozessen an persönlichen RJ-Konferenzen teilnahmen, deutlich (49 %) weniger starke posttraumatische Stresssymptome auf als Teilnehmende, die das Strafverfahren ohne solche Konferenzen durchliefen. Eine aktuelle Studie aus den Niederlanden deutet auf emotionale Entwicklungen auf Seiten der Tatverantwortlichen hin. Jonas-van Dijk, Zebel und Kolleg*innen (2022) beobachteten, dass nach der

---

Jesseman et al., 2008; Umbreit, Coates & Vos, 2008, S. 56 f. Man sollte allerdings beachten, dass die Rückfallreduzierung nicht das vorrangige Ziel von restorativen Verfahren ist, sondern die einverständliche Lösung des durch die Straftat entstandenen Konflikts, die Verantwortungsübernahme und Erfüllung übernommener Wiedergutmachungsverpflichtungen durch den Täter. In dieser Hinsicht gibt es einen breiten wissenschaftlichen Konsens, dass die Ergebnisse restorativer Verfahren und Maßnahmen für die Beteiligten ausweislich der ganz überwiegenden Anzahl von Studien sehr positiv ausfallen, vgl. z. B. Braithwaite, 2002; Hartmann, 2019, S. 132 ff.

48   Aertsen, Mackay et al., 2004, S. 38 f.
49   Bonta, Jesseman et al., 2008, S. 117.
50   Sherman, Strang et al., 2015a.
51   Vgl. Schütz, 1999.
52   Vgl. Van Ness & Strong, 2010, S. 43.

Teilnahme an Restorative-Justice-Verfahren die Tatverantwortlichen mehr Empathie für die Tatbetroffenen/Geschädigten aufwiesen.

Sherman und Strang[53] betonen ferner, dass Restorative Justice auch zu einer Reduzierung der Kosten des Kriminaljustizsystems führen kann. So können die Fallbelastung bei den Gerichten gesenkt und damit Kosten gespart werden. Nicht zuletzt führen die tendenziell niedrigeren Rückfallraten zu gesamtgesellschaftlichen Kosteneinsparungen in der Zukunft.

Im Licht dieser positiven Ergebnisse fragt man sich umso mehr, weshalb die oben beschriebene Anwendungspraxis in Europa überwiegend so restriktiv ist (s. o. Abschnitt 4).

Seit einigen Jahren liegen erste Forschungsergebnisse zum Zusammenhang von Restorative Justice und der Desistance, d. h. dem Abstandnehmen von Straftaten bzw. der Beendigung krimineller Karrieren vor. Es erscheint zunächst plausibel, dass restorative Verfahren das Potenzial eines kognitiven Entscheidungsprozesses zugunsten einer Rückkehr in die Legalität i. S. eines ‚making good' und des Ausgleichs der negativen Folgen der konkreten Straftat aufweisen. Die Konsequenz eines derartigen kognitiven Prozesses kann tatsächlich in einem Wendepunkt[54] im Leben von Straftätern bestehen, der den Weg in einen straftatenfreien Lebensstil erleichterte.[55] Theorien und Forschungen zur sog. Desistance zeigen, dass die Entwicklungsprozesse für ein straftatenfreies Leben das Resultat struktureller Rahmenbedingungen und Faktoren (das Finden eines Arbeitsplatzes, die Stabilisierung persönlicher Beziehungen, eine stützende Partnerschaft, in der englischsprachigen Literatur mit dem Kürzel ‚good marriage' beschrieben etc.) sowie kognitiver Veränderungen (die bewusste Entscheidung zugunsten eines straffreien Lebens, Einstellungsänderungen, die Entwicklung von Empathiefähigkeit gegenüber möglichen Opfern) ist. Opfer-Täter-Begegnungen können diese Entwicklungen in Richtung einer Desistance fördern und/oder verstärken und zur sozialen Integration beitragen.

Bislang wenig Forschung gibt es zu Restorative-Justice-Maßnahmen im Strafvollzug. In Deutschland sehen verschiedene Bundesländer in ihren Strafvollzugsgesetzen opferorientierte Wiedereingliederungsmaßnahmen für die verurteilten Straftäter*innen vor. Diese beginnen mit einer entsprechenden Vollzugsplanung, die den Täter*innen zu einer Auseinandersetzung mit den

---

53 Sherman & Strang, 2007, S. 86.
54 Vgl. die in der Desistance-Literatur vielfach beschriebenen ‚turning points'.
55 Vgl. Claes & Shapland, 2016; Lauwaert & Aertsen, 2016; Maruna, 2016.

Folgen der Tat motivieren sollen, bis hin zur Organisation persönlicher Begegnungen von Opfern und Täter*innen i. S. der Mediation in Strafsachen (vgl. z. B. in Baden-Württemberg, Nordrhein-Westfalen). In Baden-Württemberg wurde 2013 ein Pilotprojekt zum Täter-Opfer-Ausgleich in vier Gefängnissen gestartet. Die Evaluation von *Kilchling* (2017) im Erwachsenenstrafvollzug ergab nach einem Jahr Laufzeit, dass nur wenige Täter*innen zu einer persönlichen Kontaktaufnahme mit dem Opfer motiviert werden konnten, dass aber – soweit dies gelang – beide Seiten die Interaktion als positiv bewerteten.[56] Vergleichbare Evaluationsstudien zu dem Thames-Valley-Pilotprojekt in London und zur landesweiten Einführung von RJ-Verfahren im Strafvollzug in Belgien seit 2008 zeigten das große Potenzial für die Mediation in Strafsachen und andere (eher indirekte) wiedergutmachungsorientierte Verfahren auf, bestätigten zugleich aber die nur moderaten Teilnahmeraten, die unabhängig davon, ob es sich um eher täterorientierte Behandlungsmaßnahmen oder um opferorientierte Maßnahmen handelte, verschiedene Schwierigkeiten der Implementation aufzeigten.[57]

7   Ausblick

Die vorliegende bislang nur teilweise abgeschlossene Studie zur Restorative Justice in 48 europäischen Ländern hat gezeigt, dass unter diesem Terminus hauptsächlich der Täter-Opfer-Ausgleich firmiert. In jüngerer Zeit haben auch Konferenzsysteme unter Beteiligung des sozialen Umfelds von Opfern und Täter*innen Eingang in die Justizpraxis gefunden (vgl. insbesondere Belgien und Nordirland), ferner sind Formen der Auseinandersetzung der Täter*innen mit Opfern im Strafvollzug entwickelt worden. Die Praxis steht hinsichtlich letzterer Formen der Restorative Justice aber auch international noch in den Anfängen. Deshalb erscheint die Empfehlung des Europarats von 2018 (Rec. (2018)8), die den Gedanken der Restorative Justice insbesondere im Strafvollzug sowie bei der Strafaussetzung zur Bewährung und in der Bewährungshilfe stärker verankern will, von großer Bedeutung.

---

56   Das Hauptproblem war offenbar, die Kontaktdaten der Opfer zu erhalten, die sich nicht unmittelbar aus den Akten ergaben. Nur 11 % der Opfer verweigerten explizit die Teilnahme an einem entsprechenden Ausgleichsverfahren; vgl. Kilchling, 2017, S. 49. Ähnliche Probleme des Zugangs zu Opferkontaktdaten hatte bereits die Untersuchung von Hartmann, Haas & Steengrave, 2013, S. 54; zugleich ergab die bundesweite Befragung von Bediensteten eine außerordentlich große Akzeptanz für Maßnahmen der RJ im Strafvollzug, siehe Hartmann, Haas & Steengrave, S. 47 ff.

57   Vgl. Aertsen, 2012; Hartmann, Haas & Steengrave, 2013; Emerson & Hallam, 2015.

Der TOA ist inzwischen zwar weit verbreitet, in etlichen Ländern flächendeckend, jedoch bleibt die Anwendungspraxis restriktiv und zumeist begrenzt auf weniger schwere Delikte oder Ersttäter*innen. Damit wird das theoretische und in der Wissenschaft hervorgehobene Potenzial bei weitem nicht ausgeschöpft. Wiedergutmachungsorientierte Maßnahmen bzw. Sanktionen beinhalten zudem häufig nicht den restorativen Prozess, der qua definitionem der Restorative Justice zugeschrieben wird (s. Abschnitt 2). Die Verrechtlichung und Integration der Ideen einer wiedergutmachenden Strafrechtspflege birgt die Gefahr, dass die Ziele der Restorative-Justice-Bewegung den herkömmlichen Strafzwecken untergeordnet werden oder sogar verloren gehen, wie dies am Beispiel der gemeinnützigen Arbeit gut gezeigt werden kann. Damit im Zusammenhang steht, dass gelegentlich unter dem progressiv erscheinenden Label ‚restorative' Ausweitungen und Intensivierungen der Sanktionierung zu beobachten sind (net widening).

Nach wie vor ein Problem ist die mangelnde Akzeptanz und Information bei Justizpraktiker*innen, die häufig mehr auf die vertrauten Sanktionen zurückgreifen als auf den TOA. Gegenüber entsprechenden Vorbehalten ist schwer anzukommen, wenn es nicht gelingt, in der Öffentlichkeit, Politik und natürlich vor allem der Justiz die Vorzüge der RJ überzeugend zu vermitteln. Vor allem aber werden weitere empirische Evaluationsstudien benötigt, um klarzumachen, dass es nicht um menschenfreundliche Schönheitsreparaturen an einem ansonsten weitgehend unveränderten, eher repressiven Strafrecht geht, denen lediglich eine Alibifunktion zukommt.

Literaturverzeichnis

Aertsen, I. (2012). Belgium – Restorative Prisons: where are we heading? In B. Barabás, B. Fellegi & S. Windt (Hrsg.), Responsibility-Taking, Relationship-Building and Restoration in Prisons. Mediation and Restorative Justice in Prison Settings (S. 262–276). Budapest: National Institute of Criminology.

Aertsen, I. (2005). Restorative prisons: a contradiction in terms? In C. Emsley (Hrsg.), The persistent prison. Problems, images and alternatives (S. 196–213). London: Francis Boutle Publishers.

Aertsen, I., Mackay, R., Pelikan, C., Willemsens, J. & Wright, M. (2004). Rebuilding community connections – mediation and restorative justice in Europe. Strasbourg: Council of Europe Publishing.

Angel, C. M., Sherman, L. W., Strang, H., Ariel, B., Bennett, S., Inkpen, N., Keane, A. & Richmond, T. S. (2014). Short-term effects of restorative justice conferences on post-traumatic stress symptoms among robbery and burglary victims: A randomized controlled trial. Journal of Experimental Criminology, 10 (3), S. 291–307.

Bonta, J., Jesseman, R., Rugge, T. & Cormier, R. (2008). Restorative Justice and Recidivism: Promises made, promises kept? In D. Sullivan & L. Tifft (Hrsg.), Handbook of Restorative Justice (S. 108–120). Milton Park: Routledge.

Braithwaite, J. (2002). Restorative justice and responsive regulation. Oxford: Oxford University Press.

Chapman, T. (2017). Community and Restorative Justice. In H. Soleto, G. Varona & I. Porres (Hrsg.), Justicia Restaurativa y Terapéutica. Hacia Innovadores Modelos de Justicia (S. 75–85). Valencia: Tirant lo Blanch.

Christen-Schneider, C. (2020). Restaurative Dialoge nach schweren Verbrechen – Erfahrungen in der Schweiz. Bewährungshilfe, 67 (4), S. 346–358.

Christie, N. (1977). Conflicts as property. British Journal of Criminology, 17 (1), S. 1–17.

Claes, B. & Shapland, J. M. (2016). Desistance from crime and restorative justice. Restorative Justice, 4 (3), S. 302–322.

Dünkel, F., Grzywa-Holten, J. & Horsfield, P. (2015) (Hrsg.). Restorative Justice and Mediation in Penal Matters – A stocktaking of legal issues, implementation strategies and outcomes in 36 European countries. Mönchengladbach: Forum Verlag Godesberg.

Dünkel, F., Lehmkuhl, M., Pǎroşanu, A. & Pruin, I. (2024). Restorative Justice and Mediation in Penal Matters in Europe. Den Haag: Eleven Publishers (im Erscheinen).

Dünkel, F. & Pǎroşanu, A. (2022). Restorative justice in European youth justice systems – Contextual, legal, practice-related and analytical aspects. In. A. Wolthuis & T. Chapman (Hrsg.), Restorative Justice from a Children's Rights Perspective (S. 137–156). Den Haag: Eleven Publishers.

Dünkel, F. & Pǎroşanu, A. (2020). Restorative Justice. Entwicklungen wiedergutmachender Verfahren und Maßnahmen in der Strafrechtspflege in Europa. Bewährungshilfe, 67 (4), S. 309–330.

Dünkel, F., Pǎroşanu, A. & Pruin, I. (2023). Restorative Justice im Strafvollzug. Aktuelle Entwicklungen im europäischen Vergleich. TOA-Magazin, Fachzeitschrift zum Täter-Opfer-Ausgleich, 11 (2), S. 4–8.

Dünkel, F., Pǎroşanu, A., Pruin, I. & Lehmkuhl, M. (2023). Restorative Justice – Aktuelle Entwicklungen wiedergutmachungsorientierter Verfahren und Maßnahmen in der Strafrechtspflege im europäischen Vergleich. Neue Kriminalpolitik, 35 (2), S. 146–171.

Dünkel, F. & Willms, C. (2023). Täter-Opfer-Ausgleich und Restorative Justice in Deutschland – Aktuelle Entwicklungen und kriminalpolitischer Handlungsbedarf. Neue Kriminalpolitik, 35 (2), S. 172–189.

Emerson, G. & Hallam, M. (2015). Thames Valley. In R. Lummer, O. Hagemann & S. Reis (Hrsg.), Restorative Justice at Post-Sentencing Level in Europe (S. 60–73). Kiel: Schleswig-Holsteinischen Verband für soziale Strafrechtspflege, Straffälligenhilfe und Opferhilfe e.V.

Gelber, C. & Walter, M. (2013). Opferbezogene Vollzugsgestaltung – Theoretische Perspektiven und Wege ihrer praktischen Umsetzung. Bewährungshilfe, 60 (1), S. 5–19.

Hartmann, A. (2019). Victims and restorative justice. Bringing theory and evidence together. In T. Gavrielides (Hrsg.), Routledge International Handbook of Restorative Justice (S. 127–144). London, New York: Routledge.

Hartmann, A., Haas, M. & Steengrafe, F. (2013). Täter-Opfer-Ausgleich im Strafvollzug – Ergebnisse des MEREPS-Projektes. Bewährungshilfe, 60 (1), S. 39–55.

Jonas-van Dijk, J., Zebel, S., Claessen, J. & Nelen, H. (2022). The Psychological Impact of Participation in Victim-Offender Mediation on Offenders: Evidence for Increased Compunction and Victim Empathy. Frontiers in Psychology, 12, S. 1–13.

Kilchling, M. (2017). Täter-Opfer-Ausgleich im Strafvollzug. Wissenschaftliche Begleitung des Modellprojekts Täter-Opfer-Ausgleich im baden-württembergischen Justizvollzug. Berlin: Dunker & Humblot.

Kilchling, M. (2012). Germany. In D. Miers & I. Aertsen (Hrsg.), Regulating Restorative Justice – A comparative study of legislative provision in European countries (S. 158–200). Frankfurt: Verlag Polizeiwissenschaften.

Latimer, J., Dowden, G. & Muise, D. (2005). The Effectiveness of Restorative Justice Practices: A Meta-Analysis. The Prison Journal, 85 (2), S. 127–144.

Latimer, J., Dowden, C. & Muise, D. (2001). The effectiveness of restorative justice practices: a meta-analysis. Ottawa: Research and Statistics Division, Department of Justice Canada.

Lauwaert, K. & Aertsen, I. (2016). With a little help from a friend: desistance through victim–offender mediation in Belgium. Restorative Justice, 4 (3), S. 345–368.

Maruna, S. (2016). Desistance and restorative justice: it's now or never. Restorative Justice, 4 (3), S. 289–301. https://doi.org/10.1080/20504721.2016.1243853.

McCold, P. & Wachtel, T. (2002). Restorative Justice theory validation. In E. Weitekamp & H.-J. Kerner (Hrsg.), Restorative Justice: Theoretical Foundations (S. 110–142). Cullompton: Willan Publishing.

Schütz, H. (1999). Die Rückfallhäufigkeit nach einem Außergerichtlichen Tatausgleich bei Erwachsenen. Österreichische Richterzeitung, (7/8), S. 161–166.

Shapland, J., Atkinson, A., Atkinson, H., Dignan, J., Edwards, L., Hibbert, J., Howes, M., Johnstone, J., Robinson, G. & Sorsby, A. (2008). Does restorative justice affect reconviction? The fourth report from the evaluation of three schemes. London: Ministry of Justice.

Sherman, L. W., Strang, H., Barnes, G., Woods, D. J., Bennett, S., Inkpen, N., New-bury-Birch, D., Rossner, M., Angel, C., Mearns, M. & Slothower, M. (2015). Twelve Experiments in Restorative Justice: The Jerry Lee Program of Random-ized Trials of Restorative Justice Conferences. Journal of Experimental Criminol-ogy, 11 (4), S. 501–540.

Sherman, L. W., Strang, H., Mayo-Wilson, E., Woods, D. J. & B. Ariel (2015a). Are Restorative Justice Conferences Effective in Reducing Repeat Offending? Journal of Quantitative Criminology, 31 (1), S. 1–24.

Sherman, L. W. & Strang, H. (2007). Restorative Justice: the Evidence. London: The Smith Institute.

Steward, L., Thompson, J., Beaudette, J. N., Buck, M., Laframboise, R. & Petrellis, T. (2018). The Impact of Participation in Victim-Offender Mediation Sessions on Recidivism of Serious Offenders. Offender Therapy and Comparative Criminol-ogy, 62 (12), S. 3910–3927.

Strang, H., Sherman, L. W., Mayo-Wilson, E., Woods, D. & Ariel, B. (2013). Restora-tive justice conferencing (RJC) using face-to-face meetings of offenders and vic-tims: effects on offender recidivism and victim satisfaction. Campbell Systematic Reviews, 9 (1), S. 1–59. Online verfügbar unter: https://www.unodc.org/e4j/data /_university_uni_/restorative_justice_conferencing_rjc_using_face-to-face_ meetings_of_offenders_and_victims_effects_on_offender_recidivism_and_vic-tim_satisfaction.html?lng=en%22%20%5Ct%20%22_blank (letzter Abruf am: 13.02.2024).

Umbreit, M. S., Coates, R. B. & Vos, B. (2008). Victim-Offender Mediation: an evolv-ing evidence-based practice. In D. Sullivan & L. Tifft (Hrsg.), Handbook of Re-storative Justice (S. 52–62). Milton Park: Routledge.

United Nations Economic and Social Council (2002) (Hrsg.). Basic Principles on the Use of Restorative Justice Programmes in Criminal Matters. No. 2002/12 of 24 July.

United Nations Office on Drugs and Crime (2020) (Hrsg.). Handbook on Restorative Justice Programmes (2. Aufl.). Vienna: United Nations.

Van Ness, D. W. & Strong, K. H. (2010). Restoring Justice – An Introduction to Re-storative Justice (4. Aufl.). Providence (NJ): LexisNexis, Anderson Pub.

Weigend, T. (1989). Deliktsopfer und Strafverfahren. Berlin: Duncker & Humblot.

Wright, M. (1991). Justice for Victims and Offenders: A Restorative Response to Crime. Bristol (PA): Open University Press.

Teil 5

Vorträge in den Foren

Die Entwicklung des Jugendstrafrechts im europäischen und internationalen Vergleich

Frieder Dünkel

Der Vortrag lehnte sich weitgehend an den in RdJB veröffentlichten Text an, Quellenangabe siehe unten. Um Doppelungen zu vermeiden wird nachfolgend nur das Abstract abgedruckt:

Das Jugendstrafrecht hat sich historisch gesehen im Laufe der letzten ca. 100 Jahre in verschiedenen Formen zwischen einer reinen Wohlfahrts- und einer Justizorientierung entwickelt (welfare versus justice model). Obwohl es schwierig ist, verschiedene Systeme in Bezug auf Wirkung und Effizienz zu vergleichen, ist es möglich, einige Beispiele für bewährte Entwicklungen in der Praxis und positive Gesetzesreformen zu identifizieren, indem Menschenrechtsstandards als Benchmark verwendet werden.

In jüngster Zeit wurden einerseits Elemente der Restorative Justice und der Kinderrechte aufgenommen. Andererseits haben in den letzten Jahrzehnten Tendenzen eines stärker straforientierten Jugendstrafrechts zugenommen, aber der europaweit feststellbare Rückgang der Jugendkriminalitätsraten, insbesondere der Gewaltverbrechen, hat die punitive Wende gemildert oder sogar umgekehrt. Einige Länder haben sich erfolgreich gegen „straforientierte Infektionen" gewehrt und einen starken Schwerpunkt auf Alternativen zur Bestrafung gelegt. Die Jugendstrafe ist in Deutschland, Skandinavien, der Schweiz und den Niederlanden wirklich ultima ratio geblieben. Initiativen im Bereich der Restorative Justice wurden als regelmäßige vorrangige Maßnahme eingeführt, insbesondere in Belgien, Finnland und Nordirland. Es gibt jedoch in einigen Ländern auch negative Entwicklungen, oft aufgrund fehlender finanzieller bzw. personeller Ressourcen. Eine neue Reformentwicklung in Europa und den USA ist die Ausweitung des Geltungsbereichs des Jugendstrafrechts auf junge Erwachsene bis 21 Jahre oder sogar darüber hinaus.

Veröffentlicht in:

Recht der Jugend und des Bildungswesens, 70 (2022), S. 578–589 und 71 (2023), S. 143–159. Online verfügbar unter: https://rsf.uni-greifswald.de/storages/uni-greifswald/fakultaet/rsf/lehrstuehle/ls-duenkel/Publikationen_zum_Download /Duenkel_Die_Entwicklung_des_Jugendstrafrechts_im_europ._u._int._Vergleich_RdJB_4_22_und_1_23.pdf (letzter Abruf am: 17.04.2024).

Jugendhilfe und Jugendstrafrecht – Nebeneinander und Wechselwirkungen, Entwicklungen, Brüche, Konsequenzen und Herausforderungen

Thomas Trenczek

1 Zweispurigkeit der jugendrechtlichen Sozialkontrolle

Wie kaum ein anderes Arbeitsfeld ist die Mitwirkung der Jugendhilfe im jugendstrafrechtlichen Verfahren von einem **doppelten rechtlichen Bezugsrahmen**[1] geprägt, einerseits dem Sozialrecht, insb. dem SGB VIII, andererseits dem Strafrecht, insb. JGG, wobei allerdings die Regelungsrelevanz des Sozialrechts in der Praxis sowie (nicht nur in der strafrechtlichen) Fachliteratur bis heute nicht immer angemessen wahrgenommen, geschweige denn rezipiert wurde. Die Unterschiede der sozialrechtlichen wie strafrechtlichen Sozialkontrolle machen sich bemerkbar, z. B. an

- unterschiedlichen persönlichen und sachlichen Anwendungsbereichen,
- unterschiedlichen Handlungsgrundsätzen,
- unterschiedlichen Interventionsvoraussetzungen und Rechtsfolgen,
- unterschiedlichen Denk- und Handlungslogiken der beteiligten Professionen.[2]

Andererseits besteht zwischen beiden Systemen sozialer Kontrolle ein hohes Maß an wechselseitigen Bezügen und Durchlässigkeit, die eine fachgerechte Kooperation erlauben und erfordern.

Die **Zweispurigkeit der jugendrechtlichen Sozialkontrolle** war bereits in den Gesetzeswerken der 1920er Jahre enthalten: Einerseits das Jugend*wohlfahrts*recht (RJWG 1922) und andererseits das Jugend*straf*recht (RJGG 1923).[3]

---

[1] Ausführlich hierzu Trenczek & Schmoll, 2024, Kap. 3.1 ff.; vgl. bereits Trenczek, 1996.

[2] Simonsohn, 1969; Trenczek, 2015; zur Sozialarbeit als „sanfte Kontrolleure" im Umgang mit Devianz s. Peters & Cremer-Schäfers 1975/2021, Wehrheim, 2021; s. a. zur Kritik an der „Sozialarbeit im Souterrain der Justiz" Müller & Otto, 1986; Trenczek, 1993 und 2010.

[3] Zu den historischen Entwicklungen vgl. insb. Cornel, 2018; Hasenclever, 1978; Müller & Trenczek, 2001; Peukert & Münchmeier, 1990; Pieplow, 1989; Wabnitz, 2017; Wiesner, 2023.

Das JGG 1923 war historisch gesehen ein Meilenstein, allerdings auch ein zeitgemäßer Kompromiss („*Erziehung als Chiffre*"[4]). Zudem ist das Jugendgerichtsgesetz in den vergangenen 100 Jahren nicht grundsätzlich reformiert worden. Auch im geltenden Jugendstrafrecht sind einige Relikte des nationalsozialistischen Unrechts sowie überholter Zucht- und Ordnungsvorstellungen erkennbar. Schließlich suggeriert das JGG (insb. in § 38 JGG) unverändert und in der Terminologie „Jugendgerichtshilfe" bezeichnend das traditionelle Verständnis eines justizdienenden Sozialdienstes, während die Neuordnung des Kinder- und Jugendhilferechts im Jahre 1990 und die zahlreichen darauffolgenden Änderungen des SGB VIII zu einem grundlegend anderen Verständnis der Aufgaben des Jugendamts und der Kinder- und Jugendhilfe geführt haben.[5] Deshalb sind die Regelungen des JGG insb. im Hinblick auf die Mitwirkung des Jugendamts verfassungsrechtlich konform und unter Berücksichtigung der (verfassungsunbedenklichen) neuen Regelungen des SGB VIII auszulegen.[6]

Die Fachkräfte der Jugendämter bewegen sich im Hinblick auf das abweichende, ggf. strafrechtlich relevante Verhalten junger Menschen und ihre sozialpädagogisch verantwortbaren Interventionen in einem Arbeits- oder Handlungsfeld, das durch strafrechtliche Normen und strafjustizielle Erwartungen gekennzeichnet ist (**Soziale Arbeit im Zwangskontext).**[7] Dieses ist geprägt durch z. T. höchst problematische Vorverständnisse und eine öffentlich-mediale Diskussion über ‚die' Jugendkriminalität. Hierbei gibt es erhebliche Unterschiede, Differenzen und zunehmende Divergenzen zwischen juristischen und sozialwissenschaftlichen (insb. kriminologisch-viktimologischen, sozialpädagogischen) sowie (jugend-)strafrechtlichen und jugendhilferechtlichen Sichtweisen. Im Zentrum steht dabei der **strukturelle Widerspruch von sozialpädagogisch begründetem Helfen und kriminalrechtlich legitimiertem Strafen.**[8] Verstärkt werden die Antagonismen durch die Ökonomisierung der Sozialen Arbeit sowie eine zunehmende Bedeutung der ‚inneren Sicherheit'.[9] Umso wichtiger ist es, die Unterschiede in den Systemen der Sozialkontrolle, insb. die

---

Pieplow, 1989.
Wiesner, 2023, S. 110.
Trenczek in Münder, Meysen & Trenczek, 2022, § 52 Rn. 2 ff.; Goldberg in Wabnitz, Fieseler & Schleicher, 2023. § 52 Rn. 70 u. 91; Riekenbrauk in Kunkel, Kepert & Pattar, 2022, § 52 Rn. 47 f.; Wapler in Wapler & Wiesner, 2022, § 52 Rn. 19b; vgl. Eisenberg & Kölbel, 2023, § 38 Rn. 22 f.
Conen, 2007; Conen & Cecchin, 2020; Lindenberg & Lutz, 2021; Zobrist & Kähler, 2017.
Vgl. Thiersch, 2007, S. 43 f.
Vgl. Fischer, 2012; Wacquant, 2009.

je andersartigen Funktionen der Akteure, auf Basis des geltenden Rechts und den Ergebnissen der kriminologischen und empirischen Sozialforschung zu beachten, um die notwendige Kooperation zwischen den beteiligten Professionen und Institutionen rechtsstaatlich korrekt und inhaltlich erfolgreich auszugestalten.

2 Gemeinsamkeiten, Unterschiede und Wechselwirkungen der Systeme

Die nachstehend wiedergegebene Übersicht (S. 3) stellt die beiden Systeme der jugendrechtlichen Sozialkontrolle in wesentlichen Aspekten gegenüber. Hieran lassen sich insb. Auftrag, Aufgaben und Rolle der Jugendhilfe im strafrechtlichen Arbeitskontext in den wesentlichen Aspekten beschreiben. Eine diesen Handlungsgrundlagen entsprechende professionelle Haltung kann sich im kritischen Diskurs und in der Reflexion der eigenen Praxis herausbilden.

Das SGB VIII vermeidet allerdings bewusst den traditionellen, im JGG (insb. § 38 JGG) immer noch konservierten und eine besondere Institution nahelegenden Begriff „Jugendgerichtshilfe" (Akronym „JGH"). Stattdessen spricht § 52 SGB VIII von der „Mitwirkung in Verfahren nach dem Jugendgerichtsgesetz".[10] ‚JGH' ist mithin kein der Justiz zuarbeitender Sozialdienst, es handelt sich – anders als die Gerichts- oder Bewährungshilfe (§§ 160 Abs. 3 S. 2, 463d StPO; § 56d StGB; § 24 JGG) – nicht um einen Dienst zur Unterstützung der Strafjustiz (Staatsanwaltschaft und/oder Gericht) oder eine besondere Organisationseinheit mit vom Jugendamt losgelösten Aufgaben oder Befugnissen. Es geht vielmehr um eine **Aufgabe des Jugendamts**, die den Kommunen als Selbstverwaltungsangelegenheit (sog. „Aufgabe im eigenen Wirkungskreis", vgl. z. B. Art. 15 S. 2 2. HS BayAGSG) übertragen ist. Gegenüber Staatsanwaltschaft und Gericht ist das Jugendamt weisungsunabhängig und allein den gesetzlichen Aufgaben und Grundsätzen unterworfen.

Das Strafrecht und die Soziale Arbeit verfolgen **unterschiedliche** Funktionen und basieren auf unterschiedlichen **Handlungslogiken** – grob verkürzt: einerseits mit Blick auf die gesellschaftliche Ordnung sowie andererseits auf den Menschen als Individuum – doch ungeachtet unterschiedlicher Interessensrichtungen von Strafjustiz und Sozialpädagogik/-arbeit gilt es, deren Kooperation, das Ineinanderspiel von justiziellen und sozialpädagogischen Aktivitäten so zu

---

[10] In der Praxis wird mittlerweile von „Jugendhilfe im Strafverfahren" (JuhiS) gesprochen; zur Terminologie s. Trenczek & Schmoll, 2024, Kap. 3.1.

gestalten, dass die **soziale Integration/Inklusion** des Einzelnen in den normalen Alltag gelingen kann.

Die Beteiligung des Jugendamts im Kriminalverfahren ändert nichts an der **jugendhilferechtlichen Zweckbindung**. Es erfüllt seine Aufgaben (Leistungen und andere Aufgaben) *zugunsten* junger Menschen und ihrer Familien (§ 2 Abs. 1 SGB VIII) auch nach § 38 Abs. 2 JGG ausschließlich zu dem Zweck, die „erzieherischen, sozialen und sonstigen im Hinblick auf die Ziele und Aufgaben der Jugendhilfe bedeutsamen Gesichtspunkte", mithin die durch das SGB VIII definierten fachlichen Aspekte zur Geltung zu bringen. Gefragt ist die sozialrechtlich verfasste, originär **sozialpädagogische Kompetenz.** Das Jugendamt ist nicht nur Sozialleistungsbehörde, sondern hat zudem gleichzeitig als **Fachbehörde** die sozialpädagogische und kriminologische Kompetenz in das Strafverfahren einzubringen. Es geht mithin um eine aktive, leistungsorientierte und betreuende und gleichzeitig eine auch die Strafjustiz beratende (‚sachverständige') Rolle, die es auch der Justiz insb. ermöglicht, von der Strafverfolgung abzusehen, schon eingeleitete Verfahren einzustellen oder wenigstens auf freiheitsentziehende Sanktionen zu verzichten (vgl. insb. § 52 Abs. 2 SGB VIII). Wesentliche Stichworte sind insoweit: Versachlichung (und damit Entdramatisierung), Entkriminalisierung und -stigmatisierung, **Förderung der sozialen Integration** (bzw. gar Inklusion), Schwerpunktsetzung bei der Zielgruppe der in schwierigen Lebens- und Benachteiligungslagen lebenden jungen Menschen (oft als sog. mehrfach Auffällige bezeichnet), um eine Ausgrenzung zu vermeiden und Aufschaukelungstendenzen in Richtung auf eine ‚kriminelle Karriere' zu durchbrechen. Im Spannungsfeld zur Strafjustiz geht es deshalb um ‚Kooperation durch fachliche Konfrontation'. Zu Konflikten zwischen Jugendhilfe und Strafjustiz muss es kommen, wenn und soweit die Justiz einer justiziellen Sichtweise sozialpädagogischer Aufgaben verhaftet bleibt und (sozial-)pädagogische Prozesse nicht verstanden (bzw. ausreichend vermittelt) werden, sondern vor allem auch dann, wenn die Ziele, Aufgaben und Besonderheiten des Jugendstrafrechts verkannt werden.

Übersicht: *Zweispurigkeit öffentlicher Sozialkontrolle gegenüber Jugendlichen*

Jugendrecht

	Jugendhilferecht	Jugendstrafrecht
Rechtsgrundlage:	SGB, insb. SGB VIII	JGG, StGB, StPO, GVG
Adressaten:	junge Menschen (0–26 Jahre, § 7) und (bei Mj.) ihre Eltern	Jugendliche (14–17) und Heranwachsende (18–20 Jahre); (§ 1 JGG)
Ziel:	Förderung der Entwicklung zu einer eigenverantwortlichen und gemeinschaftsfähigen Persönlichkeit (§ 1 SGB VIII), Resozialisierung, ggf. Unterstützung der Eltern → soziale Integration	Legalbewährung (Art. 20 Abs. 3 GG) § 2 Abs. 1 JGG → Ausgrenzung
Zweckbestimmung:	*zugunsten* junger Menschen und ihrer Familien (§ 2 Abs. 1 SGB VIII)	→ *„zur Geltung bringen"* der Gesichtspunkte des SGB VIII (§ 38 Abs. 2 JGG)
Anlass:	Hilfe-/„erzieherischer Bedarf" (§ 27 SGB VIII)	Straftat (§§ 1, 4 Abs. 1 JGG)
Handlungsmaximen:	Autonomie, Prävention, Partizipation, Normalisierung, Ressourcenorientierung, Lebensweltorientierung	„Erziehungsgedanke" („Chiffre") Subsidiaritätsgrundsatz
	Grundsatz der Verhältnismäßigkeit	
Handlungsprogramm:	Jugendhilfeleistungen (ASA, insb. HzE) ------->	ambulante Maßnahmen (§§ 9 ff. 12 JGG) Freiheitsentzug
	Mitwirkung im jugendgerichtl. Verfahren § 52 SGB VIII	*Steuerungsverantwortung des JA (§ 36a SGB VIII)* *„Jugendgerichtshilfe"* § 38 JGG
	Inobhutnahme · · · · · · · · · · · · · ·	U-Haft/Alternativen
Verfahren:	Hilfe als kooperativer Entscheidungsprozess	Vollstreckung von Sanktionen
Träger:	kommunale Selbstverwaltung Freie Träger der Jugendhilfe (§§ 3, 69 ff. SGB VIII)	Landesjustizverwaltung
Institutionen:	Jugendämter/JH-Einrichtungen <———>	Jugendgerichte (§ 33 JGG)
Fachkräfte:	Sozialarbeiter/-pädagogen <——*Kooperation*——>	Jugendrichter und -staatsanwälte
	z. T. personelle Identität (§ 34 Abs. 2 JGG)	
gerichtl. Kontrolle:	Verwaltungsgerichte (bzgl. Leistungen) / Familiengericht (bzgl. Sorgerecht) ←	Jugendgerichtlicher Instanzenzug
	Rechtsanspruch der Personensorgeberechtigten → begrenzte Freiwilligkeit	Jugendlicher und Personensorgeberechtigte als Gewaltunterworfene → Zwang

© *Trenczek*
vgl. *Trenczek & Schmoll, 2024, im Erscheinen; Trenczek & Stöss, 2014.*

3   Aktuelle Herausforderungen der JuhiS im 21. Jahrhundert[11]

Die Praxis der Wahrnehmung der § 52-Aufgaben durch die Jugendämter ist in Deutschland durch regionale Handlungsmuster sowie Unterschiede insb. im Hinblick auf den Grad der Spezialisierung in der Aufgabenwahrnehmung gekennzeichnet.[12] Von besonderer Relevanz ist, dass sich (entgegen den gängigen Hypothesen) gerade die in den § 52-Aufgaben spezialisiert wahrnehmenden Fachkräfte sowohl in ihrer Haltung als auch im (Entscheidungs-)Verhalten offenbar stärker an den Handlungsgrundsätzen des SGB VIII zu orientieren scheinen als ihre nicht spezialisierten, im ASD tätigen Kolleg*innen.[13] Im Folgenden werden aus den vielen einige besonders aktuelle Herausforderungen für die JuhiS angesprochen. [14]

3.1   Schutzverpflichtung auch im Jugendstrafverfahren

Nicht nur im Hinblick auf die quantitativ und qualitativ außergewöhnlichen Gewalttaten von Kindern bzw. knapp über 14 Jahre alten (nach § 3 JGG nicht per se „strafmündigen"/strafrechtlich verantwortlichen) Jugendlichen ist auch im (Jugend-)Strafverfahren der **Schutzauftrag des Jugendamts** (§ 8a SGB VIII) zu beachten.[15] Deshalb wird (seit der JGG-Novellierung 2019) in § 38 Abs. 2 S. 2 JGG klarstellend darauf hingewiesen, dass sich die Fachkräfte des Jugendamts auch zu einer möglichen besonderen Schutzbedürftigkeit des jungen Menschen zu äußern haben. Weder deviantes Verhalten noch die erstmalige oder wiederholte Delinquenz weisen auf ein Erziehungsversagen der Eltern oder auf die Erfolglosigkeit einer sozialpädagogischen Intervention hin. Nicht mehr jugendtypisches, wiederholtes oder persistentes abweichendes Verhalten kann aber zu einer **Gefährdung des Wohls** des jungen Menschen (insb. ihrer sozialen Integration) führen, nicht zuletzt auch wegen der einschneidenden, mitunter ausgrenzenden und stigmatisierenden Folgen des Strafrechts.[16] Die über die ubiquitäre, jugendtypische und episodenhafte Begehung von Delikten hinausgehende

---

[11]   Zu den besonderen Herausforderungen der Juhis im Hinblick auf die Covid-Pandemie s. Schmoll, 2021 sowie Trenczek & Schmoll, 2024.

[12]   Trenczek, 2003; DJI, 2011 sowie Schmoll, Lampe & Holthusen, 2024.

[13]   Trenczek, 2003, S. 172 f.

[14]   Ausführlich hierzu Trenczek & Schmoll, 2024; Schmoll, Lampe & Holthusen, 2024.

[15]   Trenczek in Münder, Meysen & Trenczek, 2022, § 52 Rn. 24; Ostendorf, Hinghaus & Kasten, 2005, S. 1514; Trenczek & Schmoll, 2024, Kap. 3.2.1.3.

[16]   Hierzu z. B. Trenczek, 2011.

Devianz bzw. Delinquenz kann mithin auf Schwierigkeiten in der Lebensbewältigung hindeuten und damit eine Signalfunktion haben.[17] Insoweit bedarf es ggf. der Förderung von sozialen Handlungskompetenzen und eines Ausgleichs sozialer Desintegrationslagen. Das leistungsauslösende Moment der Sozialleistungen ist allerdings nicht die Straffälligkeit oder die strafrechtliche Verurteilung, sondern ein Hilfebedarf, bei den Erziehungshilfen ein erzieherischer Bedarf (vgl. § 27 SGB VIII). Die **Ziele der Jugendhilfe** im Rahmen von § 52 SGB VIII sind dieselben wie in § 1 Abs. 1 und 3 SGB VIII (mithin nicht die des JGG, insb. Legalbewährung), nämlich – mit Blick auf das Strafverfahren – die Verhinderung von Ausgrenzung und Benachteiligung. Mit anderen Worten: die Ziele der Jugendhilfe sind die **soziale Integration** (ggf. Inklusion) **des jungen Menschen** durch die Förderung seiner Entwicklung zu einer selbstbestimmten, eigenverantwortlichen und gemeinschaftsfähigen Persönlichkeit (§ 1 Abs. 1 SGB VIII).

3.2   Anwesenheit des Jugendamts im strafrechtlichen Verfahren

Die Neuregelung der Bestimmungen des JGG zur Anwesenheit des Jugendamts im strafrechtlichen Verfahren (§ 38 Abs. 4, § 50 Abs. 3 JGG) hat die mancherorts erheblichen Spannungen nicht befriedigend aufgelöst. Die Teilnahme der Fachkräfte des Jugendamts in der (jugend-)strafrechtlichen Hauptverhandlung ist eine wichtige (wenn auch nicht die einzige) Möglichkeit, die für die Ziele und Aufgaben der Jugendhilfe bedeutsamen Gesichtspunkte zur Geltung zu bringen, insb. über die Hilfebedarfe und ggf. bestehende Schutzbedürftigkeit des jungen Menschen und die daran anknüpfenden, im besten Fall bereits initiierten Leistungen zu unterrichten. Die Entscheidung über die Teilnahme an der Hauptverhandlung richtete sich bisher allein nach § 52 SGB VIII und lag damit im pflichtgemäßen Ermessen des Jugendamts.[18] Durch die **JGG-Novellierung 2019** wurde ein neuer **§ 38 Abs. 4 JGG** eingefügt, nach dessen Satz 1 ein „Ver-

---

[17]   Trenczek in Münder, Meysen & Trenczek, 2022, § 52 Rn. 58; Holthusen & Hoops, 2015, S. 12.

[18]   Danach ergab sich aufgrund der fachlichen Standards eine Betreuungs- und Anwesenheitspflicht (nur) unter Berücksichtigung von § 52 Abs. 3 SGB VIII, nach dem die § 52-Fachkräfte die jungen Menschen während des gesamten Verfahrens durchgehend betreuen „sollen", wenn der junge Mensch eine Begleitung benötigt und/oder wünscht (vgl. Trenczek in Münder, Meysen & Trenczek, 2022, § 52 Rn. 52).

treter der Jugendgerichtshilfe"[19] an der Hauptverhandlung teilzunehmen hat, soweit darauf nicht von der Staatsanwaltschaft oder dem Jugendgericht gemäß § 38 Abs. 7 JGG (auf Antrag des Jugendamts) verzichtet wird. Damit wurde eine **formale**, nicht vom Betreuungsbedarf des jungen Menschen abhängige **Anwesenheitspflicht des Jugendamts** normiert. Diese Regelung ist allerdings (auch verfassungsrechtlich) umstritten.[20] In bewusster Abkehr von der bisherigen Regelung soll nicht mehr das kommunale Jugendamt als Fachbehörde, sondern letztlich die Strafjustiz des Landes darüber entscheiden, ob und wann die Fachkräfte des Jugendamts im gerichtlichen Verfahren zu erscheinen haben. Zudem soll die Anwesenheit des Jugendamts nach **§ 38 Abs. 4 S. 3 JGG** ggf. auch durch die **Auferlegung von Verfahrenskosten bei Nichterscheinen** durchgesetzt werden (können), wofür es bislang keine Rechtsgrundlage gab.

(Hinter-)Grund für die Einführung einer formalen Anwesenheitspflicht der ‚JGH' im JGG war, dass einige Kommunen ihre inhaltliche Prioritäten anders gesetzt hatten (nicht auf die Mitwirkung im gerichtlichen Verfahren, sondern z. B. im Bereich Kinderschutz) und/oder die personellen Ressourcen in den Jugendämtern so zusammengespart hatten, dass die regelmäßige Anwesenheit der Jugendamts-Fachkräfte in jugendgerichtlichen Verfahren personell nicht überall gewährleistet werden konnte.[21] Von Teilen der Fachliteratur wurde deshalb die Neuregelung durchaus positiv bewertet und als Zeichen der Stärkung der „JGH/Juhis als nur im Ausnahmefall verzichtbaren Verfahrensbeteiligten"[22] angesehen. Demgegenüber wird befürchtet, dass das Jugendamt wieder zum Dienstleister der Justiz degradiert und in das „Souterrain der Justiz"[23] verwiesen werden soll.[24] Der Zu- und **Durchgriff der Strafjustiz auf die Fachkräfte des**

---

[19] Gemeint ist wohl eine für die § 52-Aufgaben verantwortliche Fachkraft des Jugendamts, s. o. Anm. in FN 10.

[20] Ausführlich Trenczek, 2021, S. 248 ff.; vgl. Eisenberg & Kölbel, 2023, § 38 Rn. 61.

[21] Vgl. BT-Drs. 19/13837, S. 50; Trenczek, 2021, S. 243 f.

[22] Z. B. Höynck & Ernst, 2020, S. 254. Freilich ist das Jugendamt im jugendstrafrechtlichen – anders als im familiengerichtlichen – Verfahren gerade nicht als „echte" Verfahrensbeteiligte mit entsprechenden Verfahrensrechten ausgestattet. Zudem bestand schon bislang eine Verpflichtung der Jugendgerichte, das Jugendamt in das Verfahren einzubinden (sog. Heranziehungspflicht, § 38 Abs. 6 JGG).

[23] Müller & Otto, 1986.

[24] Zur Kritik an der neuen Regelung ausführlich Trenczek, 2021, S. 240 ff.; Riekenbrauk in Kunkel, Kepert & Pattar, 2022, § 52 Rn. 28; Goldberg in Wabnitz, Fieseler & Schleicher, 2023. § 52 Rn. 86a; Holthusen & Schmoll, 2020, 114; Wapler in Wapler & Wiesner, 2022, § 52 Rn. 43 ff.

Jugendamts mittels Anordnung und Zwang ist nicht dazu geeignet, die (notwendige) Kooperation zwischen den Professionen und Institutionen zu verbessern. Zudem wird durch die Neuregelung wohl systemwidrig in den verfassungsrechtlich (Art. 28 Abs. 2 GG) geschützten Zuständigkeitsbereich der kommunalen Hoheitsträger (insb. Konnexität von Aufgaben- und Finanzierungverantwortung) eingegriffen.

3.3   Missverständnisse im Hinblick auf die sog. Steuerungsverantwortung

Nicht überall wird hinreichend beachtet, dass die Leistungen der Kinder- und Jugendhilfe, insb. auch die ambulanten sozialpädagogischen Angebote (ASA), mit den jugendstrafrechtlichen Sanktionen nicht deckungsgleich sind.[25] Der Gesetzgeber hat mit dem KICK 2005 in § 36a Abs. 1 SGB VIII die **Steuerungsverantwortung** der Jugendämter im Hinblick auf die Leistungen der Kinder- und Jugendhilfe klargestellt. Dennoch wird mancherorts von der Strafjustiz erwartet, dass das Jugendamt ‚ambulante Maßnahmen‘, zu denen Jugendliche und junge Volljährige durch das Jugendgericht verurteilt wurden, nicht nur überwacht (vgl. (§ 38 Abs. 5 Satz 1–3 JGG[26]), sondern auch ungeachtet des Vorliegens der formellen und materiellen Leistungsvoraussetzungen durchführt. Infolgedessen ist in der Praxis festzustellen, dass solche strafrechtlichen Maßnahmen (z. B. Betreuungsweisungen oder soziale Trainingskurse nach § 10 Abs. 1 JGG) oder sogar tatvergeltende Arbeitssanktionen (§ 10 Abs. 1 S. 3 Nr. 4/§ 15 Abs. 1 S. 1 Nr. 3 JGG) durchgeführt/vollstreckt werden, obwohl die Leistungsvoraussetzungen nach dem SGB VIII nicht vorliegen (bzw. überhaupt nicht geprüft worden sind). Mithin werden weder die Verfahrensgrundsätze der in § 36 SGB VIII vorgeschriebenen Hilfeplanung eingehalten noch die materiellen Leistungsvoraussetzungen geprüft noch beachtet, noch dass Anspruchsinhaber der Erziehungshilfen bei Minderjährigen die sorgeberechtigten Personen/Eltern sind (nicht die*der Jugendliche).

---

[25]   Tammen & Trenczek in Münder, Meysen & Trenczek, 2022, Vor § 27 Rn. 39; ausführlich Trenczek, 1996, S. 54 ff.; Trenczek & Schmoll, 2024; ebenso Wapler & Wiesner, 2022, Vor § 27 Rn. 30.

[26]   Zur auch verfassungsrechtlichen Problematik des § 38 Abs. 5 S. 1–3 JGG s. Trenczek in Münder, Meysen & Trenczek, 2022, § 52 Rn. 56.

3.4 Unzureichende Bereitstellung bzw. Gewährleistung und (Re-)Finanzierung insb. ambulanter sozialpädagogischer Hilfeleistungen

Die **Finanzierungspraxis für die ambulanten sozialpädagogischen Leistungen** der Kinder- und Jugendhilfe ist in den einzelnen Bundesländern höchst unterschiedlich und bundesweit defizitär.[27] Selbst in Ländern wie Niedersachsen und Schleswig-Holstein ist die Finanzierung der Angebote für straffällig gewordene jungen Menschen nicht hinreichend, da die Landesförderung nicht immer bei allen Trägern ankommt und ggf. nur Teile der Kosten abdeckt (z. B. nur anteilige Personal-, nicht alle Sachkosten). In der Praxis erfolgt die Finanzierung der Leistungen ganz überwiegend aus Haushaltsmitteln der örtlichen (kommunalen) Träger der öffentlichen Kinder- und Jugendhilfe. Die Projektträger arbeiten auf der Grundlage unterschiedlichster Mischkonstruktionen, die neben einer Entgeltfinanzierung bei individuellen Leistungen auch Projekt- und Gesamtpauschalen (orientiert an den Fallzahlen der Vorjahre) umfassen. Die (öffentliche) Finanzierung ist überwiegend unzureichend und kann selten (u. U. nur mühsam mit immensem personellem Engagement) durch Bußgelder, Spenden sowie die Akquise weiterer Eigenmittel (z. B. Teilnehmerbeiträge) ausgeglichen werden. Bislang besteht bundesweit kein qualitativ ausreichendes, flächendeckendes, Gleichheit verbürgendes Angebot an ambulanten (wie stationären) sozialpädagogischen Leistungen. Der Mangel an ressortübergreifenden und von der Substanz her angemessenen Finanzierungsmodellen verhindert eine den Erfordernissen der Praxis angemessene Arbeit und belastet die Kooperationsbeziehungen von Justiz und Kinder- und Jugendhilfe zum Nachteil der betroffenen jungen Menschen.

Junge Menschen über 18 Jahre (§ 7 Abs. 1 Nr. 3 SGB VIII, bzw. Heranwachsende zwischen 18 und 21 Jahren, § 1 Abs. 2 JGG) scheinen bisweilen (nur) im Zusammenhang mit einem Strafverfahren aufgrund besonders engagierter § 52er-Fachkräfte ihre jugendhilferechtlichen Leistungsansprüche realisieren zu können.[28] Vielerorts werden sie aus dem Leistungsbereich der Jugendhilfe systematisch ausgegrenzt. Rechtsansprüche unterlaufende Verwaltungsabläufe,

---

[27] Ausführlich Trenczek, 2023, S. 151 ff.
[28] Vgl. Nüsken, 2006, S. 11 ff.; Kolvenbach, 2004, S. 469 ff.; Riekenbrauk, 2007, S. 160 f.; Heinz, 2017, S. 115 ff.; Rosenbauer & Schiller, 2016.

gar Anweisungen und ‚Strukturen'[29] können als Anzeichen einer verdeckten, nichtsdestotrotz rechtswidrigen, mitunter geradezu systematischen Leistungsverweigerung gewertet werden. Eine solche Praxis verrät die mit dem SGB VIII verfolgten Ziele und macht alle Bemühungen einer fachlichen Qualitätssicherung obsolet.

3.5 Kooperationsformen unter Missachtung der jugendhilferechtlichen Zweckbindung

Ebenso ist mit Sorge zu beachten, dass die vom Gesetzgeber gewünschte Kooperation zwischen den Institutionen (z. B. § 52 Abs. 1 S. 2 SGB VIII) in der Praxis zu Kooperationsmodellen (z. B. sog. ‚Häusern des Jugendrechts') führt, bei denen die sozial-/jugendhilferechtliche Zweckbindung der Kinder- und Jugendhilfe und die datenschutzrechtlichen Regelungen nicht immer hinreichend beachtet werden.[30] In ‚Häusern des Jugendrechts' steht nicht das gesamte Jugendrecht in seiner Breite im Mittelpunkt, sondern das Jugendstrafrecht. Statt ‚zugunsten' junger Menschen und ihrer Familien tätig zu werden, soll mitunter auch die Mitwirkung der Jugendhilfe in ‚Häusern des Jugendrechts' erklärtermaßen zugunsten einer effektiveren Strafverfolgung beitragen.

4 Fazit und Schlussfolgerungen

Die Herausforderungen im Arbeitsfeld sind zum Teil zurückführen auf die in der Praxis mitunter nicht hinreichend zur Kenntnis genommene Zweispurigkeit der jugendrechtlichen Sozialkontrolle sowie in der angespannten Haushaltslage vieler kommunalen Träger der Kinder- und Jugendhilfe. Die Kinder- und Jugendhilfe muss sich im Kontext der jugendrechtlichen Sozialkontrolle in einem durch strafrechtliche Normen gekennzeichneten Arbeitsfeld bewähren. Alle beteiligten Professionen und Institutionen können ihre Ziele nur durch eine **rechtsstaatlich korrekte Kooperation** erfolgreich erfüllen. Polizei, Staats-

---

[29] Z. B. das Bestehen auf formaler Antragstellung der Eltern; Anweisung an die § 52-Fachkräfte, keine Erziehungshilfen initiieren zu dürfen; keine Leistungen bei mehrfach straffällig gewordenen Jugendlichen oder jungen Volljährigen zu initiieren; langwierige Entscheidungsfindung, so dass sich das ‚Problem' bei weiteren Krisen und Straftaten aufgrund von Inhaftierung von selbst erledigt.

[30] Vgl. DVJJ, 2012; Fritsch Sprecher*innenrat der BAG JuhiS in der DVJJ, 2023; Lohrmann & Schaerff, 2021; Riekenbrauk, 2023.

anwaltschaft, Jugendgericht und Jugendamt haben im Rahmen der öffentlichen Sozialkontrolle allerdings **wesensverschiedene** – für die Jugendhilfe im SGB VIII definierte – **Aufgaben** wahrzunehmen. Es ist ein Spannungsfeld, in dem wesensmäßig verschiedene **Diskurse mit eigenen Zielen und Logiken** (hier Kindeswohl, dort Legalbewährung) und differenten Konsequenzen aufeinandertreffen. Zu Reibungsverlusten und Konflikten muss es kommen, wenn die Ziele, Aufgaben und Besonderheiten des Jugend*straf*rechts einerseits und des Jugend*hilfe*rechts andererseits verkannt werden, und wenn die Justiz einer strafrechtlich geprägten Sichtweise sozialpädagogischer Aufgaben als funktionale Äquivalente der strafrechtlichen Sanktion verhaftet bleibt.

Literaturverzeichnis

Conen, M.-L. (2007). Eigenverantwortung, Freiwilligkeit und Zwang. Zeitschrift für Jugendkriminalrecht und Jugendhilfe, 18 (4), S. 370–375.

Conen, M.-L. & Cecchin, C. (2020). Wie kann ich Ihnen helfen, mich wieder loszuwerden? Therapie und Beratung in Zwangskontexten (7. Aufl.). Heidelberg: Carl Auer.

Cornel, H. (2018). Der Erziehungsgedanke im Jugendstrafrecht: Historische Entwicklungen. In B. Dollinger & H. Schmidt-Semisch (Hrsg.), Handbuch Jugendkriminalität. Interdisziplinäre Perspektiven (3. Aufl.) (S. 533–558). Wiesbaden: Springer VS.

Deutsches Jugendinstitut (DJI) – Arbeitsstelle Kinder- und Jugendkriminalitätsprävention (Hrsg.) (2011). Das Jugendgerichtshilfeb@rometer. Empirische Befunde zur Jugendhilfe im Strafverfahren in Deutschland. München: DJI.

Deutsche Vereinigung für Jugendgerichte und Jugendgerichtshilfen e. V. (DVJJ) (2012). „Häuser des Jugendrechts" – Risiken und Nebenwirkungen beachten! Zeitschrift für Jugendkriminalrecht und Jugendhilfe, 23 (4), S. 458.

Eisenberg, U. & Kölbel, R. (2023). Jugendgerichtsgesetz (24. Aufl.). München: C. H. Beck.

Fischer, J. (2012). Junge Menschen in prekären Lebenslagen. Ansätze zur Analyse und Intervention. In Deutsche Vereinigung für Jugendgerichte und Jugendgerichtshilfen e. V. (Hrsg.), Achtung (für) Jugend! Praxis und Perspektiven des Jugendkriminalrechts Dokumentation des 28. Deutschen Jugendgerichtstages vom 11. – 14. September 2010 in Münster (S. 563–588). Mönchengladbach: Forum Verlag Godesberg.

Fritsch, K. & Sprecher*innenrat der BAG JuhiS in der DVJJ (Hrsg.) (2023). Fallkonferenzen im Jugendstrafrecht. Wenn schon, dann richtig! Handbuch für die Praxis. Mönchengladbach: Forum Verlag Godesberg.

Hasenclever, C. (1978). Jugendhilfe und Jugendgesetzgebung seit 1900. Göttingen: Vandenhoeck und Ruprecht.

Heinz, W. (2017). Junge Volljährige im Prozess strafrechtlicher Sozialkontrolle – Ein Überblick anhand amtlicher Statistiken. Zeitschrift für Jugendkriminalrecht und Jugendhilfe, 28 (2), S. 115–123.

Holthusen, B. & Hoops, S. (2015). Die Kinder- und Jugendhilfe als zentraler Akteur und Kooperationspartner in der Prävention von Delinquenz. In Deutsches Jugendinstitut (DJI) – Arbeitsstelle Kinder- und Jugendkriminalitätsprävention (Hrsg.), Kriminalitätsprävention im Kindes- und Jugendalter. Perspektiven zentraler Handlungsfelder (S. 12–14). München: DJI.

Holthusen, B. & Schmoll, A. (2020). Neues im Jugendgerichtsgesetz. Folgen für die jugendlichen und die Jugendhilfe im Strafverfahren. Nachrichtendienst des Deutschen Vereins für öffentliche und private Fürsorge, 100 (3), S. 113–118.

Höynck, T. & Ernst, S. (2020). Das Gesetz zur Stärkung der Verfahrensrechte von Beschuldigten im Jugendstrafverfahren. Die Umsetzung der Vorgaben der EU-Richtlinie 2016/800 und ihre Auswirkungen auf das deutsche Jugendstraf-(verfahrens-)recht. Zeitschrift für Jugendkriminalrecht und Jugendhilfe, 31 (3), S. 245–258.

Kolvenbach, F.-J. (2004). Leistungen der Jugendhilfe für junge Volljährige. Wirtschaft und Statistik, Sonderdruck, S. 468–477.

Kunkel, P.-C., Kepert, J. & Pattar, A. K. (Hrsg.) (2022). Sozialgesetzbuch VIII. Kinder- und Jugendhilfe. Lehr- und Praxiskommentar (8. Aufl.). Baden-Baden: Nomos.

Lindenberg, M. & Lutz, T. (2021). Zwang in der Sozialen Arbeit. Grundlagen und Handlungswissen. Stuttgart: Verlag W. Kohlhammer.

Lohrmann, L. & Schaerff, M. (2021). Häuser des Jugendrechts – ein wesentlicher Beitrag zur Verbesserung des Sicherheitsgefühls in der Bevölkerung? Neue Kriminalpolitik, 33 (2), S. 239–252.

Müller, S. & Otto, H.-U. (1986). Sozialarbeit im Souterrain der Justiz. Plädoyer zur Aufkündigung einer verhängnisvollen Allianz. In S. Müller & H.-U. Otto (Hrsg.), Damit Erziehung nicht zur Strafe wird (S. VII–XXII). Bielefeld: Kt-Verlag.

Müller, S. & Trenczek, T. (2001). Jugendgerichtshilfe – Jugendhilfe und Strafjustiz. In H.-U. Otto & H. Thiersch (Hrsg.), Handbuch Sozialarbeit Sozialpädagogik (2. Aufl.) (S. 857–873). Neuwied: Luchterhand.

Münder, J., Meysen, T. & Trenczek, T. (Hrsg.) (2022). Frankfurter Kommentar zum SGB VIII. Kinder- und Jugendhilfe (9. Aufl.). Baden-Baden: Nomos.

Nüsken, D. (2006). 18plus – Intention und Wirkungen des § 41 SGB VIII. Münster: o. V.

Ostendorf, H., Hinghaus, M. & Kasten, A. (2005). Kriminalprävention durch das Familiengericht. Zeitschrift für das gesamte Familienrecht, 52 (18), S. 1514–1520.

Peters, H. & Cremer-Schäfer, H. (1975/2021). Die sanften Kontrolleure. Wie Sozial-arbeiter mit Devianten umgehen. In J. Wehrheim (Hrsg.), Sanfte Kontrolle? Devianz, Etikettierung und Soziale Arbeit: 1975 und 2020 (S. 19–124). Weinheim: Beltz Juventa.

Peukert, D. J. K. & Münchmeier, R. (1990). Historische Entwicklungsstrukturen und Grundprobleme der deutschen Jugendhilfe. In Sachverständigenkommission 8. Jugendbericht (Hrsg.), Jugendhilfe – Historischer Rückblick und neuere Entwicklungen. Materialien zum 8. Jugendbericht, Bd. 1 (S. 1–49). Weinheim & München: Juventa.

Pieplow, L. (1989). Erziehung als Chiffre. In M. Walter (Hrsg.), Beiträge zur Erziehung im Jugendkriminalrecht (S. 5–58). Köln: Heymann.

Riekenbrauk, K. (2023). „Das bleibt unter uns." – Wirklich? Datenschutz in Kooperationsverhältnissen. In K. Fritsch & Sprecher*innenrat der BAG JuhiS in der DVJJ (Hrsg.), Fallkonferenzen im Jugendstrafrecht. Wenn schon, dann richtig! Handbuch für die Praxis (S. 35–63). Mönchengladbach: Forum Verlag Godesberg.

Riekenbrauk, K. (2007). Straffällige Heranwachsende und Volljährigenhilfe nach § 41 SGB VIII. Zeitschrift für Jugendkriminalrecht und Jugendhilfe, 18 (2), S. 159–166.

Rosenbauer, N. & Schiller, U. (2016). Jugendhilfe für junge Volljährige – Einblicke in die Praxis des § 41 SGB VIII im Dreieck von Bedarf, Hilfegewährung und Schwierigkeiten der Durchsetzung. Jugendsozialarbeit aktuell Nr. 143, April 2016.

Schmoll, A. (2021). Zwischen Krisenbewältigung und neuen Wegen: Jugend(hilfe) im Strafverfahren während der Covid-19-Pandemie – Eine Momentaufnahme aus 2020. Zeitschrift für Jugendkriminalrecht und Jugendhilfe, 32 (4), S. 355–363.

Schmoll, A., Lampe, D. & Holthusen, B. (2024). Jugendgerichtshilfebarometer 2022. Bundesweite Befragung zu aktuellen Entwicklungen der Jugendhilfe im Strafverfahren. Baden-Baden: Nomos.

Simonsohn, B. (Hrsg.) (1969). Jugendkriminalität, Strafjustiz und Jugendhilfe (3. Aufl.). Frankfurt a. M.: Suhrkamp.

Thiersch, H. (2007). Grenzen und Strafen. In W. Nickolai & C. Wichmann (Hrsg.), Jugendhilfe und Justiz. Gesucht: Bessere Antworten auf Jugendkriminalität (S. 43–67). Freiburg i. Br.: Lambertus.

Trenczek, T. (2023). Jugendstraffälligenhilfe – Leistungen der Jugendhilfe. In H. Cornel, C. Ghanem, G. Kawamura-Reindl, I. Pruin (Hrsg.), Resozialisierung. Handbuch für Studium, Wissenschaft und Praxis (5. Aufl.) (S. 151–170). Baden-Baden: Nomos.

Trenczek, T. (2021). Ist § 38 JGG in Teilen verfassungswidrig? Zur Berichts- und Anwesenheitspflicht der Fachkräfte des Jugendamts im jugendstrafrechtlichen Verfahren. Zeitschrift für Jugendkriminalrecht und Jugendhilfe, 32 (3), 240–247.

Trenczek, T. (2015). Unterschiedliche Logiken und Diskurse – Jugendhilfe im Kontext der strafrechtlichen Sozialkontrolle. Anmerkungen zu einem schwierigen Kooperationsverhältnis. In T. Rotsch, J. Brüning & J. Schady (Hrsg.), Strafrecht – Jugendstrafrecht – Kriminalprävention in Wissenschaft und Praxis. Festschrift für Heribert Ostendorf zum 70. Geburtstag (S. 883–900). Baden-Baden: Nomos.

Trenczek, T. (2011). Gefährdungen von jungen Menschen durch die Sozialkontrolle. Informationszentrum Kindesmisshandlung Kindesvernachlässigung, (1), S. 47–51.

Trenczek, T. (2010). Auszug aus dem Souterrain – 20 Jahre danach. Zum spannenden Verhältnis von Jugendhilfe(recht) und Strafrecht/Strafjustiz und den Möglichkeiten einer gelingenden Kooperation. Recht der Jugend und des Bildungswesens, 58 (3), S. 293–305.

Trenczek, T. (2003). Die Mitwirkung der Jugendhilfe im Strafverfahren. Konzeption und Praxis der Jugendgerichtshilfe. Weinheim: Beltz, Votum.

Trenczek, T. (1996). Strafe, Erziehung oder Hilfe? Neue ambulante Maßnahmen und Hilfen zur Erziehung. Sozialpädagogische Hilfeangebote für straffällige junge Menschen im Spannungsfeld von Jugendhilferecht und Strafrecht. Gutachten im Auftrag des Niedersächsischen Landesjugendamtes. Bonn: Forum Verlag Godesberg.

Trenczek, T. (1993). Auszug aus dem Souterrain? Rechtliche Rahmenbedingungen und sozialpädagogische Handlungsansätze für die Jugendhilfe im Strafverfahren. Recht der Jugend und des Bildungswesens, 41 (3), S. 316–328.

Trenczek, T. & Schmoll, A. (2024). Jugendkriminalität, Jugendhilfe und Strafverfahren (2. Aufl.) Stuttgart: Boorberg.

Trenczek, T. & Stöss, H. (2014). Sozialrechtliches Verwaltungsverfahren und die besondere Rolle der Eltern im jugendkriminalrechtlichen Dreiecksverhältnis. Zeitschrift für Jugendkriminalrecht und Jugendhilfe, 25 (4), S. 323–328.

Wabnitz, R. J. (2017). Kinder, Jugendliche und junge Erwachsene im deutschen Recht – in der historischen Entwicklung und heute. Zeitschrift für Jugendkriminalrecht und Jugendhilfe, 28 (3), S. 230–235.

Wabnitz, R. J., Fieseler, G. & Schleicher, H. (Hrsg.) (2023). GK-SGB VIII. Gemeinschaftskommentar zum Kinder- und Jugendhilferecht. (Loseblatt 91. Aktualisierungslieferung, Stand: Januar 2023). Köln: Wolters Kluwer Luchterhand.

Wacquant, L. (2009). Bestrafen der Armen. Zur neoliberalen Regierung der sozialen Unsicherheit. Opladen: Budrich.

Wapler, F. & Wiesner, R. (Hrsg.) (2022). SGB VIII – Kinder- und Jugendhilfe. Kommentar (6. Aufl.). München: C. H. Beck.

Wehrheim, J. (2021). Sanfte Kontrolle? Devianz, Etikettierung und Soziale Arbeit: 1975 und 2020. Weinheim: Beltz Juventa.

Wiesner, R. (2023). Das Jugendhilferecht und seine Bezüge zum Jugendstrafrecht – Zur Rechtsentwicklung anlässlich des 100. Geburtstag zweier Gesetze. Zeitschrift für Jugendkriminalrecht und Jugendhilfe, 34 (2), S. 104–111.

Zobrist, P. & Kähler, H. (2017). Soziale Arbeit in Zwangskontexten. Wie unerwünschte Hilfe erfolgreich sein kann (3. Aufl.). München: Ernst Reinhardt Verl.

Neue Gesetzeslage, veränderte Aufgaben, neue Praxis? – Die Jugendhilfe im Strafverfahren und ihre Adressat*innen nach der JGG-Reform 2019

Annemarie Schmoll & Dirk Lampe

Der Beitrag stellt ausgewählte Ergebnisse des Forschungsprojekts Jugend(hilfe) im Strafverfahren – neue Gesetzeslage, veränderte Aufgaben und die Perspektive der jungen Menschen, *das von Juli 2020 bis Juli 2023 vom Bundesministerium für Familie, Senioren, Frauen und Jugend gefördert und am Deutschen Jugendinstitut e. V. durchgeführt wurde, vor. Im Mittelpunkt stehen u. a. Daten zur Organisation der Jugendhilfe im Strafverfahren, zur Aufgabenerfüllung sowie zur Umsetzung der Änderungen im Jugendgerichtsgesetz 2019. Auf dieser Basis werden Herausforderungen für die Praxis in diesem Arbeitsfeld aufgezeigt.*

1 Einleitung

Ende des Jahres 2019 wurden mit dem *Gesetz zur Stärkung der Verfahrensrechte von Beschuldigten im Jugendstrafverfahren*[1] sowie dem *Gesetz zur Neuregelung der notwendigen Verteidigung*[2] umfangreiche Änderungen im Jugendgerichtsgesetz (JGG) und in der Strafprozessordnung (StPO) verabschiedet, die Diemer, Schatz und Sonnen als „weitreichendste Revision des Jugendgerichtsgesetzes seit dem 1. JGGÄndG [von] 1990"[3] bezeichnen. Der Beitrag stellt kursorisch die Änderungen, ihren Entstehungshintergrund sowie das Projekt *Jugend(hilfe) im Strafverfahren – neue Gesetzeslage, veränderte Aufgaben und die Perspektive der jungen Menschen*[4] vor. Es widmete sich u. a. der Praxis der Jugendhilfen im Strafverfahren (JuhiS) mit Blick auf Organisations- und Angebotsstrukturen, Aufgabenerfüllung und Kooperationsbeziehungen, der Umsetzung der JGG-Änderungen von 2019 sowie der Perspektive der jungen Menschen zum Erleben von Jugendstrafverfahren und ihren Erfahrungen mit dem Handeln der verschiedenen an

---

[1]   Es ist am 17.12.2019 in Kraft getreten. Die Änderungen zu § 70c Abs. 2 S. 3 JGG und die sich aus dem Gesetz ergebenden Änderungen der StPO traten zum 01.01.2020 in Kraft (BGBl. 2019 I, S. 2146 ff.).

[2]   Es ist am 11.12.2019 in Kraft getreten (BGBl. 2019 I, S. 2128 ff.).

[3]   Diemer, Schatz & Sonnen, 2020, S. V.

[4]   Das Projekt wurde unter der Leitung von Bernd Holthusen von den Verf. durchgeführt.

Jugendstrafverfahren beteiligten Institutionen. Es werden Einblicke in die Perspektive der jungen Menschen und zentrale Ergebnisse des *Jugendgerichtshilfebarometers 2022* präsentiert sowie Herausforderungen für die Praxis in diesem Arbeitsfeld benannt.

2   Vom Grünbuch 2003 zu den JGG- und StPO-Änderungen 2019

2.1   Entstehungshintergrund

Die im Dezember 2019 verabschiedeten JGG- und StPO-Änderungen dienten der Umsetzung der Vorgaben zweier Richtlinien des Europäischen Parlamentes und des Rates, nämlich der Richtlinie (EU) 2016/800 *über Verfahrensgarantien in Strafverfahren für Kinder, die Verdächtige oder beschuldigte Personen in Strafverfahren sind* und der Richtlinie (EU) 2016/1919 *über Prozesskostenhilfe für Verdächtige und beschuldigte Personen in Strafverfahren sowie für gesuchte Personen in Verfahren zur Vollstreckung eines Europäischen Haftbefehls.* Diesen Richtlinien ging ein langer Diskussionsprozess voraus:[5] Schon 2003 legte die Kommission der Europäischen Gemeinschaften das Grünbuch *Verfahrensgarantien in Strafverfahren innerhalb der Europäischen Union*[6] vor, das sich mit der „Einführung gemeinsamer Mindestverfahrensgarantien in allen Mitgliedstaaten für Personen [...], die einer Straftat verdächtigt, beschuldigt oder die wegen einer Straftat angeklagt oder verurteilt werden"[7] beschäftigt. Ziel des Grünbuchs war, „dafür zu sorgen, dass die in der [Europäischen Menschenrechtskonvention] garantierten Rechte in der Europäischen Union konsequenter und einheitlicher angewandt werden".[8] Die grundlegende Verfahrensgarantie, auf der alle anderen Rechte in Strafverfahren aufbauen, ist nach Ansicht der Kommission „das Recht auf rechtlichen Beistand und Vertretung".[9] Auch müsse eine verdächtige oder beschuldigte Person „verstehen, wessen sie beschuldigt wird und wie weiter verfahren wird."[10] Dies gelte insbesondere für „besonders schutzbedürftige Personen",[11]

---

5   Instruktiv Sommerfeld, 2017; 2018.
6   Kommission der Europäischen Gemeinschaften, 2003.
7   Kommission der Europäischen Gemeinschaften, 2003, S. 5.
8   Kommission der Europäischen Gemeinschaften, 2003, S. 18.
9   Kommission der Europäischen Gemeinschaften, 2003, S. 16.
10   Kommission der Europäischen Gemeinschaften, 2003, S. 16.
11   Kommission der Europäischen Gemeinschaften, 2003, S. 36.

wie z. B. Kinder.[12] Ähnliche Forderungen zur Stärkung der Verfahrensrechte von Verdächtigen und Beschuldigten lassen sich im *Stockholmer Programm* des Rats der Europäischen Union von 2009[13] und in den *Leitlinien für eine kindgerechte Justiz* des Europarates von 2010[14] finden. Kindgerechte Justiz wird darin verstanden als ein „Justizsystem, das die Einhaltung und wirksame Umsetzung aller Kinderrechte auf dem höchst möglichen Niveau garantiert",[15] das die UN-Kinderrechtskonvention und die darin formulierten Grundprinzipien (Beteiligung, Kindeswohl, Würde, Schutz vor Diskriminierung, Rechtsstaatlichkeit) beachtet[16] „und den Reifegrad des Kindes, seine Verständnisfähigkeit sowie die Umstände des Falls angemessen [berücksichtigt]".[17] Dies bedeutet im Kern, so Drenkhahn, „dass Kinder von der Justiz als eigenständiges Gegenüber mit eigenen Rechten anerkannt und behandelt werden und dabei ihre spezifische Situation berücksichtigt wird".[18]

Diese Leitgedanken prägen auch die beiden o. g. Richtlinien. So werden, dem ersten Erwägungsgrund der Richtlinie (EU) 2016/800 zufolge, mit ihr Verfahrensgarantien festgelegt, „um zu gewährleisten, dass Kinder [...], die Verdächtige oder beschuldigte Personen in Strafverfahren sind, *diese Verfahren verstehen, ihnen folgen* und ihr *Recht auf ein faires Verfahren ausüben können*, um zu *verhindern, dass Kinder erneut straffällig werden* und um *ihre soziale Integration zu fördern* [Hervorh. d. Verf.]". Dies weist starke Überschneidungen mit dem auf, was für die sog. „Zweispurigkeit der jugendrechtlichen Sozialkontrolle"[19] in Deutschland prägend ist: nämlich mit den in § 2 Abs. 1 S. 1 JGG (Erziehung und Legalbewährung) und in § 1 Abs. 1 SGB VIII (soziale Integration) genannten Zielen und Leitmotiven des Jugendstraf- und Jugendhilferechts.

Die Richtlinie (EU) 2016/800 folgt einer Art Idealbild eines informierten, aktiven – nicht den institutionellen Eigenlogiken des Strafverfahrens als Objekt ausgelieferten – jungen Menschen, der sein Verfahren versteht und damit – als handelndes Subjekt – beeinflussen kann. Dies basiert auf der Anerkennung der besonders belastenden Situation des Strafverfahrens, auf der Anerkennung der

---

12 Darunter werden Personen unter 18 Jahren verstanden, Kommission der Europäischen Gemeinschaften, 2003, S. 14, 36.
13 Rat der Europäischen Union, 2009.
14 Ministerkomitee des Europarates, 2010.
15 Ministerkomitee des Europarates, 2010, S. 17.
16 Vgl. Ministerkomitee des Europarates, 2010, S. 17 ff.
17 Ministerkomitee des Europarates, 2010, S. 17.
18 Drenkhahn, 2022, S. 592.
19 Trenczek & Schmoll, i. V., Kap. 3.1.

besonderen Schutzbedürftigkeit junger Beschuldigter und auf der Grundidee, ‚Erziehung‘ in Jugendstrafverfahren dadurch zu ermöglichen, dass junge Beschuldigte nachvollziehen können, was mit ihnen währenddessen geschieht.[20]

2.2   Kursorischer Überblick über die 2019 verabschiedeten Änderungen im JGG und in der StPO

Hier kann kein vollständiger oder vertiefter Überblick[21] über die JGG- und StPO-Änderungen 2019 geleistet werden. Die nachfolgende Aufzählung benennt daher nur einige besonders relevante Neuerungen:

- die Erweiterung der Informationen für junge Menschen, die nun, sobald sie in Kenntnis gesetzt werden, Beschuldigte zu sein, unverzüglich obligatorisch sowie je nach Konstellation anlassabhängig über die in § 70a JGG genannten Gegenstände zu unterrichten sind. Belehrungen haben in einer Weise zu erfolgen, die dem Alter, dem Entwicklungs- und Bildungsstand entsprechen (§ 70b Abs. 1 S. 1 JGG);
- Änderungen der Stellung der Erziehungsberechtigten und der gesetzlichen Vertreter*innen (§ 67 JGG) sowie deren Unterrichtung (§ 67a JGG);
- Änderungen der Voraussetzungen der Beiordnungsgründe und der Zeitpunkt der Bestellung von Pflichtverteidiger*innen (notwendige Verteidigung, §§ 68, 68a, 68b JGG, §§ 140 ff. StPO), ggf. im Sinne eines „Pflichtverteidiger[s] der ersten Stunde"[22] und prozessuale Absicherung durch Neubeginn der Hauptverhandlung, wenn sich erst währenddessen ergibt, dass die Mitwirkung eines*einer Verteidigers*Verteidigerin nach § 68 Nr. 5 JGG notwendig ist und der*die Jugendliche nicht von Beginn der Hauptverhandlung verteidigt war (§ 51a JGG);
- Bestimmung des spätestmöglichen Unterrichtungszeitpunkts der JuhiS von der Einleitung des Verfahrens: spätestens zum Zeitpunkt der Ladung der*des Jugendlichen zur ersten Vernehmung als Beschuldigte*r oder im Fall von Spontanvernehmungen unverzüglich danach (§ 70 Abs. 2 JGG);

---

20   Vgl. Lampe & Schmoll, 2023a; Schmoll, Lampe & Holthusen, 2023b, S. 134.

21   Vgl. umfassend Drenkhahn, 2022, S. 592 f.; Goldberg, 2021, S. 9 ff.; Höynck & Ernst, 2020, S. 245 ff.; Holthusen & Schmoll, 2020, S. 113 ff.; Kölbel, 2021a, S. 524 ff.; Schmoll, Lampe & Holthusen, 2023a, S. 95 ff.; Trenczek, 2021, S. 241 ff.; Trenczek & Goldberg, 2019, S. 475 ff.

22   Ggf. bereits vor der ersten Beschuldigtenvernehmung; vgl. BT-Drs. 19/13829, S. 26; BT-Drs. 19/13837, S. 61.

damit verbunden ist die Chance, frühzeitig zu prüfen, ob Leistungen der Jugendhilfe oder anderer Sozialleistungsträger in Betracht kommen. Dies bietet die Chance, Diversionen zu befördern (s. a. § 52 Abs. 2 SGB VIII).

- Änderungen in dem für die JuhiS besonders relevanten § 38 JGG, u. a. zu ergänzenden Nachforschungen im Falle von wesentlichen Änderungen der nach § 38 Abs. 2 JGG bedeutsamen Umständen (§ 38 Abs. 3 JGG), zur Anwesenheit während der Hauptverhandlung (§ 38 Abs. 4 JGG) mit Ausnahmen bzw. verschiedenen Verzichtsmöglichkeiten (§ 38 Abs. 7 JGG), zur Möglichkeit der Kostenauferlegung im Falle eines Nichterscheinens vor Gericht trotz rechtzeitiger Mitteilung (§ 38 Abs. 4 S. 3 JGG);
- Normierung eines Regel-Ausnahme-Verhältnisses für „Anklagen vor Berichterstattung der Jugendgerichtshilfe" (§ 46a JGG);
- Änderungen die Vollstreckung der Untersuchungshaft betreffend (§ 89c JGG);
- Änderungen in § 109 Abs. 1 JGG.

Insbesondere die §§ 70a, 70b, 70c, 67, 67a JGG zeigen die Bedeutung des Verstehens durch junge Menschen und die Bedeutung der Kommunikation von Fachkräften der verschiedenen Institutionen mit jungen Menschen (und ggf. ihrer Eltern) während eines Jugendstrafverfahrens auf. Die im ersten Erwägungsgrund der Richtlinie (EU) 2016/800 enthaltenen Züge des Konzepts der kindgerechten Justiz scheinen somit auch in den JGG-Änderungen 2019 durch. Die JGG-Änderungen 2019 gelten auch für Heranwachsende, sofern, wie z. B. bei Regelungen, die Erziehungsberechtigte und gesetzliche Vertreter*innen betreffen, nicht die Volljährigkeit entgegensteht. Mit den JGG-Änderungen 2019 hat v. a. das Vorverfahren bzw. dessen Abläufe unter Beteiligung der JuhiS an Bedeutung gewonnen.[23]

3 Das Forschungsprojekt Jugend(hilfe) im Strafverfahren – neue Gesetzeslage, veränderte Aufgaben und die Perspektive der jungen Menschen

Die eben nur angerissenen, umfangreichen JGG- und StPO-Änderungen werfen die Frage nach deren Umsetzung in der Praxis auf. Dieser widmete sich das Projekt *Jugend(hilfe) im Strafverfahren* aus zweifacher Perspektive: der Adressat*innenperspektive (Modul 1) – junge Menschen im Jugendstrafverfahren,

---

23 Vgl. Kölbel, 2021a, S. 524 ff., 530.

auch als Adressat*innen der JuhiS – und der Institutionenperspektive (Modul 2)
– der JuhiS. Ziel des ersten Moduls war, Erkenntnisse zum Erleben von Jugendstrafverfahren und Erfahrungen mit dem Handeln der verschiedenen an Jugendstrafverfahren beteiligten Institutionen zu generieren. Modul 2 zielte auf
eine Aktualisierung und Vertiefung des empirischen Wissens über das Handlungsfeld der JuhiS im Allgemeinen sowie auf die Begleitung, Dokumentation
und Analyse der Umsetzung der JGG-Änderungen 2019 im Besonderen. Mo-
dulübergreifende Zielsetzung des Projekts war, einen Beitrag zur Weiterentwicklung von Jugendstrafverfahren zu leisten und Erkenntnisse darüber zu gewinnen, inwieweit die Intentionen der Neuregelungen, die Verfahrensrechte
von Beschuldigten im Jugendstrafverfahren zu stärken, in der Praxis erreicht
werden.

3.1   Methodisches Vorgehen

3.1.1 Modul 1: Adressat*innenperspektive

Es wurden 27 leitfadengestützte qualitative Interviews mit jungen Menschen geführt. Bis auf drei Interviews fanden alle zwischen Mai 2021 und Mai 2023 –
trotz damals ‚akuter' Pandemie – face to face statt. Voraussetzung war, dass die
Ermittlungsverfahren nach Inkrafttreten der JGG-Änderungen 2019 begonnen
haben. Wie weit die Erkenntnis- oder Vollstreckungsverfahren zum Zeitpunkt
des Interviews gediehen waren, war unerheblich. Insgesamt konnte ein nach
Alter, Geschlecht, Staatsangehörigkeiten, genutzten Sprachen mit Verwandten
oder Freund*innen, Schulabschlüssen und (mutmaßlichen) Straftaten sehr heterogenes Sample realisiert werden.[24] Gleiches gilt für die bisherigen Erfahrungen mit der Jugendhilfe sowie mit Jugendstrafverfahren, Verfahrensausgängen
und jugendstrafrechtlichen Sanktionen.[25]

---

[24] 21 Interviewte waren männlich und sechs weiblich; sie waren 15 bis 24 Jahre alt, im Durch-
schnitt 19. Drei Fünftel waren deutsche Staatsangehörige, weitere Interviewte waren u. a.
afghanische, griechische, libanesische, syrische oder serbische Staatsangehörige. Die
Mehrzahl gibt an, mit Verwandten oder Freund*innen überwiegend in deutscher Sprache
zu kommunizieren. Als weitere Sprachen hierfür benennen sie u. a. Amharisch, Dari, Grie-
chisch, Mazedonisch, Roma, Wolof. Überwiegend verfügen die Interviewten über Mittel-
schulabschlüsse, fünf Interviewte besuchten die Realschule und drei das Gymnasium.

[25] Das Spektrum der selbstberichteten (mutmaßlichen) Straftaten reichte von Beleidigungen,
Verkehrsdelikten und ‚kleineren' Diebstählen bis hin zu Wohnungseinbruchdiebstählen,
Raub, schwerer Körperverletzung und Rauschgifthandel in erheblichem Umfang. Bezüg-

Um die über die Einzelinterviews erhobenen subjektiven Sichtweisen zu ergänzen und auf kollektive Deutungsmuster zu fokussieren, wurden drei Gruppendiskussionen durchgeführt: (1) im Rahmen eines Ambulanten Sozialpädagogischen Angebots (ASA) mit zehn männlichen Teilnehmern, im Jugendarrestvollzug (2) mit vier Teilnehmenden (drei männlich, eine weiblich) und (3) mit fünf Teilnehmenden (vier männlich, eine weiblich).

Den Kontakt zu den jungen Menschen vermittelten Fachkräfte der JuhiS und Freier Träger, die ASA für straffällig gewordene junge Menschen anbieten, sowie Rechtsanwält*innen. Der Zugang zu drei jungen Menschen im Jugendstrafvollzug sowie zu den Arrestant*innen gelang nach einem genehmigten Antrag beim Kriminologischen Dienst eines Bundeslandes.[26]

Die vollständig transkribierten Interviews (Modul 1 und 2a) und Gruppendiskussionen wurden inhaltsanalytisch nach Mayring[27] ausgewertet; hierfür wurde MAXQDA unterstützend genutzt.

3.1.2 Modul 2: Institutionenperspektive

In Modul 2a wurden in zwei Wellen[28] Experteninterviews an elf Erhebungsorten[29] mit zwölf Fachkräften der JuhiS durchgeführt, um u. a. Eindrücke zum Stand der Umsetzung der JGG-Änderungen 2019 vor Ort zu gewinnen und um Anregungen für die Weiterentwicklung und die Ausdifferenzierung des Fragebogens des *Jugendgerichtshilfebarometers 2022* (Modul 2b) zu erhalten.

Das *Jugendgerichtshilfebarometer 2022* ist eine bundesweite quantitative Online-Befragung der Jugendämter.[30] Die Aufgabe der Jugendhilfe im Strafverfahren, also die Mitwirkung des Jugendamts in Verfahren nach dem JGG (§ 52

---

lich der Verfahrensausgänge und Sanktionen wurden z. B. Diversion, Freispruch, Weisungen, Auflagen, ebenso z. T. mehrmaliger Vollzug von U-Haft oder von (Nichtbefolgungs-) Arresten, z. T. mehrjährige Jugendstrafen berichtet.

26 Für die Unterstützung bei unserem Forschungsvorhaben möchten wir uns bei allen Beteiligten herzlich bedanken.

27 Vgl. Mayring, 2010; 2019.

28 Welle 1: April bis November 2021; Welle 2: Dezember 2021 bis Mai 2022; Abstand: neun bis zwölf Monate.

29 Die Auswahl erfolgte theoretisch begründet, um das breite Spektrum der verschiedenen Organisationsformen und regionale Besonderheiten im heterogenen Handlungsfeld zu berücksichtigen, zu den Erhebungsorten s. Schmoll & Lampe, 2022, S. 11.

30 Es handelte sich somit um eine Institutionenbefragung und nicht um eine Personenbefragung, weshalb keine Fragen zu individuellen Selbst- und Professionsverständnissen gestellt wurden.

SGB VIII), ist eine „andere Aufgabe" der Jugendhilfe (§ 2 Abs. 3 Nr. 8 SGB VIII). Der Fragebogen der Erhebung im Jahr 2022 basiert auf dem des 2011 publizierten *Jugendgerichtshilfebarometers*,[31] modifiziert aufgrund der in Modul 2a des Projekts gewonnenen Erkenntnisse sowie um aktuelle thematische Schwerpunkte, wie z. B. die Auswirkungen der Corona-Pandemie, Häuser des Jugendrechts, (Fall-)Konferenzen sowie Bewertung und Umsetzung der JGG-Reform 2019.

Die Datenerhebung erfolgte von Anfang Juli bis Ende Oktober 2022. Eingeladen zur Teilnahme an der Institutionenbefragung wurde mittels E-Mails, sofern online einsehbar, die in der Institution verantwortlichen Personen auf Team- oder Sachgebietsleitungsebene, Leitungen übergeordneter Einheiten oder die Funktions-E-Mail-Accounts.[32] 373 von 569 eingeladenen Jugendämter nahmen teil; dies entspricht einer für Jugendamtsbefragungen sehr guten Rücklaufquote von 65,6 %.[33] Mit dem *Jugendgerichtshilfebarometer 2022* liegen somit weiterführende quantitative Daten zum Arbeitsfeld der JuhiS vor und es können längerfristige Entwicklungslinien in diesem Handlungsfeld nachgezeichnet werden.[34] Aufgrund der partiellen inhaltlichen Überschneidungen können das *Jugendgerichtshilfebarometer 2022* und das *Jugendgerichtsbarometer 2021/2022*, eine Personenbefragung von Jugendrichter*innen und Jugendstaatsanwält*innen,[35] zu einem umfassenden Blick auf den Umsetzungsstand der JGG-Reform 2019 beitragen.

4   Ausgewählte Ergebnisse

4.1   Der Blick auf die Institution – Die Perspektive der JuhiS

Der Grundtenor der in Modul 2a geführten Interviews mit Fachkräften der JuhiS war, dass diese bis zum Zeitpunkt der Interviews keine Veränderungen in ihrer Praxis feststellen konnten. Diese Einschätzung ist vor dem Hintergrund

---

31 AST & JHSW, 2011.
32 Ausführlicher zur Fragebogenentwicklung, der Gewinnung der Jugendämter und Durchführung der Befragung Schmoll, Lampe & Holthusen, 2024, S. 31 ff.
33 Zur Grundgesamtheit, der Verteilung der Jugendämter nach Bundesländern, zum jeweiligen Anteil an der Erhebung und zum Rücklauf s. Schmoll, Lampe & Holthusen, 2024, S. 33 ff.
34 Aus Platzgründen können hier nicht alle Ergebnisse umfassend präsentiert werden, vgl. hierfür Schmoll, Lampe & Holthusen, 2024.
35 Höynck, Freuwört et al., 2022.

des Erhebungszeitraumes[36] in pandemischen Zeiten und den damals bestehenden Einschränkungen aufgrund der Maßnahmen zur Eindämmung der Pandemie zu verstehen: Das Handlungsfeld JuhiS befand sich in den Jahren 2020 und 2021 zwischen Krisenbewältigung und neuen Wegen, war beeinträchtigt, auch in Kommunikations- und Abstimmungsprozessen mit anderen jugendkriminalrechtlichen Akteuren, und das Feld war in Suchbewegungen, wie Praktiken – im Sinne und zum Wohle der Adressat*innen – unter pandemischen Bedingungen aufrechterhalten oder modifiziert werden können.[37] Die Ergebnisse des zu einem späteren Zeitpunkt erhobenen *Jugendgerichtshilfebarometers 2022* weisen daher auch auf vielschichtigere Entwicklungen hin.

4.1.1 Organisationsform

Die Aufgabe der JuhiS ist in 74,0 % der Jugendämter als eigenständige, spezialisierte Organisationseinheit innerhalb des Jugendamtes organisiert (s. Abbildung 1). Demgegenüber geben 20,1 % der Jugendämter an, die Aufgabe der JuhiS als ein Teil des Allgemeinen Sozialen Dienstes (ASD) organisiert zu haben. 3,5 % der Jugendämter haben die Aufgabe der JuhiS vollständig oder teilweise an einen oder mehrere Freie Träger übertragen.[38] Weitere 2,4 % geben andere organisatorische Verteilungen der Aufgabe der JuhiS in den Jugendämtern an.[39] Im Vergleich zum *Jugendgerichtshilfebarometer 2011* nahm der Anteil der eigenständigen, spezialisierten Organisationseinheiten um fünf Prozentpunkte (2011: 69 %; 2022: 74,0 %), die (vollständige oder teilweise) Übertragung der Aufgabe der JuhiS oder andere Organisationsformen um knapp einen Prozentpunkt (2011: 5 %; 2022: 5,9 %) zu. Der Anteil von JuhiS als Teil des ASD ging um knapp sieben Prozentpunkte zurück (2011: 27 %; 2022: 20,1 %).[40] Eine Tendenz in Richtung Spezialisierung innerhalb der Jugendämter ist zu erkennen.

---

36 Vgl. Fußnote 28.
37 Vgl. Schmoll, 2021; Wind & Müller, 2022. S. a. Schmoll, Lampe & Holthusen, 2024, S. 149 ff. zu Auswirkungen der Corona-Pandemie auf die pädagogische Arbeit der JuhiS, auf die Äußerungen zu den zu ergreifenden Maßnahmen und auf Jugendstrafverfahren, zur Entwicklung neuer Angebote und Arbeitsweisen der JuhiS sowie zur Kontaktaufnahme mit jungen Menschen während der Corona-Pandemie.
38 Eine vollständige Übertragung geben 1,6 % der Jugendämter an, eine teilweise Übertragung 1,9 %.
39 Vgl. Schmoll, Lampe & Holthusen, 2024, S. 37 ff.
40 Vgl. Schmoll, Lampe & Holthusen, 2024, S. 37 ff.; AST & JHSW, 2011, S. 20.

Abbildung 1: *Organisationsformen der JuhiS*

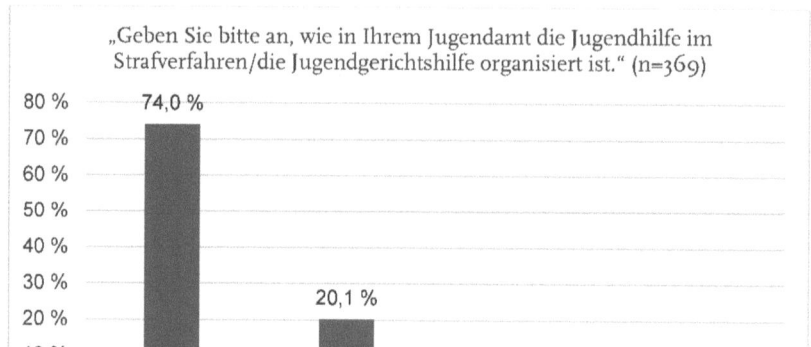

4.1.2 Stellenausstattung

Der Personalbestand der JuhiS kann auf zweierlei Weise erfasst werden: Es kann die Zahl der Mitarbeitenden, die zum Zeitpunkt der Erhebung für die Aufgaben der JuhiS zuständig sind, sowie die Anzahl der Vollzeitäquivalente (VZÄ) betrachtet werden.

Durchschnittlich sind 4,8 Personen in den Jugendämtern mit der Aufgabe der JuhiS befasst. Differenziert man nach Organisationform arbeiten in den spezialisierten Einheiten durchschnittlich weniger Personen (4,3) als in den ASD-integrierten Einheiten (6,6). Dies ist nicht überraschend, da innerhalb des ASD auch weitere Aufgaben übernommen werden müssen und somit nur ein Teil der Arbeitszeit auf Vorgänge im Zusammenhang mit Jugendstrafverfahren entfällt.[41] Im Mittel verfügen JuhiS über 3,5 VZÄ, wobei der Tendenz nach in spezialisierten JuhiS eine etwas höhere Anzahl an VZÄ pro Organisationseinheit besteht. Die höhere Personalanzahl im ASD lässt sich somit durch geringere Stellenanteile erklären.[42]

---

41 Vgl. Schmoll, Lampe & Holthusen, 2024, S. 44 f.
42 Vgl. Schmoll, Lampe & Holthusen, 2024, S. 45.

Der Median der Mitarbeitendenzahl liegt bei drei Personen, d. h., dass über die Hälfte der JuhiS kleine Organisationseinheiten mit bis zu drei Personen sind, die zusätzlich auch jeweils unterschiedliche Stellenanteile haben können. Für diese kleinen Organisationseinheiten stellen Vertretungsfälle (z. B. Krankheit, Urlaub, Fortbildung), eine besondere Herausforderung dar. Dies gilt in besonderem Maße für ‚Ein-Personen-JGH', die knapp 12 % aller befragten JuhiS darstellen (s. Abbildung 2), in denen nur eine Person in einem Jugendamt die Aufgabe der JuhiS übernimmt.[43]

Abbildung 2: *Größenkategorien von JuhiS nach Anzahl der Fachkräfte*

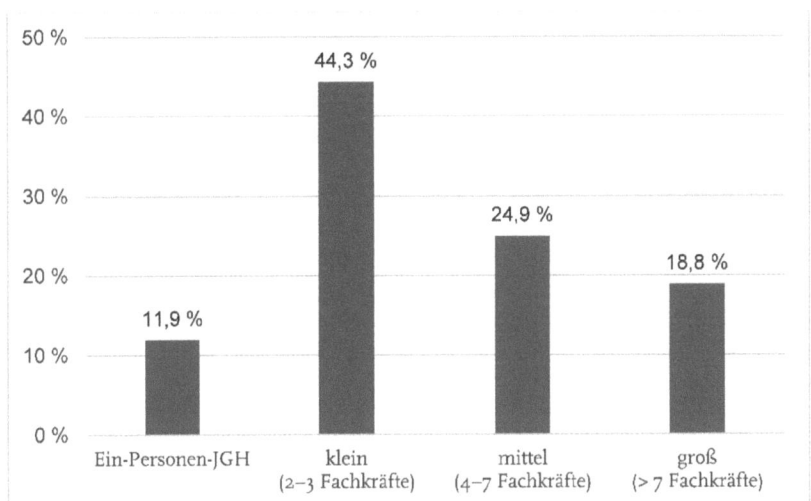

In über der Hälfte der Jugendämter (55,6 %) haben sich die Stellenanteile für die Aufgabe der JuhiS in den drei Jahren vor der Befragung (Stichtag: 01.01.2019) nicht verändert. In knapp 5 % der Jugendämter wurde die Stellenanzahl sogar reduziert. Knapp 40 % der Jugendämter berichten von Erhöhungen der VZÄ. Als Gründe für deren Erhöhung führen die befragten Jugendämter weit überwiegend die JGG-Reform 2019 an.[44] Weitere Gründe waren Strukturver-

43   Vgl. Schmoll, Lampe & Holthusen, 2024, S. 45 f., 53 ff.
44   Vgl. Schmoll, Lampe & Holthusen, 2024, S. 47. Ein ähnliches Ergebnis zeigt sich hinsichtlich der Ressourcenentwicklung der JuhiS: Hier geben 37,5 % eine Ressourcenausweitung

änderungen (z. B. Etablierung von Häusern des Jugendrechts), Mehraufwand, Überlastung, gestiegene Fallzahlen und die Besetzung zuvor vakanter Stellen. Als Gründe für die Verringerung von Stellenanteilen nennen sie verringerte Fallzahlen.[45]

Trotz der JGG-Reform 2019, die neue Aufgaben für die JuhiS mit sich brachte, kam es somit in über 60 % der JuhiS zu keinen Personalzuwächsen, so dass Mehraufgaben zusätzlich bewältigt werden müssen.

4.1.3 Zeitpunkte der Information an die JuhiS und der Kontaktaufnahme zu den Adressat*innen

Nach § 70 Abs. 1 S. 1 JGG ist die JuhiS immer über die Einleitung und den Ausgang eines Verfahrens zu unterrichten. Die JuhiS ist im gesamten Verfahren heranzuziehen, was so früh wie möglich geschehen soll (§ 52 SGB VIII, § 38 Abs. 6 S. 1, 2 JGG). Der 2019 eingefügte § 70 Abs. 2 JGG legt dabei den spätestmöglichen Mitteilungszeitpunkt fest: Danach ist die JuhiS „von der Einleitung des Verfahrens [...] spätestens zum Zeitpunkt der Ladung des Jugendlichen zu seiner ersten Vernehmung als Beschuldigter zu unterrichten." Bei Sofort- oder Spontanvernehmungen, also „im Fall einer ersten Beschuldigtenvernehmung ohne vorherige Ladung, muss die Unterrichtung spätestens unverzüglich nach der Vernehmung erfolgen" (§ 70 Abs. 2 S. 2 JGG). Die Mitteilung muss in solchen Fällen folglich schnellstmöglich nachgeholt werden. Unter Umständen ergeben sich aus Nr. 3.2.7 der Polizeidienstvorschrift 382 oder § 72a JGG frühere Unterrichtungszeitpunkte.[46] Während des Ermittlungsverfahrens ist die Staatsanwaltschaft zuständig für die Mitteilungen (vgl. § 160 StPO i.V.m. § 2 Abs. 2 JGG; Nr. 4 Abs. 1 Nr. 1 MiStra); praktisch betraut ist sie damit aber in aller Regel die Polizei.[47] Die frühe Unterrichtung der JuhiS dient dazu, dass der JuhiS genügend Zeit verbleibt, ihre sich insbesondere aus §§ 52, 10a SGB VIII ergebenden Aufgaben sachgerecht erfüllen zu können.[48] Die von den JuhiS im *Jugendgerichtshilfebarometer 2022* genannten tatsächlichen Zeitpunkte der Unterrichtung

---

infolge der JGG-Reform 2019 an, während 57,9 % von keiner und 4,5 % von einer Verminderung berichten; vgl. Schmoll, Lampe & Holthusen, 2024, S. 175.

45   Vgl. Schmoll, Lampe & Holthusen, 2024, S. 47.
46   Eisenberg & Kölbel, 2023, § 70 Rn. 10.
47   Eisenberg & Kölbel, 2023, § 70 Rn. 11; Sommerfeld in Ostendorf, 2021, § 70 Rn. 12.
48   So auch, bezogen auf § 52 SGB VIII, bereits BT-Drs. 19/13837, S. 62 f. Vgl. hierfür auch Holthusen in diesem Band ab S. 137 sowie Schmoll, Holthusen & Kußerow in diesem Band ab S. 355.

weichen allerdings hiervon z. T. deutlich ab, so dass hier Umsetzungsdefizite des § 70 Abs. 2 JGG erkennbar sind (Tabelle 1): Nur 47,7 % der Jugendämter geben an, dass sie in der Regel vor der Ladung der Jugendlichen zur ersten Vernehmung als Beschuldigte*r durch die Polizei unterrichtet werden; 38,5 % geben an, die Unterrichtung erfolgt in der Regel nach der ersten Beschuldigtenvernehmung. Fast 30 % der JuhiS erfahren in der Regel erst nach Abgabe des Falls an die Staatsanwaltschaft von einem Verfahren und 14,1 % erst, nachdem die Staatsanwaltschaft eine Entscheidung über die Eröffnung eines Strafverfahrens getroffen hat. Allerdings berichten auch 41,6 % der JuhiS davon, dass der Zeitpunkt der Unterrichtung stark nach polizeilicher Sachbearbeitung variiert.[49]

Tabelle 1: *Zeitpunkt der Informationen an das Jugendamt*

„Zu welchem Zeitpunkt wird Ihre Jugendhilfe im Strafverfahren/ Jugendgerichtshilfe in der Regel durch die Polizei informiert, dass ein Verfahren gegen einen jungen Menschen eröffnet wurde?" (Mehrfachauswahl möglich; n=361)	
	Prozent
vor der Ladung zur ersten Vernehmung als Beschuldigte:r durch die Polizei	47,7 %
nach der ersten Vernehmung als Beschuldigte:r durch die Polizei	38,5 %
nach Abgabe des Falls an die Staatsanwaltschaft	28,0 %
nach Entscheidung der Staatsanwaltschaft über die Eröffnung eines Strafverfahrens	14,1 %
wöchentlich gesammelt	5,6 %
monatlich gesammelt	1,4 %
im Quartal gesammelt	0,6 %
Der Zeitpunkt variiert stark nach der polizeilichen Sachbearbeitung.	41,6 %
Eine bestehende Kooperationsvereinbarung regelt den Zeitpunkt für unterschiedliche Konstellationen.	1,9 %

---

49   Vgl. Schmoll, Lampe & Holthusen, 2024, S. 67 f.

Die frühe Information der JuhiS soll auch dazu dienen, dass sie ebenfalls frühzeitig mit den jungen Menschen (und ggf. ihren Eltern) in Kontakt treten kann. Die Jugendämter bieten bei diesen Kontaktaufnahmen ihre Leistung nicht an, weil die jungen Menschen (mutmaßlich) eine Straftat begangen haben, sondern aus jugendhilferechtlicher Perspektive ist der Handlungsanlass, dass sie ggf. der Hilfe und Unterstützung durch die Jugendhilfe bedürfen, insbesondere auch in einer belastenden Situation wie einem Strafverfahren.[50] Der Termin nach einer § 70 Abs. 2 JGG-Mitteilung mit den Adressat*innen der JuhiS dient dementsprechend auch der nach § 52 Abs. 2 SGB VIII vorgesehenen Prüfung, ob Leistungen der Jugendhilfe oder anderer Sozialleistungsträger in Betracht kommen. Den Befunden des *Jugendgerichtshilfebarometers 2022* zufolge unterbreiten allerdings nur 43,7 % der JuhiS direkt nach dem Eingang einer Nachricht durch die Polizei ein entsprechendes Beratungsangebot. Dementsprechend nutzt über die Hälfte der JuhiS diesen Zeitpunkt nicht. Als Gründe hierfür (Mehrfachauswahl) wurden v. a. hohe Einstellungswahrscheinlichkeiten (57,7 %), Bagatellfälle (54,0 %) sowie fehlende zeitliche und personelle Ressourcen genannt (52,5 %).[51] Bei der Frage nach dem tatsächlichen Zeitpunkt der Kontaktaufnahme stachen zwei Zeitpunkte heraus: zum einen der bereits erwähnte Zeitpunkt „direkt nach Eingang einer Information durch die Polizei" (37,0 %), zum anderen „nach Eröffnung eines Strafverfahrens durch die Staatsanwaltschaft" (46,2 %).[52] Zu jungen Menschen (und ggf. ihren Eltern) kann ggf. gar nicht früher Kontakt aufgenommen werden, wenn die dem § 70 Abs. 2 JGG entsprechende Unterrichtung der JuhiS fehlt. Zum anderen kann die Praxis auch Ausfluss dessen sein, dass zwei Drittel der Jugendämter sich beim Erstkontakt schriftlich mit einem allgemeinen Informationsschreiben inkl. einer Einladung zu einem Gespräch an die jungen Menschen wenden.[53] Mit den zur Verfügung stehenden zeitlichen und personellen Ressourcen der Jugendämter ist es vielerorts nicht leistbar, allen jungen Menschen ein Angebot mit einem konkreten Termin zu unterbreiten. Allerdings geben die Regelungen des SGB VIII und des JGG weder vor, wie eine Kontaktaufnahme zu jungen Menschen erfolgen soll, noch ist die Verbindung mit einer Einladung zu einem konkreten Termin zwingend erforderlich.[54]

---

50 Vgl. statt vieler Trenczek in Münder, Meysen & Trenczek, 2022, § 52 Rn. 58.
51 Vgl. Schmoll, Lampe & Holthusen, 2024, S. 69 f.
52 Vgl. Schmoll, Lampe & Holthusen, 2024, S. 71 f.
53 Vgl. Schmoll, Lampe & Holthusen, 2024, S. 72.
54 Vgl. Schmoll, Lampe & Holthusen, 2024, S. 77.

4.1.4 Zeitpunkt der Berichterstattung und Aktualisierung der Berichte

Die JuhiS bringt erzieherische, soziale und sonstige im Hinblick auf Ziele und Aufgaben der Jugendhilfe bedeutsame Gesichtspunkte in Jugendstrafverfahren ein (§ 38 Abs. 2 S. 1 JGG). Die JuhiS unterstützt die beteiligten Behörden durch die Erforschung der Persönlichkeit und der Entwicklung des familiären, sozialen und wirtschaftlichen Hintergrundes der Jugendlichen sowie durch die Äußerung zu einer möglichen besonderen Schutzbedürftigkeit und zu den zu ergreifenden Maßnahmen[55] (§ 38 Abs. 2 S. 2 JGG). Die nach § 70 Abs. 2 JGG vorgesehene Unterrichtung der JuhiS zielt – neben der Ermöglichung der sach rechten Erfüllung der sich aus §§ 52, 10a SGB VIII ergebenden Aufgaben – darauf, die JuhiS in die Lage zu versetzen, mit den jungen Menschen (und ggf. den Eltern) Kontakt aufzunehmen, um sodann über das Ergebnis der Nachforschungen noch vor Abschluss des Ermittlungsverfahrens berichten zu können, so dass es bereits zu diesem Zeitpunkt Wirkung entfalten kann.[56] Allerdings berichten nur 29,4 % der JuhiS in der Regel vor Anklageerhebung gegenüber der Staatsanwaltschaft (Tabelle 2). Der Großteil der JuhiS berichtet nach Anklageerhebung, aber vor Entscheidung über die Durchführung einer Hauptverhandlung

---

[55] In der Praxis wird dies mitunter als ,(Sanktions-)Vorschläge' bezeichnet. Aus diesem Grund wurde dieser Begriff z. T. auch im Fragebogen verwandt. Vorzugswürdig ist allerdings, von der Äußerung zu den zu ergreifenden Maßnahmen zu sprechen: Für die strafrechtliche Bewertung und Sanktionierung des Verhaltens ist nicht die Jugendhilfe, sondern das Jugendgericht verantwortlich. Zu den wesentlichen Aufgaben der Kinder- und Jugendhilfe auch bezogen auf die Aufgabe der JuhiS nach § 52 SGB VIII zählt vielmehr, Kinder und Jugendliche vor Gefahren für ihr Wohl zu schützen (§ 1 Abs. 3 Nr. 4 SGB VIII). Jugendstrafrechtliche Rechtsfolgen setzen grundsätzlich eine ,justizmäßige Schuldfeststellung' voraus, und die ,Äußerung zu den zu ergreifenden Maßnahmen' der Fachkräfte der JuhiS erfolgt in Hauptverhandlungen, bevor die Frage der Schuld oder Unschuld feststeht. Sanktionsvorschläge kämen einer Vorverurteilung der jungen Beschuldigten durch die Kinder- und Jugendhilfe gleich. Äußerungen der Fachkräfte der JuhiS zu den von der Justiz zu ergreifenden Maßnahmen sind ohnehin nur unter dem Vorbehalt und unter der Beachtung der Unschuldsvermutung aus Art. 6 Abs. 2 EMRK zulässig; vgl. hierzu auch Trenczek & Schmoll, i. V., Kap. 3.2.5.4.3.
[56] Vgl. Kölbel, 2021a, S. 528.

Tabelle 2: *Zeitpunkt der Berichterstattung der JuhiS*

„Zu welchem Zeitpunkt erstattet Ihre Jugendhilfe im Strafverfahren/ Jugendgerichtshilfe in der Regel Bericht?" (Mehrfachauswahl möglich; n=350)	Prozent
vor Anklageerhebung gegenüber der Staatsanwaltschaft	29,4 %
nach Anklageerhebung gegenüber der Staatsanwaltschaft und dem Gericht (vor der Entscheidung über die Durchführung einer Hauptverhandlung)	67,9 %
kurz vor der Hauptverhandlung	44,1 %
während der Hauptverhandlung	50,4 %
zu einem anderen Zeitpunkt	2,6 %

(67,9 %) oder kurz vor (44,1 %) bzw. während der Hauptverhandlung (50,4 %[57]).[58]

Seit 2019 sieht das JGG eine Aktualisierung der Berichterstattung vor, wenn sich wesentliche Umstände im Leben der Jugendlichen, die für das Jugendstrafverfahren relevant sind, im Verlauf des Verfahrens ändern (§ 38 Abs. 3 S. 3 JGG). Über 60 % der JuhiS geben an, in mehr als einem Viertel aller Fälle Berichtsaktualisierungen vorzunehmen.[59] Berichtsaktualisierungen sind mit einem erhöhten Arbeitsaufwand verbunden, denn mehrfaches Berichten setzt in der Regel mehrfachen Kontakt zu jungen Menschen oder Personen aus ihrem Umfeld bzw. zu Vertreter*innen anderer Institutionen voraus, um überhaupt zu erfahren bzw. weiterzugeben, dass wesentliche Änderungen der nach § 38 Abs. 2 JGG relevanten Umstände eingetreten sind. Der Arbeitsaufwand im Zusammenhang mit dem Erstellen und Aktualisieren von Berichten hat sich für 49,4 % der JuhiS „etwas vergrößert", für 16,6 % „stark vergrößert". Dem stehen 34,0 % der JuhiS

---

[57]   Dieser Wert könnte sich zum einen durch die Verfahren erklären, die im Wege der Diversion beendet werden: Denn wenn keine Hauptverhandlung durchgeführt wird, dann kann die JuhiS auch nicht währenddessen Bericht erstatten. Möglich ist zum anderen auch, dass wenn die JuhiS frühzeitig Bericht erstattet und der Bericht nicht aktualisiert wurde, die Berichterstattung in der Hauptverhandlung von den JuhiS hier nicht genannt wurde.

[58]   Vgl. Schmoll, Lampe & Holthusen, 2024, S. 81.

[59]   Vgl. Schmoll, Lampe & Holthusen, 2024, S. 82 f.

gegenüber, die von keiner Veränderung des Arbeitsaufwandes berichten. Eine Verminderung des Arbeitsaufwands beschreibt keine JuhiS.[60]

4.1.5 Anwesenheit in der Hauptverhandlung

Ebenfalls 2019 neu eingeführt wurde eine Pflicht der JuhiS zur Anwesenheit in der Hauptverhandlung (§ 38 Abs. 4 S. 1, 2, Abs. 7 JGG).[61] Fachlich wird es weitgehend als unstrittig angesehen, dass auch aus der Perspektive der Kinder- und Jugendhilfe die Anwesenheit der JuhiS während der Hauptverhandlung grundsätzlich im Interesse der jungen Menschen ist. Die JuhiS wird hier auf der Basis des § 52 SGB VIII tätig und im Rahmen dieser Aufgabe wird die Betreuung der Jugendlichen oder der jungen Volljährigen während des gesamten Strafverfahrens geregelt (§ 52 Abs. 3 SGB VIII), d. h. in der Regel auch die Anwesenheit in der Hauptverhandlung.

Für das Jahr 2021 geben 34,2 % der JuhiS an in allen Hauptverhandlungen und 56,2 % der JuhiS in 90 bis weniger als 100 Prozent aller Hauptverhandlungen anwesend gewesen zu sein. Rund ein Zehntel der JuhiS war somit im Jahr 2021 in weniger als 90 Prozent aller Hauptverhandlungen anwesend. Dieses Phänomen betrifft dabei stärker JuhiS, die als Teil des ASD organisiert sind, als andere Organisationsformen. Knapp 80 % der JuhiS geben hinsichtlich der Entwicklung ihrer Anwesenheit seit der JGG-Reform 2019 an, dass sich diese nicht verändert hat, während 8,8 % von einer etwas häufigeren und 12,1 % von einer viel häufigeren Anwesenheit berichten. Nur 0,3 % der JuhiS gibt an, etwas weniger anwesend als vor den JGG-Änderungen 2019 gewesen zu sein (Abbildung 3).[62]

---

60 Vgl. Schmoll, Lampe & Holthusen, 2024, S. 83 f.
61 Kritisch hierzu Trenczek, 2021.
62 Vgl. Schmoll, Lampe & Holthusen, 2024, S. 99 ff.

Abbildung 3:   *Anwesenheit der JuhiS in Hauptverhandlungen im Jahr 2021*

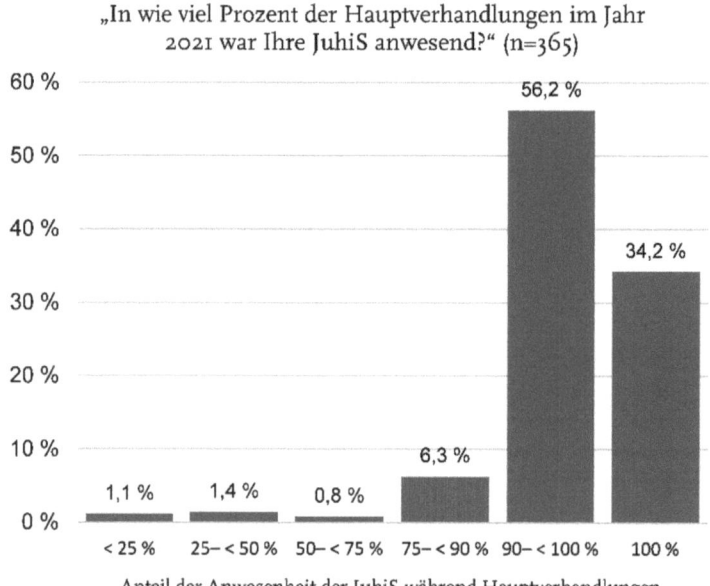

Anteil der Anwesenheit der JuhiS während Hauptverhandlungen

4.1.6 Stellenwert der Berichte der JuhiS und Anklage vor Berichterstattung

Weit überwiegend schätzen die Jugendämter den Stellenwert der Berichterstattung für die Entscheidungsfindung im Jugendstrafverfahren als „sehr bedeutend" (47,1 %) oder „eher bedeutend" (47,4 %) ein. Die Einschätzung der Berichterstattung als „eher unbedeutend" (4,9 %) oder „völlig unbedeutend" (0,6 %) ist selten. Abbildung 4 zeigt zusätzlich die Ergebnisse des *Jugendgerichtsbarometers 2021/2022* hinsichtlich der Einschätzung des Stellenwerts der Berichterstattung durch die JuhiS aus Sicht der Staatsanwält*innen und Richter*innen, die eine ähnliche Tendenz aufweisen.[63]

---

63   Vgl. Höynck, Freuwört et al., 2022, S. 66.

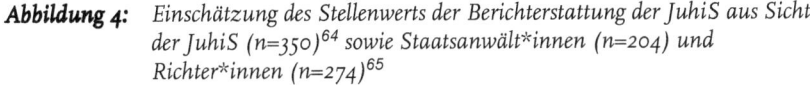

Abbildung 4: *Einschätzung des Stellenwerts der Berichterstattung der JuhiS aus Sicht der JuhiS (n=350)[64] sowie Staatsanwält*innen (n=204) und Richter*innen (n=274)[65]*

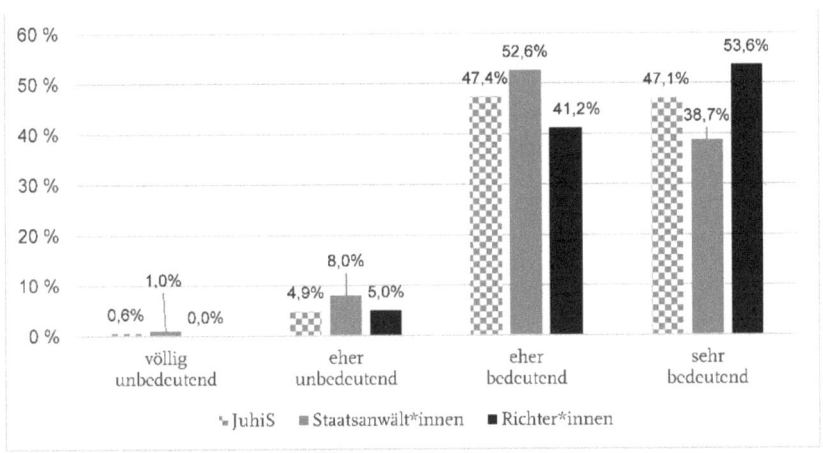

Trotz des hohen Stellenwerts, der den Berichten der JuhiS beigemessen wird, hat sich nach den Ergebnissen des *Jugendgerichtshilfebarometers 2022* und des *Jugendgerichtsbarometers 2021/2022* für die „Anklageerhebung vor Berichterstattung der Jugendgerichtshilfe" (§ 46a JGG) das vom Gesetzgeber intendierte Regel-Ausnahme-Verhältnis[66] umgekehrt:

So geben 39,8 % der JuhiS an, dass Anklagen vor Berichterstattung der JuhiS „häufig" und weiteren 35,7 % der JuhiS zufolge „immer" erfolgen. Die Antwortoptionen „gelegentlich" (8,9 %), „in Einzelfällen" (7,2 %), „nie" (4,2 %) und „unbekannt" (4,2 %) spielen eine untergeordnete Rolle (s. Abbildung 5). Dem *Jugendgerichtsbarometer 2021/2022* zufolge geben je 27,9 % der Staatsanwält*innen und der Richter*innen an, Anklagen vor Berichterstattung der JuhiS kommen „immer" vor. Dass Anklagen vor Berichterstattung der JuhiS „häufig" geschehen, berichten mehr Staatsanwält*innen (47,1 %) als Richter*innen (38,0 %). Weitere 9,4 % der Richter*innen und 12,3 % der Staatsanwält*innen geben an, Anklagen vor Berichterstattung der JuhiS erfolgen „gelegentlich". „In

---

64 Vgl. Schmoll, Lampe & Holthusen, 2024, S. 85.
65 Vgl. Höynck, Freuwört et al., 2022, S. 65 f.
66 Eisenberg & Kölbel, 2023, § 46a Rn. 2; Sommerfeld in Ostendorf, 2021, § 46a Rn. 5.

Einzelfällen" kommen Anklagen vor Berichterstattung der JuhiS aus Sicht von 4,9 % der Staatsanwält*innen und 10,1 % der Richter*innen vor. Dass Anklagen vor Berichterstattung der JuhiS „nie" vorkommen, geben 4,4 % der Staatsanwält*innen und 6,9 % der Richter*innen an. Weiteren 7,6 % der Richter*innen und 3,4 % der Staatsanwält*innen ist „unbekannt", ob Anklagen vor Berichterstattung der JuhiS vorkommen (s. Abbildung 5).[67]

Abbildung 5: *Anklagen vor Berichterstattung der JuhiS aus Sicht der JuhiS (n=359)[68] sowie Staatsanwält*innen (n=204) und Richter*innen (n=276)[69]*

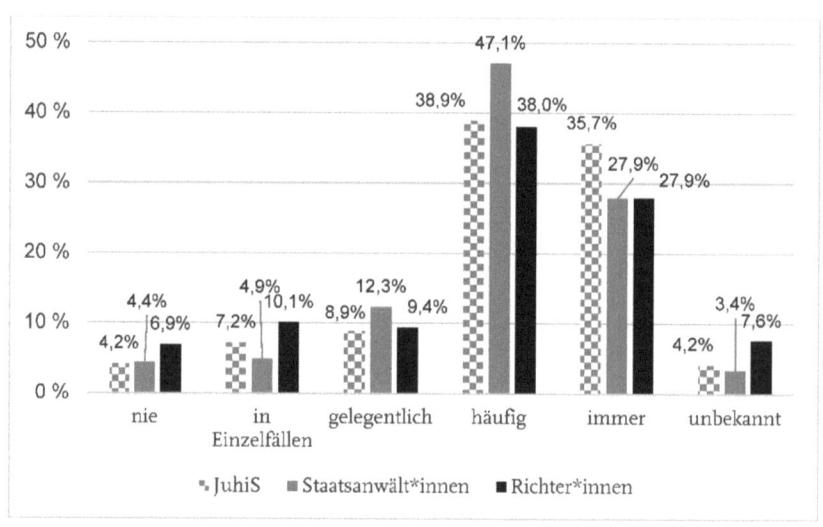

4.1.7 (Notwendige) Verteidigung und Neubeginn der Hauptverhandlung

Gefragt nach dem Anteil der Fälle, in den von der JuhiS begleiteten Verfahren, an denen Rechtsanwält*innen (als Wahl- oder Pflichtverteidigung) beteiligt sind

---

67 Vgl. Höynck, Freuwört et al., 2022, S. 63. Zu den Gründen, weshalb aus Sicht der Jugendämter Anklagen vor Berichterstattung der Juhis erfolgen: Schmoll, Lampe & Holthusen, 2024, S. 88 ff., aus Sicht der Justizjurist*innen: Höynck, Freuwört et al., 2022, S. 63 f.

68 Vgl. Schmoll, Lampe & Holthusen, 2024, S. 88 ff.

69 Vgl. Höynck, Freuwört et al., 2022, S. 63.

(Tabelle 3), geben 13,3 % der JuhiS an, dass dies in bis 10 Prozent der Verfahren erfolgt. Knapp die Hälfte der JuhiS (46,6 %) gibt an, dass in elf bis 25 Prozent der Verfahren, die sie begleitet, Rechtsanwält*innen beteiligt sind. Einem weiteren Drittel der JuhiS zufolge sind in etwa 26 bis 50 Prozent der von ihnen begleiteten Verfahren Rechtsanwält*innen beteiligt. Ein Großteil der Jugendstrafverfahren findet somit weiterhin ohne Verteidigung statt.[70]

Tabelle 3: *Beteiligung von Rechtsanwält*innen an von der JuhiS begleiteten Verfahren*

„In wie viel Prozent aller Fälle sind Rechtsanwält:innen (Wahl- und Pflichtverteidigungen) an von Ihrer Jugendhilfe im Strafverfahren/ Jugendgerichtshilfe begleiteten Verfahren beteiligt?" (n=354)	
	Prozent
in etwa 0 % bis 5 % der Verfahren	1,7 %
in etwa 6 % bis 10 % der Verfahren	11,6 %
in etwa 11 % bis 25 % der Verfahren	46,6 %
in etwa 26 % bis 50 % der Verfahren	33,9 %
in mehr als 50 % der Verfahren	6,2 %

Zur Entwicklung der Beteiligung von Pflichtverteidiger*innen in Jugendstrafverfahren durch die JGG- und StPO-Änderungen 2019 geben 35,5 % der JuhiS an, keine Veränderung zu bemerken. Während 51,3 % der JuhiS eine leichte Zunahme berichten, nehmen 13,2 % eine starke Zunahme wahr. Eine Abnahme der Beteiligung von Pflichtverteidiger*innen gibt keine JuhiS an.[71]

Über zwei Drittel der JuhiS hatten noch nie Verfahren, in dem der 2019 neu eingefügte § 51a JGG, der § 68 Nr. 5 JGG prozessual absichert, zur Anwendung kam. Innerhalb des Drittels der JuhiS, die bereits eine Konstellation des § 51a JGG in von ihnen begleiteten Jugendstrafverfahren erlebt haben, geschah dies bei der Hälfte der Jugendämter (50,4 %) ein Mal. Seltener geschah dies zwei (30,1 %), drei (11,5 %) oder mehr als drei Mal (8,0 %).[72]

---

70 Vgl. Schmoll, Lampe & Holthusen, 2024, S. 184 f.
71 Vgl. Schmoll, Lampe & Holthusen, 2024, S. 185 f.
72 Vgl. Schmoll, Lampe & Holthusen, 2024, S. 187.

4.1.8 Entwicklung der Kooperationsbeziehungen

Sowohl die JGG-Änderungen 2019 als auch die durch das *Kinder- und Jugend-stärkungsgesetz* (KJSG) erfolgte Reform des SGB VIII im Jahr 2021 betonen die Bedeutung der professions- und institutionenübergreifenden Zusammenarbeit im Kontext von Jugendstrafverfahren. Dies betrifft gerade die JuhiS mit ihrer Scharnier- oder Übersetzungsfunktion zwischen Justiz, Polizei und Jugendhilfe sowie zwischen jungen Menschen und Polizei und Justiz.

Insgesamt zeigt sich in den empirischen Daten, dass die meisten JuhiS über vielfältige Kooperationsbeziehungen verfügen (s. Tabelle 4). Hierbei stehen wenig überraschend Staatsanwaltschaft und Polizei ‚an der Spitze‘, aber auch mit dem Jugendgericht, der Bewährungshilfe und Freien Trägern kooperieren mehr als 85 % der JuhiS. Kooperationen mit der Suchthilfe/dem Gesundheitswesen, dem Jugendstrafvollzug und der Arbeitsverwaltung spielen in der Praxis eine geringere Rolle. Über ein Fünftel der JuhiS gibt an, über keine Kooperationsbeziehungen zum Vollzug zu verfügen.[73] Dies überrascht angesichts der Aufgabe der JuhiS, junge Menschen auch während des U-Haft-, Jugendarrest- oder Jugendstrafvollzugs zu betreuen. Dass sich die Zusammenarbeit zwischen den Institutionen unterscheidet, lässt sich auch an den unterschiedlichen Bewertungen eben dieser festmachen: Während sich die Zusammenarbeit mit Freien Trägern (1,94), Jugendgerichten (1,99) und Suchthilfe/Gesundheitswesen (2,1) im ‚guten‘ Schulnotenbereich befindet, liegen die Bewertungen der Zusammenarbeit mit der Polizei (2,35), der Staatsanwaltschaft (2,38), dem Jugendstrafvollzug (2,5) und der Arbeitsverwaltung (2,63) niedriger.[74]

Im Vergleich zum *Jugendgerichtshilfebarometer 2011* hat sich zwar die Bewertung der Zusammenarbeit verbessert, aber der Umfang der Kooperationen vermindert.[75] Spezialisierte JuhiS verfügen den aktuellen Daten zufolge über umfangreichere Kooperationsbeziehungen als JuhiS, die als Teil des ASD organisiert sind. Dies betrifft v. a. Kontakte über Polizei und Staatsanwaltschaft hinaus.[76] In Folge der JGG-Reform 2019 scheint sich wenig überraschend v. a. die Zusammenarbeit mit der Polizei und der Staatsanwaltschaft zu intensivieren, da in diesen Institutionenverhältnissen auch die meisten gesetzlichen Änderungen erfolgten. Insgesamt geben 24,3 % der JuhiS an, dass sich ihre Zusammen-

---

73   Vgl. Schmoll, Lampe & Holthusen, 2024, S. 125 f.
74   Vgl. Schmoll, Lampe & Holthusen, 2024, S. 122 f., 126.
75   AST & JHSW, 2011, S. 60.
76   Beispiel: 85 % der spezialisierten JuhiS kooperieren mit dem Jugendstrafvollzug. Bei JuhiS, die als Teil des ASD organisiert sind, liegt dieser Wert bei 64,5 %.

Tabelle 4: *Kooperationsbeziehungen der JuhiS zu anderen Institutionen und Bewertung der Zusammenarbeit in Schulnoten*

„Bitte geben Sie an, mit welcher der genannten Institutionen Ihre Jugendhilfe im Strafverfahren kooperiert."		
Institutionen	Anteil der kooperie-renden JuhiS	Bewertung der Zusammenarbeit in Schulnoten
Staatsanwaltschaft (n=371)	90,9 %	2,38
Jugendgericht (n=367 bzw. 362)[77]	85,8 %	1,99
Polizei (n=371)	90,6 %	2,35
Bewährungshilfe (n=371)	88,2 %	2,06
Freie Träger der Kinder- und Jugendhilfe (n=371)	85,5 %	1,94
Suchthilfe/Gesundheits-wesen (n=371)	84,2 %	2,10
Strafvollzug (n=371)	79,4 %	2,50
Arbeitsverwaltung (n=370)	39,9 %	2,63

arbeit mit anderen Institutionen seit der JGG-Reform 2019 intensiviert hat, während 73,0 % von keinen Veränderungen und 2,7 % von einer Abnahme ausgehen (Tabelle 5).[78]

---

[77] Gebildet aus den Antwortoptionen „trifft voll zu" und „trifft eher zu" bzgl. der Bitte, sich zu der Aussage „Es bestehen informelle Kooperationen mit den Jugendrichter:innen." zu positionieren.

[78] Bei der Interpretation der Ergebnisse gerade im Vergleich zum *Jugendgerichtshilfebarometer 2011* ist die Corona-Pandemie zu berücksichtigen, die für einen längeren Zeitraum institutionelle Zusammenarbeiten erheblich erschwerte. Es wird abzuwarten sein, ob sich die Zusammenarbeit in den kommenden Jahren intensivieren wird, wenn die JGG-Reform 2019 weitere Wirksamkeit in der Praxis entfaltet.

Tabelle 5: Entwicklung der Kooperationsbeziehungen seit 2019

„Wie haben sich die Kooperationsbeziehungen Ihrer Jugendhilfe im Strafverfahren zu anderen institutionellen Akteuren des Jugendgerichtsgesetzes seit den Änderungen des Jugendgerichtsgesetzes im Jahr 2019 entwickelt? Die Zusammenarbeit …" (n=364)			
Institution	… ist intensiver geworden.	… hat sich nicht verändert.	… hat abgenommen.
Jugendgerichte	15,4 %	83,2 %	1,4 %
Staatsanwaltschaft	31,6 %	65,4 %	3,0 %
Polizei	44,2 %	52,7 %	3,0 %
Rechtsanwaltschaft	6,0 %	90,7 %	3,3 %
gesamt	**24,3 %**	**73,0 %**	**2,7 %**

4.1.9 Umsetzung der JGG-Änderungen 2019, weiterer Reformbedarf

Die JGG-Reform 2019 scheint bisher eher moderate Effekte in der Praxis hinterlassen zu haben, da bis zum Zeitpunkt der Datenerhebung (Juli bis Oktober 2022) die neuen Regelungen erst drei Jahre in Kraft waren und die Corona-Pandemie ‚intervenierte'. Insgesamt geben nur 21,5 % der JuhiS an, die Neuregelungen vollumfänglich umsetzen zu können. Die verbleibende Mehrheit der Jugendämter können somit die JGG-Änderungen 2019 bis zu diesem Zeitpunkt nur „in Teilen" (31,5 %), „größtenteils" (34,4 %) und „kaum bis gar nicht" (12,6 %) umsetzen.[79]

Deutliche Veränderungen werden hinsichtlich des allgemeinen Arbeitsaufwandes berichtet: In über drei Viertel (76,6 %) der JuhiS hat er sich in Folge der JGG-Reform erhöht.[80] Wenig Veränderungen lassen sich bisher bei Jugendhilfeleistungen im Zusammenhang mit Jugendstrafverfahren finden: Überwiegend kommen sie (eher) nicht häufiger vor, werden nun auch (eher) nicht deut-

---

[79] Vgl. Schmoll, Lampe & Holthusen, 2024, S. 176 ff., auch zu den Gründen, weshalb aus Sicht der JuhiS eine Umsetzung nicht vollumfänglich möglich ist.
[80] Zum Vergleich: 23,1 % „unverändert"; 0,3 % „eher kleiner": Schmoll, Lampe & Holthusen, 2024, S. 181.

lich früher eingeleitet oder können nun (eher) nicht einfacher eingeleitet werden.[81]

Eine mit den JGG-Änderungen 2019 verbundene Hoffnung war es, durch eine frühere Unterrichtung und damit Beteiligung der JuhiS früher ggf. bestehende Jugendhilfebedarfe erkennen zu können und dass es aufgrund der Einleitung oder Gewährung von Hilfen zu mehr Verfahrensbeendigungen im Wege der Diversion kommen würde. Die Daten des *Jugendgerichtshilfebarometers 2022* zeigen allerdings nur eine begrenzte Entwicklungstendenz zu einer Zunahme an Diversionen: Jeweils (weit) über die Hälfte der JuhiS gibt an, keine Zunahme von Diversionsentscheidungen durch die Staatsanwaltschaft oder die Jugendgerichte feststellen zu können (im Vorverfahren: 53,4 %; Hauptverhandlungen: 72,3 %). Für Einstellungen im Vorverfahren seitens der Staatsanwaltschaft geben 46,6 % der JuhiS an, dass es „voll" oder „eher" zutreffe, diese nun häufiger zu beobachten; für Verfahrenseinstellungen in Hauptverhandlungen durch Jugendrichter*innen geben das noch 27,7 % der JuhiS an.[82]

Gefragt nach der Gesamtbewertung der JGG-Reform (Tabelle 6) stimmen jeweils über zwei Drittel der JuhiS der Aussage zu, dass diese die Rolle und Bedeutung der JuhiS in Jugendstrafverfahren sowie die Rechte junger Menschen in Strafverfahren gestärkt hat. Trotz dieser Einschätzung sind die JuhiS skeptisch hinsichtlich der Notwendigkeit weiterer Reformen. Rund drei Viertel verneinen die Aussage, dass die Gesetzesänderungen noch nicht weitgehend genug sind. Hier scheint eine deutliche Diskrepanz zwischen Praxis und akademischer Fachdebatte zu bestehen, in der seit dem 1. JGGÄndG 1990 eine grundlegende Reform des JGG eingefordert wird.[83]

---

81 Vgl. Schmoll, Lampe & Holthusen, 2024, S. 183 f.
82 Vgl. Schmoll, Lampe & Holthusen, 2024, S. 183.
83 Z. B. Bredlow, 2021; Cornel, 2023; Kölbel, 2021b; 2021c; Lampe & Rudolph, 2016; Ostendorf, 2022; Streng, 2022; Swoboda, 2020.

Tabelle 6: *Gesamteinschätzung der Auswirkungen der JGG-Änderungen 2019*

„Wie würden Sie im Großen und Ganzen die Auswirkungen der Änderungen im Jugendgerichtsgesetz aus dem Jahr 2019 mittlerweile einschätzen?"				
Einschätzung	trifft voll zu	trifft eher zu	trifft eher nicht zu	trifft nicht zu
Die Änderungen haben die Rolle und Bedeutung der Jugendhilfe im Strafverfahren gestärkt. (n=345)	15,7 %	52,5 %	25,5 %	6,7 %
Die Änderungen stärken die Rechtsstellung der jungen Menschen in Jugendstrafverfahren. (n=346)	15,0 %	61,6 %	19,1 %	3,2 %
Die Änderungen sind noch nicht weitreichend genug. (n=325)	6,2 %	22,2 %	50,2 %	21,5 %

4.2 Die Perspektive der jungen Menschen – Ein kurzer Blick in die Adressat*innenbefragung

Die Adressat*innenbefragung (Modul 1 des Projekts) hat umfangreiche Ergebnisse zu den Herausforderungen und Schwierigkeiten des Verstehens und Verstanden-Werdens im Rahmen von Jugendstrafverfahren hervorgebracht.[84] Relevant mit Blick auf die in diesem Beitrag vorgestellten quantitativen Ergebnisse erscheint das in Modul 2a gewonnene Ergebnis der Wahrnehmung der Fachkräfte der JuhiS, ihnen gelinge es größtenteils, die Grundzüge und Prinzipien von Jugendstrafverfahren den jungen Menschen zu vermitteln. Erinnert man die Intention der Richtlinie (EU) 2016/800, dass ein faires Verfahren nur dann vorliegt, wenn junge Menschen die Strafverfahren mit den damit verbundenen

---

[84] Dieser Abschnitt stellt eine Zusammenfassung der bei Lampe & Schmoll, 2023a; 2023b vorgestellten Ergebnisse dar. In diesen Beiträgen lassen sich tiefergehende Analysen der Adressat*innenperspektive sowie entsprechende Verweise auf Interviewauszüge finden.

Rechten und Pflichten verstehen, den Verfahren in ihren einzelnen Schritten folgen und diese auch noch aktiv beeinflussen können, dann zeigt sich über die einzelnen Interviews der jungen Menschen hinweg ein gewisser Widerspruch zu den Wahrnehmungen der befragten Fachkräfte der JuhiS und den genannten Intentionen der Richtlinie (EU). Das Wissen der jungen Menschen um ihre eigenen Rechte, Pflichten und Möglichkeiten erscheint ebenso fragmentiert, wie ihr Wissen z. B. über die Verfahrensabläufe und -prinzipien sowie den Inhalt und die Folgen von Urteilen. Schwierig erscheint es für die jungen Menschen auch, die Aufgaben und Rollen der verschiedenen Institutionen zu unterscheiden, so dass diese ‚wie unter einer Decke' steckend wirken. Das Verhalten der Staatsanwält*innen wird mitunter als persönliche Niedertracht interpretiert, während die Richter*innen demgegenüber als mäßigende, neutrale Instanz erscheinen, was letztlich aber sogar der Urteilsakzeptanz zuträglich sein könnte.

Die Folge des Nicht-Verstehens seitens der jungen Menschen sind die Entstehung von Alltagstheorien über Jugendstrafverfahren, mehr oder minder ‚strategisch-situative' Verhaltensweisen bis hin zum Improvisieren in der Hauptverhandlung, Frustration, Resignation, Passivität und/oder Rückzug aus dem Verfahren, Scheinanpassungen oder Kontaktabbrüche, wobei über all diese Formen des Ausagierens von Nicht-Wissen über die Verfahren das ‚Damoklesschwert' des institutionellen Zwangseinsatzes gegenüber den jungen Menschen hängt. In diesem Kontext kann die JuhiS aus Sicht der jungen Menschen trotz ihrer Verankerung in zwei Rechtskreisen – dem Jugendhilfe- und dem Jugendstrafrecht und dem damit einhergehenden doppelten rechtlichen Bezugsrahmen – als Unterstützungsinstanz agieren, wenn es gelingt, zentrale Ziele und Grundsätze des Jugendhilferechts und der Handlungsprinzipien Sozialer Arbeit im Rahmen eines Jugendstrafverfahrens durch die Fachkräfte der JuhiS in den Arbeitsverhältnissen mit den jungen Menschen zu verwirklichen: Dies sind zum einen Ehrlichkeit, Transparenz, Ko-Produktion, Offenheit für die Welt- und Verfahrensdeutungen der jungen Menschen[85] und Verschwiegenheit gegenüber anderen Akteuren. Andererseits scheinen die jungen Menschen ein recht feines Gespür dafür zu haben, ob sich die Fachkräfte der JuhiS für sie ‚als Mensch' oder ‚bloß als Fall' interessieren. So wird seitens der jungen Menschen eine positive Arbeitsbeziehung zur JuhiS immer dann thematisiert, wenn sie das Gefühl haben, dass die Fachkraft sie bei ihren Lebensproblemen über das konkrete

---

85 Dies meint nicht, dass die Fachkräfte der JuhiS die Ansichten der jungen Menschen übernehmen müssen, sondern vielmehr das Wahrnehmen und Anerkennen der je spezifischen lebensweltlichen Erfahrungen, Weltdeutungen und Lebenssituationen der jungen Menschen als Grundlage für die Entwicklung einer gemeinsamen Arbeitsbasis.

Strafverfahren hinaus unterstützen möchte und kann. Damit verbunden ist auch eine notwendige Rollenklarheit gegenüber anderen Institutionen im Sinne einer für die jungen Menschen klar erkennbaren eigenständigen Rolle und Aufgabe in Jugendstrafverfahren. Erscheint die JuhiS als ‚Anhängsel' von Justiz oder Polizei ist der Aufbau einer für pädagogische Beziehungen notwendigen Vertrauensbasis kaum möglich. Aber nur auf Basis einer solchen Vertrauensbeziehung kann die durch Jugendstrafverfahren intendierte ‚Erziehung' überhaupt möglich sein.

5   Fachliche Herausforderungen

Wenn die Intentionen der Richtlinie (EU) 2016/800 und die des sie umsetzenden, programmatisch benannten *Gesetzes zur Stärkung der Verfahrensrechte von Beschuldigten im Jugendstrafverfahren* in der Praxis von allen jugendkriminalrechtlichen Akteuren umgesetzt werden, hat die JGG-Reform 2019 durchaus das Potenzial, die in Abschnitt 4.2 genannten Aspekte des Verstehens und Verstanden-Werdens der jungen Menschen zu bestärken. Das *Jugendgerichtshilfebarometer 2022* zeigt, dass die JGG-Änderungen 2019 vor allem dort umfänglich umgesetzt werden, wo die personellen Ressourcen ausgeweitet wurden. Dort, wo die JuhiS unzureichend ausgestattet sind, können die Aufgaben der JuhiS nicht angemessen umgesetzt werden. Insofern ist die Umsetzung der seit 2019 bestehenden Regelungen und die Erreichung der dahinterliegenden Intentionen auch eine Zeit- wie Ressourcenfrage. Herausforderungen und Umsetzungsdefizite zeigen sich insbesondere im Hinblick auf §§ 70 Abs. 2, 46a JGG:

Eine dem § 70 Abs. 2 JGG entsprechende Unterrichtung der JuhiS ist vielerorts noch nicht Realität geworden, so dass dort die JuhiS zum einen ihrer sich aus § 52 Abs. 3 SGB VIII ergebende Aufgabe, die jungen Menschen während des gesamten Verfahrens zu betreuen, nicht angemessen nachkommen können. Zum anderen wird es so verunmöglicht, frühzeitig zu prüfen, ob Leistungen der Jugendhilfe oder anderer Sozialleistungsträger in Betracht kommen, was dem Ziel der Beförderung von Diversionsentscheidungen entgegensteht. Auch der sich aus § 10a SGB VIII ergebenden (Eingangs-)Beratungspflicht kann nur nachgekommen werden, wenn entsprechende Unterrichtungen an die JuhiS erfolgen.

Das in § 46a JGG normierte Regel-Ausnahme-Verhältnis bzgl. der Anklage vor Berichterstattung der JuhiS hat sich in der Praxis in sein Gegenteil verkehrt. Die verfügbaren empirischen Daten des *Jugendgerichtshilfebarometers 2022* und des *Jugendgerichtsbarometers 2021/2022* lassen hier mitunter gravierende Defizite in der Umsetzung erkennen. Die jeweiligen Dienstherren sind gefragt, die Umsetzung des § 46a JGG durch ausreichend personelle Ausstattung zu sichern. Durch eine fehlende Umsetzung des § 46a JGG ist andernfalls eine Situation zulasten der jungen Menschen zu befürchten. Eine noch nicht erfolgte Umsetzung des § 46a JGG verweist zudem auf noch nicht hinreichend ausgeschöpfte oder etablierte Kooperationen und Absprachen der jugendkriminalrechtlichen Akteure, die noch in informeller Weise oder in formellen Kooperationsvereinbarungen abgestimmt werden könnten.[86]

Die JuhiS ist auch gefragt, die zahlreichen Informationen für die jungen Menschen und deren Eltern zu ‚übersetzen‘ und damit auch dazu beizutragen, dass sie ihre Rechte wahrnehmen können. Da die JGG-Änderungen 2019 mitunter noch nicht oder erst teilweise umgesetzt werden, gilt es, die Entwicklungen im Sinne einer begleitenden Gesetzesfolgenabschätzung weiter empirisch zu untersuchen. Für die JuhiS sollte die JGG-Reform 2019 zudem Anlass sein, über die eigene Aufgabenwahrnehmung und Schwerpunktsetzung als Jugendhilfe zu reflektieren, damit die Chancen der Reform für junge Menschen (noch besser) genutzt werden können. Hierzu gehört aus fachlicher Sicht auch, dass die Perspektive der jungen Menschen wahrgenommen und in die Arbeit der JuhiS aktiv einbezogen wird.

Literaturverzeichnis

Arbeitsstelle Kinder- und Jugendkriminalitätsprävention (AST) & Jugendhilfe und Sozialer Wandel (JHSW) (2011). Das Jugendgerichtshilfeb@rometer. Empirische Befunde zur Jugendhilfe im Strafverfahren in Deutschland, München. Online verfügbar unter: https://www.dji.de/fileadmin/user_upload/bibs/64_13415_Jugendgerichtshilfebarometer.pdf (letzter Abruf am: 09.02.2024).

Bredlow, K.-H. (2021). Jugendvollzug – ein zukunftsträchtiges Instrument bei Jugenddelinquenz? In A. Kaplan & S. Roos (Hrsg.), Delinquenz bei jungen Menschen: Ein interdisziplinäres Handbuch (S. 467–487). Wiesbaden: Springer Fachmedien.

Cornel, H. (2023). 100 Jahre Jugendgerichtsgesetz – 100 Jahre Verschränkung von Jugendhilfe und Jugendstrafrecht. Forum Erziehungshilfen, 28 (2), S. 68–73.

Diemer, H., Schatz, H. & Sonnen, B.-R. (2020). Jugendgerichtsgesetz mit Jugendstrafvollzugsgesetzen (8. Aufl.). Heidelberg: C. F. Müller.

---

[86] Vgl. Schmoll, Lampe & Holthusen, 2024, S. 98.

Drenkhahn, K. (2022). Die EU-Richtlinie 2016/800 und ihre Umsetzung ins deutsche Jugendkriminalrecht – Erfahrungen aus Praxis und Wissenschaft. Recht der Jugend und des Bildungswesens, 70 (4), S. 590–602.

Eisenberg, U. & Kölbel, R. (2023). Jugendgerichtsgesetz (24. Aufl.). München: C. H. Beck.

Goldberg, B. (2021). Das Gesetz zur Stärkung der Verfahrensrechte von Beschuldigten im Jugendstrafverfahren. Fort- und Rückschritte aus der Perspektive der Jugendhilfe im Strafverfahren. Bochum: Ev. Hochschule Rheinland-Westfalen-Lippe. Online verfügbar unter: https://kidoks.bsz-bw.de/frontdoor/deliver/index/docId/2214/file/Goldberg_2021_JGG-Reform_Kidoks.pdf (letzter Abruf am: 09.02.2024).

Höynck, T. & Ernst, S. (2020). Das Gesetz zur Stärkung der Verfahrensrechte von Beschuldigten im Jugendstrafverfahren. Die Umsetzung der Vorgaben der EU-Richtlinie 2016/800 und ihre Auswirkungen auf das deutsche Jugendstraf-(verfahrens-)recht. Zeitschrift für Jugendkriminalrecht und Jugendhilfe, 31 (3), S. 245–258.

Höynck, T., Freuwört, A., Holthusen, B. & Willems, D. (2022). Das Jugendgerichtsbarometer 2021/2022. Eine bundesweite (Wiederholungs-)Befragung von Jugendrichter:innen und Jugendstaatsanwält:innen. Kassel: kassel university press. Online verfügbar unter: https://kobra.uni-kassel.de/themes/Mirage2/scripts/mozilla-pdf.js/web/viewer.html?file=/bitstream/handle/123456789/14175/kup_9783737610650.pdf?sequence=1&isAllowed=y#pagemode=thumbs (letzter Abruf am: 30.01.2024).

Holthusen, B. (2024). Ungenutzte Potenziale: Die frühzeitige polizeiliche Information der Jugendhilfe (im Strafverfahren) nach § 70 Abs. 2 JGG. In DVJJ (Hrsg.), Recht auf Jugend – 100 Jahre Jugendgerichtsgesetz. (32. JGT) (S. 137–155). Mönchengladbach: Forum Verlag Godesberg.

Holthusen, B. & Schmoll, A. (2020). Neues im Jugendgerichtsgesetz. Folgen für die Jugendlichen und die Jugendhilfe im Strafverfahren. Nachrichtendienst des Deutschen Vereins für öffentliche und private Fürsorge, 100 (3), S. 113–118.

Kölbel, R. (2021a). Veränderte jugendstrafrechtliche Standards im Ermittlungsverfahren. Neue Zeitschrift für Strafrecht, 41 (9), S. 524–530.

Kölbel, R. (2021b). Kriminologische Analysen zur legislatorischen Herstellung des (Jugend-) Strafrechts. Zeitschrift für die gesamte Strafrechtswissenschaft, 133 (3), S. 169–208.

Kölbel, R. (2021c). Kollaterale (Jugend-)Strafgesetzgebung. Zeitschrift für Jugendkriminalrecht und Jugendhilfe, 32 (1), S. 40–45.

Kommission der Europäischen Gemeinschaften (2003). Grünbuch der Kommission. Verfahrensgarantien in Strafverfahren innerhalb der Europäischen Union. Online verfügbar unter: https://www.europarl.europa.eu/meetdocs/committees/libe/20031021/com(2003)0075_de.pdf (letzter Abruf am: 05.10.2023).

Lampe, D. & Rudolph, M. (2016). Jugendkriminalität als Ergebnis politischer Kon-struktionsprozesse. Eine Analyse der Jugendstrafrechtsreformen in den Jahren 1990 und 2012. In J. Luedtke & C. Wiezorek (Hrsg.), Jugendpolitiken. Wie geht Gesellschaft mit „ihrer" Jugend um? (S. 91–117). Weinheim & Basel: Beltz Juventa.

Lampe, D. & Schmoll, A. (2023a). „Ich wusste gefühlt alles". Verstehen und Verstan-den-Werden junger Menschen als professionelle Herausforderung im Kontext von Jugendstrafverfahren. Zeitschrift für Jugendkriminalrecht und Jugendhilfe, 34 (1), S. 27–39.

Lampe, D. & Schmoll, A. (2023b). „Ich fand es echt peinlich so, zu fragen, was mei-nen Sie." – Verstehen und Verstanden-Werden junger Menschen und ihrer El-tern im Kontext von Jugendstrafverfahren und einzelfallbezogenen Fallkonferen-zen. In Fritsch, K. & Sprecher*innenrat der Bundesarbeitsgemeinschaft der Ju-gendhilfe im Strafverfahren in der DVJJ (Hrsg.), Fallkonferenzen im Jugend-strafrecht. Wenn schon, dann richtig! Handbuch für die Praxis (S. 65–93). Mön-chengladbach: Forum Verlag Godesberg.

Mayring, P. (2019). Qualitative Inhaltsanalyse – Abgrenzungen, Spielarten, Weiter-entwicklungen (30 Absätze). Forum Qualitative Sozialforschung/Forum: Quali-tative Social Research, 20 (3), Art. 16. http://dx.doi.org/10.17169/fqs-20.3.3343.

Mayring, P. (2010). Qualitative Inhaltsanalyse. Grundlagen und Techniken (11. Aufl.). Weinheim & Basel: Beltz.

Ministerkomitee des Europarates (2010). Leitlinien des Ministerkomitees des Euro-parates für eine kindgerechte Justiz. Online verfügbar unter: https://rm.coe. int/16806adoc3 (letzter Abruf am: 09.02.2024).

Münder, J., Meysen, T. & Trenczek, T. (2022). Frankfurter Kommentar zum SGB VIII. Kinder- und Jugendhilfe (9. Aufl.). Baden-Baden: Nomos.

Ostendorf, H. (2022). 100 Jahre Jugendstrafrecht in Deutschland – Entwicklungen und Perspektiven. Recht der Jugend und des Bildungswesens, 70 (4), S. 570–576.

Ostendorf, H. (2021). Jugendgerichtsgesetz (11. Auf.). Baden-Baden: Nomos.

Rat der Europäischen Union (2009). Das Stockholmer Programm – Ein offenes und sicheres Europa im Dienste und zum Schutz der Bürger. Online verfügbar unter: https://data.consilium.europa.eu/doc/document/ST-17024-2009-INIT/de/pdf (letzter Abruf am: 05.10.2023).

Schmoll, A. (2021). Zwischen Krisenbewältigung und neuen Wegen: Jugend(hilfe) im Strafverfahren während der Covid-19-Pandemie -– Eine Momentaufnahme aus 2020. Zeitschrift für Jugendkriminalrecht und Jugendhilfe, 32 (4), S. 355–363.

Schmoll, A. & Lampe, D. (2022). Die Jugendhilfe im Strafverfahren und ihre Adres-satinnen und Adressaten nach der Reform des Jugendgerichtsgesetzes – Zwi-schen komplexen Neuregelungen, regionalen Besonderheiten und fachprakti-schen Herausforderungen. Vortrag während des 5. Bundeskongresses der

Jugendhilfe im Strafverfahren und der Ambulanten Sozialpädagogischen Angebote für straffällig gewordene junge Menschen. Bad Kissingen. Online verfügbar unter: https://www.dvjj.de/wp-content/uploads/2022/05/Schmoll_Lampe_Vortrag_06052022-1.pdf (letzter Abruf am: 09.02.2024).

Schmoll, A., Holthusen, B. & Kußerow, J. (2024). Arbeitskreis 2: Wer zuerst kommt ... Die Bedeutung der frühzeitigen polizeilichen Information der Jugendhilfe (im Strafverfahren) vor der Beschuldigtenvernehmung (§ 70 Abs. 2 JGG). In DVJJ (Hrsg.), Recht auf Jugend – 100 Jahre Jugendgerichtsgesetz. (32. JGT) (S. 355–367). Mönchengladbach: Forum Verlag Godesberg.

Schmoll, A., Lampe, D. & Holthusen, B. (2024). Jugendgerichtshilfebarometer 2022. Bundesweite Befragung zu aktuellen Entwicklungen der Jugendhilfe im Strafverfahren. Baden-Baden: Nomos.

Schmoll, A., Lampe, D. & Holthusen, B. (2023a). Neues im Jugendgerichtsgesetz – Teil 1. Herausforderungen für die Jugendhilfe und Stärkung der Rechte ihrer Adressat*innen? Zeitschrift für Kindschaftsrecht und Jugendhilfe, 18 (3), S. 94–100.

Schmoll, A., Lampe, D. & Holthusen, B. (2023b). Neues im Jugendgerichtsgesetz – Teil 2. Herausforderungen für die Jugendhilfe und Stärkung der Rechte ihrer Adressat*innen? Zeitschrift für Kindschaftsrecht und Jugendhilfe, 18 (4), S. 134–138.

Sommerfeld, M. (2018). Die EU-Richtlinie über Verfahrensgarantien in Strafverfahren für Kinder (= Personen im Alter von unter 18 Jahren), die Verdächtige oder beschuldigte Personen in Strafverfahren sind, und ihre Umsetzung ins deutsche Jugendstrafverfahrensrecht. Zeitschrift für Jugendkriminalrecht und Jugendhilfe, 29 (4), S. 296–311.

Sommerfeld, M. (2017). Was kommt auf den deutschen Gesetzgeber, die Landesjustizverwaltungen und die Justizpraxis zu? EU-Richtlinie über Verfahrensgarantien in Strafverfahren für Kinder, die Verdächtige oder beschuldigte Personen in Strafverfahren sind. Zeitschrift für Jugendkriminalrecht und Jugendhilfe, 28 (2), S. 165–175.

Streng, F. (2022). Noch ein Jubiläum: 70 Jahre JGG 1953 – nicht nur ein Rückblick. Zeitschrift für Jugendkriminalrecht und Jugendhilfe, 33 (4), S. 266–275.

Swoboda, S. (2020). Kritische Entwicklungen im Jugendstrafrecht seit 2013. Zeitschrift für die gesamte Strafrechtswissenschaft, 132 (4), S. 826–890.

Trenczek, T. (2021). Ist § 38 JGG in Teilen verfassungswidrig? Zur Berichts- und Anwesenheitspflicht der Fachkräfte des Jugendamts im jugendstrafrechtlichen Verfahren. Zeitschrift für Jugendkriminalrecht und Jugendhilfe, 32 (3), S. 240–247.

Trenczek, T. & Goldberg, B. (2019). Stellungnahmen der Jugendhilfe im Strafverfahren. Fachliche Standards und Herausforderungen auch im Lichte der Umsetzung der EU-Richtlinie zu den Verfahrensgarantien in Strafverfahren für Kinder. Zeitschrift für Rechtspsychologie, 5 (3), S. 475–500.

Trenczek, T. & Schmoll, A. (i. V.). Jugendkriminalität, Jugendhilfe und Strafverfahren. Sozialwissenschaftlich-kriminologische Grundlagen und rechtliche Regelungen (SGB VIII und JGG) (2. Aufl.). München: Boorberg.

Wind, T. & Müller, M. (2022). Erzieherische Maßnahmen im Jugendstrafverfahren während der Coronapandemie – Ergebnisse einer Befragung von Mitarbeitenden der Jugendhilfe im Strafverfahren in Baden-Württemberg. Zeitschrift für Jugendkriminalrecht und Jugendhilfe, 33 (3), S. 214–221.

Jugendstärkung?! – Das Kinder- und Jugendstärkungsgesetz und seine Bedeutung im jugendstrafrechtlichen Kontext

Brigitta Goldberg

Das Kinder- und Jugendstärkungsgesetz (KJSG) enthält neue Regelungen zur inter-disziplinären Zusammenarbeit in Jugendstrafverfahren, die am 10.06.2021 in Kraft getreten sind. Unter anderem wurde die Vorschrift zur Mitwirkung der Jugendhilfe im Strafverfahren (§ 52 SGB VIII) geändert und mit § 37a JGG eine Regelung für Jugendstaatsanwaltschaft und Jugendgericht in das JGG eingefügt. Inhaltlich geht es nicht nur um die Stärkung der fallübergreifenden Kooperation, sondern darüber hinaus um die Förderung der einzelfallbezogenen Zusammenarbeit in Fallkonferenzen oder vergleichbaren Gremien, die häufiger als zuvor stattfinden sollen.

Diese und weitere Neuregelungen durch das KJSG werden vor dem Hintergrund wichtiger Grundprinzipien der Jugendhilfe sowie des Leitbildes des Kinder- und Jugendstärkungsgesetzes vorgestellt und es wird untersucht, inwiefern sie zu einer Stärkung der jungen Menschen beitragen. Während der Sinn und Nutzen fallübergreifender Kooperationen außer Frage steht, muss die fallbezogene Zusammenarbeit differenzierter betrachtet werden. Es wird herausgestellt, dass die Fachkräfte der Jugendhilfe an solchen Konferenzen nur dann teilnehmen dürfen, wenn sie zur Erfüllung der Aufgaben der Jugendhilfe erforderlich sind und die Form der Zusammenarbeit nach Einschätzung der Jugendhilfe dazu geeignet ist. Im Ergebnis können Fallkonferenzen in klar umrissenen Einzelfällen sinnvoll sein und zu einer Stärkung der jungen Menschen beitragen. Voraussetzung ist jedoch, dass sie unter Federführung der Jugendhilfe durchgeführt werden, damit deren Grundprinzipien und wichtige Verfahrensgrundsätze wie z. B. der Sozialdatenschutz und die Partizipation der Betroffenen eingehalten werden. Eine gute sozialpädagogische Professionalität erscheint unabdingbar, damit durch solche Konferenzen etwas im Sinne der jungen Menschen erreicht werden kann.

1   Einleitung[1]

„Die Kinder- und Jugendhilfe hat den Auftrag, alle jungen Menschen zu stärken."[2] So beginnt die Begründung des Kinder- und Jugendstärkungsgesetzes
(KJSG) aus dem Jahr 2021, dessen erklärtes Ziel die Stärkung von Kindern, Jugendlichen und jungen Volljährigen ist. Dies soll vor allem durch eine Orientierung am Paradigma der Subjektstellung der Adressat*innen gelingen. Als zentrales Leitbild wird formuliert, „junge Menschen und ihre Eltern nicht als Objekte fürsorgender Maßnahmen oder intervenierender Eingriffe zu betrachten,
sondern sie stets als Expertinnen und Experten in eigener Sache auf Augenhöhe
aktiv und mitgestaltend in die Hilfe- und Schutzprozesse einzubeziehen".[3]

Das KJSG enthält neben vielen weiteren Regelungen neue Vorgaben zur interdisziplinären Zusammenarbeit in Jugendstrafverfahren. Unter anderem
wurde die Vorschrift zur Mitwirkung der Jugendhilfe in Verfahren nach dem
JGG (§ 52 SGB VIII) geändert und mit § 37a JGG eine Regelung für Jugendstaatsanwaltschaft und Jugendgericht in das JGG eingefügt. Inhaltlich geht es
nicht nur um die Stärkung der fallübergreifenden Kooperation, sondern darüber
hinaus um die Förderung der einzelfallbezogenen Zusammenarbeit in Fallkonferenzen oder vergleichbaren Gremien.

In diesem Beitrag werden diese und andere für die Jugendhilfe im Strafverfahren (JuhiS) wichtige Neuregelungen durch das KJSG vorgestellt und untersucht, inwiefern sie zu einer Stärkung der jungen Menschen beitragen. Einlei-
tend werden Auftrag und Grundprinzipien der Jugendhilfe und Jugendstrafjustiz dargestellt, da diese den fachlichen und rechtlichen Rahmen für die Kooperation zwischen den am Jugendstrafverfahren Beteiligten und damit auch für
Fallkonferenzen setzen. Im Anschluss werden die Grundgedanken des KJSG
erläutert und ein Überblick über wichtige Änderungen gegeben. Den Schwerpunkt bilden dabei die Neuregelungen in § 52 SGB VIII und § 37a JGG, insb.
diejenigen zu einzelfallbezogenen Fallkonferenzen. Ausgehend von den gesetzlichen Regelungen werden die möglichen Anlässe, die Beteiligten sowie die Rahmenbedingungen und Verfahrensvorschriften in den Blick genommen und
Möglichkeiten sowie Grenzen aufgezeigt.

---

1   Der Beitrag übernimmt Teile anderer Veröffentlichungen der Verfasserin (Goldberg, 2022
    und 2023).
2   Regierungsentwurf zum KJSG, BT-Drs. 19/26107, S. 1.
3   BT-Drs. 19/26107, S. 1.

2 Jugendhilfe und Jugendstrafjustiz[4]

Um die im Rahmen eines Jugendstrafverfahrens relevanten Neuregelungen durch das KJSG näher untersuchen zu können, müssen Jugendhilfe und Jugendstrafjustiz zunächst grundsätzlich in den Blick genommen werden. Jugendhilfe und Jugendstrafjustiz haben gesetzlich klar bestimmte Ziele, Aufgaben und Rollen, die auch bei ihrer Kooperation im Rahmen eines Jugendstrafverfahrens zu beachten sind. Bei näherer Betrachtung wird allerdings deutlich, dass sich ihre Sichtweisen, Grundsätze, Ziele und Handlungsprinzipien stark voneinander unterscheiden.[5] Das Verhältnis beider als „Spannungsfeld"[6] zu beschreiben, ist also sicher nicht untertrieben. Besonders offensichtlich werden die Unterschiede bei Betrachtung der gesetzlich vorgegebenen Ziele. Für die Jugendhilfe und damit für die Fachkräfte der JuhiS ist § 1 Abs. 1 SGB VIII bindend: „Jeder junge Mensch hat ein Recht auf Förderung seiner Entwicklung und auf Erziehung zu einer selbstbestimmten, eigenverantwortlichen und gemeinschaftsfähigen Persönlichkeit." Die Jugendhilfe ist dabei an der zukünftigen Entwicklung auf der Grundlage ganzheitlicher dynamischer Biographien interessiert. Die Jugendstrafjustiz wird jedoch aufgrund zurückliegender punktueller Ereignisse tätig und darf aus rechtsstaatlichen Gründen allein die zukünftige Straffreiheit (Legalbewährung) beabsichtigen.[7]

Die Mitwirkung der Jugendhilfe in Verfahren nach dem JGG ist von ihrem doppelten rechtlichen Bezugsrahmen geprägt, nämlich einerseits dem Sozialrecht, andererseits dem (Jugend-)Strafrecht.[8] § 52 SGB VIII ist die Grundnorm für die Tätigkeit, denn es handelt sich um eine (andere) Aufgabe der Jugendhilfe, so dass die Fachkräfte an die Ziele, Grundsätze und Verfahrensvorschriften des Sozialrechts gebunden sind.[9] Das gilt auch dann, wenn sie mit anderen Personen oder Stellen kooperieren, denn § 81 SGB VIII stellt klar, dass die Zusammenarbeit der Träger der öffentlichen Jugendhilfe mit anderen „im Rahmen ihrer Aufgaben und Befugnisse" erfolgt. Die verfahrensrechtliche Stellung, aber auch verschiedene konkrete Aufgaben der JuhiS sind in § 38 JGG und weiteren

---

4 S. ausführlich dazu Goldberg, 2022, S. 254 ff. und 2023, S. 97 ff.
5 Zu den Unterschieden s. Goldberg in Wabnitz, Fieseler & Schleicher, 2023, § 52 Rn. 20 sowie Trenczek & Goldberg, 2016, S. 473 f.
6 Trenczek & Goldberg, 2016, S. 23.
7 Trenczek & Goldberg, 2016, S. 316 f.
8 Trenczek & Goldberg, 2016, S. 159 m. w. N.
9 Schaerff & Lohrmann, 2023, S. 198 f., verkennen dies, wenn sie annehmen, dass die Mitwirkungsaufgabe „primär im JGG in § 38 [...] geregelt ist".

Regelungen des JGG normiert, auf die § 52 Abs. 1 Satz 1 SGB VIII verweist. Diese Aufgaben sind gleichwohl im Lichte des Jugendhilferechts auszulegen.[10]

Was bedeutet die Bindung an die Ziele, Grundsätze und Verfahrensvorschriften des Sozialrechts nun konkret? Zunächst einmal sind die in § 1 SGB VIII beschriebenen Ziele und Grundsätze bindend, d. h. neben dem bereits oben zitierten Ziel (selbstbestimmte, eigenverantwortliche und gemeinschaftsfähige Persönlichkeit) insb. die Förderung der individuellen und sozialen Entwicklung, der Abbau von Benachteiligungen und der Schutz des Kindeswohls.[11] Darüber hinaus gelten die pädagogischen Handlungsmaximen, z. B. der Grundsatz der Partizipation, der Freiwilligkeit, der Prävention, der Lebensweltorientierung sowie der Ressourcenorientierung.[12] Und auch die obersten Werte und berufsethischen Prinzipien der Sozialen Arbeit bilden eine Grundlage für den Auftrag, die Rolle und die Haltung der Fachkräfte der JuhiS.[13] Carmen Kaminsky hebt in ihrem Werteschema die Autonomie der Adressat*innen hervor, die Hoheitlichkeit ihres Willens und ihre Selbstbestimmungsrechte. Es gilt das Prinzip des Wohlwollens ebenso wie das, nicht zu schaden: Keine Handlung darf zum Nachteil der Adressat*innen führen und manchmal braucht es eine solidarische, eindeutige Parteinahme für sie.[14] Nach der Berufsethik des DBSH ist das Individuum in den Mittelpunkt des Handelns zu stellen und das Recht auf Würde und Individualität zu wahren. Soziale Arbeit kann immer nur Hilfe zur Selbsthilfe sein und Unterstützung bei der individuellen Entwicklung geben. Es gilt, eine persönliche Haltung zu entwickeln und zu leben, zu der auch die Prinzipien der Vertraulichkeit und Transparenz gehören. Diese Aspekte sind in den gesetzlichen Regelungen zum Sozialdatenschutz umgesetzt, die in der Jugendhilfe besonders weit gehen und auch im Rahmen der Tätigkeit der JuhiS, insb. in Kooperationsbeziehungen, uneingeschränkt gelten.[15]

Die Ausrichtung der Tätigkeit an den Grundsätzen des Jugendhilferechts bedeutet darüber hinaus, dass sämtliche Regelungen zum Sozialverwaltungs-

---

10   Goldberg in Wabnitz, Fieseler & Schleicher, 2023, § 52 Rn. 6, 70.

11   Goldberg, 2022, S. 255.

12   Goldberg, 2022, S. 255; dazu ausführlich Trenczek & Goldberg, 2016, S. 165 ff. Zur Professionalität s. auch Fritsch, 2023b, 329 f.

13   Goldberg, 2022, S. 255 f.; s. ausführlich DBSH, 2014, S. 25 ff. Empirische Belege, dass die Fachkräfte der JuhiS sich in der Praxis nicht durchgängig an diesen Prinzipien und Haltungen orientieren, finden sich bei Goldberg, 2022, S. 257 ff.

14   DBSH, 2014, S. 27.

15   S. dazu Riekenbrauk 2023 sowie Trenczek & Goldberg, 2016, S. 181 ff. und Goldberg in Wabnitz, Fieseler & Schleicher, 2023, Rn. 114 ff.

verfahren angewendet werden müssen.[16] Dabei ist die Einbeziehung der Betroffenen fundamental wichtig (vgl. insb. § 8 und § 9 Nr. 2 SGB VIII). Ferner sind die Voraussetzungen zur Gewährung einer Hilfe (z. B. §§ 27, 35a oder 41 SGB VIII) genau zu prüfen und die Vorgaben für die Hilfeplanung und -gewährung (insb. §§ 36, 36a SGB VIII) einzuhalten.[17] Vor allem die Aspekte der Freiwilligkeit und Partizipation sind nach den Ergebnissen der Jugendhilfe-Wirkungsforschung elementar für die Wirksamkeit einer Hilfe.[18] Je besser es gelingt, die jungen Menschen zu motivieren, selbst eine Hilfe zu akzeptieren und (mehr oder weniger) freiwillig an dieser mitzuwirken, sind die Erfolgschancen deutlich höher als bei einer strafrechtlichen Sanktionierung mit drohendem Nichtbefolgungsarrest. Zu den Kompetenzen der Jugendhilfe zählt es dabei auszuhalten, dass Fallverläufe kompliziert und langwierig sind, und zu akzeptieren, dass es keine universellen Rezepte gelingender Interventionen gibt. Die Ziele der Jugendhilfe sind insb. bei jungen Menschen mit schwierigen Fallverläufen auch nicht mit schnellen und repressiven Mitteln zu erreichen. Es ist vielmehr notwendig, den jungen Menschen dauerhafte Beziehungs- und Hilfeangebote zu unterbreiten, Brüche im Lebenslauf zu vermeiden und alternative, mitunter sehr individuelle Schutz- und Haltekonzepte zu erarbeiten und anzubieten. Die Desistance-Forschung weist auf die Möglichkeiten eines solchen ressourcenorientierten Ansatzes in der Straffälligenhilfe hin.[19]

3   Das Kinder- und Jugendstärkungsgesetz

Das KJSG ist mit seinen wesentlichen Regelungen am 10.06.2021 nach einem zwei Legislaturperioden dauernden Diskussionsprozess und Gesetzgebungsverfahren in Kraft getreten.[20] Nach dem Scheitern eines ersten Gesetzes in der 18. Legislaturperiode wurde 2019–2020 in der 19. Legislaturperiode ein umfassender Dialogprozess („Mitreden – Mitgestalten")[21] durchgeführt, der schließlich zu dem in Kraft getretenen Gesetz führte. Auch wenn das KJSG häufig als Reform des Jugendhilferechts bezeichnet wird, geht es weit über Änderungen im

---

16   Goldberg, 2022, S. 259 f.; s. ausführlich Trenczek & Goldberg, 2016, S. 177 ff.
17   S. zu diesen Goldberg, 2023, S. 100 f.
18   Vgl. dazu Trenczek & Goldberg, 2016, S. 144 ff. sowie Schönecker, 2021, S. 279.
19   Dazu Ghanem & Stadler, 2022 sowie Trenczek & Goldberg, 2016, S. 113 ff.
20   BGBl. I, S. 1444.
21   www.mitreden-mitgestalten.de (letzter Abruf am: 11.06.2024).

SGB VIII hinaus, denn es wurden Regelungen in insgesamt neun Gesetzen ergänzt, angepasst bzw. gestrichen.[22]

Orientiert am bereits oben genannten Leitbild der Stärkung der jungen Menschen finden sich Regelungen zu insgesamt fünf Themenbereichen, die hier nur im Überblick genannt werden können, jeweils unter Hinweis auf einzelne für die JuhiS relevante Aspekte.[23]

3.1   Hilfen aus einer Hand für Kinder mit und ohne Behinderungen

Das KJSG ist ein erster Schritt im Prozess hin zu einer sog. ‚großen Lösung'. Während bei den Leistungen der Eingliederungshilfe für Kinder mit Beeinträchtigungen oder Behinderungen derzeit noch zwischen Leistungen nach dem SGB IX (bei körperlicher oder geistiger Behinderung) und solchen nach dem SGB VIII (§ 35a bei psychischer Behinderung) unterschieden wird, sollen zukünftig alle Eingliederungshilfe-Leistungen durch die Jugendhilfe gewährt werden. 2021 sind dafür zunächst einige Anpassungen vorgenommen worden, durch die die Inklusion als Leitgedanke im SGB VIII verankert und einige Schnittstellen zu anderen Trägern bereinigt wurden. In einem zweiten Schritt gibt es seit dem 01. Januar 2024 flächendeckend in den Jugendämtern „Verfahrenslotsen" (§ 10b SGB VIII), die einerseits junge Menschen mit Behinderung und ihre Eltern bei der Antragstellung für Leistungen aus den verschiedensten Sozialgesetzbüchern unterstützen und begleiten, andererseits die Jugendämter bei der beabsichtigten Zusammenführung der Eingliederungshilfe-Leistungen unter dem Dach der Jugendhilfe unterstützen sollen. Diese Zusammenführung soll spätestens 2028 in einem dritten Schritt durch ein weiteres Gesetz erfolgen, für das der Beteiligungsprozess („Gemeinsam zum Ziel")[24] im Dezember 2023 abgeschlossen wurde.

Im Hinblick auf den inklusiven Leitgedanken ist für die JuhiS die Ergänzung des Erziehungsziels in § 1 Abs. 1 SGB VIII relevant: Neben der Eigenverantwort-

---

[22] Für einen Überblick siehe http://www.brigitta-goldberg.de/pdf/Ueberblick_Aenderungen_KJSG.pdf (letzter Abruf am: 11.06.2024).

[23] Für einen weiteren Überblick s. Struck, 2021. Weitergehende Materialien zu einzelnen Bereichen des Gesetzes finden sich auf der Website des Deutschen Instituts für Jugendhilfe und Familienrecht (www.dijuf.de) sowie in Impulspapieren des AFET (https://afet-ev.de/themenplattform/impulse) (letzter Abruf am: 11.06.2024).

[24] www.gemeinsam-zum-ziel.org (letzter Abruf am: 11.06.2024).

lichkeit und der Gemeinschaftsfähigkeit wird nun auch die Selbstbestimmung als Ziel der Jugendhilfe benannt. Es gilt, die jungen Menschen dahingehend zu begleiten, dass sie selbstständig und verantwortungsbewusst handeln und am Leben in der Gesellschaft teilhaben können.

3.2   Mehr Prävention vor Ort ermöglichen

Unter der Überschrift „mehr Prävention vor Ort" finden sich Regelungen zu niedrigschwelligen, unmittelbaren und sozialraumorientierten Hilfen, um so insb. Familien erreichen zu können, die Vorbehalte und Ängste vor staatlichen Stellen haben.[25] Für die JuhiS können manche dieser neuen oder veränderten Leistungen relevant sein. Mit § 10a SGB VIII wurde für die jungen Menschen und ihre Eltern ein neuer, sehr umfassender Beratungsanspruch geschaffen, der Beratung und Hilfe bei der Antragstellung zu sämtlichen Sozialleistungen gewährt. Auch wenn die Fachkräfte der JuhiS in den seltensten Fällen selbst diese umfassende Beratung durchführen werden, sollten sie zumindest die in Frage kommenden Leistungen kennen und die Menschen an die zuständigen Stellen weiterverweisen, wenn Bedarfe sichtbar werden.[26] In § 13a SGB VIII ist (endlich) die Schulsozialarbeit als Leistung der Jugendhilfe normiert worden. Und der allgemeine Anspruch auf Förderung der Erziehung in der Familie (§ 16 SGB VIII) wurde um einige Inhalte (z. B. Konfliktbewältigung, Gesundheit, Medienkompetenz) ergänzt.

3.3   Junge Menschen, Eltern und Familien besser beteiligen

Ein weiterer Schwerpunkt des KJSG ist die Stärkung der Partizipation als grundlegendes Gestaltungsprinzip der Kinder- und Jugendhilfe; ihre Umsetzung wird vor dem Hintergrund der Intensität von Interaktionen bei den Leistungen und Aufgaben der Jugendhilfe als essenziell angesehen.[27]

Hervorgehoben werden sollen hier drei Regelungen, die für die JuhiS bedeutsam sein können. § 4a SGB VIII enthält ein Gebot zur Anregung und Förderung selbstorganisierter Zusammenschlüsse zur Selbstvertretung – sollten sich nicht auch ehemalige Adressat*innen der JuhiS zusammenschließen, um

---

25   BT-Drs. 19/26107, S. 3.
26   Das fällt unter die Aufgabe der JuhiS, als ‚Clearingstelle' zu fungieren (s. dazu unten 4.1).
27   BT-Drs. 19/26107, S. 3.

sich gegenseitig zu unterstützen und ihre Erfahrungen mit aktuellen Adressat*innen zu teilen?[28] § 8 Abs. 4 SGB VIII weist darauf hin, dass die Beteiligung und Beratung der jungen Menschen „in einer für sie verständlichen, nachvollziehbaren und wahrnehmbaren Form" zu erfolgen hat. Brauchen nicht gerade junge Menschen, die sich in einem sehr formalisierten Jugendstrafverfahren mit vielen verschiedenen Beteiligten befinden, eine gute, verständliche Beratung? Dass ihre Beteiligung unerlässlich ist, wurde ja bereits oben hervorgehoben. Und schließlich § 9a SGB VIII: Die Ombudsstellen haben ihren Weg ins Gesetz gefunden, die immer dann ansprechbar sind, wenn es Konflikte im Zusammenhang mit Aufgaben der Kinder- und Jugendhilfe gibt – und zwar nicht nur bei Leistungen, sondern auch bei den anderen Aufgaben wie der JuhiS.

3.4 Kinder und Jugendliche stärken, die in Pflegefamilien oder in Einrichtungen der Erziehungshilfe aufwachsen

Weitere Neuregelungen durch das KJSG beziehen sich auf die Erziehungshilfen. Hier finden sich insb. Verbesserungen bei der Hilfeplanung bei Fremdunterbringung von Kindern und Jugendlichen (z. B. eine verpflichtende Perspektivklärung); manche Neuregelungen betreffen sämtliche Erziehungshilfen.[29] Besonders hervorzuheben ist im Kontext der JuhiS aber sicherlich die Reform der Hilfe für junge Volljährige, die nun in § 41 Abs. 1 SGB VIII deutlich rechtsverbindlicher ausgestaltet (keine Soll-Regelung mehr; Klarstellung der Coming-Back-Option) und in Abs. 3 um eine verbindliche Übergangsplanung ergänzt wurde; dazu kommt eine verbindliche Nachbetreuung nach Beendigung der Hilfe (§ 41a SGB VIII). Damit sollte es nun für die JuhiS deutlich einfacher sein, erforderliche Hilfen für junge Volljährige durchzusetzen.

---

[28]   Auf die Sinnhaftigkeit solcher Ansätze lassen die Erfahrungen mit den sog. ‚Credible Messenger' schließen (s. dazu Lanio, Lauter & Knop 2023).

[29]   Z. B. die Klarstellung in § 27 Abs. 2 Satz 3 SGB VIII, dass unterschiedliche Hilfearten miteinander kombiniert werden können, sofern dies dem erzieherischen Bedarf im Einzelfall entspricht, oder die Ergänzungen in § 36 Abs. 3 SGB VIII zur Beteiligung weiterer Personen oder Institutionen bei der Hilfeplanung.

3.5 Kinder und Jugendliche besser schützen

Ein weiteres Kernstück des KJSG betrifft den Schutz von Kindern und Jugendlichen. Unter dieser Überschrift finden sich so unterschiedliche Neuregelungen wie z. B. Anpassungen der Regelungen zum Schutzauftrag bei Kindeswohlgefährdung unter stärkerer Einbeziehung des Gesundheitswesens (u. a. in § 8a SGB VIII, §§ 4, 5 KKG), Änderungen bei den Betriebserlaubnissen für Einrichtungen der Kinder- und Jugendhilfe (§§ 45-47 SGB VIII) sowie bei Auslandsmaßnahmen (§ 38 SGB VIII). Auch die für die Jugendstrafjustiz relevanten Veränderungen in § 52 SGB VIII und § 37a JGG, auf die nachfolgend ausführlich eingegangen werden soll, werden dieser Überschrift zugeordnet. In der Gesetzesbegründung heißt es dazu: „Ein wirksamer Kinderschutz erfordert auch eine starke Verantwortungsgemeinschaft der hierfür relevanten Akteure. Dazu bedarf es eines engeren Zusammenwirkens dieser Akteure, insb. zwischen der Kinder- und Jugendhilfe und Ärztinnen bzw. Ärzten sowie Angehörigen anderer Heilberufe. Auch die Zusammenarbeit der Kinder- und Jugendhilfe mit Familiengerichten, Jugendgerichten und Strafverfolgungsbehörden muss weiter gestärkt werden."[30]

4 Die Regelungen des KJSG bezogen auf Verfahren nach dem JGG

Die Neuregelungen in § 52 SGB VIII und § 37a JGG betreffen die Kooperation im Jugendstrafverfahren. Über die Kooperation der Akteur*innen im Rahmen des Jugendstrafverfahrens wird seit jeher debattiert, vor allem über die Zusammenarbeit der Personen bzw. Institutionen, denen durch das JGG oder die StPO zentrale Aufgaben im Strafverfahren zugeordnet werden, d. h. Polizei, Staatsanwaltschaft, Jugendgericht und JuhiS.[31] Dabei wird ausdrücklich betont, dass es ohne Kooperation nicht geht, gleichzeitig wird die Zusammenarbeit angesichts der bereits geschilderten Unterschiede in Aufgaben, Zielen, Rollen und Methoden in der Praxis zum Teil als „Minenfeld" bezeichnet.[32] Vor den in diesem Beitrag relevanten gesetzlichen Reformen mit Bezug zur Kooperation hatte schon das am 17. Dezember 2019 in Kraft getretene *Gesetz zur Stärkung der Verfah-*

---

30 BT-Drs. 19/26107, S. 2.
31 S. ausführlich Goldberg in Wabnitz, Fieseler & Schleicher, 2023, § 52 Rn. 50 ff.
32 Breymann, 2009, S. 201.

rensrechte von Beschuldigten im Jugendstrafverfahren[33] Auswirkungen auf die Kooperationsbeziehungen der Beteiligten, die bis heute nicht vollständig umgesetzt sind, wie Befunde des Jugendgerichtsbarometers[34] und Jugendgerichtshilfebarometers[35] aufzeigen.

In Anbetracht der auch bislang schon vorhandenen Regelungen zur Kooperation der JuhiS insb. mit der Jugendstrafjustiz, aber auch mit anderen relevanten Akteur*innen im Tätigkeitsfeld der JuhiS erscheint fraglich, warum überhaupt Bedarf für eine Neuregelung gesehen wurde. Es ging dem Gesetzgeber
offensichtlich um zwei Ziele: erstens um die Einbeziehung weiterer Akteur*innen und zweitens um die Stärkung der Kooperation im Einzelfall.[36] In der Gesetzesbegründung wird klargestellt, dass über die sowieso erforderliche Zusammenarbeit mit Jugendgericht und Staatsanwaltschaft hinaus „in der Regel auch
die Kooperation im Einzelfall mit anderen öffentlichen Einrichtungen und sonstigen Stellen umfasst [ist], deren Tätigkeit sich auf die Lebenssituation des jungen Menschen auswirkt, soweit dies zur Erfüllung der damit verbundenen Aufgabe notwendig ist".[37] Darüber hinaus formulierte der Gesetzgeber deutlich,
dass durch die Neuregelung „dem zurückhaltenden Gebrauch in der praktischen Umsetzung einer umfassenderen behördenübergreifenden einzelfallbezogenen Zusammenarbeit entgegengewirkt werden [soll]."[38] In der Folge sollen
nun die einzelnen Regelungen näher betrachtet werden.

4.1   Prüfung von Leistungen, § 52 Abs. 2 SGB VIII

Die erste Neuregelung betrifft § 52 Abs. 2 SGB VIII. Die JuhiS hatte seit jeher
die Aufgabe, „frühzeitig zu prüfen, ob für den Jugendlichen oder den jungen
Volljährigen Leistungen der Jugendhilfe in Betracht kommen" und falls ja, die
Staatsanwaltschaft bzw. das Jugendgericht umgehend davon zu unterrichten,
damit eine Diversion geprüft werden kann. In Satz 1 wurde nun klargestellt, dass
nicht nur zu prüfen ist, ob Leistungen der Jugendhilfe in Betracht kommen,
sondern dass auch solche anderer Sozialleistungsträger in den Blick zu nehmen

---

33   BGBl. I, S. 2146; zur Bedeutung dieses Gesetzes für die Kooperationsbezüge der JuhiS s.
     Goldberg, 2021a, Rn. 33 ff.
34   Höynck, Freuwört et al., 2022.
35   Schmoll, Lampe & Holthusen, 2024.
36   Lohse in Meysen, Lohse et al., 2022, Kap. 7 Rn. 116.
37   BT-Drs. 19/26107, S. 105.
38   BT-Drs. 19/26107, S. 105.

sind. Der Gesetzgeber sieht die JuhiS also als „Clearingstelle".[39] Gerade bei älteren Jugendlichen und jungen Volljährigen werden häufig nicht (nur) Leistungen der Jugendhilfe wichtig sein, sondern z. B. solche der Jugendberufshilfe. Es wird deutlich, dass die Fachkräfte gute Kenntnisse des weitverzweigten Systems möglicher Sozialleistungen benötigen[40] und gute Kooperationsbeziehungen erforderlich sind, die durchaus zeitintensiv und daher bei der Personalbemessung zu berücksichtigen sind. Leider gibt es in den anderen Sozialleistungsgesetzen keine korrespondierenden Kooperationsvorgaben, so dass die JuhiS-Fachkräfte weiterhin auf deren Wohlwollen und Interesse angewiesen sind.

4.2 Zusammenarbeit nach § 52 Abs. 1 SGB VIII und § 37a JGG

Während die Änderungen in § 52 Abs. 2 SGB VIII uneingeschränkt auf Zustimmung stoßen dürften, werfen die Neuregelungen in § 52 Abs. 1 SGB VIII und § 37a JGG einige Fragen auf. Sie beruhen auf jeweils gleichlautenden Beschlüssen der Jugend- und Familienministerkonferenz und der Justizministerkonferenz zur behördenübergreifenden Zusammenarbeit und zum Datenschutz aus dem Jahr 2013.[41]

In § 52 Abs. 1 SGB VIII wurden die folgenden Sätze 2 und 3 ergänzt: „Dabei soll das Jugendamt auch mit anderen öffentlichen Einrichtungen und sonstigen Stellen, wenn sich deren Tätigkeit auf die Lebenssituation des Jugendlichen oder jungen Volljährigen auswirkt, zusammenarbeiten, soweit dies zur Erfüllung seiner ihm dabei obliegenden Aufgaben erforderlich ist. Die behördenübergreifende Zusammenarbeit kann im Rahmen von gemeinsamen Konferenzen oder vergleichbaren gemeinsamen Gremien oder in anderen nach fachlicher Einschätzung geeigneten Formen erfolgen." In § 37a JGG findet sich eine korrespondierende Regelung für die Jugendstaatsanwaltschaft und (zumindest für die fallübergreifende Zusammenarbeit) auch für das Jugendgericht.

Die Regelungen unterscheiden somit zwischen der fallübergreifenden Kooperation (z. B. im Rahmen von runden Tischen, Arbeitskreisen oder anderen

39 BT-Drs. 19/26107, S. 107.
40 Wapler in Wiesner & Wapler, 2022, § 52 Rn. 36a. In diesen Fällen könnte auch eine Einbindung der durch das KJSG eingeführten Beratung nach § 10a SGB VIII erfolgen (s. dazu oben 3.2).
41 BT-Drs. 19/26107, S. 105.

Konferenzen)[42] und der einzelfallbezogenen Kooperation, die z. B. in Fallkonferenzen stattfinden kann.[43] Die folgende Übersicht 1 soll die Struktur der Regelung verdeutlichen.

Übersicht 1:   *Struktur der Neuregelungen zur Kooperation durch das KJSG*

Fallübergreifende Kooperation	Einzelfallbezogene Kooperation
§ 37a Abs. 1 JGG: • Jugendrichter*innen und Jugendstaatsanwält*innen • sie *können* zusammenarbeiten • zum Zweck einer *abgestimmten Aufgabenwahrnehmung*	**§ 37a Abs. 2 JGG:** • Jugenstaatsanwält*innen • sie *sollen* teilnehmen • wenn damit aus ihrer Sicht die *Legalbewährung gefördert* wird
§ 52 Abs. 1 Satz 2: • Jugendamt • es soll zusammenarbeiten • soweit dies zur Erfüllung der ihm dabei obliegenden Aufgaben erforderlich ist	**§ 52 Abs. 1 Satz 3:** • Jugendamt • die Zusammenarbeit kann erfolgen • soweit dies zur Erfüllung der ihm dabei obliegenden Aufgaben erforderlich ist • in nach fachlicher Einschätzung geeigneten Formen

Während der Nutzen der fallübergreifenden Zusammenarbeit (s. 4.2.1) außer Frage stehen dürfte, stellen sich bei der einzelfallbezogenen Kooperation aus Sicht der Jugendhilfe etliche Probleme (s. 4.2.2).

---

42   In den Kommunen könnte z. B. überlegt werden, ob ein Gremium unterhalb der AG78 eingerichtet wird, das sich speziell mit den Belangen der Jugendlichen und jungen Volljährigen beschäftigt (ähnlich wie es ein Netzwerk Frühe Hilfen für die Belange der Kleinstkinder gibt).

43   S. zu beiden Formen der Zusammenarbeit auch das Positionspapier der DVJJ, 2022.

4.2.1 Fallübergreifende Kooperation

Für die Jugendhilfe (wie auch die Soziale Arbeit insgesamt) ist die Kooperation in vielen Arbeitsfeldern unerlässlich.[44] Daher ist die strukturelle Zusammenarbeit der Jugendämter mit vielen anderen Stellen und Einrichtungen in § 81 SGB VIII verpflichtend ausgestaltet. Durch die in § 52 Abs. 1 Satz 2 SGB VIII ergänzte *Soll-Regelung* für die JuhiS zur behördenübergreifenden Zusammenarbeit wird diese allgemeine Regelung zur Zusammenarbeit aus § 81 SGB VIII konkretisiert.[45] Es geht um die Kooperation mit „öffentlichen Einrichtungen und sonstigen Stellen, wenn sich deren Tätigkeit auf die Lebenssituation des Jugendlichen oder jungen Volljährigen auswirkt". Neben der in der Mitwirkungsaufgabe der JuhiS in § 52 SGB VIII i. V. m. §§ 38, 50 JGG bereits angelegten Kooperation mit der Jugendstrafjustiz (Staatsanwaltschaft, Jugendgericht, Bewährungshilfe, Jugendstrafvollzug, Jugendarrest), der Polizei sowie mit TOA-Stellen und freien Trägern der Jugendstraffälligenhilfe (z. B. Anbietern von Betreuungsweisungen und Sozialen Trainingskursen) wird hier in erster Linie zu denken sein an die Zusammenarbeit mit dem Familiengericht, Schulen (einschließlich der Jugendsozialarbeit an Schulen bzw. Schulsozialarbeit), Ausländerbehörden, dem Jobcenter, Einrichtungen oder Diensten der Gesundheitshilfen (z. B. Suchtberatung, Schwangerschaftskonfliktberatung) sowie sonstigen Sozialleistungsträgern.

Die Zusammenarbeit ist für die JuhiS vorgesehen und damit erlaubt, *soweit sie zur Erfüllung der Aufgaben erforderlich ist.* Bei jeglicher Kooperation ist zu prüfen, welche Aufgaben den Fachkräften der JuhiS obliegen und ob die Kooperation für diese förderlich ist. Im Mittelpunkt stehen dabei die Beratung, Begleitung und Betreuung der jungen Menschen sowie die Förderung ihrer Entwicklung hin zu selbstbestimmten, eigenverantwortlichen und gemeinschaftsfähigen Persönlichkeiten; es gilt, Benachteiligungen zu vermeiden und abzubauen und positive Lebensbedingungen zu schaffen (§ 1 SGB VIII). Für Jugendrichter*innen und Jugendstaatsanwält*innen ist die fallübergreifende Zusammenarbeit als *Kann-Regelung* etwas weniger verpflichtend ausgestaltet, sie zielt auf eine abgestimmte Aufgabenwahrnehmung. Um eine solche wird es bei der fallübergreifenden Kooperation sehr häufig gehen, d. h. um Strukturen, Abläufe,

---

44 Beispielhaft hierfür seien die Kooperationen in Kinderschutz-Verfahren oder in Gesamtplanverfahren im Rahmen der Eingliederungshilfe genannt.

45 Trenczek in Münder, Meysen & Trenczek, 2022, § 52 Rn. 77.

Prozesse und Standards, die bestenfalls in Kooperationsvereinbarungen[46] festgehalten werden. Wichtig ist es dabei, die rechtlichen Rahmenbedingungen aller
Beteiligten und die sich daraus ergebenden Ziele, Aufgaben, Rollen und Kompetenzen zu klären. Sinnvoll ist darüber hinaus ein Austausch über die jeweiligen Erwartungen, ebenso wie über Menschenbilder und Haltungen, was z. B.
im Rahmen gemeinsamer Fortbildungen oder anonymisierter Fallbesprechun-
gen stattfinden kann.[47] Die JuHiS sollte diese Zusammenarbeit bei den anderen
Personen und Stellen einfordern und aktiv im Sinne der jungen Menschen nutzen. Da dies durchaus zeitaufwändig ist, ist dies bei der Personalbemessung (bei
Gericht und Staatsanwaltschaft bei den Pensen) zu berücksichtigen.

4.2.2 Einzelfallbezogene Kooperation

Während die Regelungen zur fallübergreifenden Kooperation also uneingeschränkt sinnvoll sein dürften, müssen diejenigen zur einzelfallbezogenen Zusammenarbeit differenzierter betrachtet werden. Sie finden sich für die JuHiS in
§ 52 Abs. 1 Satz 3 SGB VIII und für die Jugendstaatsanwaltschaft in § 37a Abs. 2
JGG.

§ 52 Abs. 1 Satz 3 SGB VIII bestimmt für die JuHiS, dass die einzelfallbezogene Zusammenarbeit „im Rahmen von gemeinsamen Konferenzen oder vergleichbaren gemeinsamen Gremien" erfolgen kann. Laut Gesetzesbegründung
sind damit insb. Fallkonferenzen gemeint.[48] Wichtig ist darauf hinzuweisen,
dass es sich um eine *Kann-Regelung* handelt, d. h., eine einzelfallbezogene Kooperation ist nach der eindeutigen gesetzlichen Regelung kein Standardverfah-
ren in der Tätigkeit der JuHiS, sondern nur in besonderen Einzelfällen anwendbar. Dazu kommt, dass die Einschränkung aus Satz 2 auch bei der einzelfallbezogenen Kooperation gilt: Die Zusammenarbeit erfolgt nur, *soweit dies zur Erfüllung der der JuHiS obliegenden Aufgaben erforderlich* ist. Darüber hinaus hat die
JuHiS fachlich einzuschätzen, ob die *Form der Zusammenarbeit geeignet* ist, und
zwar im Hinblick auf die Erfüllung ihrer eigenen Aufgaben unter Beachtung
ihrer Grundprinzipien und Verfahrensvorschriften, zu denen auch die des Sozialdatenschutzes zählen. Dies wird in der Gesetzesbegründung sogar noch ein-

---

46 Ausführlicher zu Kooperationsvereinbarungen mit den Organen der Strafjustiz s. Gold-
    berg, 2021a, Rn. 33 ff. Für ein Beispiel für eine Kooperationsvereinbarung zur Durchfüh-
    rung von Fallkonferenzen s. Sprecher*innenrat der BAG JuHiS, 2023b.
47 Weitere Hinweise zur praktischen Umsetzung der fallübergreifenden Kooperation finden
    sich bei Fritsch, 2023a.
48 BT-Drs. 19/26107, S. 107.

mal hervorgehoben: „Die Vorschriften über den Schutz von Sozialdaten [...] ebenso wie die jeweiligen bereichsspezifischen Datenschutzvorschriften, die für andere Mitwirkende in derartigen Gremien gelten, bleiben dabei unberührt."[49]

Die Neuregelung stellt also bei genauer Betrachtung die Teilnahme der Ju-hiS an Fallkonferenzen unter den Vorbehalt der Förderlichkeit für ihre Aufgaben und die Prüfung der fachlichen Geeignetheit der Form der Zusammenarbeit. Gleichwohl besteht durch die „doppelten Botschaften in der Begründung zum Gesetzentwurf"[50] die Gefahr von Missverständnissen, dass nämlich eine Pflicht zur Mitwirkung gegeben sei.[51] Wie soll aber (wie es beabsichtigt ist) dem zurückhaltenden Gebrauch von Fallkonferenzen entgegengewirkt werden, wenn die gesetzliche Regelung gleichzeitig zu Recht ausdrücklich als Ausnahmevorschrift für Einzelfälle formuliert ist?

Für die Jugendstaatsanwält*innen bestimmt § 37a Abs. 2 JGG, dass sie einzelfallbezogen zusammenarbeiten *sollen*, wenn damit aus ihrer Sicht die Legalbewährung gefördert wird. Für Jugendrichter*innen ist keine einzelfallbezogene Zusammenarbeit vorgesehen, da dies mit ihrer Funktion als Teil der rechtsprechenden Gewalt nicht zu vereinbaren wäre.[52]

Im weiteren Verlauf wird nun zu klären sein, in welchen Fällen aus Sicht der JuhiS eine einzelfallbezogene Kooperation im Rahmen einer Fallkonferenz sinnvoll und damit zulässig ist, wer die möglichen Beteiligten sind, welche Grundprinzipien dabei zu beachten sind und welche datenschutzrechtlichen Vorgaben gelten.[53]

4.2.3 Anlässe einer Fallkonferenz

Zunächst ist zu klären, in welchen Fallkonstellationen aus Sicht der Jugendhilfe eine Fallkonferenz in Frage kommt, d. h., wann sie für die Erfüllung ihrer Aufgaben förderlich ist und wann eine solche Form im Hinblick auf die Grundprinzipien und Verfahrensvorschriften der Jugendhilfe geeignet ist.[54] Die Gesetzesbegründung verweist auf Mehrfachauffällige, die Begehung sehr schwerer Straftaten oder wenn die Straftat mit anderen Auffälligkeiten einhergeht, z. B. Schul-

---

49 BT-Drs. 19/26107, S. 105.
50 Trenczek in Münder, Meysen & Trenczek, 2022, § 52 Rn. 79.
51 Goldberg in Wabnitz, Fieseler & Schleicher, 2023, § 52 Rn. 95e.
52 Lohse in Meysen, Lohse et al., 2022, Kap. 7 Rn. 119.
53 S. dazu auch ausführlich die praktischen Hinweise für die Durchführung einzelfallbezogener Fallkonferenzen des Sprecher*innenrats der BAG JuhiS, 2023a.
54 S. dazu ausführlicher Goldberg, 2023, S. 104 ff.

verweigerung, Suchtproblemen oder familiären Problemen, bei denen ein „Bedarf an Beratung und Abstimmung mehrerer Stellen im Interesse des betroffenen Jugendlichen besteht".[55] Doch selbst in diesen Fällen ist die Durchführung einer Fallkonferenz aus Sicht der JuhiS nicht automatisch tunlich.

Unstreitig dürften Fallkonferenzen ausgeschlossen sein in Konstellationen, die zum Bereich der ubiquitären, bagatellhaften und episodenhaften Delinquenz zählen, in denen eine Spontanbewährung zu erwarten ist.[56] Wenn sie also bei Bagatelldelinquenz ausgeschlossen scheinen, könnten Fallkonferenzen am anderen Ende der Skala, also bei den sog. ‚Mehrfach- und Intensivtäter*innen‘ sinnvoll sein, wie es in der Gesetzesbegründung angenommen wird.[57] Zunächst einmal ist darauf hinzuweisen, dass es keine allgemeinverbindliche Definition dieser Täter*innengruppe gibt und die stigmatisierende Bezeichnung in erster Linie von der Polizei verwendet wird, um diese jungen Menschen durch besondere Vorgehensweisen zu adressieren. Eine solche Zuordnung ist für die JuhiS nicht bindend. Gleichwohl sollte sich die JuhiS durchaus intensiver mit jungen Menschen beschäftigen, die durch mehrfache und oft schwerere Straftaten auffällig werden, denn aus der Forschung ist bekannt, dass sie durch eine Vielzahl sozialer und biographischer Defizite und Mängellagen belastet sind und zuvor durch die Jugendhilfe oder andere Unterstützungssysteme nicht wirklich erreicht werden konnten. Gleichzeitig sind sie oft von einer negativen Eigendynamik des Rückfalls betroffen, in der die Chancen immer weiter abnehmen und Kontrolle und Sanktionierung intensiviert werden. Insofern können Fallkonferenzen bei diesen jungen Menschen durchaus sinnvoll sein, und zwar aus zwei Gründen:

- erstens zur Klärung und Koordination eines umfassenden Unterstützungsbedarfes verschiedener Institutionen bei multiplen Problemlagen und Belastungsfaktoren (JuhiS als Clearingstelle),[58] was auch im Hinblick auf die Förderung eines Desistance-Prozesses relevant ist, und
- zweitens zur Abwendung einer Sanktionseskalation, insb. wenn eine Jugendstrafe im Raume steht oder bei einer eventuell notwendigen Krisenintervention zur Untersuchungshaftvermeidung.[59]

55 BT-Drs. 19/26107, S. 106.
56 Dazu Trenczek & Goldberg, 2016, S. 66.
57 Zu diesen s. Goldberg in Wabnitz, Fieseler & Schleicher, 2023, § 52 Rn. 13 ff. m. w. N.
58 Trenczek in Münder, Meysen & Trenczek, 2022, § 52 Rn. 78; Sprecher*innenrat der BAG JuhiS, 2023a, S. 186.
59 Sprecher*innenrat der BAG JuhiS, 2023a, S. 187.

Entscheidend für die Jugendhilfe ist in diesen Fällen gleichwohl, dass nicht eine strafrechtliche Perspektive im Vordergrund steht, nach der schneller, härter und repressiver reagiert werden muss, denn das ist aus empirischer und pädagogischer Sicht nur selten sinnvoll. Vielmehr muss das Ziel sein, Absprachen zu kriminologisch sinnvollen Reaktionen zu treffen, durch die Inanspruchnahme von Angeboten der Jugendhilfe strafende Sanktionen zu verhindern, gegenläufige Wirkungen von gleichzeitig getroffenen Einzelmaßnahmen der verschiedenen beteiligten Institutionen oder einen ,Verschiebebahnhof' zwischen Institutionen zu vermeiden, um so Brüche im Lebenslauf und einen damit verbundenen weiteren Abstieg abzuwenden.[60]

Darüber hinaus können aus Sicht der Jugendhilfe Fallkonferenzen in zwei weiteren Situationen sinnvoll erscheinen:

- wenn Interventionen oder Entscheidungen anderer Institutionen im Widerspruch zu denen der Jugendhilfe stehen und sich kontraproduktiv auf Hilfeverläufe auswirken können, z. B. Ordnungsmaßnahmen der Schule oder Schulverweise, Entscheidungen hinsichtlich der (Nicht-)Fortsetzung von Berufsbildungsmaßnahmen, aufenthaltsbeendende Maßnahmen der Ausländerbehörde, der Entzug der Fahrerlaubnis oder Sanktionen des Jobcenters;
- in der Phase der Vollstreckung bereits entschiedener Maßnahmen, um (insb. auch mit den Sorgeberechtigten) die Abläufe zu besprechen.[61]

4.2.4 Beteiligte

Wenn nun also überhaupt eine Fallkonferenz sinnvoll erscheint, ist weiter zu klären, welche Personen und Institutionen außer der Jugendhilfe an dieser Konferenz teilnehmen sollten.[62] Der Gesetzgeber benennt explizit Jugendstaatsanwaltschaften, Polizeibehörden, die Schule, Ausländerbehörden und den Gesundheitsbereich; darüber hinaus geht er wohl davon aus, dass die Fallkonferenzen grundsätzlich unter Beteiligung der Personensorgeberechtigten und der jungen Menschen erfolgen,[63] was aber in der Praxis nur selten der Fall ist.[64]

---

60 Goldberg in Wabnitz, Fieseler & Schleicher, 2023, § 52 Rn. 61.
61 DVJJ, 2022.
62 S. ausführlicher Goldberg, 2023, S. 106 f.
63 BT-Drs. 19/26107, S. 107; s. dazu auch Lohse in Meysen, Lohse et al., 2022, Kap. 7 Rn. 118.
64 DVJJ, 2022.

Die Beteiligung der jungen Menschen und ihrer Personensorgeberechtigten ist aus Sicht der Jugendhilfe elementar und nur in Ausnahmefällen verzichtbar,[65] unterstreicht sie doch das Prinzip der Partizipation, welches durch das KJSG an vielen Stellen noch einmal herausgehoben wurde – die jungen Menschen sind Expert*innen in eigener Sache und sollten nicht Objekte intervenierender Eingriffe sein.[66] Ihre Autonomie, die Hoheitlichkeit ihres Willens und ihre Selbstbestimmungsrechte sind zu wahren, wie bereits oben hervorgehoben wurde. Selbstverständlich muss eine solche Fallkonferenz mit den jungen Menschen gut vorbereitet werden, damit die Rollen klar sind und auf keinen Fall dürfen sie sich einer einheitlichen Front gegenüber sehen.[67] Wichtig ist darüber hinaus, dass durch die Fallkonferenzen rechtsstaatliche Verfahrensgarantien nicht umgangen werden, so dass Belehrungen über die Freiwilligkeit der Teilnahme und das Schweigerecht unbedingt erfolgen müssen.[68] Umstritten ist, ob den jungen Menschen die Möglichkeit eingeräumt werden sollte, eine*n Verteidiger*in hinzuzuziehen.[69] Speckin sieht dies als nicht erforderlich an, da es in der Fallkonferenz um Maßnahmen nach dem SGB VIII gehe; Orte der Verteidigung seien das Ermittlungsverfahren und die Hauptverhandlung.[70] Zumindest sollte es den jungen Menschen möglich sein, einen Beistand (§ 69 JGG; § 13 Abs. 4 SGB X) mitzubringen.

Welche weiteren Personen und Institutionen beteiligt werden, ist sehr vom Einzelfall abhängig.[71] Neben den Fachkräften der Allgemeinen Sozialen Dienste[72] werden das häufig Akteur*innen aus dem Bereich der Jugendstrafjustiz und Jugendstraffälligenhilfe sein (insb. Polizei und Jugendstaatsanwaltschaft, zu-

---

[65] So auch Lohse in Meysen, Lohse et al., 2022, Kap. 7 Rn. 123; Fritsch, 2023b, S. 333. Nicht nachvollziehbar ist dagegen die Begründung gegen deren Teilnahme von Schaerff & Lohrmann, 2023, S. 204.

[66] BT-Drs. 19/26107, S. 1.

[67] DVJJ, 2022. Zur Vorbereitung s. ausführlich Sprecher*innenrat der BAG JuhiS, 2023a, S. 187 f.

[68] DVJJ, 2022.

[69] DVJJ, 2022; Goldberg, 2023, S. 105; a. A. (keine Teilnahmebefugnis) Schaerff & Lohrmann, 2023, S. 204.

[70] Speckin, 2023, S. 157.

[71] S. dazu auch Fritsch, 2023b, S. 332 sowie die Darstellungen zu Fallkonferenzen aus Perspektive verschiedener Personen und Institutionen bei Fritsch & dem Sprecher*innenrat der BAG JuhiS, 2023.

[72] Sofern diese für die Gewährung von Erziehungshilfen zuständig sind. Dies ist in den Jugendämtern unterschiedlich organisiert. S. dazu ausführlich Goldberg, 2022, S. 271 ff.

dem ggf. die Bewährungshilfe,[73] der Justizvollzug und/oder Fachkräfte der ambulanten sozialpädagogischen Angebote). Darüber hinaus sind häufig die Schulen oder Einrichtungen der beruflichen Bildung relevant, ebenso wie Personen oder Institutionen der Gesundheitshilfe (z. B. Suchtberatung, psychiatrische Einrichtungen). Weiter kommen andere Sozialleistungsträger in Frage (z. B. Jobcenter, Arbeitsagentur, Sozialamt, Träger der Eingliederungshilfe) oder andere Behörden (z. B. Fahrerlaubnisbehörde, Ausländerbehörde). Sollte es in der Fallkonferenz um Vollstreckungsfragen gehen, ist es übrigens unproblematisch, wenn Jugendrichter*innen als Vollstreckungsleiter*innen teilnehmen (in diesen Fällen werden die Polizei und Staatsanwaltschaft dagegen seltener beteiligt sein).

Bei all diesen Personen und Institutionen ist relevant, dass sie einerseits Ziele verfolgen können, die auch aus Sicht der Jugendhilfe positiv zu werten sind (wie z. B. die Legalbewährung, die Integration, der Erwerb eines Schulabschlusses, gute Gesundheit), andererseits können ihre Maßnahmen aber den Zielen der Jugendhilfe bzw. der Wirksamkeit ihrer Hilfen entgegenstehen, so dass es sinnvoll erscheint, aufeinander abgestimmte Hilfeansätze zu entwickeln. Auch wenn es selten möglich sein wird, in den Fallkonferenzen verbindliche Vereinbarungen zu treffen, können dennoch Handlungsempfehlungen ausgesprochen werden, die dann bestenfalls von den einzelnen Akteur*innen im Rahmen ihrer eigenen rechtlichen Möglichkeiten umgesetzt werden.

4.2.5 Geltung von Grundprinzipien und Sozialdatenschutz

Für die Jugendhilfe steht außer Frage, dass jede Fallkonferenz mit ihrer Beteiligung auf die Förderung der Entwicklung der jungen Menschen zu einer selbstbestimmten, eigenverantwortlichen und gemeinschaftsfähigen Persönlichkeit zielt, was insb. durch soziale Integration zu erreichen ist. Die Ziele der Jugendhilfe gehen damit weit über die Ziele der Jugendstrafjustiz hinaus, die sich lediglich an der Legalbewährung orientieren (darf). Darüber hinaus ist die Jugendhilfe an die Grundprinzipien des SGB VIII gebunden, die auch im Rahmen von Fallkonferenzen umzusetzen sind. Dazu zählen insb. die folgenden:[74]

---

73 Schaerff & Lohrmann, 2023, S. 205 sehen auch die Beteiligung der Bewährungshilfe als unzulässig an, was aber auf ein falsches Verständnis der Fallkonferenzen zurückzuführen ist; mit der von ihnen gewählten Begründung dürfte auch die JuhiS nicht teilnehmen. Zur Fallkonferenz aus Sicht der Bewährungshilfe s. Seel, 2023.

74 S. ausführlicher Goldberg, 2023, S. 107 ff.

Partizipation: Fallkonferenzen finden grundsätzlich unter Beteiligung der jungen Menschen (und ihrer Personensorgeberechtigten) statt.

Freiwilligkeit:[75] Die Leistungen des SGB VIII sind freiwillig, d. h., die jungen Menschen können nicht zur Inanspruchnahme von Hilfen gezwungen werden. Die Freiwilligkeit gilt auch im Hinblick auf die Teilnahme an Fallkonferenzen, und zwar sowohl bezogen auf die eigene Teilnahme (oder Nichtteilnahme) der jungen Menschen als auch bezogen auf die Erteilung einer Einwilligung zum Sozialdatenschutz, die für die Fachkräfte der JuhiS notwendig ist, um Informationen an die anderen Beteiligten weitergeben zu dürfen (s. nachfolgend).

Ressourcenorientierung:[76] Für die Jugendhilfe zentral ist die Planung von Unterstützungsmöglichkeiten, die an individuelle und soziale Ressourcen der jungen Menschen anknüpfen, da die intendierten Ziele durch ressourcenorientierte Hilfen deutlich besser und nachhaltiger erreicht werden können als bei Orientierung an den Defiziten.

Prozesshaftigkeit: Die Jugendhilfe ist auf Prozesse, einvernehmliche Konfliktklärungen und kooperative Entscheidungen ausgerichtet.[77] Aus der Desistance-Forschung ist bekannt, dass Veränderungsprozesse (insb. solche, die mit dem Abbruch sog. krimineller Karrieren in Verbindung stehen) selten geradlinig verlaufen, sondern von Rückschlägen und Ambivalenzen gekennzeichnet sind.[78]

Schließlich spielt der (Sozial-)Datenschutz für die Jugendhilfe (wie auch für die Polizei bzw. Justiz) in Fallkonferenzen eine wesentliche Rolle.[79] Dabei werden der Jugendhilfe oft einseitig Vorwürfe gemacht, die (aus Sicht der Polizei oder Justiz) notwendigen Informationen zurückzuhalten. Dabei gibt es Vertraulichkeit durchaus auf beiden Seiten: Gerade, wenn Straftaten noch nicht gänzlich ausermittelt sind, hält auch die Polizei bestimmte Informationen aus guten Gründen zurück.

Für die Jugendhilfe ist aber in jedem Fall der Sozialdatenschutz entscheidend, der vergleichsweise strenge Vorgaben zur Erhebung und Übermittlung von personenbezogenen (Sozial-)Daten enthält. Als wichtige Grundprinzipien gelten der Zweckbindungs- und der Datensparsamkeits- bzw. Erforderlichkeits-

---

75 S. dazu Trenczek & Goldberg, 2016, S. 169 f.
76 S. dazu Trenczek & Goldberg, 2016, S. 145.
77 Goldberg in Wabnitz, Fieseler & Schleicher, 2023, § 52 Rn. 20 m. w. N.
78 Ghanem & Stadler, 2022, S. 177 f.
79 Zum Sozialdatenschutz bezogen auf Fallkonferenzen s. ausführlich Riekenbrauk, 2023.

grundsatz (Art. 5 EU-DSGVO; §§ 62 Abs. 1, 63 Abs. 1, 64 Abs. 1 SGB VIII),[80] wobei die konkrete Aufgabe der Jugendhilfe (hier also der JuhiS) maßgeblich ist. Bei der Datenerhebung gilt ferner der Grundsatz der Betroffenenerhebung (§ 67a Abs. 2 SGB X; § 62 Abs. 3 SGB VIII), d. h., nur in den gesetzlich geregelten Ausnahmefällen dürfen Informationen bei Dritten (z. B. den anderen Beteiligten einer Fallkonferenz) eingeholt werden, und dieser Ausnahmetatbestand dürfte regelmäßig nicht erfüllt sein.[81]

Noch relevanter dürfte im Hinblick auf Fallkonferenzen aber die (Un-)Zulässigkeit einer Datenübermittlung sein, d. h., inwieweit die Fachkräfte der JuhiS Informationen an die anderen Beteiligten weitergeben dürfen oder eben nicht. Die Datenübermittlung ist den Fachkräften der JuhiS nur gestattet, wenn die*der Betroffene (freiwillig und gut informiert) eingewilligt[82] hat *oder* eine gesetzliche Regelung die Datenübermittlung erlaubt. Als gesetzliche Regelung kommt vor allem § 69 Abs. 1 Nr. 1 SGB X in Betracht:

- Var. 1 erlaubt eine Übermittlung „für die Erfüllung der Zwecke, für die sie erhoben worden sind". Der ursprüngliche Zweck der Datenerhebung durch die JuhiS wird vermutlich kaum eine Fallkonferenz gewesen sein, zumindest nicht mit all den genannten Beteiligten, so dass diese Variante nicht einschlägig ist.[83]
- Var. 2 ermöglicht eine Übermittlung, wenn sie „für die Erfüllung einer gesetzlichen Aufgabe der übermittelnden Stelle nach diesem Gesetzbuch" erforderlich ist. Also nur, wenn es *förderlich für die Aufgaben der JuhiS* ist, Informationen an andere Beteiligte der Fallkonferenz weiterzugeben, ist dies auch erlaubt. Die Förderlichkeit für die Aufgaben von Polizei oder Strafjustiz reicht hingegen nicht aus.

---

80 S. Goldberg in Wabnitz, Fieseler & Schleicher, 2023, § 52 Rn. 115 ff. sowie allgemein Goldberg, 2021b, S. 183 f. und Goldberg, 2021c, S. 31 f.

81 Goldberg in Wabnitz, Fieseler & Schleicher, 2023, § 52 Rn. 116.

82 Zu den Voraussetzungen einer wirksamen Einwilligung s. Goldberg, 2021c, S. 13 ff. und Riekenbrauk, 2023, S. 44 ff.

83 So auch Fritsch, 2023b, S. 334. Soweit Schaerff & Lohrmann, 2023, S. 199 annehmen, dass dies zumindest in Bezug auf die Jugendstaatsanwaltschaft „unzweifelhaft der Fall" sei, geht dies fehl. Die JuhiS erhebt nicht nur Daten zur Weitergabe an die Strafjustiz zur Erfüllung ihrer Aufgaben aus § 38 Abs. 2 und 3 JGG, sondern z. B. auch zur Prüfung von Leistungen (§ 52 Abs. 2 SGB VIII); zumindest bei diesen Daten wäre es keine zweckidentische Übermittlung.

Hinzu kommt, dass die jugendhilferechtlichen Übermittlungssperren[84] vermutlich häufig einschlägig sein werden:

- § 64 Abs. 2 SGB VIII: Diese Regelung verbietet der Jugendhilfe eine auf § 69 SGB X gestützte Datenübermittlung, „soweit dadurch der Erfolg einer zu gewährenden Leistung nicht in Frage gestellt wird". Wenn es in einer Fallkonferenz gerade um Leistungen der Jugendhilfe geht, durch die z. B. schärfere Sanktionen abgewendet werden sollen, dürfte es sehr schädlich sein und die Zusammenarbeit mit der Jugendhilfe zunichtemachen, wenn die Fachkräfte ohne Einwilligung Daten in einer Fallkonferenz übermitteln. Insofern wird diese Sperre regelmäßig einschlägig sein.[85]
- § 65 Abs. 1 SGB VIII: Ein besonderer Vertrauensschutz gilt nach dieser Regelung für anvertraute Daten, also solche, die mit der Erwartung anvertraut werden, dass sie Dritten nicht mitgeteilt werden. Sie dürfen nur in den gesetzlich ausdrücklich genannten Fällen übermittelt werden, wozu Fallkonferenzen nicht gehören. Gerade, wenn es im Gespräch mit der JuhiS um die Klärung von Unterstützungsbedarfen geht, wird das Anvertrauen von Informationen eher die Regel als die Ausnahme sein. Diese Daten dürfen daher in jedem Fall nur mit Einwilligung weitergegeben werden.[86]

Im Ergebnis wird also eine Weitergabe von Informationen nur dann möglich sein, wenn die Betroffenen freiwillig eingewilligt haben. Auch, wenn der Gesetzgeber innerhalb der Grenzen des Datenschutzes „durchaus Spielräume für eine gelingende, enge Kooperation zum Zweck einer zielorientierten Erfüllung des Auftrags der Kinder- und Jugendhilfe"[87] sieht, ist zu betonen, dass gegen den

---

[84] Zu diesen s. Goldberg in Wabnitz, Fieseler & Schleicher, 2023, § 52 Rn. 118.
[85] Schaerff & Lohrmann, 2023, S. 200 nehmen an, dass die Sperre nur bei einer zweckändernden Datenübermittlung einschlägig sei. Dem kann nicht zugestimmt werden, denn nach dem eindeutigen Gesetzeswortlaut gilt die Sperre – in Abweichung zu § 64 Abs. 1 SGB VIII, der die Zulässigkeit der zweckidentischen Nutzung und Übermittlung regelt – für die Übermittlung zur Erfüllung von Aufgaben nach § 69 SGB X und zu diesen gehört auch die Übermittlung zum Erhebungszweck (§ 69 Abs. 1 Nr. 1 Var. 1 SGB X).
[86] Soweit Schaerff & Lohrmann, 2023, S. 201 annehmen, dass dies „in der Situation eines delinquenzbezogenen Gesprächs mit der JuhiS in einem [...] Haus des Jugendrechts nur sehr selten in Betracht" komme, kann dem nicht gefolgt werden. Erstens führt die JuhiS regelmäßig keine delinquenzbezogenen Gespräche, sondern solche zur Klärung von Unterstützungsbedarfen, Ressourcen, Integrationshindernissen usw. und zweitens wäre das ein durchgreifendes Argument gegen ein Haus des Jugendrechts, wenn in diesem Setting keine vertraulichen Gespräche mehr mit der JuhiS möglich sind.
[87] BT-Drs. 19/26107, S. 105.

Willen der Betroffenen für die Fachkräfte der Jugendhilfe eine Teilnahme an einer Fallkonferenz ausgeschlossen sein dürfte; zumindest aber erscheint eine Weitergabe von Informationen dann als unzulässig, so dass sie zu unterbleiben hat. Dies sah auch der Gesetzgeber: „Die Beachtung des Sozialdatenschutzes kann in bestimmten Konstellationen auch dazu führen, dass die Fachkraft im Strafverfahren verpflichtet ist, ihr bekannte Informationen nicht weiterzugeben."[88]

Die Verantwortung für die Entscheidung über die Zulässigkeit der Datenübermittlung liegt übrigens eindeutig bei den Fachkräften der JuhiS (§ 67d Abs. 1 Satz 1 SGB X). Eine pauschale Regelung (z. B. in Kooperationsverträgen) verbietet sich dabei, vielmehr ist in jedem Einzelfall gesondert darüber zu entscheiden.

Zusammenfassend ist also zu betonen, dass es für die Fachkräfte der Jugendhilfe sehr weitreichende Grundsätze und Verfahrensvorschriften gibt, die (auch) in Fallkonferenzen zu beachten sind. Den beteiligten Fachkräften müssen insb. die Vorschriften des Datenschutzes sehr bewusst sein, die vorab intern zu klären und gegenüber den Kooperationspartner*innen zu kommunizieren sind. Wenn überhaupt eine einzelfallbezogene Fallkonferenz durchgeführt wird (in einem Ausnahmefall, in dem sie für sinnvoll erachtet wird), dann sollte sie einem klaren, an den Zielen der Jugendhilfe orientierten Konzept folgen und unter Federführung der Jugendhilfe stattfinden, so dass diese Einfluss auf die äußeren Rahmenbedingungen hat.

5   Fazit

Das KJSG kann als grundsätzlich positive Weiterentwicklung der Kinder- und Jugendhilfe in Deutschland gewürdigt werden. Viele Aspekte, wie die Einbeziehung der Kinder und Jugendlichen mit Behinderungen, die Betonung der Partizipation und die Bereitstellung niedrigschwelliger, sozialraumorientierter Hilfen weisen in eine richtige Richtung. Auch die Reform des Rechts der Hilfen für junge Volljährige war seit Jahren überfällig und ist sehr zu begrüßen. An vielen Stellen ist es somit tatsächlich zu einer Stärkung der jungen Menschen gekommen.

Gerade aber bei den Regelungen, die den jugendstrafrechtlichen Kontext betreffen, ist das nicht in jedem Fall anzunehmen. Während die Neuregelungen

---

[88]   BT-Drs. 19/26107, S. 105 f.

zur fallübergreifenden Kooperation zu begrüßen sind und zu einer Stärkung der jungen Menschen führen können, wenn z. B. Absprachen erfolgen, die der Ju-hiS eine fachgerechtere Aufgabenerfüllung ermöglichen, sind die Regelungen zur einzelfallbezogenen Zusammenarbeit eher kritisch zu würdigen.[89] Fallkon-ferenzen können in wenigen Einzelfällen sinnvoll sein, sie sollten aber unter Federführung der Jugendhilfe durchgeführt werden, damit deren Grundprinzi-pien und wichtige Verfahrensgrundsätze wie der Sozialdatenschutz (freiwillige Einwilligung) und die Partizipation der Betroffenen eingehalten werden. Eine gute sozialpädagogische Professionalität erscheint nötig, damit durch solche Konferenzen etwas im Sinne der jungen Menschen erreicht werden kann. Es könnte z. B. bei den anderen Beteiligten für Verständnis für einen (weiteren) Rückschlag in einem Desistance-Prozess geworben werden, so dass auf eigent-lich vorgesehene einschneidende Maßnahmen verzichtet wird, die die soziale Integration behindern würden. Oder es könnten Hilfen und Unterstützungs-maßnahmen aus verschiedenen Systemen aufeinander abgestimmt werden, die dann auch im Rahmen eines Strafverfahrens Bedeutung erlangen können. Frag-lich ist gleichwohl, ob solche Ergebnisse nicht auch ohne Fallkonferenz möglich gewesen wären. Wenn eine Kooperation ohnehin verantwortungsvoll gelebt wird, sich die beteiligten Personen gut kennen und die jeweiligen Aufgaben und Befugnisse akzeptieren, wird es vermutlich kaum einen Mehrwert durch eine Fallkonferenz geben; wo dies aber nicht der Fall ist, erscheint die Umsetzung von Vereinbarungen aus Fallkonferenzen unrealistisch, so dass auf das Instru-ment auch verzichtet werden könnte.[90]

Literaturverzeichnis

Breymann, K. (2009). Kooperation im Jugendstrafverfahren. In J. Goerdeler & BAG Jugendhilfe im Strafverfahren in der DVJJ (Hrsg.), Jugendhilfe im Strafverfah-ren. Arbeitshilfen für die Praxis (S. 201–207). Hannover: DVJJ-Eigenverlag.

Deutscher Berufsverband für Soziale Arbeit e. V. (2014). Berufsethik des DBSH. Ethik und Werte. Forum Sozial, Heft 4.

Deutsche Vereinigung für Jugendgerichte und Jugendgerichtshilfen e. V. (2022). Po-sitionspapier der DVJJ zu sogenannten Fallkonferenzen. Zeitschrift für Jugend-kriminalrecht und Jugendhilfe 33 (3), S. 233–236.

---

89   Für eine ausführlichere Würdigung s. Goldberg, 2023, S. iii ff.
90   Trenczek in Münder, Meysen & Trenczek, 2022, § 52 Rn. 80; DVJJ, 2020, S. 411.

Deutsche Vereinigung für Jugendgerichte und Jugendgerichtshilfen e. V. (2020). Stellungnahme zum Referentenentwurf eines Gesetzes zur Stärkung von Kindern und Jugendlichen vom 05.10.2020. Zeitschrift für Jugendkriminalrecht und Jugendhilfe 31 (4), S. 409–412.

Fritsch, K. (2023a). Jeder mache, was er kann, nur nicht das vom Nebenmann – Zur Koproduktion bei fallübergreifender Kooperation. In K. Fritsch & der Sprecher*innenrat der BAG (Hrsg.), Fallkonferenzen im Jugendstrafrecht. Wenn schon, dann richtig! Handbuch für die Praxis (S. 15–32). Mönchengladbach: Forum Verlag Godesberg.

Fritsch, K. (2023b). Wo etwas, was einem wichtig ist, auf dem Spiele steht ... muss man dabei sein, egal, ob man's kriegt oder nicht. Zeitschrift für Jugendkriminalrecht und Jugendhilfe, 34 (4), S. 329–335.

Fritsch, K. & der Sprecher*innenrat der Bundesarbeitsgemeinschaft der Jugendhilfe im Strafverfahren in der DVJJ (Hrsg.). Fallkonferenzen im Jugendstrafrecht. Wenn schon, dann richtig! Handbuch für die Praxis. Mönchengladbach: Forum Verlag Godesberg.

Ghanem, C. & Stadler, H. (2022). Desistance-orientierte Straffälligenhilfe – Forschungsergebnisse und Praxisimplikationen. In AK HochschullehrerInnen Kriminologie/Straffälligenhilfe in der Sozialen Arbeit (Hrsg.), Kriminologie und Soziale Arbeit. Ein Lehrbuch (2. Aufl.) (S. 177–190). Weinheim: Beltz Juventa.

Goldberg, B. (2023). „Das wird dir helfen!" – Oder nicht? Fallkonferenzen aus Sicht der Jugendhilfe im Strafverfahren. In K. Fritsch & der Sprecher*innenrat der BAG JuhiS (Hrsg.), Fallkonferenzen im Jugendstrafrecht. Wenn schon, dann richtig! Handbuch für die Praxis (S. 95–115). Mönchengladbach: Forum Verlag Godesberg.

Goldberg, B. (2022). Hilfeplanung in der Jugendhilfe im Strafverfahren. In DVJJ (Hrsg.), Jugend, Recht und Öffentlichkeit. Selbstbilder, Fremdbilder, Zerrbilder. Dokumentation des 31. Deutschen Jugendgerichtstages vom 16. bis 18. September 2021. Online-Veranstaltung (S. 253–278). Mönchengladbach: Forum Verlag Godesberg.

Goldberg, B. (2021a). Das Gesetz zur Stärkung der Verfahrensrechte von Beschuldigten im Jugendstrafverfahren. Fort- und Rückschritte aus der Perspektive der Jugendhilfe im Strafverfahren. Bochum: Ev. Hochschule Rheinland-Westfalen-Lippe. Online verfügbar unter: https://kidoks.bsz-bw.de/frontdoor/index/index/year/2021/docId/2214 (letzter Abruf am: 30.08.2022).

Goldberg, B. (2021b). Datenschutz. In R.-C. Amthor, B. Goldberg, P. Hansbauer, B. Landes & T. Wintergerst (Hrsg.), Kreft/Mielenz Wörterbuch Soziale Arbeit. Aufgaben, Praxisfelder, Begriffe und Methoden der Sozialarbeit und Sozialpädagogik (9. Aufl.) (S. 181–187). Weinheim: Beltz Juventa.

Goldberg, B. (2021c). Schweigepflicht und Datenschutz in der Sozialen Arbeit und Beratung. Bochum: Ev. Hochschule Rheinland-Westfalen-Lippe. Online verfügbar unter: https://kidoks.bsz-bw.de/frontdoor/index/index/docId/2100 (letzter Abruf am: 02.09.2022).

Höynck, T., Freuwört, A., Holthusen, B. & Willems, D. (2022). Das Jugendgerichts-barometer 2021/2022. Eine bundesweite (Wiederholungs-)Befragung von Ju-gendrichter:innen und Jugendstaatsanwält:innen. Kassel: University Press.

Lanio, J. S., Lauter, H. M. & Knop, J. (2023). „Credible Messenger" – Lebenserfahrung ehemals straffälliger und inhaftierter Menschen als Ressource in der Kriminal-prävention. Zeitschrift für Jugendkriminalrecht und Jugendhilfe, 34 (3), S. 263–267.

Meysen, T., Lohse, K., Schönecker, L. & Smessaert, A. (Hrsg.) (2022). Das neue Kin-der- und Jugendstärkungsgesetz – KJSG. Baden-Baden: Nomos.

Münder, J., Meysen, T. & Trenczek, T. (Hrsg.) (2022). Frankfurter Kommentar SGB VIII. Kinder- und Jugendhilfe (9. Aufl.). Baden-Baden: Nomos.

Riekenbrauk, K. (2023). „Das bleibt unter uns." – Wirklich? Datenschutz in Koope-rationsverhältnissen. In K. Fritsch & der Sprecher*innenrat der BAG JuhiS (Hrsg.), Fallkonferenzen im Jugendstrafrecht. Wenn schon, dann richtig! Hand-buch für die Praxis (S. 35–63). Mönchengladbach: Forum Verlag Godesberg.

Schaerff, M. & Lohrmann, L. (2023). Der neue § 37a Abs. 2 JGG: Fallkonferenzen in Häusern des Jugendrechts auf dem Prüfstand. Zeitschrift für Jugendkriminal-recht und Jugendhilfe, 34 (3), S. 196–209.

Schmoll, A., Lampe, D. & Holthusen, B. (2024). Jugendgerichtshilfebarometer 2022. Bundesweite Befragung zu aktuellen Entwicklungen der Jugendhilfe im Strafver-fahren. Baden-Baden: Nomos.

Schönecker, L. (2021). Fallbezogene Planung. In R.-C. Amthor, B. Goldberg, P. Hansbauer, B. Landes & T. Wintergerst (Hrsg.): Kreft/Mielenz Wörterbuch So-ziale Arbeit. Aufgaben, Praxisfelder, Begriffe und Methoden der Sozialarbeit und Sozialpädagogik (9. Aufl.) (S. 277–280). Weinheim: Beltz Juventa.

Seel, C. (2023). „Miteinander statt übereinander reden". Fallkonferenzen aus Sicht der Bewährungshilfe. In K. Fritsch & der Sprecher*innenrat der BAG JuhiS (Hrsg.), Fallkonferenzen im Jugendstrafrecht. Wenn schon, dann richtig! Hand-buch für die Praxis (S. 145–156). Mönchengladbach: Forum Verlag Godesberg.

Sprecher*innenrat der BAG Jugendhilfe im Strafverfahren (2023a). Hinweise für die Durchführung von einzelfallbezogenen Fallkonferenzen für Praktiker*innen der Jugendhilfe im Strafverfahren. In K. Fritsch & der Sprecher*innenrat der BAG JuhiS (Hrsg.), Fallkonferenzen im Jugendstrafrecht. Wenn schon, dann richtig! Handbuch für die Praxis (S. 183–191). Mönchengladbach: Forum Verlag Godes-berg.

Sprecher*innenrat der BAG Jugendhilfe im Strafverfahren (2023b). Vorlage für eine Geschäftsordnung/Kooperationsvereinbarung zur Durchführung von einzelfall-bezogenen Fallkonferenzen zwischen Jugendhilfe, Justiz, Polizei und möglichen weiteren Akteur*innen. In K. Fritsch & der Sprecher*innenrat der BAG JuhiS

(Hrsg.), Fallkonferenzen im Jugendstrafrecht. Wenn schon, dann richtig! Handbuch für die Praxis (S. 195–198). Mönchengladbach: Forum Verlag Godesberg.

Speckin, V. (2023). „Unabhängig bleiben". Fallkonferenzen aus Sicht der Strafverteidigung. In K. Fritsch & der Sprecher*innenrat der BAG JuhiS (Hrsg.), Fallkonferenzen im Jugendstrafrecht. Wenn schon, dann richtig! Handbuch für die Praxis (S. 157–160). Mönchengladbach: Forum Verlag Godesberg.

Struck, N. (2021). Das neue Kinder- und Jugendstärkungsgesetz im Überblick. Zeitschrift für Jugendkriminalrecht und Jugendhilfe, 32 (3), S. 263–268.

Trenczek, T. & Goldberg, B. (2016). Jugendkriminalität, Jugendhilfe und Strafjustiz. Mitwirkung der Jugendhilfe im strafrechtlichen Verfahren. Stuttgart u. a.: Boorberg.

Wabnitz, R. J., Fieseler, G. & Schleicher, H. (Hrsg.) (2023). GK-SGB VIII. Kinder- und Jugendhilferecht. Gemeinschaftskommentar zum SGB VIII (Loseblatt, 95. Aktualisierungslieferung, Stand: Dezember 2023). Köln: Wolters Kluwer Luchterhand.

Wiesner, R. & Wapler, F. (Hrsg.) (2022). SGB VIII Kinder- und Jugendhilfe. Kommentar (6. Aufl.). München: C. H. Beck.

Zusammenhänge zwischen Entwicklungstraumata und Gewaltstraftaten

Johannes Lohner

Bei männlichen Jugendlichen und Erwachsenen lassen sich aus psychodynamischer Sicht Verbindungen zwischen selbst erlebten Entwicklungstraumata und späteren Gewaltstraftaten nachvollziehen. Dabei kann angenommen werden, dass Traumatisierungen zu problematischen Persönlichkeitsentwicklungen führen, die eine Reihe von Auswirkungen auf die psychische Struktur der Täter haben, die wiederum Gewaltstraftaten wahrscheinlicher werden lassen. Für Diagnostik, Prognose und Behandlung ist ein traumasensibles Verstehen der Zusammenhänge sehr wichtig, um ungünstige Beziehungsdynamiken zu vermeiden und die Reaktionsmuster der Täter besser verstehen zu können. Dieses Verständnis kann die gut erprobten sozialtherapeutischen Behandlungsangebote grundlegend ergänzen und untermauern.

Veröffentlicht in:

DVJJ (Hrsg.) (2022). Jugend, Recht und Öffentlichkeit – Selbstbilder, Fremdbilder, Zerrbilder. Dokumentation des 31. Deutschen Jugendgerichtstages vom 16. bis 18. September 2021. Online-Veranstaltung (S. 365–380). Mönchengladbach: Forum Verlag Godesberg. Online verfügbar unter: https://www.dvjj.de/wp-content/uploads/2022/08/9783964100290.pdf (letzter Abruf am: 11.04.2024).
Zeitschrift für Jugendkriminalrecht und Jugendhilfe, 4/2019, S. 375–380.

§ 63 StGB – Maßregelvollzug bei Jugendlichen und Heranwachsenden

Frank Häßler

Einleitung

Der folgende Artikel beruht auf dem Vortrag *Jugendmaßregelvollzug*, gehalten am 17. September 2023 auf dem 32. Deutschen Jugendgerichtstag in Berlin. Er versteht sich als Ergänzung zur Publikation *§ 64 StGB – Maßregelvollzug bei Jugendlichen und Heranwachsenden*.[1] In Bezug auf nach § 63 StGB untergebrachte Jugendliche (14–21 Jahre, in Ausnahmen bis 23 Jahre), die nach der Basisdokumentation (BADO) 2022[2] im Durchschnitt 1320 Tage im Jugendmaßregelvollzug (JMRV) verbringen, bedarf das Motto „Maßregeln zur Besserung und Sicherung" einer besonders kritischen Auseinandersetzung. JMRV steht im Spannungsfeld von Medizin, speziell der Kinder- und Jugendpsychiatrie, und Justiz, d. h. zwischen bestmöglicher Behandlung und Strafe, die auch Schutz der Allgemeinheit beinhaltet. Im JMRV werden medizinisch diagnostische und therapeutische, erzieherische und rehabilitative Aufgaben kombiniert. Ziel ist dabei Deliktfreiheit und Resozialisierung, wobei die Herausforderung darin besteht, diese alters- und reifeadäquat umzusetzen. Eine besondere Rolle spielen im JMRV die bauliche und personale Ausstattung. So muss der Jugendmaßregelvollzug ein Feld für soziales Lernen sein, welches die Möglichkeit zur Beschulung, Berufsausbildung und Lernen von Freizeitgestaltung bietet, gleichzeitig aber den notwendigen Sicherheitsvorgaben entspricht. Diesen komplexen Anforderungen kann nur ein multidisziplinäres Team gerecht werden. In der multimodalen Behandlung werden die allgemein gültigen medizinischen Leitlinien und Standards als auch deliktspezifische Interventionen berücksichtigt. Unter Berücksichtigung der Rückfallraten[3] scheint die Unterbringung im JMRV einen großen Vorteil gegenüber der Unterbringung in der Strafhaft zu haben. Mit ca. 21 % allgemeine Rückfallrate nach der Entlassung aus dem JMRV liegt diese

---

1 Häßler, Boysen & Weissbeck, 2022.
2 Mündliche Mitteilung von Dr. W. Weissbeck, Klingenmünster.
3 Vgl. Jehle, Albrecht et al., 2021.

dreimal niedriger als bei den nach Jugendstrafe ohne Bewährung Entlassenen
(64 %).[4]

Juristische Voraussetzungen

§ 63 – Unterbringung in einem psychiatrischen Krankenhaus

Hat jemand eine rechtswidrige Tat im Zustand der Schuldunfähigkeit (§ 20)
oder der verminderten Schuldfähigkeit (§ 21) begangen, so ordnet das Gericht
die Unterbringung in einem psychiatrischen Krankenhaus an, wenn die Ge-
samtwürdigung des Täters bzw. der Täterin und seiner*ihrer Tat ergibt, dass
von ihm*ihr infolge seines*ihres Zustandes erhebliche rechtswidrige Taten,
durch welche die Opfer seelisch oder körperlich erheblich geschädigt oder erheblich gefährdet werden oder schwerer wirtschaftlicher Schaden angerichtet
wird, zu erwarten sind und er*sie deshalb für die Allgemeinheit gefährlich ist.

Handelt es sich bei der begangenen rechtswidrigen Tat nicht um eine im
Sinne von Satz 1 erhebliche Tat, so trifft das Gericht eine solche Anordnung nur,
wenn besondere Umstände die Erwartung rechtfertigen, dass der*die Täter*in
infolge seines*ihres Zustandes derartige erhebliche rechtswidrige Taten begehen wird.[5]

Medizinische Voraussetzungen

Entsprechend den Eingangskriterien der §§ 20 und 21 StGB, die tatbezogen zu
einer aufgehobenen bzw. erheblich verminderten Einsichts- und/oder Steuerungsfähigkeit führen können, kommen folgende psychiatrische Diagnosen-
gruppen nach der ICD-10 der WHO in Frage:[6]

---

4   https://www.bmj.de/SharedDocs/Publikationen/DE/Fachpublikationen/2021_Rueckfall
     statistik.pdf?__blob=publicationFile&v=3 (letzter Abruf am: 15.01.2024).
5   Fassung aufgrund des Gesetzes zur Novellierung des Rechts der Unterbringung in einem
     psychiatrischen Krankenhaus gemäß § 63 des Strafgesetzbuches und zur Änderung ande-
     rer Vorschriften vom 08.07.2016 (BGBl. I S. 1610), in Kraft getreten am 01.08.2016.
6   ICD-10-GmM Version 2023. Internationale statistische Klassifikation der Krankheiten und
     verwandter Gesundheitsprobleme. Online verfügbar unter: https://www.dimdi.de/static/
     de/klassifikationen/icd/icd-10-gm/kode-suche/htmlgm2023/ (letzter Abruf am: 24.01.
     2024).

Krankhafte seelische Störung:	F 1 psychische und Verhaltensstörungen durch psychotrope Substanzen
	F 2 Schizophrenie, schizotype und wahnhafte Störungen
	F 3 affektive Störungen (manische und/oder depressive Episoden, bipolare Störungen)
Tiefgreifende Bewusstseinsstörung:	F 43 Reaktionen auf schwere Belastungen und Anpassungsstörungen
Intelligenzminderung:	F 7 Intelligenzminderung
Andere seelische Störungen:	F 4 neurotische, belastungs- und somatoforme Störungen (Phobien, Ängste, Zwänge, dissoziative Störungen)
	F 6 Persönlichkeits- und Verhaltensstörungen (inklusive Störungen der Geschlechtsidentität und der Sexualpräferenz)
	F 21 schizotype Störung
	F 34 anhaltende affektive Störungen (Zyklothymien, Dysthymien)
	F 24 induzierte wahnhafte Störung
	F IX.2 Abhängigkeitssyndrom

In einem zweistufigen Prozess ist gutachterlich zu klären, ob bei der*dem Tatverdächtigen mindestens eine Diagnose aus der o. g. Klassifikation zum Tatzeitpunkt vorlag und tatbezogen aufgrund dieser Störung die Einsichts- und/oder Steuerungsfähigkeit erheblich vermindert oder gar aufgehoben waren. Sollten die Voraussetzungen erfüllt sein, kommt es auf die prognostische Einschätzung an, nicht auf die Anlasstat, ob aufgrund dieser vorliegenden Störung weitere erheblich rechtswidrige Taten zu erwarten sind, die eine Unterbringung im Maßregelvollzug nach § 63 StGB rechtfertigen. Unter dem Aspekt der seit Januar

2022 auch in Deutschland gültigen ICD-11[7] werden auch zunehmend Persönlichkeitsstörungen, insbesondere die Borderline-Persönlichkeitsstörung, im Jugendalter zu diagnostizieren sein, die eins der medizinischen Eingangskriterien darstellen.

Psychische Störungen bei Jugendlichen im Maßregelvollzug

Unter jugendlichen Straftäter*innen liegt die Prävalenz irgendeiner psychiatrischen Störung um das Dreifache höher als in der gleichaltrigen Normalbevölkerung (37 vs. 14 %). In systematischen Reviews machten psychotische Störungen 3–4 %, depressive Störungen 9–12 %, Aufmerksamkeits-Hyperaktivitätsstörungen 24–38 %, Persönlichkeitsstörungen 61–68 % und Störungen des Substanzmissbrauches 22–38 % aus.[8] Da psychiatrische Störungen zu den Voraussetzungen für eine Unterbringung im Maßregelvollzug nach § 63 StGB gehören, kann geschlussfolgert werden, dass 100 % der dort Untergebrachten eine solche aufweisen. Unter den 125 nach § 63 StGB 2022 in Deutschland untergebrachten Jugendlichen (BADO 2022) hatten 98 entweder eine F2-, eine F6- oder eine F9-Diagnose (78,4 %).

In einer jüngst publizierten Arbeit, in der weibliche Jugendliche und Heranwachsende unter anderem auch im Maßregelvollzug Bayern erfasst wurden, wies eine Jugendliche eine Schizophrenie und die andere eine Aufmerksamkeits-Hyperaktivitätsstörung auf.[9]

Mindestanforderungen für einen JMRV

Die seit fast 20 Jahren immer wieder angemahnten Mindeststandards[10] wurden durch den Arbeitskreis Jugendmaßregelvollzug bestätigt und modifiziert.[11] Dabei gilt es die strukturellen Rahmenbedingungen, die personellen und baulichen Voraussetzungen ebenso wie die multiprofessionellen diagnostischen und therapeutischen Angebote sowie die Netzwerkarbeit mit Angehörigen, Schule,

---

7   ICD-11: Internationale statistische Klassifikation der Krankheiten und verwandter Gesundheitsprobleme, 11. Revision. Online verfügbar unter: https://www.bfarm.de/DE/Kodiersysteme/Klassifikationen/ICD/ICD-11/_node.html (letzter Abruf am: 24.01.2024).

8   Vgl. Tärnhäll, Björk et al., 2023.

9   Vgl. Schwarz, Berthold et al., 2023.

10   Ausführlich dargestellt in Häßler, Boysen & Weissbeck, 2022.

11   Vgl. Boysen, Schepker et al., 2022; Stöver, 2022; Weissbeck & Boysen, 2022.

berufsbildenden bzw. berufsbegleitenden Einrichtungen, der Jugendgerichts-hilfe und den Nachsorgeinstanzen nach dem aktuellen technischen und wissen-schaftlichen Standard optimal auf die Bedürfnisse der untergebrachten Jugend-lichen und Heranwachsenden zuzuschneiden, auszurichten und umzusetzen. Das gilt für die maximal zwei Jahre nach § 64 StGB untergebrachten Jugendli-chen und Heranwachsenden mehr noch als für die nach § 63 StGB unbefristet Untergebrachten. Für Letztere ist der JMRV quasi der Lebensmittelpunkt für eine lange Zeit. Dem müssen die strukturellen, personellen und therapeuti-schen Angebote Rechnung tragen, was nur teilweise gelingen kann, da gerade jugendtypische Freizeitaktivitäten, Sexualität, Beziehungen, berufliche Ausbil-dungserfahrungen, Berufseinstiegserfahrungen, finanzielle Autonomie und Selbständigkeit in der Lebensführung nur schwer bis gar nicht umsetzbar sind.

Mehr Kapazitäten als in der üblichen Psychiatrie-Personalzuordnung sind sicher für moderne psychotherapeutische Strategien durch (Fach-)Ärztinnen und (Fach-)Ärzte sowie Psycholog*innen erforderlich (z. B. spezielle Gruppen-therapien bei Sexualdelinquenz, DBT-A bei Persönlichkeitsstörungen, MBT bei Mentalisierungsstörungen und Bindungsstörungen, traumafokussierte CBT für die multiplen Traumatisierungen etc.). Neben der oben erwähnten Kompetenz der Therapeut*innenmüssen genügend zeitliche Ressourcen für hochfrequente und damit erst dann wirksame psychotherapeutische Vorgehensweisen vorge-halten werden, insbesondere da auch Patient*innen mit Intelligenzminderung im JMRV gegenüber der Allgemeinbevölkerung überrepräsentiert sind. Kritisch ist dabei anzumerken, dass es keine über einen so langen Zeitraum (im Durch-schnitt vier Jahre) evaluierten Therapieprogramme gibt.

Ausblick

Gemäß dem Eckpunktepapier der deutschen psychiatrischen und kinder- und jugendpsychiatrischen Fachgesellschaften[12] stellt der Übergang vom Jugend- in das Erwachsenenalter für jeden Menschen eine große Entwicklungsaufgabe dar, welche oftmals gelingt, manchmal aber scheitert oder zu scheitern droht – dies betrifft insbesondere Menschen mit psychischen Erkrankungen und seelischen Behinderungen. Auch in Bezug auf Delinquenz und multiple soziale Schwierig-keiten stellen das Jugendalter und das junge Erwachsenenalter eine Hochrisi-kophase dar. Auch jugendforensisch-psychiatrische Angebote haben dies zu

---

12 Fegert, Hauth et al., 2016.

berücksichtigen. Im Rahmen des Jugendmaßregelvollzugs werden Minderjäh-
rige/Heranwachsende behandelt, die sich primär nicht freiwillig in Behandlung
begeben haben und häufig keine Einsicht in die Notwendigkeit einer Therapie
haben. Ebenfalls besteht zumeist kognitiver, emotionaler und moralisch-ethi-
scher Nachreifebedarf, nicht selten auf dem Hintergrund schwieriger kindlicher
Erfahrungen kombiniert mit biologischen Vulnerabilitäten, die zu einer starken
Beeinträchtigung der Fähigkeit, tragfähige Beziehungen zu Gleichaltrigen und
Erwachsenen aufzubauen, geführt haben. Juristisch steht bei Jugendlichen mit
dem Jugendgerichtsgesetz (JGG) und eigenen Kammern an Amts- und Landge-
richten der Veränderungs- und Erziehungsgedanke im Vordergrund. Zudem besteht für Jugendliche ein System spezieller Haftanstalten. Das judikative System
unterscheidet sich bis hin zur Jugendgerichtshilfe wesentlich von dem Erwach-
senen-Strafrecht und somit der Jugendmaßregelvollzug vom Erwachsenenmaß-
regelvollzug. In der Mehrheit der Fälle findet das JGG auch Anwendung bei den
sog. Heranwachsenden, also den 18- bis 21-jährigen Erwachsenen. Hierbei ist
der Zeitpunkt der Tatbegehung zu berücksichtigen und nicht der Zeitpunkt der
Verhandlung.

   Leitgedanke des Jugendgerichtsgesetzes ist die Re-Sozialisierung, bei Jugendlichen und Heranwachsenden ist es häufig eine Erst-Sozialisierung. Daher
bedarf es aller notwendigen Voraussetzungen, diesen Prozess zu unterstützen,
und einen ausreichenden Rahmen für das Gelingen von Entwicklungsaufgaben.
Der Auftrag, der sich aus dem JGG ableitet, beinhaltet letztendlich, die untergebrachten Personen in ihren Fähigkeiten und Fertigkeiten so zu fördern, dass sie
eigenverantwortlich und gemeinschaftsfähig in ihrer Lebensführung werden,
was insbesondere schulische und berufliche Aus- und Weiterbildung aber auch
eine möglichst sinnvolle Freizeitgestaltung umfasst. Aus jugendpsychiatrischer
Sicht sollten Lockerungen entsprechend den Länderregelungen konsequent umgesetzt werden, um den jeweils therapeutisch unterstützten Entwicklungsschritten die Erprobung außerhalb der Mauern des JMRV zu ermöglichen. Darüber
hinaus geht es mehr noch als oft praktiziert um die gelingende längerfristige
Einbindung des sozialen Empfangsfeldes. Nicht zuletzt kommt der forensischen
ambulanten Nachsorge eine große Bedeutung zu. Ein Transfer in diese sollte
bereits aus dem stationären Setting heraus erfolgen, um eine Kontinuität in den
Beziehungen herzustellen, die perspektivisch tragend sein werden. Ein letzter
Gedanke dazu wird durch den Blick zu unserem Nachbar Polen angeregt. Dort
existiert ein nach Sicherheitsstufen gestaffeltes System von forensischen Jugendeinrichtungen. Das würde für Deutschland bedeuten, dass nicht alle nach
§ 63 StGB untergebrachten Jugendlichen und Heranwachsenden über den

gesamten Zeitraum der Unterbringung in der gleichen hoch gesicherten Einrichtung verbleiben müssen. Entsprechend der erreichten Lockerungsstufen könnte bei günstigerer Prognose und damit geringerer Wahrscheinlichkeit des Begehens weiterer erheblicher Straftaten frühzeitig die Verlegung in offenere Einrichtungen und (jugend-)psychiatrische Kliniken erfolgen. Die ‚Klammer' für solch ein offeneres gestaffeltes System wäre die ambulante forensische Nachsorge.

Literaturverzeichnis

Boysen, A., Schepker, R., Weissbeck, W., Frey, M., Perler, C., Künzel, C., Malmendier-Muehlschlegel A., Preuss, U., Häßler, F., Wild, M., Hackenbroch-Hicke, B., Hartl, C., Schlögl, C., Dreisigacker, R., Wollny, K., Gehrig, J. & Steck, R. (2022). Forensische Transitionspsychiatrie im Jugendmaßregelvollzug, 30, S. 132–171.

Fegert, J. M., Hauth, I., Banaschewski, T. & Freyberger, H. F. (2016). Übergang zwischen Jugend- und Erwachsenenalter: Herausforderungen für die Transitionspsychiatrie. Eckpunktepapier von DGKJP und DGPPN. Online verfügbar unter: https://www.escap.eu/uploads/Events/Geneva%202017/key-issue-paper-eckpunkte-transitionspsychiatrie-der-adoleszenz-und-des-jungen-erwachsenalters-final.pdf (letzter Abruf am: 29.05.2022).

Häßler, F., Boysen, A. & Weissbeck, W. (2022). § 64 StGB – Maßregelvollzug bei Jugendlichen und Heranwachsenden. Zeitschrift für Jugendkriminalrecht und Jugendhilfe, 33 (3), S. 22–228.

Jehle, J. M., Albrecht, H. J., Hohmann-Fricke, S. & Tetal, C. (Version 2021). Legalbewährung nach gerichtlichen Sanktionen. Eine bundesweite Rückfalluntersuchung 2013 bis 2016 und 2004 bis 2016. Mönchengladbach: Forum Verlag Godesberg.

Schwarz, M., Berthold, D., Bezzel, A. & Stübner, S. (2023). Weibliche Jugendliche und Heranwachsende im Justiz- und im Maßregelvollzug. Forensische Psychiatrie, Psychologie, Kriminologie, 17 (2), S. 160–173.

Stöver, A. (2022). Jugendmaßregelvollzug in Berlin und Deutschland. In M. Lammel, S. Lau, S. Rückert, T. Voß & F. Wendt (Hrsg.), Forensische Psychiatrie-Erfahrungswissenschaft und Menschenkunde (S. 385–394). Berlin: Medizinisch Wissenschaftliche Verlagsgesellschaft.

Tärnhäll, A., Björk, J., Wallinius, M., Gustafsson, P., Billstedt, E. & Hofvander, B. (2023). Healthcare utilization and psychiatric morbidity in violent offenders: findings from a prospective cohort study. Social psychiatry and psychiatric epidemiology, 58 (4), S. 617–628.

Weissbeck, W. & Boysen, A. (2022). Psychotherapeutische Behandlung delinquenter Jugendlicher im Maßregelvollzug. In F. Häßler, N. Nedopil & M. Dudeck (Hrsg.),

Praxishandbuch Forensische Psychiatrie (3. Aufl.) (S. 546–585). Berlin: Medizinisch Wissenschaftliche Verlagsgesellschaft.

Teil 6

Abschlussveranstaltung

Zusammenfassung und Verabschiedung

Theresia Höynck

Sehr geehrte, liebe Teilnehmende am Jugendgerichtstag,

einen Jugendgerichtstag an dessen Ende zusammenzufassen, kann immer nur fragmentarisch und subjektiv gelingen. Als Veranstalter freut man sich erst einmal, feststellen zu können, dass organisatorisch letztlich alles geklappt hat. Wichtig ist auch die Atmosphäre, die man wahrnehmen konnte: Sie war anregend, bestärkend, trotz aller Schwierigkeiten optimistisch. Es war so viel Freude darüber zu spüren, das erste Mal nach der Pandemie wieder in diesem großen Rahmen zusammen zu sein. Der Jugendgerichtstag ist eine Fachveranstaltung, daher ist die zentrale Basis jeder Bilanz die Frage, ob die besprochenen Inhalte spannend und aufschlussreich waren. Mein Eindruck ist, dass man diese Frage vorbehaltlos bejahen kann.

Recht auf Jugend – 100 Jahre Jugendgerichtsgesetz, so lautete der Titel dieses JGT. Den ersten Eröffnungsvortrag hielt Wolfgang Schröer unter dem Titel *100 Jahre Jugend – Jahrhundert der Jugend oder ein vertanes Jahrhundert der Verwirklichung der Rechte junger Menschen aus der Perspektive der Sozialpädagogik und Jugendforschung.* Er konnte aufzeigen, dass Jugend als bis in die Mitte des 3. Lebensjahrzehnts reichende eigene Lebensphase in den letzten 100 Jahren rechtlich und institutionell konturiert worden ist und sich entsprechend empirisch zeigt. Als eine ganz zentrale aktuelle Herausforderung hat er die Frage aufgeworfen, was es bedeutet, wenn junge Menschen das Vertrauen in das Integrationsversprechen verlieren, das den Aufgaben im Moratorium zugrunde liegt – paradoxerweise in einer Zeit, in der ihr Anteil an der Gesamtbevölkerung sehr gering ist, so dass sie dringender ‚gebraucht' werden als seit vielen Jahren zuvor, aber eben auch als kleine Gruppe an Durchsetzungsmacht verlieren.

Der zweite Eröffnungsvortrag von Milan Kuhli, *Spiegel des Jugendstrafrechts? 100 Jahre Strafrechtsentwicklung, aus historisch-rechtswissenschaftlicher Sicht*, thematisierte aus juristischer Sicht die Verbindungslinien zwischen allgemeinem Strafrecht und Jugendstrafrecht. Ein Aspekt, der mir besonders in Erinnerung ist, ist seine Betonung der Bedeutung der Begründung bzw. Legitimation von Strafrecht. Wenn Sozialschädlichkeit und die Schließung von Strafbarkeitslücken zentrale Größen sind, verschwindet der*die Täter*in aus dem Blickfeld, wird die Frage der ganz konkret betroffenen Menschen geradezu lästig und damit auch das auf eben diese Menschen besonders ausgerichtete JGG.

Der dritte und geschichtswissenschaftliche Eröffnungsvortrag von Anja Schüler mit dem Titel *Jugendgerichtshöfe – (auch) eine Frauensache* hat daran erinnert, dass das JGG nicht nur ein Strafrechtsprojekt von Männern war, sondern dass es sich auch oder vor allem um ein zutiefst mit Sozialreformen verbundenes und maßgeblich von Frauen betriebenes Projekt war und wie wichtig es ist, dass sich engagierte einzelne Menschen zusammentun, um rechts- und fachpolitische Ziele zu erreichen.

Die (auf den Seiten 353 ff. im Einzelnen dokumentierten) Arbeitskreise am Samstag haben ganz vielfältige Aspekte aufgegriffen, von denen manche in den letzten 100 Jahren immer aktuell waren, andere Dauerbrenner der letzten Jahrzehnte sind, wiederum andere ganz neu. Zu den Dauerbrennern gehört ganz sicher der Themenkomplex Kommunikation und Verstehen – sowohl zwischen den jungen Menschen und den beteiligten Berufsgruppen als auch innerhalb und zwischen den verschiedenen Berufsgruppen. Immer wieder Thema bei Jugendgerichtstagen sind Umsetzungsfragen neuerer gesetzlicher, aber auch untergesetzlicher Regelungen. Das betraf hier besonders einzelne Punkte der 2019 erfolgten Neuerungen im JGG, z. B. zur notwendigen Verteidigung, sowie die Schnittstellen zwischen Justiz und Jugendhilfe. Rechtsanwendungsthemen, die schon länger in der Diskussion, aber weiterhin sehr aktuell sind, waren (straf-)rechtliche Nebenfolgen wie die Vermögensabschöpfung, verkehrsrechtliche, ausländerrechtliche und registerrechtliche Folgen und deren Friktionen mit dem Erziehungsgedanken. Das Spannungsfeld von jugendkriminalrechtlichen Prinzipien insbesondere dem Erziehungsgedanken und anderen Zielen ist auch bedeutsam in der anstehenden Neufassung der PDV 382, die ebenso Thema des Jugendgerichtages war wie die zu diesem Zeitpunkt absehbare Neuregelung bezogen auf Cannabis. Bezogen auf jugendstrafrechtliche Sanktionen betrafen zwei Arbeitskreise eher vernachlässigte Bereiche: Restorative-Justice-Ansätze auch und gerade bei Gewaltdelikten sowie bedarfsgerechte und hochwertige Angebote in Forensik bzw. Gesundheitswesen.

So viel zu einigen ganz ausgewählten Aspekten aus den Arbeitskreisen, in denen vor allem intensiv diskutiert und gesprochen wurde und sich wie immer der Reichtum zeigt, der in einem Austausch über Regionen und Berufsgruppen hinweg liegt.

Nach den Arbeitskreisen ging es am Samstag wieder etwas übergeordnet weiter. Der Film *Kalle Kosmonaut* mit Diskussion hat sehr viel Anklang gefunden, weil er in ganz besonderer Weise deutlich gemacht hat, worum es am Ende eigentlich geht: einzelne junge Menschen in ihrem Ringen um einen Weg durch das Leben.

Gleichzeitig liefen die ‚Jubiläumsvorträge', die keine seichten Festreden waren, so war es auch nicht angelegt, sondern unterschiedliche Perspektiven auf die 100 Jahre einnahmen, die das JGG nun schon in Kraft ist. Während Mario Bachmann die vielfältigen Entwicklungen zeigte, die das JGG genommen hat, samt Phasen ‚gesetzgeberischer Tollwut', hat Lukas Pieplow sehr nachdenklich gemacht mit seinen Reflektionen zum Erziehungsgedanken, dessen Gleichsetzung mit Erziehung als Tool er für ein Fehlverständnis hält. Vielmehr ist in dieser Perspektive der Erziehungsgedanke im JGG zu verstehen als ein Mäßigungsapell, als Ausdruck einer sozialen (am Individuum orientierten) Gesinnung, die fordert, junge Menschen im – in Schroerscher Diktion – ‚Integrationsmodus' behutsam für ihr Verhalten verantwortlich zu machen.

Wolfgang Heinz hat den Blick darauf gelenkt, dass alle guten Vorsätze, die wir insoweit haben und die im Gesetz stehen, sich an der Realität messen lassen müssen, und dass wir das Rationalitätsversprechen eines modernen Staates insoweit nur unzulänglich einlösen. Die Datenlage zu Kriminalität und deren Verarbeitung durch das Strafrecht ist überaus lückenhaft, Erkenntnisse, die als gesichert angesehen werden dürfen, werden nicht ausreichend berücksichtigt, weder vom Gesetzgeber noch von den Normanwender*innen. Hier ist, so betonte Wolfgang Heinz, auch nach 100 Jahren noch sehr viel Luft nach oben.

Erreichtes und Nicht-Erreichtes in konkreter Form war dann wieder Gegenstand der Forenvorträge am Sonntag. Sie haben z. T. ähnliche Aspekte aufgegriffen wie die Arbeitskreise, aber in knapper Form. Sie betrafen einerseits die jungen Menschen, vielfach aber auch, denn hier sitzen schließlich die Profis, rechtliche, praktische und grundsätzliche Fragen des Arbeitsfeldes in den verschiedenen beteiligten Berufsgruppen. Ein paar Stimmen in der Pause fanden, dass man doch jetzt so richtig drin sei im JGT-Modus und eigentlich noch ein paar Tage weitermachen sollte.

Immer wieder bewegt uns, wie es gelingen kann, bei Jugendgerichtstagen deutlich zu machen, wie komplex alles ist, was in der Praxis berücksichtigt werden muss, ohne zu frustrieren, denn es muss ja alles im Alltag auch machbar sein. Die Tatsache, dass Sie hier sind, hungrig nach Information und Austausch sind, zeigt, dass Sie sich zutrauen, dieses Spannungsfeld auszuhalten und produktiv zu wenden, das ist nicht selbstverständlich und wirklich großartig!

Die Podiumsdiskussion als Abschluss des Jugendgerichtstages unter dem Titel *Recht auf Jugend – 100 Jahre Jugendgerichtsgesetz – Blick in die Zukunft* hat unter der Moderation von Claudia Bender aus Sicht von Wissenschaft (Kirstin Drenkhahn, Ralf Kölbel) und Praxis von Jugendhilfe, Justiz und Polizei (Pamela Busse, Maria Kleimann, Tilman Wesely) Hoffnung gemacht: Im Zusammenspiel eines maßvollen Gesetzes und einer von an jungen Menschen orientierten Haltung getragenen Praxis kann das JGG auch in stürmischen Zeiten weiterhin eine gute Grundlage sein für einen guten Umgang mit einer zu jeder Gesellschaft gehörenden Jugendkriminalität.

1973, also am 50. Geburtstag des JGG, hat Horst Schüler-Springorum, damals Vorsitzender der DVJJ, in einem dem Anlass gewidmeten Sonderdruck des *Zentralblattes für Jugendrecht und Jugendwohlfahrt* die Frage aufgeworfen, wie wohl 2023 der Zustand des Jugendkriminalrechts im Jahr 1973 zu würdigen sein würde. Man sah sich damals, also 1973, offenbar im Vorfeld zentraler gesetzgeberischer Weichenstellungen bezogen vor allem auf das JWG bzw. ein erweitertes Jugendhilferecht und der Frage von Abgrenzungen bzw. Verschränkungen mit dem JGG.

Wir wissen heute, dass es weitere knapp 20 Jahre dauern sollte, bis zu einer umfassenden Reform des Jugendhilferechts 1990 mit dem KJHG/SGB VIII, das zu einer gewichtigen Neuausrichtung der Jugendhilfe in Richtung eines, wie wir heute sagen würden, modernen Sozialleistungsgesetzes geführt hat. Und dass die 1973 mitschwingende Hoffnung auf die Lösung von Schnittstellenthemen zwischen Jugendhilferecht und Jugendstrafrecht durch eine Reform des Jugendhilferechts enttäuscht wurde, vielleicht enttäuscht werden musste. Auch zahlreiche Reformen des JGG haben sie nicht aufzulösen vermocht.

Nicht nur deshalb ist wohl zu konstatieren, dass eine Bilanz zum JGG 2023 gegenüber dem von 1973 ambivalent ausfällt: Auf der Positivliste wären z. B. die Stärkung der ambulanten Reaktionsformen von 1990, die ausdrückliche Formulierung des Erziehungsgedankens von 2008 sowie die jüngsten Reformen im Zusammenhang mit der EU-Richtlinie 2016/800 zu nennen. Die Negativliste enthält u. a. die Ausweitung der Sicherungsverwahrung, die Anhebung der Höchststrafe sowie die Einführung des § 16a-Arrests.

Die das JGG von Beginn an begleitende Spannung zwischen Strafe und Erziehung, zwischen Justiz und Jugendhilfe, zwischen Hilfe und Kontrolle, zwischen Intervention und Zuwarten scheint eher in der Natur des Themas zu liegen (wofür auch spricht, dass international vergleichbare Friktionen zu beobachten sind) und einer zufriedenstellenden gesetzlichen Klärung nicht wirklich zugänglich.

So gesehen verwundert die Beständigkeit der Spannungsfelder im Jugendkriminalrechtssystem trotz sich verändernder Umstände weniger. Man führe sich vor Augen, wie unglaublich verschieden Deutschland 1923, 1943, 1953, 1990 und 2021 war bzw. jetzt ist (wenn man diese Jahresmarken als wesentliche Marker der gesetzlichen Reform betrachten will). Unsere kleine Bilderschleife am Anfang des Jugendgerichtstages (aber auch die von Herrn Kuhli und Frau Schüler und Lukas Pieplow gezeigten Bilder) haben es vielleicht ein wenig illustriert: Grenzen, Demographie, technische und soziale Bedingungen – es liegen Welten zwischen den verschiedenen Phasen. Wesentliche Fragen aber bleiben und es muss immer wieder ein neuer, zur jeweiligen Zeit passender Umgang mit diesen Fragen gefunden werden.

Schüler-Springorum merkte im genannten Beitrag von 1973 an, dass die „Jugendgerichtsidee" um einiges älter ist als das Jugendgerichtsgesetz, das ebenso wie Neubeginn vor allem auch Ergebnis einer zuvor stattgefunden habenden Entwicklung über viele Jahrzehnte war. Die lange Vorgeschichte vor 1923 ist auch bei diesem JGT immer wieder betont worden. Diese Jugendgerichtsidee im Vorfeld von 1923 stand unter anderem im Kontext ganz unterschiedlicher Regulierungen von Jugend in anderen Rechtsgebieten und einem sich insgesamt ausdifferenzierenden Interventions- und Wohlfahrtsstaat. Hier konnten sich, angetrieben durch ganz unterschiedliche Kräfte sozialreformerischer und strafrechtskritischer Orientierung und inspiriert durch internationale Erfahrungen, die Jugendgerichte entwickeln, die im ersten JGG gesetzliche Regulierung erfahren sollten.

Diese Kraft der Idee und der Praxis mit, ohne oder trotz passender gesetzlicher Grundlage jugendgerechtes Jugendkriminalrecht zu leben und zu gestalten, ist immer wieder von Bedeutung in unserem Feld. In jüngerer Zeit ist vielen hier als ‚Jugendstrafrechtsreform durch die Praxis' das Vorfeld des 1. JGG-Änderungsgesetzes von 1990 in legendärer, teilweise etwas wehmütiger Erinnerung. Seitdem ist die Praxis keineswegs untätig gewesen und hat viele Dinge entwickelt und entwickelt sie täglich. Gleichwohl, so scheint mir, ist in den letzten rund 30 Jahren sehr viel Energie in das Erkämpfen von gesetzlichen Regelungen, vor allem aber in das Bekämpfen gesetzlicher Rückschritte gegangen.

Welche Impulse gibt dieser Jugendgerichtstag für die Politik von heute und morgen?

- Wir sind Teil einer Gesellschaft im Krisenmodus, Pandemiefolgen, viel Verunsicherung im Zusammenhang mit Klimawandel, Krieg in der Ukraine, viele ungeklärte Fragen bezogen auf Migration, ein aufgeheiztes politisches Klima – all dies erzeugt Zukunftsängste in allen gesellschaftlichen Gruppen trotz insgesamt großen Wohlstands vieler, dessen Verlust befürchtet wird. Kinder, Jugendliche und junge Erwachsenen haben in den letzten Jahren ganz besonders unter diesen Bedingungen gelitten.

- Vor diesem Hintergrund verwundert wenig, dass eingetreten ist, was wir und andere Fachleute vorhergesagt haben: Nach jahrelang stabilen bis sinkenden Zahlen in der Polizeilichen Kriminalstatistik (PKS), zeigen sich jetzt seit 2020 zum Teil deutlich steigende Zahlen. Was davon sich als Trend entpuppen wird, ist jetzt noch nicht absehbar, bedarf aber auf jeden Fall unserer Aufmerksamkeit.

- Gleichzeitig herrscht ein eklatanter Fachkräftemangel in allen für das Jugendkriminalrecht relevanten Berufsgruppen, die zerrieben werden zwischen Aktenbergen, kleinteiliger Regulierung, Personalnot und eigenen Ängsten.

- Die steigenden Zahlen tatverdächtiger junger Menschen sowie dramatische Einzelfälle besonders schwerer Taten erzeugen die üblichen Verschärfungsforderungen. Diesen Verschärfungsforderungen, in letzter Zeit vor allem bezogen auf die ganz jungen Altersgrenzen, ist ganz entschieden entgegenzutreten: Mehr Strafrecht wird keines der Probleme lösen, die junge Menschen dazu bringen, Straftaten zu begehen. Sehr wohl ist aber wichtig, auffälliges Verhalten sehr ernst zu nehmen und sich den Schwierigkeiten der jungen Menschen intensiv zu widmen.

- Wir brauchen daher, das haben wir auch schon an anderer Stelle gefordert, eine Politik, die bei Straftaten junger Menschen den Jugendhilfeauftrag genauso ernst nimmt wie den Schutzauftrag gegenüber der Gesellschaft. Eine Politik, die versteht, dass junge Menschen reifen müssen und Delinquenz oftmals Ausdruck des Reifungsprozesses ist. Eine Politik, die dabei auch versteht, dass Reifungsprozesse andauern und nicht mit dem Erreichen der Volljährigkeit jäh abbrechen und dass das Herauswachsen aus problematischem Verhalten oftmals nicht auf direktem Weg möglich ist.

Die gesetzlichen Rahmenbedingungen sind dabei aktuell nicht das dringendste Thema, es braucht vor allem Umsetzung der bestehenden Gesetze. Wir brauchen Spezialist*innen in allen Berufsgruppen, die mit jungen Menschen zu tun haben, die mit Straftaten auffallen. Jede bekannt gewordene Straftat kann Ausdruck einer schweren Krise im Leben junger Menschen sein oder zu einer Krise führen. Gesunder Menschenverstand und allgemeine Kenntnisse im Recht, in Polizeiarbeit oder Sozialer Arbeit reichen nicht, um zu erkennen, wo die Ursachen im Einzelfall liegen und was die beste Reaktion ist.

Diese Spezialist*innen können nur arbeiten, wenn ihnen das nötige Werkzeug zur Verfügung gestellt wird! Polizei, Justiz und Jugendhilfe brauchen Wissen, Zeit und Anerkennung. Wir fordern weiterhin und immer wieder: auf Jugendstrafrecht spezialisierte Zuschnitte von Zuständigkeiten, regelmäßige Fortbildungen für Praktiker*innen und institutionalisierte interprofessionelle Kooperation. Nur wenn die Arbeitsbedingungen in der Praxis so sind, dass hohe fachliche Ansprüche auch gelebt werden können, lässt sich Personal finden und halten.

In der Jugendhilfe ist das Thema einer soliden Finanzierung besonders dringlich, damit Träger nicht von Projektfinanzierung zu Projektfinanzierung hangeln und wertvolle Ressourcen im Management dieser Projekte verloren geht, sondern den jungen Menschen zugutekommen. Auch in Polizei und Justiz fehlen vielfach die Ressourcen für die Erfüllung aller Aufgaben.

Wenn es möglich wäre, unsere zentralen Gesetze, JGG und SGB VIII, so mit Leben zu füllen, wie es dort steht, wäre sehr viel gewonnen.

Auf der Agenda stehen natürlich trotzdem weiterhin gesetzgeberische Wünsche. Einige davon sind eher punktuell, schon lange in der Diskussion, wären verhältnismäßig einfach umzusetzen und werden auch schon konkret politisch diskutiert:

- die Ersetzung des Begriffs der „schädlichen Neigungen" im JGG durch eine zeitgemäße Formulierung und unter Beachtung der nicht trivialen Frage, was Erziehung im JGG bedeuten kann;
- die Schaffung der Möglichkeit, von der Vermögensabschöpfung im Jugendstrafrecht abzusehen, wenn es um Fälle des Wertersatzes bei einkommens- und vermögenslosen jungen Menschen geht;
- die Überprüfung der kontraproduktiven Folgen von Neukriminalisierungen, insbesondere der Hochstufung zahlreicher Sexualdelikte als ‚Verbrechen', die zur Folge haben, dass Verfahren unnötig aufgebläht und erzieherisch sinnvolle Reaktionen verhindert werden.

Grundlegender und politisch kontroverser bleibt die Forderung nach:

- der generellen Anwendung des Jugendstrafrechts auf Heranwachsende,
- der Entwicklung geeigneter spezieller Konzepte auch für Jungtäter*innen bis 25 Jahre.

Welche Gesetzgebungswünsche sich durchsetzen und welche nicht, ist eine komplizierte, nicht immer ganz rationale Angelegenheit und nur zum Teil in der Macht der hier versammelten Menschen. Das macht es nicht unwichtiger, sich immer wieder für diese Wünsche einzusetzen, und das werden Sie, das werden wir gemeinsam, das wird die DVJJ weiterhin tun auf den verschiedenen Kanälen, die dafür zur Verfügung stehen.

Die Jugendgerichtsidee hingegen liegt in der Macht jedes und jeder Einzelnen, die*der dafür Verbündete findet. Das JGG verdankt seine Existenz vor allem einer mutigen Praxis. Auch die für das geltende Recht zentrale Reform des JGG von 1990 wurde wesentlich aus der Praxis heraus vorbereitet. Die Welt hat sich geändert, gar keine Frage. Eine ‚Reform von unten' ist heute anders als vor 30, 50 oder 100 Jahren. Manches ist schwieriger (Organisationen sind komplexer und förmlicher), anderes einfacher (Digitalisierung z. B. bietet nie da gewesene Möglichkeiten der Vernetzung und des Austausches).

Insofern ist das vielleicht ein optimistischer Impuls, aber auch eine Hoffnung, der von dieser Feier zum 100. Geburtstag ausgehen kann, trotz aller wirklich großen Problem, die es derzeit gibt: Kämpfen wir gemeinsam für Rückenwind für die Jugendgerichtsidee!

Das Recht auf Jugend, wie es das JGG verbrieft, braucht viele starke, engagierte Menschen an der Basis, die es in unterschiedlichen Professionen, in einem stetigen Austausch von Wissenschaft und Praxis ‚auf die Straße bringen'. Dafür brauchen wir Vertrauen und Ressourcen, um weiterhin junge Menschen in Krisen auf dem Weg in das Erwachsenwerden zu unterstützen. Ich hoffe sehr, dass Sie alle Ideen von diesem Jugendgerichtstag mitnehmen, um in Ihrem Wirkungskreis für dieses Vertrauen und diese Ressourcen zu werben, damit der Rückenwind stärker wird.

Zum Schluss dieses Jugendgerichtstages ist vor allem zu danken!

Ganz herzlich danke ich allen Referentinnen und Referenten, den Moderierenden, die diesen JGT inhaltlich gefüllt haben.

Ganz herzlich danke ich auch im Namen aller den Referierenden, den Moderierenden, den Hilfskräften und insbesondere der Geschäftsstelle der DVJJ. Diese Geschäftsstelle hat Unglaubliches geleistet, diesen Jugendgerichtstag in nur zwei Jahren vorzubereiten, gebeutelt durch Pandemiefolgen, Krankheitsfälle und IT-Probleme.

Besonders zu nennen sind hier die Mitarbeitenden der Geschäftsstelle der DVJJ: Stephie Ernst, Lena Deyerling, Leon Knaack, Janél Stieber und im Vorfeld auch Julian Frese. Unser Dank geht auch noch einmal an die uns fördernden Ministerien BMFSFJ und BMJ.

Ihnen allen danke ich sehr herzlich, dass Sie hier sind und mitdiskutiert haben, sich eingelassen haben auf vier dichte Tage, in denen alles andere liegenblieb, in denen sie aber hoffentlich auf andere Art auch auftanken konnten.

Auf Wiedersehen auf jeden Fall beim nächsten Jugendgerichtstag 2026, dem 33. Deutschen Jugendgerichtstag (eine genauere Planung gibt es noch nicht) und hoffentlich vorher bei anderen Gelegenheiten und Veranstaltungen!

Teil 7

Ergebnisse der Arbeitskreise

Arbeitskreis 1: (Ver-)störendes Verhalten – Verstörende Beziehungen – Verstörende Erziehungskontexte: Herausforderungen an die Kooperation von Justiz, Jugendhilfe und KJPP

Regine Drewniak & Janél Stieber

Junge Menschen, die straffällig werden und zum Teil erhebliche Probleme in ihrer gesamten Entwicklung in Familie, Schule und Sozialverhalten zeigen, fordern unterschiedliche Systeme auf unterschiedlichen Ebenen heraus. Von Zuständigkeitsfragen bis zur Professionalität von Fachkräften in extremen Beziehungskontexten, von Aushalten bis Halt-Geben stellen sich vielfältige Herausforderungen, die vor allem ein tiefgreifendes, gemeinsames Verständnis komplexer Entwicklungswege und (ver-)störender Verhaltensweisen voraussetzen. Zu beachten sind hierbei Fallstricke, aber auch Potenziale, die gerade die unterschiedlichen Blickwinkel der Professionen für das auf dem Erziehungs- und Förderungsgedanken fußenden Handeln haben, um verschiedene Zugangswege für die Hoch-Risiko-Klientel aufzufinden.

Herausfordernde und „verstörende" Arbeitsbeziehungen zwischen straffällig gewordenen Jugendlichen und Sozialarbeitenden in der Jugendstraffälligenhilfe sollten genauer analysiert werden. Ein besonderer Fokus ist hierbei auf die Machtdynamiken in diesen Zwangskontexten zu legen: Inwiefern sind diese, über die Arbeitsbeziehung hinaus, für die interinstitutionelle und interprofessionelle Kooperation zwischen Justiz, Jugendhilfe und Kinder- und Jugendpsychiatrie von Bedeutung?

1) (Ver-)störendes Verhalten junger Menschen ist begreifbar als Bewältigungs- und Kontrollstrategie zur Wiedererlangung von Autonomie. Nach biographischen Ohnmachtserfahrungen und den diese begleitenden Gefühlen von Angst, Wut u. ä. suchen die jungen Menschen ihre bedrohte Identität zu schützen. Diese Strategien sind als Kompetenzen der jungen Menschen zu begreifen.

2) Verstörende Beziehungen/Erziehungskontexte sind, gerade im Zwangskontext von Strafverfahren, Machtphänomene: Hilflosigkeit, Ohnmacht, Überforderung oder Scham auf Seiten der professionellen Akteur*innen begünstigen Machtausübungsversuche, die scheitern müssen. Die Qualität der Beziehung erweist sich als Schlüsseldimension für den ‚outcome': die

Alltagsbewältigung, Perspektivenentwicklung, Rückfallvermeidung. Eine hilfreiche Beziehung bedarf der echten Beteiligung der jungen Menschen, ihres Rechts auf ihre eigenen Gefühle, mithin des Zuhörens, Verstehens und Ermächtigens: Die jungen Menschen müssen sich selbst als machtvoll erleben können.

3) Die Herausforderungen an die Kooperation zwischen den verschiedenen institutionellen Beteiligten sind vielfältig. Statt die Grenzen zwischen den Systemen zu zementieren, kann die interdisziplinäre Zusammenarbeit nur durch gemeinsames Fallverstehen bei unbedingter Einbeziehung der Perspektive des jungen Menschen gelingen. Gegenseitige Hospitationen sind hilfreich. Rollenklärungen bei Wahrung der unterschiedlichen Aufträge und Perspektiven sowie der datenschutzrechtlichen Regelungen sind ebenso erforderlich wie die entsprechende Transparenz gegenüber den betroffenen jungen Menschen. Bestehende sozialstrukturelle ,Fesseln' bei der Perspektivenentwicklung (wie Armut, Wohnen, Schule, Ausbildung) sollten, statt im (erschöpfenden) Ohnmachtserleben zu enden, als ,Mindermächtigkeit' gewahr werden, um gemeinsam aufspürbare Handlungsoptionen zu finden. Angesichts der regional sehr divergierenden Praxis sind regelmäßige überregionale Austausche erforderlich.

Quintessenz der Arbeitskreis-Beratungen:

Wir denken viel zu viel darüber nach, immer nur zu *verhindern* – statt darüber: *was stattdessen?* Wir müssen Jugendliche in ihren Lebenswelten viel besser durch Zuhören und Beteiligen verstehen lernen: Man kann die Welt auch ganz anders denken, als wir es tun. Vorhandene Machtdynamiken sind interaktionell begründet, implizit wirkmächtig und insofern aufzuspüren. Unsere eigene ,Mindermächtigkeit' müssen wir wahrnehmen, ohne an den Abgründen des Systems ohnmächtig zu verzweifeln.

Arbeitskreis 2: Wer zuerst kommt … Die Bedeutung der frühzeitigen polizeilichen Information der Jugendhilfe (im Strafverfahren) vor der Beschuldigtenvernehmung (§ 70 Abs. 2 JGG)

Annemarie Schmoll, Bernd Holthusen & Jürgen Kußerow

1   Auftakt und Input

Der Arbeitskreis 2 begann mit der Frage: „Bei wem läuft es vor Ort denn gut mit § 70 Abs. 2 JGG?". Etwa die Hälfte der Teilnehmenden bejahte dies, doch auf die dezidierte Nachfrage hin, wer vor der polizeilichen Vernehmung Mitteilung erhalte, war dies nur ein sehr kleiner Anteil der Anwesenden. Dies ist ein Zeichen dafür, dass es – entgegen der ersten Einschätzung der Teilnehmenden – vor Ort ,doch nicht so gut läuft mit dem § 70 Abs. 2 JGG', und ein Hinweis dafür, dass Inhalt, Tragweite und Bedeutung des § 70 Abs. 2 JGG, der im Dezember 2019 in Kraft trat, von den Anwesenden und/oder den handelnden und verantwortlichen Personen bzw. Institutionen vor Ort nicht hinreichend bekannt ist oder, falls bekannt, es ein Umsetzungsdefizit geben könnte.

Die etwa 50 aus verschiedenen Teilen des Bundesgebietes stammenden Teilnehmenden des Arbeitskreises waren, wie sich im Verlauf des Arbeitskreises herausstellte, mehrheitlich Fachkräfte der Jugendhilfe und diese vor allem aus der Jugendhilfe im Strafverfahren, aber auch vereinzelt Staatsanwält*innen; sie alle diskutierten rege untereinander sowie mit Bernd Holthusen und Jürgen Kußerow, die den Arbeitskreis gestalteten, auch bereits während des instruktiven Vortrags von Bernd Holthusen über *Die frühzeitige polizeiliche Information der Jugendhilfe (im Strafverfahren) (§ 70 Abs. 2 JGG)*.[1]

---

[1]   Vgl. Holthusen in diesem Band ab S. 137.

2   ‚Questions and Answers‘

Die während und im Anschluss an den Vortrag stattfindende Diskussion wird im Folgenden sortiert im Sinne eines ‚Questions and Answers‘ zusammenfassend vorgestellt:[2]

Welchen Mitteilungszeitpunkt legt § 70 Abs. 2 JGG fest und wer hat die JuhiS zu unterrichten?

§ 70 Abs. 2 JGG[3] legt den spätestmöglichen Mitteilungszeitpunkt fest.[4] Es handelt sich – wie sich bereits aus der Begründung des Gesetzentwurfes der Bundesregierung ergibt – um „eine konkrete Bestimmung des Zeitpunkts, zu dem die [JuhiS] über die Einleitung des Verfahrens zu informieren ist."[5] § 70 Abs. 2 JGG korrespondiert mit dem ebenfalls 2019 neu gefassten § 38 Abs. 3 S. 1 JGG: Denn wenn die JuhiS „im Verfahren relevant werdende Ergebnisse ihrer Nachforschungen möglichst frühzeitig vorlegen soll, grundsätzlich jedenfalls vor Anklageerhebung, dann muss sichergestellt sein, dass sie ihrerseits frühzeitig von der Einleitung des Verfahrens unterrichtet wird."[6] Der Wille des Gesetzgebers ist somit 2019 sehr klar formuliert worden.

Bis zur Erhebung der Anklage – mit anderen Worten: während des Ermittlungsverfahrens – liegt die Zuständigkeit für die Mitteilungen bei der Staatsanwaltschaft (vgl. § 160 StPO i. V. m. § 2 Abs. 2 JGG; Nr. 4 Abs. 1 Nr. 1 MiStra).[7] Praktisch ist damit die Polizei betraut.[8]

Der Wortlaut des § 70 Abs. 2 S. 1 JGG lautet: „Von der Einleitung des Verfahrens ist die Jugendgerichtshilfe spätestens zum Zeitpunkt der Ladung des Jugendlichen zu seiner ersten Vernehmung als Beschuldigter zu unterrichten."

---

2   Weitere Diskussionsstränge, die nicht unmittelbar im Zusammenhang mit dem hauptsächlichen Gegenstand des Arbeitskreises stehen (z. B. notwendige Verteidigung, Haftbefehl, örtliche Zuständigkeit bei stationärer Unterbringung/HzE), werden hier nicht ihren Niederschlag finden.

3   Vgl. hierfür auch umfassend zu den europäischen Vorgaben, den rechtlichen Rahmen in Deutschland, zu empirischen Daten zur Umsetzung dieser JGG-Neuregelung und Herausforderungen für die JuhiS: Holthusen in diesem Band ab S. 137.

4   Eisenberg & Kölbel, 2023, § 70 Rn. 10.

5   BT-Drs. 19/13837, S. 31.

6   BT-Drs. 19/13837, S. 62.

7   Eisenberg & Kölbel, 2023, § 70 Rn. 11.

8   Eisenberg & Kölbel, 2023, § 70 Rn. 11; Kölbel, 2021, S. 528; Sommerfeld in Ostendorf, 2021, § 70 Rn. 12.

Mit anderen Worten: Der spätestmögliche Zeitpunkt, zu dem die JuhiS von der Einleitung des Verfahrens zu unterrichten ist, ist die Ladung des*der Jugendlichen zur ersten Vernehmung als Beschuldigte*r. Als Argument nutzt auch schon die Begründung des Gesetzentwurfes der Bundesregierung, dass zum einen zu diesem Zeitpunkt bereits der Tatverdacht so weit verdichtet ist, „dass man die betroffene Person als Beschuldigte ansehen kann".[9] Zum anderen wird dort angeführt, die unterrichtende Stelle (also die Polizei) werde nur unwesentlich durch eine solche Mitteilung zusätzlich belastet sein.[10] In der Begründung des Gesetzentwurfes wird u. a. davon ausgegangen, dass für die Mitteilungen nach § 70 Abs. 2 JGG die bisherigen Abläufe nur geringfügig erweitert werden müssten.[11]

Nur im Falle einer Spontanvernehmung, bei der keine Ladung vorab erfolgen kann, regelt § 70 Abs. 2 S. 2 JGG etwas Abweichendes.[12]

Die frühe Mitteilung an die JuhiS dient in beiden Konstellationen des § 70 Abs. 2 JGG dafür, dass der JuhiS genügend Zeit verbleibt, ihre sich insbesondere aus § 52 SGB VIII ergebenden Aufgaben sachgerecht erfüllen zu können.[13] Gleichwohl scheint es in der Praxis – sowohl nach den Schilderungen der AK-Teilnehmenden sowie aufgrund aktueller empirischer Befunde[14] – ein Umsetzungsdefizit zu geben, denn Mitteilungen, die den spätestmöglichen Zeitpunkten des § 70 Abs. 2 JGG entsprechen, bleiben in der Regel aus.

Die Frage, weshalb mancherorts von der Polizei keine dem § 70 Abs. 2 JGG entsprechenden Mitteilungen gemacht werden, wurde ebenfalls diskutiert. Ein

---

9   BT-Drs. 19/13837, S. 63.

10   BT-Drs. 19/13837, S. 63.

11   BT-Drs. 19/13837, S. 63.

12   Gemäß § 70 Abs. 2 S. 2 JGG muss in Fällen der Spontanvernehmung „die Unterrichtung spätestens unverzüglich nach der Vernehmung erfolgen". Die Unterrichtung der JuhiS muss also unverzüglich, d. h. auf die schnellstmögliche Weise nachgeholt werden, vgl. ausführlicher Eisenberg & Kölbel, 2023, § 70 Rn. 10; Holthusen in diesem Band ab S. 137. Abgesehen von den in § 70 Abs. 2 JGG genannten Konstellationen kann die Mitteilungspflicht auch früher einsetzen: Zur Heranziehung der JuhiS in Haftsachen und Zeitpunkten normiert § 72a JGG abweichendes von § 70 Abs. 2 JGG für den Fall des Erlasses eines Haftbefehls oder einer vorläufigen Festnahme; vgl. Eisenberg & Kölbel, 2023, § 70 Rn. 10. Von § 70 Abs. 2 JGG abweichende Zeitpunkte der Mitteilung der Polizei an die JuhiS können auch aus den weiteren Bestimmungen der Nr. 3.2.7 der PDV 382 herrühren; vgl. ausführlicher Eisenberg & Kölbel, 2023, § 70 Rn. 10; Holthusen in diesem Band ab S. 137.

13   So auch bereits BT-Drs. 19/13837, S. 63.

14   Vgl. Schmoll & Lampe in diesem Band ab S. 269; vgl. ausführlicher Schmoll, Lampe & Holthusen, 2024, S. 80 ff.

möglicher Ansatzpunkt war, dass die Existenz der Vorschrift den vor Ort tätigen Polizeibeamt*innen mitunter unbekannt sein könnte. Als ein möglicher Grund hierfür wurde genannt, dass es bundesweit nicht flächendeckend Jugendsachbearbeitungen gebe und auch eine gewisse Fluktuation an den relevanten Stellen innerhalb der Polizei bestehe, so dass die Kenntnis der Vorschrift nicht entsprechend vorhanden sei.

Es wurde dafür plädiert, innerhalb der Polizei, als einem der Akteure im Jugendkriminalrecht, empirische Forschungen durchzuführen, auch um Umsetzungshemmnisse des § 70 Abs. 2 JGG aus deren Sicht zu eruieren. Denn mit dem Jugendgerichtsbarometer 2021/2022[15] und dem Jugendgerichtshilfebarometer 2022[16] bestünden bereits aktuelle empirische Erhebungen zu Umsetzungspraxen und möglichen Umsetzungsdefiziten neuer Regelungen im JGG weiterer Akteure – der Justiz, nämlich Jugendrichter*innen und Staatsanwält*innen, und der Jugendämter bzw. der JuhiS – im Jugendkriminalrecht. Diese könnten mit Forschungen innerhalb der Polizei um deren Perspektive ergänzt und erweitert werden.

Wie kann sichergestellt werden, dass die JuhiS frühzeitig, dem § 70 Abs. 2 JGG entsprechend von der Polizei unterrichtet wird?

Die Frage, wie sichergestellt werden kann, dass die JuhiS frühzeitig, dem § 70 Abs. 2 JGG entsprechend von der Polizei unterrichtet wird, ist virulent für die Praxis der JuhiS. Empfehlenswert scheint, ein routiniertes Verfahren zu installieren und zu etablieren, dass entsprechend personenunabhängig ist. Es könnten Mitteilungen an eine zentrale Stelle im Jugendamt per E-Mail oder Fax erfolgen, so dass Kommunikationswege zwischen der Polizei und dem Jugendamt nicht durch Abwesenheiten Einzelner (z. B. arbeitsbedingte Abwesenheiten, Fortbildung, Urlaub, Krankheit) beeinträchtigt werden. Hierfür erscheint es aus Sicht der AK-Teilnehmenden denkbar, sich für den Fall, dass die entsprechenden Zeitpunkte des § 70 Abs. 2 JGG vor Ort nicht beachtet werden, an den*die Polizeipräsident*in zu wenden und um Unterstützung zu bitten. Hierbei können auch Abklärungen der Rollen und Aufgaben von Polizei und Jugendamt vorgenommen werden sowie notwendige (Mindest-)Inhalte der § 70 Abs. 2 JGG-Mitteilung abgestimmt werden, so dass – beiderseitig – die gesetzlichen Anforderungen und Aufgaben erfüllt werden können.

---

15   Höynck, Freuwört et al., 2022.
16   Schmoll, Lampe & Holthusen, 2024.

Hingewiesen wurde zudem auf folgende Problematik in der Praxis: Wenn die JuhiS einen Bericht nach einer Unterrichtung der Polizei erstellt und anschließend Auskunft zu ihren Nachforschungen geben möchte, sich hierbei aber nur auf eine Vorgangsnummer der Polizei beziehen kann, erscheint es schwierig, diesen Bericht einem erst später vergebenen Aktenzeichen der Staatsanwaltschaft zuzuordnen.

Welchen (Mindest-)Inhalt sollte die frühzeitige Information nach § 70 Abs. 2 JGG-Mitteilung der Polizei an die JuhiS haben?

Zur Frage, welchen (Mindest-)Inhalt die § 70 Abs. 2 JGG-Mitteilung der Polizei an die JuhiS benötigt, wurden genannt: Vor- und Nachname, Geburtsdatum, Tatvorwurf (ggf. Tatort/-zeit), Tag der Vernehmung, ggf. Adresse, ggf. Telefonnummer, ggf. Erziehungsberechtigte. Es wurde der Vorschlag geäußert, dass die Polizei ein eigenes Formular für Mitteilungen nach § 70 Abs. 2 JGG entwickeln könnte. Die Möglichkeit, den Lagebericht der Polizei an die JuhiS zu übersenden, wurde verworfen, denn dieser liegt in der Regel erst vor, wenn die Vernehmung des*der jungen Beschuldigten bereits erfolgt ist, d. h., das wäre bezogen auf den Zeitpunkt nicht mehr § 70 Abs. 2 S. 1 JGG entsprechend, sondern allenfalls noch § 70 Abs. 2 S. 2 JGG entsprechend, der allerdings nur im Falle von Spontanvernehmungen greift. Eine weitere Problematik, die sich aus der Weiterleitung des Lageberichts der Polizei an die JuhiS ergeben würde, sei, dass darin auch personenbezogene Daten anderer Personen enthalten wären, die vor einer Weiterleitung aus datenschutzrechtlichen Gründen entfernt werden müssten.

Gilt die frühzeitige Information nach § 70 Abs. 2 JGG nur für Jugendliche oder auch für Heranwachsende?

Zur Klärung des Anwendungsbereichs des § 70 Abs. 2 JGG kann auf § 109 Abs. 1 S. 1 JGG verwiesen werden: Danach ist von den Vorschriften über das Jugendstrafverfahren (§§ 43 bis 81a JGG) in Verfahren gegen Heranwachsende u. a. der § 70 Abs. 2 JGG entsprechend anzuwenden. Die sich aus § 70 Abs. 2 JGG ergebenden Mitteilungspflichten bestehen in Verfahren vor Jugendgerichten, in Verfahren vor den für allgemeine Strafsachen zuständigen Gerichten und im vereinfachten Jugendverfahren (vgl. § 78 Abs. 3 S. 2 JGG).[17]

---

17   Eisenberg & Kölbel, 2023, § 70 Rn. 1; Sommerfeld in Ostendorf, 2021, § 70 Rn. 1.

Aus der Praxis wurde auch berichtet, dass beginnend mit der Corona-Pandemie vermehrt bei Heranwachsenden zur Vermeidung der Hauptverhandlung ein Strafbefehl erlassen wird und die JuhiS von diesen Fällen nicht erfährt. Auch diese Problematik könnte durch eine verlässliche frühzeitige Information vermieden werden.

Welche Empfehlung gibt es für die Gestaltung des Erstkontakts der JuhiS zu den jungen Menschen (und ggf. ihren Eltern)?

Es empfiehlt sich, im ersten Kontakt zu den jungen Menschen (und ggf. ihren Eltern) ein Schreiben, das ein allgemeines Beratungsangebot enthält, zu senden. Der persönliche Kontakt face to face erscheint geeigneter zur Beratung als eine bloße Telefonberatung, weshalb vorrangig das allgemeine Beratungsangebot nicht als ‚Telefonberatung' gestaltet werden sollte.

Welchen Inhalt hat die Beratung der JuhiS und was ist ihr Beratungsauftrag?

Zunächst wurde daran erinnert, dass die Jugendämter ihre Leistung nicht anböten, weil die jungen Menschen (mutmaßlich) eine Straftat begangen haben, sondern weil sie der Hilfe und Unterstützung bedürfen, insbesondere auch im Strafverfahren.[18] Dementsprechend sollte es während eines ersten Termins mit den jungen Menschen (und ggf. ihren Eltern), der im Nachgang einer Mitteilung nach § 70 Abs. 2 JGG zustande kam, nicht um die (mutmaßlich) begangene Tat gehen. Vielmehr sollten bei dieser Gelegenheit die Fragen der jungen Menschen und/oder deren Eltern im Vordergrund stehen. Ob sich hieraus ein weitergehender Hilfebedarf ergibt, wird abzuwarten bleiben. Zusätzlich können allgemeine Informationen über das Jugendstrafverfahren (u. a. zum Ablauf und zu den Grundzügen des Jugendstrafverfahrens) vermittelt werden. Zudem ist im Zuge des *Kinder- und Jugendstärkungsgesetzes* im Juni 2021 § 10a SGB VIII eingefügt worden. Eine Beratungspflicht gegenüber allen (potenziellen) Empfänger*innen von Jugendhilfeleistungen und Leistungen anderer Leistungsträger im Sinne eines (eigenständigen) Anspruchs auf eine Eingangsberatung ist in § 10a Abs. 1, 2 SGB VIII normiert. § 10a Abs. 1 SGB VIII setzt auch fachliche Mindeststandards an eine jegliche Beratung der eben genannten (potenziellen) Empfänger*innen, denn die Beratung hat[19] „in einer für sie verständlichen,

---

18   Vgl. statt vieler Trenczek in Münder, Meysen & Trenczek, 2022, § 52 Rn. 58.
19   Eschelbach & Schönecker in Münder, Meysen & Trenczek, 2022, § 10a Rn. 1.

nachvollziehbaren und wahrnehmbaren Form, auf ihren Wunsch auch im Beisein einer Person ihres Vertrauens" (vgl. § 10a Abs. 1 a. E. SGB VIII) zu erfolgen.[20]

Soll die JuhiS Jugendliche zu Terminen mit der Polizei begleiten?

Die Frage, ob die JuhiS grundsätzlich die Jugendlichen zu Terminen mit der Polizei, in der Regel polizeiliche Vernehmungen, begleiten soll, wurde verneint.[21] Allerdings könnte eine Begleitung der Jugendlichen durch Fachkräfte der Jugendhilfe bzw. der JuhiS über § 67 Abs. 3 JGG denkbar sein, als Kompensation der Nichtanwesenheit von Erziehungsberechtigten und gesetzlichen Vertreter*innen bei Untersuchungshandlungen. Ein häufiger Anwendungsfall der „Untersuchungshandlungen" wird in § 67 Abs. 3 S. 1 JGG explizit genannt: „Vernehmung", diese kann (je i. V. m. § 2 Abs. 2 JGG) eine polizeiliche (§ 163a Abs. 1, 4 StPO), staatsanwaltliche (§ 163a Abs. 1, 3 StPO) oder richterliche Vernehmung (§ 136 StPO) sein. Darüber hinaus sind als weitere Untersuchungshandlungen denkbar: Vorführungen (§§ 133 Abs. 2, 134 Abs. 2, 44 StPO) und daran anschließende Vernehmungen (z. B. § 115 Abs. 1, 2 StPO) sowie Haftprüfungen (§§ 117 ff. StPO).[22]

Erziehungsberechtigte und gesetzliche Vertreter*innen haben somit nicht nur in der Hauptverhandlung das Recht (vgl. § 50 Abs. 2 S. 1 JGG), anwesend zu sein, sondern auch bei diesen Untersuchungshandlungen. Allerdings ist ihnen die Anwesenheit nur gestattet, „soweit dies dem Wohl der jungen Menschen dient und es das Strafverfahren nicht beeinträchtigt" (§ 67 Abs. 3 S. 1 JGG). Nach § 67 Abs. 3 S. 2 JGG wird das Vorliegen dieser Voraussetzungen vermutet („sind in der Regel erfüllt"), wenn keine der in § 51 Abs. 2 JGG genannten Ausschlussgründe greifen und kein Fall des § 177 GVG vorliegt.[23]

Für den Fall, dass kein*e Erziehungsberechtigte*r und kein*e gesetzliche*r Vertreter*in anwesend ist, weil ihnen die Anwesenheit versagt wird oder weil sie binnen angemessener Frist nicht erreicht werden konnten, ist zur Kompensation der Nichtanwesenheit nach § 67 Abs. 3 S. 3 JGG „einer anderen für den Schutz der Interessen des Jugendlichen geeigneten volljährigen Person die

---

20 Vgl. hierfür ausführlicher Holthusen in diesem Band ab S. 137.
21 Vgl. hierzu schon Goldberg, 2021, S. 25.
22 Vgl. Sommerfeld in Ostendorf, 2021, § 70 Rn. 11.
23 Eisenberg & Kölbel, 2023, § 67 Rn. 31.

Anwesenheit zu gestatten, wenn die Voraussetzungen des Satzes 1 Nummer 1 und 2 im Hinblick auf diese Person erfüllt sind."

Die Begleitung durch die geeignete erwachsene Ersatzperson muss also dem Wohl des Jugendlichen dienen und darf das Strafverfahren, d. h. die Ermittlungsinteressen, nicht beeinträchtigen.[24] § 67 Abs. 3 S. 3 JGG intendiert, dass die Begleitung den*die Jugendliche*n dabei unterstützt, die Rechte, die er*sie während der Untersuchungshandlung hat, zu verstehen oder wahrzunehmen.[25] Anders als § 51 Abs. 6 S. 4 JGG („ein für die Betreuung des Jugendlichen in dem Jugendstrafverfahren zuständiger Vertreter der Jugendhilfe") oder § 67a Abs. 4 S. 3 JGG („der für die Betreuung des Jugendlichen in dem Jugendstrafverfahren zuständige Vertreter der Jugendgerichtshilfe) nennt § 67 Abs. 3 S. 3 JGG als „andere geeignete erwachsene Person" explizit nicht eine Fachkraft der Jugendhilfe bzw. der JuhiS. Gleichwohl gibt es Stimmen in der Literatur, die davon ausgehen, dass hier grundsätzlich auch Fachkräfte der JuhiS in Frage kommen dürften, auch aufgrund des § 52 Abs. 3 SGB VIII.[26] Um Rollenunklarheiten, -konflikte oder -konfusionen zu vermeiden, auch angesichts des fehlenden Zeugnisverweigerungsrechts der Fachkräfte der JuhiS, ist es für sie im Falle von § 67 Abs. 3 S. 3 JGG ratsam, entsprechende Anfragen grundsätzlich abzulehnen.[27] In begrenzten Ausnahmefällen könnte eine Person, die nicht bereits für den*die Jugendliche*n im Rahmen der JuhiS tätig ist, als Ersatzperson fungieren, denn nur dann ist für den*die Jugendliche*n erkennbar, dass es sich um eine Person mit einer anderen Rolle handelt.

Beeinträchtigt die Personalsituation der JuhiS vor Ort die Umsetzung der JGG-Änderungen 2019?

Ein Teil der im Arbeitskreis anwesenden Fachkräfte der JuhiS gab zu bedenken, dass sie die mit den JGG-Änderungen 2019 einhergehenden Anforderungen mit der bestehenden Personalausstattung gar nicht bewältigen bzw. nicht vollständig umsetzen können. Andernorts wurde nach bzw. infolge der JGG-Änderungen 2019 Personal aufgestockt, allerdings erfolgte zwischenzeitlich – auch aufgrund z. T. sinkender Fallzahlen – mitunter wieder ein Stellenabbau, so dass

---

24 Eisenberg & Kölbel, 2023, § 67 Rn. 30, 33 ff.; Goldberg, 2021, S. 25.
25 Sommerfeld in Ostendorf, 2021, § 67 Rn. 12.
26 Sommerfeld in Ostendorf, 2021, § 67 Rn. 12; grundsätzlich bejahend Eisenberg & Kölbel, 2023, § 67 Rn. 36, aber – unter Rekurs auf Goldberg, 2021, S. 25 – sei es aus fachlich-sozialpädagogischer Perspektive zu vermeiden.
27 Vgl. hierfür auch Goldberg, 2021, S. 25.

die gestiegenen Anforderungen schwieriger oder nicht mehr wie zuvor zu erfüllen sind.

Zum Spannungsfeld des § 38 Abs. 7 S. 1 (Verzicht auf frühe Auskunft) und des § 46a JGG (Anklage vor Berichterstattung)

Der Arbeitskreis beschäftigte sich auch mit der vor Anklageerhebung vorgesehenen Information der Staatsanwaltschaft durch die JuhiS. Hierzu gaben die Teilnehmenden ihre Einblicke und Sichtweisen wieder, die innerhalb verschiedener Staatsanwaltschaften bestehen: Danach äußerten Staatsanwaltschaften mitunter, dass ihnen vor Anklageerhebung kein Bericht der JuhiS vorliege, sie diesen auch nicht benötigen würden, wenn sie nicht Anklage erheben wollen würden. Dass kein Bericht der JuhiS vor Anklageerhebung vorliegt, könnte u. U. daran liegen, dass die JuhiS nicht von der Polizei zu dem in § 70 Abs. 2 JGG bestimmten spätestmöglichen Zeitpunkt unterrichtet worden sei. Wenn die JuhiS keine Kenntnis habe, dass eine Einleitung des Verfahrens, eine Beschuldigtenvernehmung erfolgt sei, könne sie auch nicht mit den jungen Menschen (und ggf. ihren Eltern) in Kontakt treten und folglich keinen entsprechenden Bericht verfassen, da sie von dem den jungen Menschen betreffenden Verfahren schlicht keine Kenntnis habe.

Grundsätzlich kann nach § 38 Abs. 7 JGG „das Jugendgericht und im Vorverfahren die Jugendstaatsanwaltschaft auf die Erfüllung der Anforderungen des Absatzes 3" (Auskunft durch die JuhiS) verzichten. Folglich können beide justiziellen Organe der Jugendgerichtsbarkeit auf die frühe Auskunft der JuhiS verzichten, „soweit dies auf Grund der Umstände des Falles gerechtfertigt und mit dem Wohl des Jugendlichen vereinbar ist" (§ 38 Abs. 7 S. 1 JGG). Sachgerecht erscheinen Ermessensentscheidungen z. B. im Vorverfahren, wenn zu erwarten ist, dass das Verfahren ohne Erhebung der öffentlichen Klage – z. B. nach §§ 170 Abs. 2, 153 StPO i. V. m. § 2 Abs. 2 JGG; § 45 Abs. 1 JGG[28] – abgeschlossen wird (vgl. § 38 Abs. 7 S. 3 JGG).

Anders verhält es sich jedoch in Fällen des Absehens von der Verfolgung nach § 45 Abs. 2 JGG aufgrund bereits durchgeführter oder eingeleiteter erzieherischer Maßnahmen: Zurecht qualifizieren Trenczek und Goldberg die Einbeziehung der JuhiS in entsprechenden Konstellationen als „unerlässlich".[29] Sie führen ebenfalls zurecht als Argumentation an, dass nur die JuhiS „einschätzen

---

28 Eisenberg & Kölbel, 2023, § 38 Rn. 35.
29 Trenczek & Goldberg, 2019, S. 483. Im Ergebnis auch Eisenberg & Kölbel, 2023, § 38 Rn. 51.

[kann], ob (und wenn ja, welche) erzieherischen Interventionen geeignet und erforderlich sind und vom [Jugendamt] angeboten werden dürfen."[30] Ähnlich verhalte es sich bei § 45 Abs. 3 JGG.[31] Sollte ein generalisierter Verzicht erklärt werden, dann unterläuft dieser den der Richtlinie (EU) 2016/800 und dem umsetzenden Gesetz zugrundeliegenden Intentionen. Selbst wenn das Jugendgericht oder im Vorverfahren die Staatsanwaltschaft einen Verzicht nach § 38 Abs. 7 S. 1 JGG erklärt hat, bindet dies die JuhiS nicht: Sie kann dennoch einen Bericht übermitteln und nach wie vor ihr Anwesenheitsrecht an der Hauptverhandlung ausüben.[32] Ebenfalls unabhängig von einem ggf. erklärten Verzicht bleiben die sich aus § 52 SGB VIII ergebenden Aufgaben der JuhiS bestehen.[33]

Beispiel aus der Praxis: Staatsanwaltschaft Gera

Von der im Arbeitskreis anwesenden Oberstaatsanwältin Anja Schneider, Staatsanwaltschaft Gera, werden die in Gera erarbeiteten und bereits etablierten Vorgehensweisen bei der Berichterstattung mündlich vorgestellt:[34] Es bestünden feste Absprachen mit sämtlichen JuhiS im Zuständigkeitsbereich der Staatsanwaltschaft Gera. In den nachfolgend beschriebenen Abläufen fungiere die Staatsanwaltschaft als ‚Schaltstelle'. Eingeräumt wird, dass die Staatsanwält*innen die Akten zweimal „in die Hand [nehmen]"[35] müssten. Neueingänge würden zunächst grob auf Voraussetzungen und Notwendigkeit der Anklageerhebung gesichtet und anschließend werde ein Bericht der JuhiS angefordert; dies vermeide überflüssige Mehrarbeit für die Fachkräfte der JuhiS. In Gera wurden für das Vorgehen eigens Formulare für alle Beteiligten entworfen, die nach regelmäßigem Feedback angepasst würden. Dies unterstreicht, wie wichtig Kommunikation zwischen allen Akteuren ist. Der Ablauf wurde differenziert nach (1) Einstellung von Ermittlungsverfahren und (2) anderen Konstellationen vorgestellt:

Zu (1): Im Falle von § 45 Abs. 1 JGG; §§ 153 Abs. 1, 153a Abs. 1, 154 Abs. 1, 170 Abs. 2, 374 StPO; § 31a BtMG i. V. m. § 2 Abs. 2 JGG erfolge keine Rücksprache mit der JuhiS, sondern die Staatsanwaltschaft treffe eine autonome Entschei-

30 Trenczek & Goldberg, 2019, S. 483.
31 Trenczek & Goldberg, 2019, S. 483.
32 Sonnen in Diemer, Schatz & Sonnen, 2020, § 38 Rn. 13; Eisenberg & Kölbel, 2023, § 38 Rn. 64.
33 Sonnen in Diemer, Schatz & Sonnen, 2020, § 38 Rn. 13.
34 Vgl. hierzu auch Schneider, 2022, S. 21 ff.
35 Vgl. Schneider, 2022, S. 21.

dung. Hier bestünde gleichwohl das Risiko, dass Unterstützungsbedarfe junger Menschen nicht erkannt werden. Im Falle von § 45 Abs. 2 JGG gehe die Akte (ohne vorherige Absprache) direkt an die JuhiS. Da § 45 Abs. 3 JGG in Thüringen praktisch nahezu bedeutungslos sei, sei hierfür kein Ablauf entwickelt worden.[36]

Zu (2): Im Falle einer beabsichtigten Anklageerhebung, eines Antrags im vereinfachten Jugendverfahren oder eines Antrags auf Erlass eines Strafbefehls werde die JuhiS grundsätzlich immer beteiligt: Dies erfolgt nach Abschluss der Ermittlungen durch Anforderung eines Vorabberichts der JuhiS. Ausnahmen bildeten nur offensichtlich führerscheinrelevante Verfahren oder Fälle, bei denen bereits Anklagen bei Gericht anhängig seien.[37] Die Handlungsabläufe wurden durch eine Musterverfügung für die Staatsanwaltschaft und ein Musterformblatt für die JuhiS operationalisiert.[38] In ausgewählten Verfahren erfolge ein umfangreicher Bericht der JuhiS ohne Nutzung des Formblatts. Die JuhiS haben die Möglichkeit, sich zu den zu ergreifenden Maßnahmen zu äußern, wobei sie regelmäßig Alternativen zu Anklageerhebungen vorbringen. In solchen Fällen prüft der*die Dezernent*in jeweils, ob dem beigetreten werden kann, ggf. erfolgen im Einzelfall erneut Rückkoppelungen zwischen der Staatsanwaltschaft und der JuhiS. Für die Antwort der JuhiS zur Übersendung des Vorabberichts sehe der Ablauf ein Zeitfenster von drei bis vier Wochen vor; wenn dies nicht eingehalten werden könne, erfolge eine entsprechende Mitteilung der JuhiS an die Staatsanwaltschaft.[39]

In Bezug auf das den Arbeitskreis bestimmende Thema positioniert sich Anja Schneider wie folgt: Nach der § 70 Abs. 2 JGG-Mitteilung könne ein allgemeines Jugendhilfeangebot der JuhiS an ihre Adressat*innen unterbreitet werden. Hierfür sei es notwendig, dass sich JuhiS und Polizei (z. B. über Mindestinhalte, Abläufe) abstimmten. Die JuhiS werde hier nach § 52 SGB VIII tätig. Im Falle der Berichterstattung der JuhiS vor Anklageerhebung müsse sich die Staatsanwaltschaft mit der JuhiS absprechen. Tätig werde die JuhiS hierbei nach § 38 Abs. 3 JGG.

---

36 Vgl. Schneider, 2022, S. 21.
37 Vgl. Schneider, 2022, S. 22.
38 Vgl. Schneider, 2022, S. 23.
39 Vgl. Schneider, 2022, S. 22.

3   Zusammenfassung und fachliche Herausforderungen

Zusammenfassend kann, auch aufgrund der regen Diskussion während des Arbeitskreises, festgestellt werden, dass im Zusammenhang mit der Umsetzung des § 70 Abs. 2 JGG noch fachliche Herausforderungen bestehen:[40] Dass z. T. entgegen der derzeitigen Rechtslage Unterrichtungen nach den in § 70 Abs. 2 JGG normierten spätestmöglichen Zeitpunkten unterbleiben, kann als bedenklich angesehen werden. Hier bestehen noch unausgeschöpfte Potenziale der neuen Rechtslage, die genutzt werden können – gerade auch im Sinne und zum Wohle der jungen Menschen. Deshalb sollte die Umsetzung der 2019 erfolgten JGG-Änderungen in der Praxis verstärkt erfolgen. Dies würde dazu beitragen, das programmatisch formulierte Ziel des *Gesetzes zur Stärkung der Verfahrensrechte von Beschuldigten im Jugendstrafverfahren* zu erreichen. Zudem verweisen bislang nicht erfolgende Beachtungen des § 70 Abs. 2 JGG auf nicht abgestimmte Arbeitsweisen, insbesondere zwischen Polizei und JuhiS. Bei der Übermittlung von Informationen, die sich z. B. auf über ein Jahr zurückliegende Vorgänge beziehen, ist es dem Jugendamt nicht möglich, adäquat die sich aus § 52 SGB VIII ergebende Aufgabe der Mitwirkung in Verfahren nach dem JGG oder die sich aus § 10a SGB VIII ergebende Beratungspflicht zu erfüllen. Die noch nicht hinreichend ausgeschöpften oder etablierten Kooperationen und Absprachen zwischen Polizei und Jugendhilfe könnten in informeller Weise oder in formellen Kooperationsvereinbarungen abgestimmt werden.

Literaturverzeichnis

Diemer, H., Schatz, H. & Sonnen, B.-R. (2020). Jugendgerichtsgesetz mit Jugendstrafvollzugsgesetzen (8. Aufl.). Heidelberg: C. F. Müller.
Eisenberg, U. & Kölbel, R. (2023). Jugendgerichtsgesetz (24. Aufl.). München: C. H. Beck.
Goldberg, B. (2021). Das Gesetz zur Stärkung der Verfahrensrechte von Beschuldigten im Jugendstrafverfahren. Fort- und Rückschritte aus der Perspektive der Jugendhilfe im Strafverfahren. Bochum: Ev. Hochschule Rheinland-Westfalen-Lippe. Online verfügbar unter: https://kidoks.bsz-bw.de/frontdoor/deliver/index/docId/2214/file/Goldberg_2021_JGG-Reform_Kidoks.pdf (letzter Abruf am: 09.02.2024).

---

40   Vgl. hierfür auch Holthusen in diesem Band ab S. 137.

Höynck, T., Freuwört, A., Holthusen, B. & Willems, D. (2022). Das Jugendgerichtsbarometer 2021/2022. Eine bundesweite (Wiederholungs-)Befragung von Jugendrichter:innen und Jugendstaatsanwält:innen. Kassel: kassel university press. Online verfügbar unter: https://kobra.uni-kassel.de/themes/Mirage2/scripts/mozilla-pdf.js/web/viewer.html?file=/bitstream/handle/123456789/14175/kup_9783737610650.pdf?sequence=1&isAllowed=y#pagemode=thumbs (letzter Abruf am: 09.02.2024).

Holthusen, B. (2024). Ungenutzte Potenziale: Die frühzeitige polizeiliche Information der Jugendhilfe (im Strafverfahren) nach § 70 Abs. 2 JGG. In DVJJ (Hrsg.), Recht auf Jugend – 100 Jahre Jugendgerichtsgesetz. (32. JGT) (S. 137–155). Mönchengladbach: Forum Verlag Godesberg.

Kölbel, R. (2021). Veränderte jugendstrafrechtliche Standards im Ermittlungsverfahren. Neue Zeitschrift für Strafrecht, 41 (9), S. 524–530.

Münder, J., Meysen, T. & Trenczek, T. (2022). Frankfurter Kommentar zum SGB VIII. Kinder- und Jugendhilfe (9. Aufl.). Baden-Baden: Nomos.

Ostendorf, H. (2021). Jugendgerichtsgesetz (11. Aufl.). Baden-Baden: Nomos.

Schmoll, A. & Lampe, D. (2024). Neue Gesetzeslage, veränderte Aufgaben, neue Praxis? Die Jugendhilfe im Strafverfahren und ihre Adressat*innen nach der JGG-Reform 2019. In DVJJ (Hrsg.), Recht auf Jugend – 100 Jahre Jugendgerichtsgesetz. (32. JGT) (S. 269–301). Mönchengladbach: Forum Verlag Godesberg.

Schmoll, A., Lampe, D. & Holthusen, B. (2024). Jugendgerichtshilfebarometer 2022. Bundesweite Befragung zu aktuellen Entwicklungen der Jugendhilfe im Strafverfahren. Baden-Baden: Nomos.

Schneider, A. (2022). Arbeitskreis 11: Gesetz zur Stärkung der Verfahrensrechte von Beschuldigten im Jugendstrafverfahren – Herausforderungen für die Praxis. 5. Bundeskongress der Jugendhilfe im Strafverfahren und der Ambulanten Sozialpädagogischen Angebote für straffällig gewordene junge Menschen. 05.05.2022. Bad Kissingen. Online verfügbar unter: https://www.dvjj.de/wp-content/uploads/2022/05/AK-11-BUKO-1.pdf (letzter Abruf am: 09.02.2024).

Trenczek, T. & Goldberg, B. (2019). Stellungnahmen der Jugendhilfe im Strafverfahren. Fachliche Standards und Herausforderungen auch im Lichte der Umsetzung der EU-Richtlinie zu den Verfahrensgarantien in Strafverfahren für Kinder. Zeitschrift für Rechtspsychologie, 5 (3), S. 475–500.

Arbeitskreis 3: Kinder und Jugendliche in unruhigen Zeiten – Was brauchen sie? Wie begleiten wir sie?

Anja Pokorný & Marcus König

Der Arbeitskreis setzte sich mit den aktuellen Bedrohungen und Krisen im Leben von Kindern und Jugendlichen sowie den daraus resultierenden fachlichen Herausforderungen in der Arbeit mit ihnen auseinander. Der inhaltliche Input erfolgte zunächst durch Herrn Matthias Heintz (Erziehungswissenschaftler und systemischer Familientherapeut), der bereits seit 20 Jahren im Berufsfeld der Kinder- und Jugendhilfe (Erziehungsberatung) tätig ist. Anschließend konnte man sich im Rahmen eines Worldcafés zu vier fachlichen Fragestellungen austauschen.

Vortrag Kinder und Jugendliche in unruhigen Zeiten

Was beunruhigt und bedroht junge Menschen in ihren gegenwärtigen Lebenssituationen am meisten? Die Antwort auf diese Frage lässt sich zunächst in drei große Themenbereiche unterteilen:

1) Armut bzw. Armutsbedrohung
2) familiäre Krisen, wie z. B. Trennung oder psychische Erkrankungen der Eltern
3) globale Krisen, wie z. B. die Corona-Pandemie, der Ukraine-Krieg oder Flucht und Vertreibung

Im Bereich der **Armut und Armutsbedrohung** stand vor allem die relative Armut im Fokus. Unter relativer Armut versteht man finanzielle Bedingungen, bei denen die Menschen erheblich weniger Einkommen im Verhältnis zum gesellschaftlichen Durchschnitt haben (60 % und weniger des durchschnittlichen Einkommens, in Deutschland derzeit ca. 1000 €, ca. 2300 € für eine vierköpfige Familie). Diese unterschiedlichen finanziellen Voraussetzungen haben aber Einfluss darauf, wie Familien den Alltag bewältigen und an gesellschaftlichen Ressourcen und Möglichkeiten beteiligt sein können, z. B. in den Bereichen Gesundheit, Bildung, Freizeit und Sport, Beziehungen und soziale Einbindung sowie Wohnen und Lebensumfeld. Kinder und Jugendliche aus verarmten oder von Armut bedrohten Verhältnissen nehmen signifikant weniger an außerschulischen Bildungs- und sozialen Aktivitäten teil, häufig mangelt es an ausreichender bzw. gesunder Ernährung. Dies geht oft mit einem Mangel an Bewegung und Sport sowie mit übermäßig hohem Medienkonsum einher. Kinder und Jugendliche aus Armutsverhältnissen erleben sich häufig in ihrem Selbstwert defizitär, weshalb sie oft soziale Rückzugstendenzen entwickeln oder sich auf ähnliche soziale Gruppen fokussieren. Sie wohnen und leben i. d. R. in (zu) beengten Verhältnissen, was ihre Bedürfnisse nach Rückzug und Privatsphäre vermindert oder sogar verhindert, und erleben kollektiv ihre gesellschaftlich randständige Zuweisung.

Armut perpetuiert sich in Deutschland: Jedes dritte Kind, das in prekären Verhältnissen aufwächst, wird auch als Erwachsener diesen Status nicht verlassen. Menschen in chronischen Armutsverhältnissen identifizieren sich in deutlich geringerem Umfang mit dem Staat und dem politischen System (verbunden mit einer passiven oder aktiven Zuwendung zu anti-demokratischen Strömungen) als Menschen in gesicherten ökonomischen Verhältnissen.

Zu den häufigsten **familiären Krisen und Brüchen** gehören Trennung und Scheidung der Eltern sowie psychische Erkrankungen der jungen Menschen oder ihrer Eltern. Im Zusammenhang mit Trennung und Scheidung steigt für viele Familien das Risiko erheblicher materieller Einbußen, womit diese Ereignisse ein signifikanter Faktor in den Armutsstatistiken sind, gerade bei alleinerziehenden Müttern und Vätern. Neben den finanziellen Risiken stehen Kinder und Jugendliche weiteren persönlichen und sozial-emotionalen Folgen gegenüber: psychische und psychosomatische Belastungen, Störung der Persönlichkeitsentwicklung bei anhaltender hoher Konfliktlage der Trennungseltern und dadurch bedingter chronischer Überforderung der Kinder, Probleme im Bereich der Lernentwicklung in Kita und Schule sowie der Verlust des gewohnten sozialen Lebensumfeldes und Lebensalltags.

Vor dem Hintergrund der Krisen der vergangenen Jahre (Corona-Pandemie, Klimakrise und Ukraine-Krieg) kam es zu einem dramatischen Anstieg von psychischen, psychosomatischen und Sucht-Erkrankungen bei Erwachsenen; allein im Bereich der Depressionen gab es beispielsweise einen Anstieg von 70 % zu verzeichnen. Etwa ein Viertel aller jungen Menschen in Deutschland leben mit mindestens einem psychisch erkrankten Elternteil zusammen. In der Folge kann es zu schulischem Misserfolg sowie psychosomatischen Beeinträchtigungen durch den erhöhten Stress, die andauernde Sorge und die chronische Überforderung (hohe Verantwortungsübernahme zur Aufrechterhaltung des Familienalltags) kommen. Kinder von psychisch, psychosomatisch und suchterkrankten Eltern stehen signifikant höher in Gefahr, selbst psychisch zu erkranken, als ihre Altersgenossen aus stabilen familiären Verhältnissen.

Auch die Auswirkungen **globaler Krisen** wie die der Corona-Pandemie, der Klimakrise, des Ukraine-Kriegs oder von Flucht und Vertreibung im Allgemeinen haben Einfluss auf die Lebenswirklichkeit von Kindern und Jugendlichen. Während der Corona-Pandemie waren junge Menschen (beispielsweise durch die Schulschließungen im Lockdown) massiven Beschränkungen ihrer Bewegungsmöglichkeiten und damit ihrer deutlich verminderten sozialen Kontakte außerhalb der Familie ausgesetzt, aber ebenfalls stark eingeschränkten schulischen Lernmöglichkeiten, die besonders junge Menschen aus einkommensschwachen Haushalten mit negativen Folgen betrafen.

Auch der russische Krieg gegen die Ukraine und die damit verbundene Gefahr eines eskalierenden Krieges in Europa verunsichert und belastet die Jugend tief und bewirkt immer noch Zukunftsängste. Hinzu kommt das Erleben der weltweiten Flüchtlingsströme, deren Schicksale sowie die Fragen zur Bewältigung der Zuwanderung und der damit verbundenen zu erwartenden sozialen Krisen in unserer Gesellschaft (verstärkter Rechtspopulismus, Rechtsradikalismus, Demokratiegefährdung).

Vortragsabschließend wurden noch die wichtigsten gesetzlichen Grundlagen für junge Menschen unter der Prämisse eines „Rechts auf Jugend" beleuchtet: die UN-Menschenrechts-, Kinderrechts- und Behindertenrechtskonventionen, das Grundgesetz, das Bürgerliche Gesetzbuch und das SGB VIII.

Ergebnisse der Gesprächsrunden im Worldcafé

Die anschließenden Gesprächsrunden im Worldcafé versuchten, an verschiedene Punkte des Vortrags anzuknüpfen und diese in Hinblick auf die Arbeit mit straffällig gewordenen jungen Menschen zu betrachten.

So stellte sich in der ersten Runde die Frage, welcher Faktor nach den Erfahrungen der Anwesenden mehr Auswirkungen auf das Leben und die Entwicklung junger Menschen habe: die individuelle *Lebensgeschichte oder die Gesellschaft?* Als Antwort hierauf gab es fast durchgängig ein „sowohl als auch". Natürlich ist jeder Mensch zuerst von der individuellen Lebensgeschichte und seinen Erfahrungen in der Kindheit und Familie geprägt. Gerade Entwicklungstraumata und schwierige familiäre Bindungen prägten das Leben von straffällig gewordenen jungen Menschen besonders nachhaltig. Die gesellschaftlichen

Herausforderungen wurden vor allem in der Zusammenarbeit mit Institutionen (z. B. Schule) und Behörden gesehen, die auch die tägliche Arbeit für die jungen Menschen erschweren und als Verstärker für bestimmte Problemlagen wirken (Diskriminierungserfahrungen). Hinzu kommt, dass in der täglichen Arbeit aufgrund von Fachkräftemangel und hohen Fallzahlen oftmals keine Zeit für eine gesellschaftspolitische Lobbyarbeit bleibt, was wiederum dazu führt, dass Veränderungen erst (viel zu) spät für die jungen Menschen und die fachliche Arbeit spürbar werden.

In der zweiten Gesprächsrunde *„Jetzt wird's praktisch"* wendeten sich die Teilnehmenden dem praktischen Bezug der genannten Krisen zu und reflektierten den Umgang damit in der Arbeit mit straffällig gewordenen jungen Menschen.

Die Einschränkung von Betreuungs- und Unterstützungsmaßnahmen, vor allem während der Corona-Pandemie und den damit einhergehenden Lockdowns, führte dazu, dass insbesondere junge Menschen aus sozial schwierigen Verhältnissen in die Isolation gedrängt wurden. Soziale Medien wurden zu einem wichtigen ‚Draht nach außen'. Sozialarbeiter*innen konnten durch eine Anpassung und Erweiterung der Angebote im digitalen Bereich den Kontakt aufrechterhalten und angemessene Betreuungsangebote machen. Hierzu wurden auch Trainings- und Anti-Gewalt-Kurse digital durchgeführt oder Gruppenangebote in Einzelsettings umgestaltet. Angesichts der potenziell erhöhten Vulnerabilität junger Menschen in Krisenzeiten ist auch die verstärkte Betonung von Prävention und Frühintervention weiterhin entscheidend. So ist es ebenso wichtig, Demokratie- und Gewaltpräventionsangebote vor Ort und digital auszubauen.

Berufsfeldübergreifend wurde hierzu die klare Aussage getroffen, dass Kommunen und Länder in Anbetracht der Herausforderungen die bestehenden sozialen und psychosozialen Hilfs- und Therapieangebote weiter ausbauen müssen. Es fehlen vielerorts spezialisierte Angebote, und gerade in ländlichen Regionen stehen oft nur begrenzte Budgets für Fort- und Weiterbildungen zur Verfügung, um Mitarbeiter*innen in der Jugendhilfe im Strafverfahren, den ambulanten Angeboten sowie bei Justiz und Polizei für die aktuellen Herausforderungen angemessen zu qualifizieren.

Eine dritte Gesprächsrunde fand zu dem Thema *„Wenn ich könnte, wie ich wollte..."* statt. Es wurde versucht, mögliche Ideen und Wünsche zur Verbesserung der Lebenssituationen der jungen Menschen und zur Verbesserung der Arbeit mit ihnen zu finden. Natürlich spielten der Fachkräftemangel und eine adäquate Mittelverteilung eine große Rolle. Man sah aber auch Änderungs-

möglichkeiten im Bereich des Jugendstrafrechts (Abschaffung der Jugendstraf-
anstalten und Ersetzen durch bedarfsgerechte Angebote), des Schulsystems (positive Lernerfahrungen für alle schaffen) und in bürokratischen Ansprüchen an
die Arbeit (mehr Freiraum in Gestaltung von Angeboten, weniger Bürokratie).
Gesamtgesellschaftlich könnten mehr Verständnis und eine Entskandalisierung
in der Öffentlichkeit dazu beitragen, das Bild und die Wahrnehmung straffällig
gewordener junger Menschen zu verbessern und eine Stigmatisierung zu vermeiden.

Da die Teilhabe und Beteiligung von Kindern und Jugendlichen bereits in
Artikel 12 der UN-Kinderrechtskonvention verankert ist, stellte sich in der vierten Gesprächsrunde die Frage, inwieweit diese Verpflichtung möglicherweise
im JGG umgesetzt werden kann, um die Stimme der jungen Menschen auch
hier zu hören, zu achten und zu reflektieren. Wenn junge Menschen bereits in
Kita und Schule *Partizipation* erleben und ihnen die entsprechenden Rechtsgrundlagen vermittelt werden, bilden sich möglicherweise ein anderes Selbstverständnis und ein stärkerer Wunsch nach Beteiligung von selbst aus. Die Angebote nach dem JGG müssen den straffällig gewordenen jungen Mensch Raum
lassen, um mit den eigenen Vorstellungen und mit dem eigenen Willen gesehen
zu werden und sich als Gestalter*innen ihres Lebens zu verstehen.

Ein denkbarer Schritt könnte auch sein, junge Menschen bei einem Jugendgerichtstag einzubeziehen, sie sichtbar zu machen und ihnen selbst Raum zu
geben, als nur ganz fachlich über sie zu sprechen. Die Vorführung des Doku-
mentarfilms „Kalle Kosmonaut" mit anschließendem Gespräch war im Programm der Jugendgerichtstage 2023 bereits ein guter Anfang.

Arbeitskreis 4: Wie sprichst du denn mit mir? – Ziele und Methoden der Gesprächsführung in den am Jugendstrafverfahren beteiligten Berufsgruppen

Konstanze Fritsch, Tilman Wesely & Stefan Lücke

„Der größte Irrtum in der Kommunikation ist der Glaube, sie sei gelungen." (G. B. Shaw) Und doch ist die Kommunikation eins der wichtigsten Instrumente der Beteiligten im Jugendstrafverfahren. Die Gesprächsführung spielt in Vernehmungen, Beratungen oder Aufnahmen von Zeug*innenaussagen eine bedeutende Rolle. Wie das die einzelnen Berufsgruppen machen und was eine erfolgreiche Vernehmung von einer pädagogischen Beratung unterscheidet, welches Ziel dahintersteckt und was den einzelnen Berufsgruppen wichtig ist, wurde im Arbeitskreis 4 diskutiert.

Dazu referierten Kriminalhauptkommissar Tilman Wesely vom LKA Niedersachen und Fachspartenvertreter der Polizei in der DVJJ e. V., Thomas Krestel als Sozialarbeiter in der Jugendhilfe im Strafverfahren im Landratsamt Ortenaukreis und Stefan Lücke, Vorsitzender Richter am Landgericht Hannover. Die Teilnehmenden kamen aus verschiedenen Berufsgruppen, die am Jugendstrafverfahren beteiligt sind – aus der Jugendhilfe im Strafverfahren als größte Gruppe, aus der Polizei und der Justiz.

Im ersten Teil widmete sich die Gruppe Fragen zur Kommunikation mit den jungen Menschen als Zielgruppe. Wichtige Merkmale, die die Teilnahmenden mit gelungener Kommunikation verbanden, sind als Wortwolke in Abbildung 1 dargestellt.

Für die Polizei stellte Tilman Wesely die Anforderungen und Ziele so dar:

Das Ziel der Vernehmung ist neben der Feststellung der Personalien und der Identität auch die Aufklärung des Sachverhalts (§160 Abs. 1 i. V. m. § 163 Abs. 1 StPO). Das Ziel aller Ermittlungen in einem Vorgang (die Vernehmung eingeschlossen) ist, die Tat bestmöglich aufzuklären und der Staatsanwaltschaft Beweise für ein sicheres Verfahren zu liefern. Die Polizei Niedersachsen bildet ihre Angehörigen methodisch in der sog. *Untersuchenden Vernehmungstechnik und dem Erweiterten Kognitiven Interview* fort. Die untersuchende Vernehmungstechnik basiert auf dem PEACE-Modell und wurde mittels Erfahrungswissen und neuen Forschungserkenntnissen weiterentwickelt. „Basierend

Abbildung 1: *Wortwolke – wichtige Merkmale gelungener Kommunikation*

auf einem Beziehungsaufbau mit den zu befragenden Personen soll diese Vernehmungstechnik missbräuchliche Praktiken verhindern und die Sammlung und Zuverlässigkeit von Informationen verbessern. Außerdem soll sie die wahrgenommene Fairness der Justiz in der Bevölkerung vergrößern und dadurch das Vertrauen der Öffentlichkeit in das Rechtssystem und die Legitimität des Staates stärken."[1]

In Vernehmungen werden Hintergrundinformationen zur Persönlichkeit, den Familienverhältnissen und dem sozialen Umfeld der beteiligten Personen erfasst und Anhaltspunkte zur Reife festgehalten. Die Polizeiliche Dienstvorschrift (PDV) 382 schreibt zur Reifefeststellung unter der Nummer 3.1.2: „Jugendliche sind strafrechtlich verantwortlich, wenn sie zur Zeit der Tat nach ihrer sittlichen und geistigen Entwicklung reif genug sind, das Unrecht der Tat einzusehen und nach dieser Einsicht zu handeln (§ 3 JGG). Die Ermittlungen dürfen sich nicht in der Sachverhaltsfeststellung erschöpfen. Rechtswidrige Taten von Jugendlichen müssen grundsätzlich mit dem Ziel aufgeklärt werden,

---

[1]   Siehe hierzu Leitfaden Untersuchende Vernehmungstechnik; CTI Training Tools 1/2017: Investigative Interviewing for Criminal Cases.

- den Zusammenhang zwischen Tat und Täterpersönlichkeit, z. B. Anlass und Motiv der Tat, Einstellung zur Tat, Familienverhältnisse, persönliches und soziales Umfeld vor, bei und nach der Tatbegehung, festzustellen,
- Anhaltspunkte für den Grad ihrer sittlichen und geistigen Reife zu gewinnen,

um ihrer Entwicklung entsprechend reagieren zu können. Länderspezifische Diversionsregelungen sind zu beachten. Die Ermittlungen sind insbesondere in diesen Fällen an den zu erwartenden Rechtsfolgen aus dem JGG auszurichten. Dabei ist eng mit der Staatsanwaltschaft und der Jugendgerichtshilfe (§ 38 Abs. 3 Sätze 1 und 2 JGG) zusammenzuarbeiten."[2]

Der*Die Polizeibeamt*in muss also auch Ansätze für eine mögliche Diversion erkennen und dokumentieren.

Zu Beginn der Vernehmung müssen Beschuldigte über Rechte und Pflichten unterrichtet werden. Dies gilt bei Minderjährigen auch für die Personensorgeberechtigten. Spätestens seit der EU-Richtlinie 2016/800 und den daraus folgenden Umsetzungsbeschlüssen und gesetzlichen Änderungen sind umfassende Anforderungen an die Belehrungen zu stellen. Es gibt einen großen Teil einzuhaltender Formalien, bevor die Vernehmung beginnt. Voraussetzung für die Vernehmung ist allerdings die Aussagebereitschaft der Tatverdächtigen.

Der beschuldigte junge Mensch kann entscheiden, ob er sich zu den Tatvorwürfen äußern und Beweise benennen möchte oder nicht. An dieser Stelle entspann sich im Arbeitskreis eine Diskussion darüber, ob jungen Menschen empfohlen oder abgeraten werden soll, zu einer polizeilichen Vernehmung zu gehen.

Grundsätzlich müssen die jungen Menschen von den Mitarbeitenden der Jugendhilfe im Strafverfahren dazu beraten werden, dass es der Freiwilligkeit unterliegt, einer Einladung zur Vernehmung zu folgen, sich schriftlich zu äußern oder beides zu unterlassen. Die Entscheidung dazu müssen am Ende sie selbst, ggf. mit den Personensorgeberechtigten gemeinsam, treffen.

Gewünscht und empfohlen werden an dieser Stelle polizeiliche Jugendsachbearbeiter*innen, die im Umgang mit jungen Menschen besonders geschult sind. Die Professionalisierung an dieser Stelle erhöhe das Vertrauen der jungen Menschen und der Mitarbeitenden der anderen Berufsgruppen.

---

2   PDV 382 online verfügbar unter 03-PDV.W: https://www.dvjj.de/wp-content/uploads/2019/08/PDV-382.pdf (letzter Abruf am: 28.02.2024).

Thomas Krestel beschreibt für die Jugendhilfe im Strafverfahren (JuhiS) das Ziel einer Beratung darin, ein Vertrauensverhältnis aufzubauen, das eine offene und ehrliche Kommunikation erlaubt, da der Auftrag der JuhiS voraussetze, die Lebenswelt eines jungen Menschen zu verstehen und eine Kooperation mit ihm zu erreichen. Dabei komme der JuhiS die Aufgabe des Übersetzens zuteil. Sie muss nicht nur den Ablauf des Strafverfahrens, sondern auch die Rechtsfolgen erläutern. Dies muss in einer Art und Weise geschehen, die der junge Mensch versteht. Die Mitarbeitenden der JuhiS müssen im Gegensatz zur Polizei keine objektiven Wahrheiten festhalten. Es geht vielmehr um die Feststellung des erzieherischen Bedarfs.[3]

Für Stefan Lücke als Vorsitzendem einer großen Jugendkammer spielt sich die Kommunikation mit den jugendlichen oder heranwachsenden Angeklagten wie auch mit den übrigen Prozessbeteiligten hauptsächlich in der Hauptverhandlung ab. Dort ist der äußere Rahmen durch die StPO strukturiert und formalisiert. Das Ziel der Kommunikation in der Hauptverhandlung ist neben der Gewährung rechtlichen Gehörs für die Verfahrensbeteiligten, also insb. Staatsanwaltschaft, Nebenkläger*innen, Jugendhilfe im Strafverfahren, Angeklagte*r und Verteidigung, aus richterlicher Sicht dreierlei:

- Die Klärung des Sachverhalts und damit der Schuldfrage.
- Die Klärung des erzieherischen Bedarfs, um die richtige Rechtsfolge bestimmen zu können, die sich in erster Linie daran zu orientieren hat. Dazu ist es unabdingbar, die Persönlichkeit des*der Angeklagten, den bisherigen Lebensweg und die derzeitigen Lebensbedingungen einschließlich des sozialen Umfelds zu ermitteln. Außerdem gilt es, die Einstellung zum Tatvorwurf zu ergründen.
- Schließlich kann durch die Kommunikation je nach Verlauf der Hauptverhandlung und insbesondere dem Einlassungsverhalten schon erzieherisch eingewirkt werden. Dies kann im Idealfall dazu führen, dass es keiner weiteren Sanktionen bedarf oder diese zumindest milder ausfallen können. Voraussetzung hierfür ist natürlich, dass sich die Schuld des*der Angeklagten in der Hauptverhandlung erweist.

Um diese Ziele zu erreichen, gilt es, nicht nur die eigene Kommunikation zu gestalten. Wichtig ist es, auch das Verhalten des Angeklagten und seine, z. T. nonverbale, Kommunikation in der Hauptverhandlung zu beobachten. Bereits

---

3   Genauere Ausführungen zum Inhalt des Vortrags finden Sie im Beitrag von Thomas Krestel in diesem Band ab S. 157.

die Frage des pünktlichen Erscheinens, die Körpersprache und auch das Aufstehen zu Sitzungsbeginn geben Fingerzeig darauf, wie sehr der angeklagten Person die Situation und der Tatvorwurf bewusst sind und was für eine Persönlichkeit sie hat. Davon hängt auch ab, wie autoritär der Auftritt des Gerichts zu erfolgen hat, um den Ernst der Lage zu verdeutlichen.

Zugleich gilt es, von Beginn der Hauptverhandlung an deutlich zum Ausdruck zu bringen, dass man den*die Angeklagten ernst nimmt. Dazu gehört es, sich Zeit für eine etwaige Einlassung zu nehmen und ggf. durch Nachfragen zu zeigen, dass man sich inhaltlich mit ihr befasst. Insgesamt muss dem*der Angeklagten bewusst werden, dass es um eine ergebnisoffene und gründliche Aufklärung des verfahrensgegenständlichen Sachverhalts geht. Be- und Entlastungszeug*innen sind daher gleichermaßen kritisch und intensiv zu vernehmen. In jedem Fall sei der Eindruck zu vermeiden, dass auf einer imaginären Liste, die zur Bestätigung des Anklagevorwurfs oder des bisherigen nach Aktenlage gewonnenen Eindrucks lediglich abgehakt werde. Auch den übrigen Verfahrensbeteiligten ist zu signalisieren, dass ihnen Raum für Nachfragen und das Darstellen der eigenen Standpunkte gegeben wird.

Letztlich unterscheidet sich demnach die Art und Weise der Kommunikation in der Hauptverhandlung gegen Jugendliche und Heranwachsende, soweit es um die Klärung der Schuldfrage geht, nicht von der Gesprächsführung in einem Strafverfahren gegen Erwachsene. Ziel ist die Aufklärung des Sachverhalts. Zugleich sind die Verfahrensrechte der Beteiligten im Strafverfahren zu beachten. Deshalb ist auch eine etwaige Entscheidung des*der Angeklagten, sich nicht oder etwa nur über die Verteidigung zur Sache einzulassen, zu respektieren. Zwar entgeht Richter*innen so – zumindest zunächst – eine sehr gute Chance, einen Einblick in die Persönlichkeit der angeklagten Person und ihrer Einstellung zum Tatvorwurf zu erhalten. Dies ist aber hinzunehmen, will man ihr nicht das Recht beschneiden, sich nach ihrer Einschätzung möglichst effektiv zu verteidigen. Dies ist in jeder Lage des Verfahrens zu beachten!

Lässt sich die*der Angeklagte zur Sache zunächst nicht oder bestreitend ein, so empfiehlt sich, ein gerichtliches Zwischenfazit zu ziehen und mit den Verfahrensbeteiligten zu erörtern, sobald das Gericht zu einer Einschätzung der Beweissituation – vorbehaltlich unerwarteter Wendungen – in der Lage ist.

An dieser Stelle diskutieren die Teilnehmenden des Arbeitskreises über die Wirkungen, die es auf junge Menschen hat, wenn am Gerichtsverfahren beteiligte Personen sich ins Richter*innenzimmer zurückziehen und (vermeintlich) über Jugendliche oder Heranwachsende reden und Absprachen treffen. Dies könne bei den jungen Menschen den Eindruck hinterlassen, es würden Informationen über sie ohne ihr Wissen ausgetauscht und sie hätten keinen Einfluss mehr auf das Verfahren. Dieser sei ja ohnehin schon sehr gering. Vor allem die Mitarbeitenden der Jugendhilfe im Strafverfahren appellieren an die Beteiligten, Erörterungen öffentlich zu führen.

Ist ein Schuldnachweis voraussichtlich nicht zu führen, erübrigen sich die weiteren o. a. Ziele (erzieherisches Einwirken, Finden der ‚richtigen' Rechtsfolge). Ansonsten kann im Anschluss an das Zwischenfazit dem*der Angeklagten erklärt werden, dass es – zur Klärung der Rechtsfolgenfrage – sinnvoll sein könnte, sich selbst zu äußern. Dazu sollte ihm*ihr Gelegenheit gegeben werden. Gegebenenfalls ist eine Rücksprache mit der Verteidigung sinnvoll. Dadurch bietet sich für die Verteidigung ein nicht zu unterschätzendes Potenzial, eine ‚milde' Rechtsfolge herbeizuführen. Je größer die Unrechtseinsicht der angeklagten Person in der Hauptverhandlung wirkt, desto geringer ist der erzieherische Bedarf. Die Unrechtseinsicht kann die Verteidigung schon vor der Hauptverhandlung in den Gesprächen mit der angeklagten Person herbeiführen oder den Boden dafür bereiten.

Wenn sich der*die Angeklagte zur Sache zumindest teilweise geständig eingelassen hat, so könnte es sinnvoll sein, die Einstellung zur Tat zu erfragen und die Möglichkeit eines TOA oder zumindest einer Entschuldigung anlässlich der Vernehmung der Geschädigten aufzuzeigen. Oftmals ist es erst nach einer solchen Einlassung möglich, mahnende Wort an die Angeklagten zu richten, ohne sich der Gefahr eines Befangenheitsgesuchs auszusetzen oder bei den Angeklagten auch unterhalb der Befangenheitsgrenze den Verdacht zu schüren, sie seien aus Sicht des Gerichts sowieso schon schuldig. Zur erzieherischen Einwirkung nach einem (Teil-)Geständnis kann es im Einzelfall geeignet sein, die Angeklagten aufzufordern, die Opferperspektive einzunehmen und die Tat aus deren Sicht zu bewerten oder auch zu erfragen, wie sie als Gericht reagieren würden.

Deutlich wird in der Diskussion, dass der Umgang mit den Angeklagten eine Frage der Haltung gegenüber den jungen Menschen und den anderen Berufsgruppen ist.

Im zweiten Teil der Diskussion ging es um die Kooperation unter den professionell Beteiligten anhand praktischer Beispiele. Ob jemand z. B. empfiehlt, zu einer Vernehmung zu gehen oder nicht, hängt immer mit den Erfahrungen der einzelnen Personen zusammen. Eine gute Zusammenarbeit ermögliche aber auch, junge Menschen zu erreichen, die sonst nur schwer oder sogar gar nicht erreicht werden können. Trotzdem gelingt diese Kommunikation nicht immer. Abbildung 2 zeigt, welche Voraussetzungen das Gelingen erschweren.

Abbildung 2:   *Wortwolke – Hindernisse gelingender Kommunikation*

Die Teilnehmenden berichten von ihren Erfahrungen der Zusammenarbeit – um zu gelingen, müsse sie von allen gewollt sein. Thomas Krestel betont noch einmal die Wichtigkeit des Datenschutzes für die Arbeit der Jugendhilfe im Strafverfahren. Wenn dieser nicht eingehalten wird, droht der Verlust des Vertrauensverhältnisses mit dem jungen Menschen, das die Grundlage der Arbeit bildet. Vorher muss aber eine ausführliche Aufklärung erfolgen, welche Folgen das Anvertrauen bestimmter Inhalte nach sich ziehen könnte. Die Deutungshoheit liege bei der Justiz. Wenn die Haltungen der Angehörigen der unterschiedlichen Berufsgruppen weit auseinander liegen, stehen sich Handlungen in Bezug auf Vorgehensweise und Ergebnisse konträr gegenüber.[4]

Für die Polizei stellt Tilman Wesely Gesetze vor sowie Erlasse und Richtlinien aus Niedersachsen. Diese geben den Rahmen für eine Zusammenarbeit vor, an welchen sich die Kommunikation der Berufsgruppen orientiert. Die gemeinsame Basis der Zusammenarbeit könnten Grundgesetz und Menschenrechte oder auch das JGG sein. Dies könne aber nur einen Rahmen darstellen. Gelebt und gefüllt wird der Rahmen durch die Menschen vor Ort. Wichtig ist, dass sie ihre Aufträge, Aufgaben und Ziele kennen und in ihren Rollen bleiben.

---

4   Auch an dieser Stelle noch einmal der Verweis auf den Beitrag von Thomas Krestel in diesem Band ab S. 157.

Eine offene Grundhaltung und das Verständnis für andere Professionen sind ebenfalls unabdingbar für den gelingenden Kontakt.

Für Niedersachsen bilden die *Leitlinien für die polizeiliche Bearbeitung von Jugendsachen* [5] die Standards für die Polizei. Darin enthalten sind z. B. verbindliche Regelungen zur Information und Benachrichtigung der Jugendhilfe im Strafverfahren. Dienstposten für Bearbeitung von Jugenddelinquenz und auch für die Prävention sind in Niedersachsen flächendeckend vorhanden. Hier ist die Netzwerkarbeit ein Teil der Aufgabenbeschreibung.

Verbesserungsbedarf gebe es bei den zeitlichen und personellen Ressourcen. Engpässe sind leider zu oft mitbestimmend. Freiräume für Netzwerkarbeit fehlen, Verständnis und Rollenklarheit an einigen Stellen ebenso, insbesondere bei häufigem Personalwechsel. Dies sei eine Dauerbaustelle für Ausbildung, Fortbildung und die Zusammenarbeit vor Ort.

Stefan Lücke hebt für das Gericht hervor, dass die Eindrucksvermerke der vernehmenden Polizeibeamt*innen hilfreich sind. Dies gilt hinsichtlich der Angeklagten und der Zeug*innen, insbesondere der möglichen Geschädigten. Es entbindet das Gericht aber nicht von der Pflicht, sich einen eigenen Eindruck zu verschaffen.

Besonders wichtig ist schließlich der Bericht der JuhiS bei der Erforschung der Persönlichkeit der Angeklagten, ihres bisherigen Lebenslaufs und ihres aktuellen beruflichen und sozialen Umfelds sowie ihrer Lebensbedingungen. Hilfreich ist es, wenn schon im Vorgespräch mögliche Rechtsfolgen durch die Sozialarbeiter*innen mit dem*der Angeklagten erörtert werden konnten. Geht aus dem Bericht hervor, dass der angeklagten Person der Ernst der Lage bewusst ist, mindert das den erzieherischen Bedarf.

Der Bericht stellt einen so wesentlichen Bestandteil für die Einschätzung der Persönlichkeit und des sozialen Umfelds dar, dass es gut ist, wenn die Berichte bereits so zeitig vor Beginn der Hauptverhandlung in schriftlicher Form zur Verfügung stehen, dass sie an die übrigen Verfahrensbeteiligten (insbesondere Verteidigung und Staatsanwaltschaft) schon vorab übermittelt werden können. So hat insbesondere die Verteidigung Gelegenheit, sich mit dem*der Angeklagten zu besprechen und auf den Bericht zu reagieren. Dies gilt insbesondere, wenn Rechtsfolgen wie z. B. eine Betreuungsweisung in Betracht kommen. Hierfür ist mitunter eine Vorbereitung vor der Hauptverhandlung erforderlich. Stellt sich die Möglichkeit von Rechtsfolgen heraus, die noch der Vorbereitung bedür-

---

5   https://voris.wolterskluwer-online.de/browse/document/f5c088e5-0846-38db-8b5d-4cb286d5a93c (letzter Abruf am: 28.02.2024).

fen, wie z. B. ein Täter-Opfer-Ausgleich, so kann eine Unterbrechung der Hauptverhandlung sinnvoll sein.

In Berufungsverfahren geht es oftmals nicht mehr um die Schuldfrage, sondern lediglich um die Rechtsfolgen, namentlich eine (nochmalige) Strafaussetzung zur Bewährung. Kommt eine solche aus Sicht des Gerichts unter bestimmten Voraussetzungen in Betracht, so könnte man erwägen, dies bereits vor der Hauptverhandlung mit der Staatsanwaltschaft und der Verteidigung zu erörtern und mit dem über das Gespräch anzufertigenden Vermerk der angeklagten Person eine ‚Checkliste‘ an die Hand zu geben, was sie ihrerseits tun muss, um die Chance auf eine Bewährung zu bekommen. Je nach Fall kann sich eine vorherige mündliche Haftprüfung anbieten, um wegen in Betracht kommender Rechtsfolgen schon einmal ‚vorzufühlen‘.

Zusammenfassend lässt sich sagen, dass eine Zusammenarbeit im Sinne der jungen Menschen zwischen den an Jugendstrafverfahren beteiligten Berufsgruppen befürwortet wird. Diese fußt allerdings auf Wertschätzung und gegenseitigem Respekt füreinander. Eine frühzeitige fallunabhängige Kommunikation erleichtert eine Kooperation im Einzelfall.

Arbeitskreis 5: Förderkontinuum der Jugendhilfe – Schnittstellen zwischen Vollzug und den anderen am Jugendstrafverfahren beteiligten Berufsgruppen

Bill Borchert, Daniela Kundt & Frank Rose

Im Arbeitskreis 5 wurden von den Teilnehmenden folgende Thesen bzw. Forderungen gemeinsam erarbeitet:

1) gesetzliche Pflicht (nicht nur Gebot) zur Teilnahme der Jugendhilfe im Strafverfahren am Haftentscheidungsverfahren; auch bei den Verfahren, die erst in der laufenden Vollstreckung zu entscheiden sind, z. B. vorzeitige Entlassung § 88 JGG. Die Vertreter*innen der Juhis bemängelten, dass sie hier als Verfahrensbeteiligte bislang gar keine Rolle mehr spielen – die Teilnahmepflicht gilt dann allerdings auch in beide Richtungen

2) verbindliche Beteiligung der JuhiS im Erziehungs- und Förderplanverfahren sowie Vollzugs- und Eingliederungsplan (die Kooperation zwischen Jugendvollzug/Jugendarrest und Juhis ist insoweit bundesweit tlw. sehr unterschiedlich ausgeprägt)

3) § 70 Abs. 2 JGG (Unterrichtungspflicht an die Jugendhilfe im Strafverfahren durch Polizei/Jugendstaatsanwaltschaft) wird in der Praxis oftmals nicht beachtet – eine Unterrichtung der JuhiS erfolgt auch spätestens zur ersten Vernehmung der Jugendlichen als Beschuldigte*r in zahlreichen Fällen nicht – dieser Zustand missachtet wesentliche Beschuldigtenrechte

4) psychologische und psychiatrische Begutachtung schon während der Untersuchungshaft (Gericht/Vollzug)

5) kontinuierliche Sicherstellung von Behandlungs- und Hilfsangeboten auch für junge und heranwachsende Untersuchungsgefangene – der Hinweis auf die Unschuldsvermutung und die damit zuweilen einhergehende Rückstellung von notwendigen Behandlungsangeboten greift rechtlich nicht durch (Förder- und Erziehungsauftrag gilt auch in der Untersuchungshaft, vgl. Ländervollzugsgesetze)

6) Verankerung einer rechtlichen Vorgabe, die die Kooperation aller Beteiligten verbindlich festschreibt, ohne dass die JuhiS dies einfordern muss

7) Kooperation an den bedeutsamen Schnittstellen muss deutlich verbessert werden (JuhiS, Vollzug, Jobcenter, Übergangsbegleitung, Ausländerbehör-

de usw.) – Durchlässigkeit des Systems kann insoweit auch durch Fallkonferenzen mit den Beteiligten erreicht werden

8) kritischer Blick auf das tatsächliche Angebot von Aus-, Weiter- und Fortbildungen aller Beteiligten

9) obligatorische Supervision für Sozial- und Psychologischen Dienst im Jugendvollzug sicherstellen; gesetzliche Regelungen in den Ländervollzugs-
gesetzen bereits vorhanden

10) die Arbeit des DVJJ sollte den Fokus in Zukunft verstärkt auch auf Mitarbeitende aller Fachgruppen im Jugendvollzug und Jugendarrest richten; aktuell bundesweit kaum repräsentiert

11) Betonung der Eigenverantwortung aller Beteiligten, die mit Jugendlichen
und Heranwachsenden arbeiten – jede noch so gut gemeinte Kooperation
oder gesetzliche Regelung wird im Alltag Lücken aufweisen; es gehört daher auch zur Pflicht aller Behandler*innen in den unterschiedlichen Fach-
sparten, eigeninitiativ entsprechende Netzwerke herzustellen und An-
sprechpartner*innen im Sinne der Klient*innen zu finden

Arbeitskreis 6: Spannungsfeld Migrationsrecht–Strafrecht–Jugendhilfe

Pamela Busse & Etienne Fischer

Ablauf des Arbeitskreises

Während des Arbeitskreises wurde zuerst durch zwei 30-minütigen Inputreferaten in das titelgebende Spannungsfeld eingeführt. Anschließend wurden sich ergebende Fragen der Teilnehmenden beantwortet.

Im zweiten, praktisch orientierten Teil des Arbeitskreises wurde in zehn Kleingruppen an Praxisbeispielen gearbeitet. Die zu bearbeitenden Fälle standen in Bezug zu den beiden Inputreferaten, sodass ein konkreter Anwendungstransfer zur Praxis hergestellt wurde. Die Arbeitsergebnisse wurden anschließend vorgestellt und durch die Referierenden eingeordnet bzw. ergänzt.

Inputreferate

Im ersten Inputreferat gab Prof. Dr. Christiane Graebsch einen Überblick über die bestehenden Verflechtungen zwischen Strafrecht und Migrationsrecht. Sie hob hervor, dass durch die gesetzlichen Regelungen die Gefahr einer De-facto-Bestrafung – auch außerhalb eines eigentlichen Strafverfahrens bzw. darüber hinaus – besteht. In diesem Zusammenhang wurde auf den Begriff „Krimigration" verwiesen, der eben diese Verflechtungen beschreibt.

Beispielhaft wurden einige besonders neuralgische Punkte benannt:

- Strafcharakter der Ausweisung durch aufenthaltsrechtliche Konsequenzen, obwohl die Ausweisung selbst keine Strafe darstellt;
- Precrime: Aufenthaltsrecht als Gefahrenabwehrrecht, das die eventuelle Begehung zukünftiger Straftaten in den Fokus rückt. Allein die Annahme weiterer Straftaten reicht in diesem Fall aus, um aufenthaltsrechtliche Schritte einzuleiten;
- Einstellung offener Strafverfahren bei Abschiebung nach § 154b StPo und damit zusammenhängend die Verweigerung der erneuten Einreise zu einem späteren Zeitpunkt, obwohl nie eine tatsächliche Schuldfeststellung im Rahmen einer Hauptverhandlung stattgefunden hat;
- Residenzpflichten und räumliche Beschränkungen für Betroffene;

- rechtliche Schlechterstellung durch die Erteilung einer Duldung anstelle eines besseren aufenthaltsrechtlichen Status; in diesem Zusammenhang sind u. U. auch mittelbare Konsequenzen für Familienangehörige möglich;
- mögliche aufenthaltsrechtliche Konsequenzen als ständiges Damoklesschwert für Betroffene;
- ab dem 18. Geburtstag gilt man im Aufenthaltsrecht als erwachsen im Gegensatz zum JGG.

Daraus ergeben sich einige zentrale, im Rahmen der Jugendhilfe und insbesondere für die JuhiS zu beachtende Punkte:

- Der ausländerrechtliche Status sollte immer geprüft werden, da dieser durch das Strafverfahren (massiv) beeinflusst werden kann.
- Das Wissen um mögliche aufenthaltsrechtliche Konsequenzen und Einschränkungen, um diese im gesamten Strafverfahren und insbesondere in der Hauptverhandlung deutlich zu benennen.
- Die Gefahrenabwehr ist eine Aufgabe der Ausländerbehörde. Durch den hier oftmals eher defizitären, repressiven Fokus ist es umso wichtiger, dass durch die JuhiS positive Entwicklungsaspekte junger Menschen hervorgehoben sowie Zusammenhänge von Sozialisationsbelastungen, Persönlichkeitsentwicklung und Delinquenz erläutert werden. Dazu gehört auch, jugendtypisches Verhalten angemessen einzuordnen.

Im zweiten Inputreferat legte Holger Dieckmann den Fokus vor allem auf die Situation und den Umgang mit jungen Menschen, die als UMA – unbegleitete minderjährige Ausländer – gelabelt werden, also Kinder und Jugendliche, die auf ihrer Flucht ohne erziehungsberechtigte Begleitpersonen erfasst werden. Zentrale Punkte im Referat waren dabei vor allem folgende:

- Fokusverschiebung weg vom Fluchtaspekt, von der früheren Bezeichnung als UMF (unbegleitete minderjährige Flüchtlinge) hin zu Bezeichnung UMA (unbegleitete minderjährige Ausländer), als politische Strategie
- Gefahren der Kriminalisierung der jungen Menschen und der Einbindung der Jugendhilfe in ein Repressionsgerüst, z. B. durch Meldepflichten, im Rahmen der Altersfeststellung oder bei zwangsweiser Verteilung, die mit dem originären jugendhilferechtlichen Auftrag nicht vereinbar sein können. Jede Anwendung unmittelbaren Zwangs kann dabei nur als gewaltvoll gelten.

- Wenn die Zielsetzung des Ausländerrechts in den Vordergrund rückt, entstehen dem fürsorgerischen und pädagogischen Gedanken der Jugendhilfe abträgliche Dynamiken im Verwaltungshandeln und der Arbeit mit den jungen Menschen.

Im Ergebnis wurden dabei vor allem die folgenden Punkte als Handlungsmaxime in der Arbeit mit den Betroffenen abgeleitet:

- konsequenter Ruf danach, dass Jugendhilfe Haltung und Stellung für die jungen Menschen im Sinne des gesetzlichen Auftrages des SGB VIII bezieht;
- konsequente Unterstützung und Begleitung der jungen Menschen, auch bei scheinbar klaren oder aussichtslosen Fällen – es gibt oft noch Hebel und Mittel, die Situation der jungen Menschen zu verbessern, die nicht immer offensichtlich oder bekannt sind;
- konsequente Nutzung der Rechtsberatung, z. B. durch Vereine und Initiativen, die sich auf Arbeit mit Geflüchteten spezialisiert haben.

Im sich anschließenden zweiten Teil arbeiteten die Teilnehmenden auf Grundlage ihres praktischen Hintergrundwissens und der Inputreferate in zehn Kleingruppen an den folgenden, durch die Referierenden vorbereiteten Themenkomplexen:

- Ausbildungs- und Aufenthaltserlaubnis und Strafverfahren
- sog. Gefährderfall
- Bewährungsstrafe und Ausweisung
- Strafvollzug und Lockerungen
- Altersfeststellung und Notvertretung nach § 42a Abs. 3 SGB VIII
- Strafverfahren wegen unerlaubter Einreise
- Strafverfahren und Ladung zur Polizei
- Schweigepflicht in der Jugendhilfe
- Asylanerkennung, Aufenthaltserlaubnis und BtM-Delikte
- Verlängerung der Aufenthaltserlaubnis und strafbarer unerlaubter Aufenthalt

Die Arbeitsergebnisse wurden im Anschluss vorgestellt und durch die Referierenden ergänzt und eingeordnet.

Zentrale Erkenntnisse des Arbeitskreises sind:

- Gesetzliche und ausländerrechtliche Entwicklungen sowie der politische Diskurs führen dazu, dass sich der Blickwinkel der Jugendhilfe (Was

braucht der junge Mensch?) in Richtung der Gefahrenabwehr zu verschie-
ben droht oder bei Nichtbeachtung der neuralgischen Punkte weiter ver-
schieben kann.

- Es scheint in der Praxis oft zu wenig Wissen um mögliche Konsequenzen
aufgrund der ausländerrechtlichen Situation zu geben. Daher ist es umso
wichtiger, dass die Jugendhilfe darum weiß und diese im Strafverfahren
im Sinne der jungen Menschen einbringt.
- Die mangelhafte Krisenpolitik (personelle, finanzielle und räumliche Not)
begünstigt fachliche Lücken und die Zunahme von Problematiken.
- Durch das Vorgehen von Ausländerbehörden und Polizei können für die
Mitarbeitenden in der Jugendhilfe zum Teil sehr konfliktreiche Situationen entstehen, die zu Schwierigkeiten der Positionierung und zu Verunsicherung führen (z. B. Abschiebung aus der Jugendhilfeeinrichtung heraus).

Aus diesen Gründen gilt es, sich der eigenen Rolle und der originären Aufgaben
bewusst zu werden und zu sein, um dementsprechend Haltung zu zeigen. Aussagen und Entscheidungen der Ausländerbehörde dürfen und sollten hinterfragt und nicht einfach hingenommen werden, denn oftmals sind die Möglichkeiten des Systems, im Sinne der jungen Menschen zu handeln, nicht ausgeschöpft.

Arbeitskreis 7: ‚Collateral Consequences' im Jugendstrafrecht – Zu den (straf-)rechtlichen Nebenfolgen eines jugendstrafrechtlichen Verfahrens

Stefanie Glück

Einleitung

Kollateralfolgen einer strafrechtlichen Verurteilung können sich gravierend auf die Lebensläufe junger Menschen auswirken. Beispielsweise können durch eine vorgenommene Vermögensabschöpfung eine hohe Verschuldung für den jungen Menschen eintreten, durch eine Verurteilung wegen eines Verkehrsdeliktes Maßnahmen durch das Straßenverkehrsamt eingeleitet werden, wegen einer Verurteilung zu einer hohen Jugendstrafe eine Abschiebung drohen oder aufgrund einer Verurteilung wegen eines Sexualdeliktes Eintragungen in das Bundeszentralregister und das Führungszeugnis erfolgen – mit potenziell weitreichenden Konsequenzen für die berufliche Zukunft. Aus diesem Grund ist es essenziell, sich in der Wissenschaft und Praxis mit diesen Kollateralfolgen auseinanderzusetzen und Möglichkeiten auszuloten, wie der Einsatz dieser Instrumente auf das notwendige und angemessene Maß beschränkt werden kann. Gem. § 2 Abs. 1 S. 2 JGG sind die Rechtsfolgen und unter Beachtung des elterlichen Erziehungsrechts auch das Verfahren vorrangig am Erziehungsgedanken auszurichten, um das primäre Ziel der Spezialprävention zu erreichen. Kollateralfolgen können im Einzelfall jedoch im Widerspruch zu diesen Vorgaben stehen bzw. einer ‚sozialen (Re-)Integration' hinderlich sein. Vor allem muss es vermieden werden, dass die jugendstrafrechtlichen Rechtsfolgen von dem jungen Menschen gar nicht mehr als die tragende Sanktion empfunden werden und sie mithin Gefahr laufen, ihren erzieherischen Effekt zu verlieren. Vor diesem Hintergrund stellt sich die Frage, ob und wie potenzielle Konflikte dieser Art im Sinne einer Förderung der Persönlichkeitsentwicklung junger Menschen aufgelöst werden können.

Themeninhalte

Herr Andreas Guido Spahn begann in dem Arbeitskreis mit einem Impulsreferat zum Thema Vermögensabschöpfung.

Diskussionspunkte zur Vermögensabschöpfung:

- Aus Sicht vieler Teilnehmer*innen geht die Vermögensabschöpfung mit einer Unvereinbarkeit mit im Jugendgerichtsgesetz normierten Grundsätzen (§ 2 Abs. 2 JGG), insbesondere dem Erziehungsgedanken (§ 2 Abs. 1 Satz 2 JGG) einher.
- Junge Menschen können dadurch vor erhebliche finanzielle Problemlagen gestellt werden.
- Oftmals sind junge Menschen betroffen, welche sich ohnehin in sozial schwierigen Verhältnissen befinden und keine finanzielle Unterstützung durch die Herkunftsfamilie erfahren.
- Nach § 15 Abs. 1 Satz 2 JGG dürfen dem jungen Menschen keine unzumutbaren Anforderungen gestellt werden, wenn es um die Anordnung einer Geldauflage geht. Bei der Vermögensabschöpfung bleibt durch den Gesetzgeber an dieser Stelle eine entsprechende Würdigung aus.
- Nach § 15 Abs. 2 Nr. 2 JGG soll die Zahlung eines Geldbetrages nur angeordnet werden, soweit Gewinn oder Entgelt noch vorhanden sind. Bei der Vermögensabschöpfung kommt diese Voraussetzung nicht zum Tragen.
- Die Rechtspraxis wird bundesweit nicht als einheitlich erlebt.
- Eine weitere Problematik stellt die gesamtschuldnerische Haftung dar. Dies kann dazu führen, dass ein junger Mensch, welcher selbst nur einen geringen ‚Tatlohn‘ erhalten hat, mit einer viel größeren Summe konfrontiert ist.
- Bei opferlosen Delikten, beispielsweise Handel treiben mit Betäubungsmitteln, wird ausschließlich der Gewinn zugrunde gelegt bzw. das Bruttoprinzip angewendet. Dadurch wird jedoch nicht der Einkaufswert, welcher durch den jungen Menschen im Vorfeld geleistet werden muss, berücksichtigt.
- Die Ermittlung des Wertes von entwendeten Gegenständen wird in der Praxis als willkürlich erlebt, da durch das Gericht regelhaft Schätzungen vorgenommen werden.

Handlungsansätze aus der Diskussion zur Vermögensabschöpfung:

- Verweis auf § 421 Abs. 1 StPO. Danach kann das Gericht mit Zustimmung der Staatsanwaltschaft von der Einziehung absehen, wenn 1.) das Erlangte nur einen geringen Wert hat oder 2.) das Verfahren, soweit es die Einziehung betrifft, einen unangemessenen Aufwand erfordert oder die Herbeiführung der Entscheidung über die anderen Rechtsfolgen der Tat unangemessen erschweren würde.

- Bereits im Ermittlungsverfahren kann die Staatsanwaltschaft unter den gleichen Voraussetzungen von einer Einziehung absehen.

- Die Jugendhilfe im Strafverfahren kann in geeigneten Fällen durch eine entsprechende Stellungnahme gegenüber der Staatsanwaltschaft im Ermittlungsverfahren auf das Absehen der Einziehung hinwirken.

- In Thüringen wird ein Geldbetrag von unter 500 Euro als gering angesehen. Im Karlsruher Kommentar zur StPO wird die Grenze von 500 Euro ebenfalls befürwortet. In der Praxis kann durch die Jugendhilfe im Strafverfahren die Kommentierung angeführt werden.

- Anregung eines Sachverständigengutachtens zur Ermittlung des Wertes.

- Das Jugendgericht könnte bereits im Urteil aufnehmen, dass der junge Mensch nicht in der Lage sein wird, der Einziehung nachzukommen.

- Im Vollstreckungsverfahren sind Rechtspfleger*innen für die Einziehung verantwortlich. Aus diesem Grund sollten diese durch das Jugendgericht für die besondere Zielgruppe der Jugendlichen und Heranwachsenden sensibilisiert werden.

- Eine Kooperation zwischen der Jugendhilfe im Strafverfahren und den Rechtspfleger*innen wird an dieser Stelle ebenfalls als sinnvoll erachtet.

Nach der Diskussion zur Vermögensabschöpfung hielt Herr Dr. Erik Weiss ein Impulsreferat über die verkehrs- und ausländerrechtlichen Folgen.

Diskussionspunkte zu den verkehrsrechtlichen Folgen:

- Durch § 2 Abs. 1 JGG wird der Vorrang einer positiven Spezialprävention begründet, sodass resozialisierungsfeindliche Auswirkungen bei der Verhängung eines Fahrverbotes nach § 8 JGG Abs. 3 JGG zu berücksichtigen sind.

- Junge Menschen können aufgrund räumlicher oder familiärer Besonderheiten auf die Nutzung eines Kraftfahrzeuges angewiesen sein, um zur

Ausbildungs- oder Arbeitsstätte zu gelangen oder soziale Kontakte aufrechtzuerhalten.

- Außerdem ist von einer Verhängung eines Fahrverbotes abzusehen, wenn
  konkrete Indizien die Annahme stützen, dass ein junger Mensch sich rei-
  febedingt bzw. aufgrund gruppendynamischer Prozesse nicht an das Fahr-
  verbot halten wird (fehlende Verbotsakzeptanz und Gefahr der Sekundär-
  kriminalisierung gem. § 21 StVG).

- Eine gesteigerte Akzeptanzproblematik kommt insbesondere bei Straftaten ohne verkehrsspezifischen Bezug in Betracht, sodass nicht von einer
  „geeigneten" Einwirkung im Zusammenhang mit der Verhängung eines
  Fahrverbotes die Rede sein kann.

- Die Entziehung der Fahrerlaubnis nach § 7 Abs. 1 weist ebenfalls resozialisierungsfeindliche Tendenzen (Gefahr sekundärer Kriminalisierung und
  schädliche Auswirkungen auf Sozial- und Berufsleben) auf.

- Die Entziehung der Fahrerlaubnis dient auch im Jugendstrafrecht ausschließlich dem Schutz der Verkehrssicherheit, sodass § 2 Abs. 1 JGG im
  Bereich der §§ 7 Abs. 1 JGG, 69, 69a StGB nicht unmittelbar gilt. Das maß-
  gebliche Entscheidungskriterium ist die prognostizierte Dauer der Gefährlichkeit. Bei der Gefährlichkeitsprognose sind jugendspezifische Besonderheiten (dynamischer Entwicklungsprozess junger Menschen und grup-
  pendynamische Prozesse) zu beachten.

- Überlegung: Streichung der Entziehung der Fahrerlaubnis aus § 7 Abs. 1
  JGG, da auch in diesem Fall im Jugendstrafrecht genügend Alternativen
  vorhanden sind.

- Durch das Straßenverkehrsamt können weitere Anforderungen (Durchführung einer „medizinisch-psychologische Untersuchung" (MPU), Teilnahme an einem Verkehrsseminar etc.) gestellt werden. Diese Anforderungen gehen mit einem hohen organisatorischen und finanziellen Aufwand
  für die jungen Menschen einher.

Handlungsansätze aus der Diskussion zu den verkehrsrechtlichen Folgen:

- Erkenntnisse bezüglich der Dysfunktionalität eines Fahrverbots oder Entziehung der Fahrerlaubnis können gegenüber dem Jugendgericht von Seiten der Jugendhilfe dargelegt werden.

- Im Jugendstrafrecht existieren Alternativen zu der Verhängung eines Fahrverbotes. Dem jungen Menschen kann als Weisung auferlegt werden, an
  einem Verkehrsunterricht gem. § 10 Abs. 1 S. 3 Nr. 9 JGG ggf. in Kombi-

nation mit weiteren Rechtsfolgen nach § 8 Abs. 1, Abs. 2 JGG teilzunehmen.

- Von der Praxis wird eine fallübergreifende Kooperation mit dem Straßenverkehrsamt befürwortet, um sich über die möglichen Folgen durch das Straßenverkehrsamt auszutauschen und für die Besonderheiten der Zielgruppe der jungen Menschen zu sensibilisieren.

Diskussionspunkte zu den ausländerrechtlichen Folgen:

- Jugendstrafrechtliche Verurteilungen i. S. d. § 54 AufenthG können einen Versagungsgrund für die Erteilung oder Verlängerung eines Aufenthaltstitels darstellen.
- Das AufenthG sieht für Geduldete Möglichkeiten eines sog. Spurwechsels in einen rechtmäßigen Aufenthalt vor (Aufenthaltsgewährung bei gut integrierten Jugendlichen und jungen Volljährigen nach § 25a AufenthG, Aufenthaltsgewährung bei nachhaltiger Integration gem. § 25b AufenthG, Ausbildungsduldung und Aufenthaltsgewährung für qualifizierte Geduldete, Chancen-Aufenthaltsrecht gem. § 104c AufenthG). Ein solcher Wechsel kann jedoch bei bestimmten jugendstrafrechtlichen Verurteilungen versperrt sein.
- Der Verlust einer legalen Bleibeperspektive kann junge Menschen in ihrer Entwicklung erheblich beeinträchtigen und die Begehung weiterer Straftaten begünstigen.
- Auch bei der Gewährung von Hilfen zur Erziehung nach dem SGB VIII spielt der ausländerrechtliche Status eine Rolle. So kann die Versagung einer Verlängerung einer Duldung dazu führen, dass eine Hilfe zur Erziehung nicht mehr fortgeführt werden kann und dies mit weitreichenden Folgen für den jungen Menschen einhergeht (Verlust einer Trägerwohnung, Abbruch der Beziehungsarbeit etc.).

Handlungsansätze aus der Diskussion zu den ausländerrechtlichen Folgen:

- Ausländerrechtliche Folgen müssen bei der Rechtsfolgenentscheidung in jugendstrafrechtlichen Verfahren Berücksichtigung finden.
- Insbesondere die weitreichenden Folgen bei einer Verurteilung zu einer Jugendstrafe sind vom Jugendgericht zu beachten und durch die Jugendhilfe vor dem Jugendgericht deutlich zu machen.
- Auch im Hinblick auf die ausländerrechtlichen Folgen wird eine fallübergreifende Kooperation mit der Ausländerbehörde befürwortet.

Arbeitskreis 8: Die Reform der bundesweiten Polizeidienstvorschrift 382 (PDV 382) – Verlaufsbericht der Beratungen

Werner Kunath

1 Vorbemerkungen

Der AK 8 war mit seiner sehr speziellen Themenstellung insbesondere für Polizeibeschäftigte interessant und insofern angesichts der Fülle anderer Arbeitskreise mit dortigen fachlich übergreifenden Themen eher unterbesetzt. Die Hoffnung, dass die Überarbeitung der PDV 382 und die Inkraftsetzung einer neuen PDV 382 bis zum 32. JGT realisiert sein würde, erfüllte sich leider nicht. Die von der Vorschriftenkommission des AK II eingesetzte AG PDV 382 wird noch weitere Sitzungen benötigen, um die Überarbeitungen fertigzustellen.

Der Referent Werner Gloss ist Mitglied in dieser AG PDV 382 und unterliegt einer ausdrücklichen Verschwiegenheitsverpflichtung.

2 Allgemeines

Die Beiträge der Referenten sind aus den jeweiligen Skripten ersichtlich. Sie öffneten einerseits den Blick über den Wirkungskreis des JGG hinaus und beschrieben die Regelungsbedarfe insbesondere unter den Aspekten von UN- und EU-Normen und vertieften andererseits den unbedingt in den Blick zu nehmenden Bereich der Gefahrenabwehr und des Jugendschutzes.

3 Die wesentlichsten Ergebnisse der Erörterungen im AK 8

- Die PDV 382 muss die Bedingungen des Art. 20 GG (Bindung an Gesetz und Recht) unbedingt erfüllen.
- Der Wesentlichkeitsgrundsatz des GG ist zu beachten.
- Der Art. 103 GG verlangt „adäquate" Äußerungsmöglichkeiten für Jugendliche.
- Der Strafanspruch des Staates steht bei Entscheidungen im Jugendstrafrechtsbereich ggf. hintan.

- Die PDV muss für alle Polizeibeschäftigten verständlich sein – nicht nur für Fachleute.
- In der Jugendsachbearbeitung bedarf es gut ausgebildeter Akteure. Die Mindestqualifikationen müssen durch die Legislative festgelegt werden und in den § 37 JGG einfließen.
- Die PDV 382 hat die Hauptwirkungsfelder Gefahrenabwehr (Ländergesetzgebung) und Strafverfolgung (Bundesgesetzgeber).
- Die PDV 382 sollte die in den Gesetzen verwendeten Begrifflichkeiten erklären und klar nachvollziehbar benennen.
- Die PDV 382 muss ggf. übergeordnetes Recht (UN/EU) einfließen lassen, selbst wenn keine unmittelbare Bindungswirkung vorliegt. Dabei sind auch die Erwägungsgründe zu würdigen.

4   Fazit

Der AK 8 erkennt die unbedingte Überarbeitungsnotwendigkeit für die PDV 382 und bittet/fordert die AG PDV 382 der Vorschriftenkommission auf, die herausgearbeiteten wesentlichen Ergebnisse unter Nr. 2 in die Beratungen einfließen zu lassen und bei der Novellierung zu berücksichtigen.

Der AK 8 befürwortet die Einbeziehung externen Fachverstands (DVJJ) in der AG PDV 382 und schlägt darüber hinaus vor, die DHPol (vertreten durch Herrn Prof. Dr. Thiel) ebenfalls dort mitwirken zu lassen.

Der AK 8 bedauert die lange Zeitdauer bis zum Entschluss für die Einsetzung der AG PDV 382. Aufgrund der vielfältigen und erheblichen Veränderungen der rechtlichen Gegebenheiten im Jugend(kriminal)recht warten die Polizeibeschäftigten händeringend auf diese für sie wesentliche Vorschrift. Insofern erwartet der AK 8, dass das Normsetzungsverfahren für die PDV 382 nunmehr sehr viel zügiger und zielstrebiger betrieben wird.

Es wird angeregt, diese Thematik für den 33. JGT erneut aufzunehmen.

Arbeitskreis 9: Cannabislegalisierung – Kontrollierte Abgabe von Cannabis und Veränderungen für Handlungsfelder der Jugendhilfe und Justiz

Michael Reckfort

Zusammenfassung der Diskussion im Arbeitskreis

Ziel des Arbeitskreises war es, die von der Bundesregierung geplante Legalisierung des Cannabiskonsums zu Genusszwecken zu beleuchten. Nach dem Willen der Koalition soll die weiche Droge langfristig in lizensierten Geschäften für Erwachsene frei erhältlich sein. Deutschland folgt damit einem internationalen Legalisierungstrend, angestoßen von Kanada, Uruguay und verschiedenen Bundesstaaten der USA. Dort ist Anbau, Handel und Verkauf von Cannabis bereits erlaubt.

Die internationalen Abgabemodalitäten erläuterte Herr Dr. Jens Kalke. Dazu führte er aus, dass in Ländern, in denen der Cannabisbesitz bereits entkriminalisiert bzw. legalisiert wurde, bisher keine Erhöhung der Anzahl der jugendlichen Cannabiskonsument*innen verzeichnet werden konnte. Von Legalisierungsbefürworter*innen werden Kanada und Uruguay gern als leuchtende Beispiele für eine Legalisierungspolitik erwähnt. In beiden Ländern ist Anbau, Handel und Konsum vollständig erlaubt. Uruguay hat 2013 als erstes Land überhaupt Cannabis für nicht medizinische Zwecke reguliert.

In Kanada stieg zwar die Anzahl der Cannabiskonsumierenden in der Altersgruppe der über 25-Jährigen, bei den 15- bis 17-jährigen Jungen sei der Konsum jedoch unverändert geblieben. Bei den Mädchen der gleichen Altersgruppe und bei den 18- bis 24-Jährigen beider Geschlechter ist der Konsum gesunken.

Cannabis zum Freizeitkonsum ist in mittlerweile 18 Bundesstaaten der USA legal. Vorreiter waren dabei die Bundesstaaten Colorado und Washington, die im November 2012 auf Basis einer Volksabstimmung die Legalisierung einführten. Auch führte die Cannabislegalisierung in einigen Bundesstaaten der USA nicht dazu, dass die Gefährlichkeit der Substanz von den Jugendlichen als geringer eingeschätzt wurde als vor der Legalisierung.

Beispielhaft zeigte Herr Dr. Kalke anhand von empirischen Untersuchungen die Konsumprävalenzen der Länder Kanada und den USA auf. Auch hier ist der Konsum von Cannabis, gerade bei Jugendlichen, nach der Legalisierung/Entkriminalisierung rückläufig bzw. hat dieser zumindest nicht weiter zugenommen. Ein leichter Anstieg ist in der Altersgruppe der Erwachsenen zu verzeichnen.

Daraus hat Herr Dr. Kalke die Hypothese abgeleitet, dass auch in Deutschland kein Anstieg der Konsumprävalenz bei Jugendlichen/jungen Menschen zu erwarten ist. Diese Hypothese führte im Plenum zu erheblichen Diskussionen und Zweifeln an der Umsetzung in Deutschland.

Die empirischen Untersuchungsergebnisse in den Abbildungen 1–4 dienen der Untermauerung der Hypothese von Herrn Dr. Jens Kalke.

Abbildung 1:   *USA – Konsumprävalenzen Jugendliche*

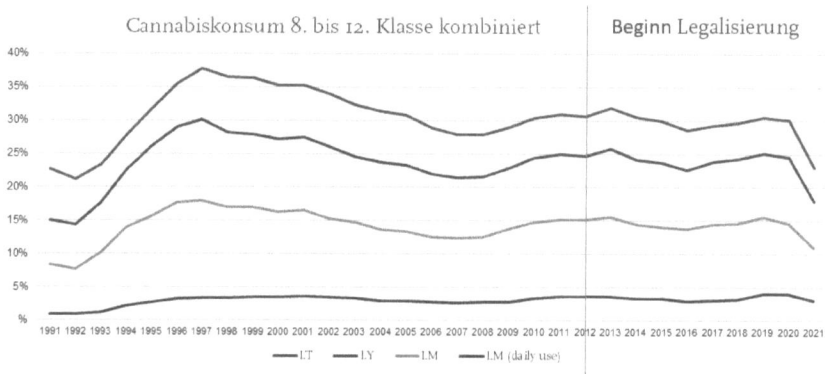

Quelle: Monitoring the Future, 2021

Abbildung 2: USA – Konsumprävaenzen Erwachsene

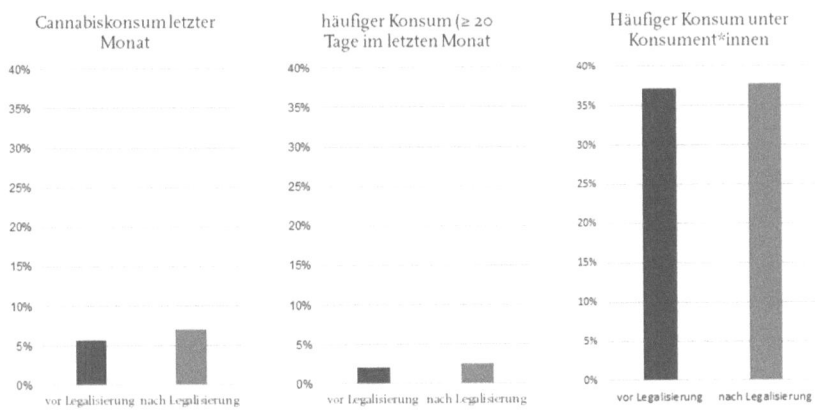

Quelle: Cerdá et al., 2020

Abildung 3: Effekte der Cannabis-Legalisierung, Kanada – Konsumprävalenzen Erwachsene

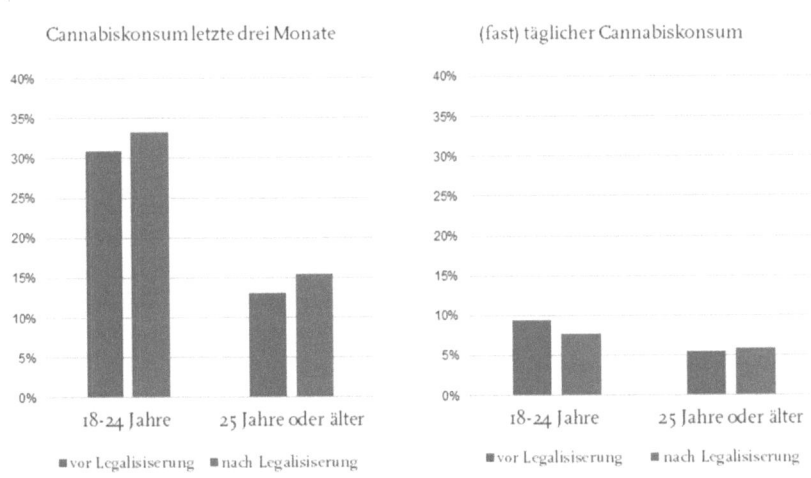

Quelle: Statstics Canada, 2020

Abbildung 4:   *Effekte der Cannabis-Lagalisierung, Kanada: Konsumprävalenzen*
                   Jugendliche

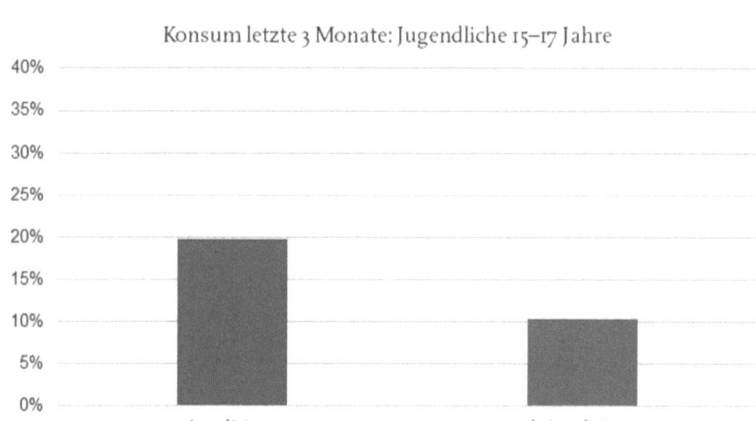

Quelle: Statistics Canada, 2021

Anschließend wurde der bundesdeutsche Weg aufgezeichnet. Herr Dr. Kalke führte aus, das als erster Schritt sog. Cannabis-Clubs (Vereinigungen) zugelassen werden sollen. Hierzu liegt ein Gesetzesentwurf der Bundesregierung vor, der noch vom Bundestag beraten und beschlossen werden muss. Wichtige Inhalte sind dabei:

Anzahl der Mitglieder je Cannabis-Vereinigung/-Genossenschaft ist auf max. 500 begrenzt; Mindestalter 18 Jahre. Die Bundesländer können die Anzahl auf eine Vereinigung je 6.000 Einwohner*innen begrenzen. Die Führung der Vereinigung ist nur durch natürliche Personen möglich und die Vereinigung wird nach den Grundsätzen des Vereinsrechts geleitet. Neben dem geernteten Genusscannabis dürfen an die Mitglieder auch von der Vereinigung erzeugte Samen und Stecklinge für den Eigenanbau abgegeben werden. Abgabemenge: max. 25g Cannabis pro Tag, max. 50g pro Monat, max. 7 Samen oder 5 Stecklinge pro Monat. Die Abgabe an Heranwachsende unter 21 Jahren ist begrenzt auf eine Menge von 30g pro Monat, zusätzlich mit einer Begrenzung des zulässigen THC-Gehalts auf 10 %. Die Abgabe erfolgt nur in Reinform (Blüten oder Harz) in neutraler Verpackung oder lose mit beigefügten Informationen zu Produkt, Dosierung und Anwendung sowie zu Risiken des Konsums und zu Beratungsstellen. Der Konsum ist in den Räumlichkeiten der Vereinigung verboten, genauso wie der öffentliche Konsum in und 200 Metern um Schulen, Kitas, Spielplätzen und anderen Kinder- und Jugendeinrichtungen sowie in Fußgängerzonen bis 20:00 Uhr.

Diskutiert wurde anschließend, ob eine Umsetzung in Großstädten überhaupt realisierbar ist. Diesbezüglich gab es große Bedenken. Zusätzlich blieben offene Fragen bzgl. der Initiierung der Vereinigungen und wer die Kontrolle über diese gewährleistet.

Anschließend wurden die Auflagen zum Jugendschutz unter entsprechenden präventiven Gesichtspunkten diskutiert. Der*Die von der Vereinigung zu ernennende Jugendschutz-, Sucht- und Präventionsbeauftragte muss nachgewiesene Sachkenntnisse haben und es ist eine verpflichtende Kooperation mit der lokalen Suchtprävention/-beratung zu forcieren. Zusätzlich muss ein allgemeines Werbeverbot für die Vereinigungen bestehen und die Zulassung sowie deren Überwachung erfolgt durch die Landesbehörden, u. a. in Bezug auf die Einhaltung der Mengen-, Qualitäts- und Jugendschutzvorgaben.

Als Empfehlungen wurde im Arbeitskreis eine restriktive und effektive Regulierung von cannabisbezogenen Marketinginhalten, insbesondere in sozialen Medien, empfohlen. Darüber hinaus müssen klare Inhaltsstoffangaben, verständliche Angaben zur empfohlenen Standarddosierung, auffällige Gesundheitswarnhinweise und Beschränkungen beim Branding und Verpackungsdesign verzeichnet sein, um mögliche gesundheitsgefährdende Folgen des Konsums zu minimieren. Um die Attraktivität von Cannabisprodukten für Jugendliche und junge Erwachsene zu begrenzen, sollte das Branding von Produkten sowie die Nutzung von Referenzen zu Prominenten oder Musikszenen auf dem Produkt unterlassen werden (z. B. keine Werbung mit Influencer*innen, keine Musikreferenzen).

Gerade die Gesundheitswarnhinweise auf den Verpackungen und/oder im Rahmen allgemeiner Aufklärung erscheinen (vor allem für Neueinsteigende) wichtig, um das Wissen um die Wirkungen und Risiken des Konsums zu erhöhen (insbesondere das Risiko einer Abhängigkeitsentwicklung).

Es bestand im Arbeitskreis Einigkeit darüber, dass Minderjährigen der Zugang zu Cannabisprodukten nicht ermöglicht werden sollte. Daher ist eine Zugangskontrolle zu den Abgabestellen unabdingbar. Um eine Distanz zu den lizenzierten Abgabestellen sicherzustellen, sollte keine räumliche Nähe zu Schulen, Bildungseinrichtungen, Jugendzentren etc. bestehen.

Kooperationen, wie sie bereits durch Programme wie „HaLT", FReD, SKOLL aktiv sind, und weitere Präventionsangebote sollten ausgebaut und angepasst werden, um ein frühes Erreichen jugendlicher Cannabiskonsument*innen zu gewährleisten. Das frühe Erreichen von problematisch Konsumierenden ist insbesondere im Hinblick auf die Vermeidung einer späteren Suchtentwicklung unerlässlich.

Die Weitergabe von Cannabisprodukten an Minderjährige sollte weiterhin rechtlich verfolgt werden. Dabei ist die rechtliche Grundlage bei der Legalisierung von Cannabis unklar. Sind § 3 (erlaubter Besitz) und § 5 (Konsumverbot) BtMG weiterhin strafbare Handlungen oder werden sie in einem Ordnungswidrigkeitsverfahren (OWi) behandelt, finden § 7 (Frühintervention) und § 8 (Suchtprävention) ausreichend Berücksichtigung und wer setzt sie um, welche Auswirkungen hat es auf das Jugendarbeitsschutzgesetz (§ 25)? – um nur einige Herausforderungen hervorzuheben.

Hier gilt es, durch den Gesetzgeber Klarheit zu schaffen, um das Aufgabenspektrum der Jugendhilfe (im Strafverfahren) neu zu definieren und entsprechende neue Kooperationen in die Wege leiten zu können.

Der Gesetzentwurf liegt gegenwärtig im Bundesrat, soll anschließend im Bundestag vorgestellt werden und zum 01. Januar 2024 in Kraft treten. Erste Evaluationen sollen in 3–4 Jahren vorliegen, so dass zum nächsten Jugendgerichtstag neue Erkenntnisse zu den Konsumprävalenzen von jungen Menschen vorliegen könnten. Dieses wäre wünschenswert und erforderlich, um auf das Konsumverhalten unserer Zielgruppe adäquat reagieren zu können.

Arbeitskreis 10: Frühe Verteidigung in Jugendstrafverfahren – Herausforderungen für Polizei, Justiz und Verteidigung

Florian Knauer

Zu Beginn der Veranstaltung stellte der Moderator die drei Referenten vor und führte in das Thema des Arbeitskreises ein. Aus seiner Sicht stellt sich das Thema deutlich vielschichtiger dar, als es der Titel des Arbeitskreises auf den ersten Blick vermuten lässt. Bereits im Hinblick auf das Recht sei das Zusammenspiel von EU-Recht (in Form von gleich zwei neueren Richtlinien mit Bezügen zur Verteidigung im Jugendstrafverfahren) und einfachem Gesetzesrecht (den neueren Vorschriften des JGG) zu beachten. Zudem seien auch in der Sache mehrere rechtliche Problemkreise auseinanderzuhalten, wie Nöding in einem Zeitschriftenbeitrag[1] veranschaulicht habe und in seinem späteren Vortrag noch einmal verdeutlichen werde. Neben den rechtlichen Problemen spielten zudem organisatorische Fragen (etwa bezüglich des Abrufs von behördlich gespeicherten Daten über junge Beschuldigte) und rechtstatsächliche Aspekte (beispielsweise die Verfügbarkeit von Strafverteidiger*innen unmittelbar nach der Ermittlung eines*einer jungen Tatverdächtigen außerhalb der üblichen Bürozeiten) eine Rolle. Auch wenn das neue Recht zur frühen Verteidigung im Jugendstrafverfahren aufgrund der Stärkung der Position der jungen Beschuldigten grundsätzlich zu begrüßen sei, müssten die angesprochenen Praxisprobleme ernst genommen und bestmöglich gelöst werden. Soweit in dieser Hinsicht noch regionale Unterschiede bestehen sollten, könnten – so die Hoffnung des Moderators – im Rahmen des Arbeitskreises nach Möglichkeit bereits erste Erfahrungen mit gelungenen Umsetzungen des neuen Rechts ausgetauscht werden.

Die drei Referenten trugen in der Reihenfolge vor, in der die von ihnen vertretenen Gruppen der Verfahrensbeteiligten zumeist mit den jungen Beschuldigten in Kontakt kommen: zunächst also Wolfgang Klein (für die Polizei), danach Toralf Nöding (als Strafverteidiger) und schließlich Bernd Klippstein (Staatsanwaltschaft).

---

[1] Nöding, T. (2022). Die Ausweitung der Pflichtverteidigung durch das Gesetz zur Stärkung der Verfahrensrechte von Beschuldigten im Jugendstrafverfahren. Strafverteidiger, 42 (1), S. 52–57.

Die Ausführungen von Klein warfen im Fortgang der Veranstaltung beispielsweise die Frage auf, inwieweit die von ihm und den anderen Mitarbeitenden im Haus des Jugendrechts Paderborn gesammelten Erfahrungen auf andere Bezirke ohne eine solche Einrichtung übertragbar sind.

Wiederholt knüpfte die spätere Diskussion ferner an den Vortrag von Nöding an, der – wie bereits in seinem Beitrag im Strafverteidiger[2] – einen strukturierten und fundierten Überblick über mehrere Problemkreise gegeben hatte. Diese reichten von der Durchführung polizeilicher Vernehmungen entgegen den gesetzlichen Anforderungen der §§ 68 Abs. 1 Nr. 4, 68a JGG (und den damit verbundenen Schwierigkeiten bei der Sanktionsprognose, dem Problem sog. faktischer Vernehmungen und etwaigen Fehlerfolgen) über das Problem der rückwirkenden Beiordnung von Verteidiger*innen bis hin zu Fragen der Auswahl von Pflichtverteidiger*innen im Jugendstrafverfahren.

Klippstein hatte in seinem Vortrag mit drei Thesen für weiteren Diskussionsstoff gesorgt. Erstens, so Klippstein, berge die Neuregelung zur frühen Verteidigung im Jugendstrafverfahren dort Probleme, wo die Kommunikation zwischen den verschiedenen Verfahrensbeteiligten auch vor der Gesetzesänderung noch nicht gut funktioniert habe. Zweitens sei die Haltung der Verfahrensbeteiligten zu dem das Jugendstrafverfahren prägenden Erziehungsgedanken entscheidend für eine gelingende Zusammenarbeit der verschiedenen Personen. Drittens sei eine konstruktive Zusammenarbeit im Jugendstrafverfahren ohne engagierte Rechtsanwält*innen zum Scheitern verurteilt.

Einen Schwerpunkt der späteren Diskussion der Referenten und Teilnehmer*innen bildete die Frage nach den Folgen der neuen Rechtslage für die Arbeitsweise und das Selbstverständnis der Verteidigung. Dabei wurde insbesondere erörtert, ob nach der Reform Veränderungen im Hinblick auf den klassischen Zielkonflikt zwischen einer eher erzieherisch ausgestalteten und einer stärker auf Konfrontation ausgerichteten Verteidigung zu beobachten oder zu erwarten seien. Insoweit herrschte jedenfalls Einigkeit darüber, dass die Verteidigung richtigerweise stets eine eindeutige Interessenvertretung der jungen Beschuldigten zu gewährleisten hatte und weiterhin zu gewährleisten hat. Die Folgen der Reformen für andere Akteure wie insbesondere die Jugendhilfe im Strafverfahren konnten in der Veranstaltung hingegen nur am Rande thematisiert werden (sie waren allerdings Gegenstand eines anderen Arbeitskreises).

---

2   Nöding, 2022.

Arbeitskreis 11: Häuser des Jugendrechts – Anspruch und Wirklichkeit

Brigitta Goldberg

Häuser des Jugendrechts (HdJR) werden seit einigen Jahren in immer mehr Städten und Landkreisen Deutschlands eingerichtet. In diesen Einrichtungen arbeiten zumeist drei zentrale Akteur*innen des Jugendkriminalrechts zusammen: die Jugendhilfe im Strafverfahren (JuhiS), die Polizei und die Staatsanwaltschaft. Die Einrichtungen unterscheiden sich zum Teil sehr deutlich voneinander, z. B. ob es sich um reale Häuser handelt oder nur um virtuelle. Auch in den Zielgruppen der Häuser gibt es Unterschiede, z. B. hinsichtlich des Alters (Kinder, Jugendliche, Heranwachsende) und bezogen auf die Delinquenz (Mehrfachstraftäter*innen bzw. bestimmte Deliktsgruppen oder alle Delinquent*innen) – manchmal haben die in den einzelnen Häusern beteiligten Akteur*innen sogar unterschiedliche Zielgruppen und Zuständigkeiten. Allen so bezeichneten Einrichtungen ist aber gemeinsam, dass sie auf eine verbesserte Zusammenarbeit der Akteur*innen zielen und damit zeitnahe, passgenauere und im Hinblick auf die Legalbewährung wirksamere Reaktionen ermöglichen wollen. Doch werden diese Ziele auch erreicht? Ist eine verbesserte Kooperation automatisch förderlich für die Legalbewährung der jungen Menschen sowie für eine Reduktion der Jugendkriminalität und sind zeitnahe Reaktionen immer sinnvoll? Ist es tatsächlich notwendig, Häuser des Jugendrechts einzurichten, um diese Ziele zu erreichen? Welche Konflikte können entstehen, wenn sozialpädagogisch begründetes Helfen und kriminalrechtlich legitimierte Strafverfolgung in einem Kooperationsmodell unter einem Dach zusammenarbeiten? Welche Risiken und Nebenwirkungen werden dabei eventuell in Kauf genommen? Und wie erleben die jungen Menschen die Häuser des Jugendrechts? Diese Fragen sollten im Arbeitskreis gemeinsam diskutiert werden.

Der Arbeitskreis begann mit einem Kennenlernen der Teilnehmenden. Es zeigte sich, dass viele Teilnehmende bereits in einem HdJR (verschiedener Formen) arbeiten, viele aber auch (noch) nicht in einem HdJR beschäftigt sind. Zudem waren viele Professionen vertreten, die meisten Teilnehmenden stammten aus der JuhiS oder der Polizei, einige aber auch aus den ASA, der Bewährungshilfe, der Staatsanwaltschaft oder der Wissenschaft; Jugendrichter*innen waren nicht dabei. Auch die räumliche Verteilung war sehr gemischt – es gab Teilnehmende aus fast allen deutschen Bundesländern und aus Österreich.

Zur weiteren Einstimmung wurden Mentimeter-Abfragen durchgeführt. Auf die erste Frage: „Was fällt Ihnen ein, wenn Sie an ein Haus des Jugendrechts denken?" gab es sehr unterschiedliche Antworten. Am häufigsten wurden genannt: Kooperation, kurze Wege, Zusammenarbeit, Fallkonferenzen und Datenschutz. Insgesamt zeigte sich ein sehr buntes Bild mit überwiegend positiven (u. a. Effizienz, zielgenauere Lösungen, Synergieeffekte, Arbeit auf Augenhöhe, voneinander lernen), aber auch einigen negativen Einschätzungen (z. B. Interessenskonflikte, unübersichtliche Rollen, diffuse Ziele, rechtlich problematisch).

Wortwolke 1:   *Was fällt Ihnen ein, wenn Sie an ein Haus des Jugendrechts denken?*

Quelle: Mentimeter

Bei der zweiten Frage danach, welche Zielgruppe für besonders geeignet gehalten wird, wurden besonders häufig die sog. „Intensivtäter*innen" benannt, aber auch (deutlich seltener) Ersttäter*innen. Zudem wurden alle Altersgruppen (Kinder, Jugendliche, Heranwachsende) genannt. Die dritte Frage zielte auf ein Ranking dazu, welche Ziele durch Häuser des Jugendrechts verwirklicht werden sollten. Auf Platz 1 landete die „bessere Kooperation zwischen Polizei, Staatsanwaltschaft und Jugendhilfe", kurz darauf auf den Plätzen 2 und 3 „passgenauere und angemessenere Reaktionen auf die Straftaten finden" sowie „verstärktes Vermitteln sinnvoller sozialpädagogischer Angebote an Jugendliche". Etwas seltener wurde das „differenzierte Ausgestalten der Diversionsstrategien" (Platz 4)

Wortwolke 2:   *Welche Zielgruppe halten Sie für besonders geeignet?*

Quelle: Mentimeter

und die „schnellere Verfahrenserledigung" (Platz 5) genannt. Auf Platz 6 erst landete die „bessere Legalbewährung der jungen Menschen" sowie (deutlich abgeschlagen) die „Stärkung von Opferbelangen, z. B. durch Anwendung des TOA" (Platz 7). In einer letzten Mentimeter-Frage ging es um die Zustimmung zu verschiedenen Aussagen zu Häusern des Jugendrechts. Auf einer Skala von 0 (gar keine Zustimmung) bis 10 (volle Zustimmung) konnten die Aussagen bewertet werden. Besonders hohe Zustimmungswerte erhielten die Aussagen „Durch Häuser des Jugendrechts wird die Kooperation zwischen Polizei, Staatsanwaltschaft und Jugendhilfe im Strafverfahren verbessert" (6,8), „In Häusern des Jugendrechts kommunizieren die Kooperationspartner*innen auf Augenhöhe" (6,6) und „Die Häuser des Jugendrechts sind in erster Linie politisch motiviert" (6,6). Deutlich weniger Zustimmung gab es bei der Aussage „Die jungen Menschen profitieren von der Einrichtung eines Hauses des Jugendrechts" (5,3). Noch weniger Zustimmung fanden die Aussagen „Das Haus des Jugendrechts führt dazu, dass die Jugendhilfe im Strafverfahren ihr Profil schärft" und „Über die Einhaltung des Datenschutzes in Häusern des Jugendrechts mache ich mir keine Sorgen" (beide 4,3). Am wenigsten Zustimmung gab es für die Aussage „Für die jungen Menschen ist leicht nachvollziehbar, wer mit welcher Rolle und welchem Auftrag im Haus des Jugendrechts unterwegs ist" (3,2). Aus dem Kreis der Teilnehmenden kam nach den Mentimeter-Abfragen der berechtigte Hinweis, dass die Aussagekraft der Ergebnisse deutlich dadurch eingeschränkt ist, dass nicht differenziert wurde zwischen Personen, die in einem HdJR arbeiten und solchen mit rein theoretischem Blick darauf.

In der Vorbereitung des Arbeitskreises verständigten sich die Referenten und die Moderatorin darauf, dass keine längeren Eingangsreferate gehalten werden, sondern eine Podiumsdiskussion stattfindet, in die sich die Referenten durch Statements zu verschiedenen Leitfragen einbringen und in die die Teilnehmenden möglichst intensiv einbezogen werden. Die Podiumsdiskussion startete mit Eingangsthesen der Beteiligten auf dem Podium. Uwe Jung-Pätzold betonte, dass das Ziel der Jugendhilfe (§ 1 Abs. 1 SGB VIII) über das Ziel der Legalbewährung (§ 2 Abs. 1 JGG) hinausgehe. Er zitierte Rüdiger Schilling, dass es zwei Züge auf zwei parallel verlaufenden Gleisen in eine Richtung seien, ergänzte jedoch, dass es dabei durchaus unterschiedliche Zielbahnhöfe geben könne. Es folgte Rüdiger Schilling mit dem Hinweis darauf, dass Jugendhilfe und Jugendstrafverfahren klar zu trennen seien. Kooperationen dienten häufig der Politik und Ressourcenoptimierung, aber nicht den jungen Menschen. Marcus Schaerff verwies darauf, dass die gemeinsame Unterbringung von Strafverfolgungsbehörden und Jugendhilfe im Strafverfahren das Vertrauensverhältnis zum*zur jungen Beschuldigten gefährden könne. Abschließend meinte Leon Lohrmann, dass zu enge Absprachen zwischen den Kooperationspartnern die Integrität der Hauptverhandlung beeinträchtigen könnten.

Vor der eigentlichen Diskussion gab es von Leon Lohrmann und Marcus Schaerff noch einen kurzen Überblick über die Geschichte und Entwicklung der Häuser des Jugendrechts in Deutschland. Sie zeigten auf, dass in den Jahren nach Eröffnung des ersten HdJR in Stuttgart-Bad Cannstadt nur wenige Häuser eingerichtet wurden. Seit etwa 2008 ging die Kurve allerdings mehr oder weniger steil nach oben und vor allem in Hessen, Baden-Württemberg, Rheinland-Pfalz, Nordrhein-Westfalen und Niedersachsen wurden etliche Häuser eröffnet. Zudem wurde auf teilweise problematisches Wording zum HdJR in der Presse verwiesen: „Drei Behörden, eine Klingel" oder „Das Haus des Jugendrechts ermittelt" waren Beispiele dafür. Schließlich zeigten sie Fotos der Häuser des Jugendrechts in Wiesbaden und Düsseldorf, auf denen deutlich wurde, dass Räumlichkeiten der Polizei genutzt werden.

In der Folge gab es eine lebhafte und sehr kontroverse Diskussion darüber, ob die aus der Wissenschaft und von Seiten der DVJJ geäußerten Bedenken gegenüber den HdJR berechtigt seien, da die Praxis vor Ort als sehr gut empfunden werde und es durchaus Beispiele von HdJR gebe, die im Sinne einer professionellen, den Vorgaben des SGB VIII entsprechenden JuhiS arbeiten. Gemeinsame Ergebnisse konnten daher nicht gefunden werden.

So wurde beispielsweise darüber diskutiert, ob ein HdJR für Delinquenz von Kindern zuständig sein sollte. Es wurde als vorteilhaft angesehen, wenn die Polizei im HdJR direkte Ansprechpersonen in der Jugendhilfe hat und sicher ist, dass sich die Jugendhilfe der Fälle (mit z. T. vielen und gefährdenden Straftaten) annimmt und eine Perspektive sucht. Die Zuständigkeit für Kinder könne gegeben sein, wenn es sich um eine nicht spezialisierte JuhiS handelt, die also auch Aufgaben der Allgemeinen Sozialen Dienste mit bearbeitet (dies scheint es gleichwohl nur im HdJR Pforzheim zu geben; regelmäßig arbeiten spezialisierte JuhiS-Fachkräfte in HdJR). Gleichzeitig wurde auf die klare Zuständigkeitsverteilung in Deutschland verwiesen: für Kinder sind Jugendhilfe und Familiengericht zuständig, nicht die Strafjustiz. Wenn nun Fälle der Delinquenz von Kindern im HdJR von JuhiS, Polizei und Staatsanwaltschaft bearbeitet und beraten würden, bestehe eine große Gefahr der Durchbrechung dieser Zuständigkeit, zumal die Staatsanwaltschaft wegen § 19 StGB eigentlich gar nicht weiter beteiligt sein dürfte.

Es zeigte sich ein hoher Bedarf an Austausch über die jeweiligen Erfahrungen in den HdJR. Dieser wurde allerdings dadurch erschwert, dass sich die Häuser von den äußeren Rahmenbedingungen, den Beteiligten, den Haltungen sowie den Zielgruppen sehr stark voneinander unterscheiden. Zudem wurde darauf hingewiesen, dass Erfahrungen im Einzelfall fundierte wissenschaftliche Erkenntnisse nicht ersetzen können (zu diesen s. nachfolgend). Von folgenden positiven Erfahrungen im Einzelfall wurde berichtet:

- gute Kooperation, gutes Netzwerk
- Vertrauensverhältnis besteht (zwischen den Professionellen; von den jungen Menschen zur Jugendhilfe, aber auch zur Polizei)
- räumliche Nähe, um schwierige Fälle schnell klären zu können; insbes. schnelle Weitergabe von Informationen der Polizei an die Jugendhilfe
- die Umsetzung der Neuregelungen im JGG durch die EU-Richtlinie war einfacher
- ggf. mehr Personal bzw. mehr personelle Kontinuität (z. B. weniger Wechsel bei der Staatsanwaltschaft und Polizei)
- Zunahme der Diversion und weniger Anklagen

Es kamen aber auch Probleme bzw. Bedenken zur Sprache:

- Im HdJR werden nicht alle Fälle bearbeitet, insbes. wegen Spezialisierungen bei der Polizei (z. B. keine Bearbeitung von Staatsschutz- und Verkehrsdelikten), aber auch wegen Zuständigkeiten nach Altersgruppen (Kinder; Heranwachsende bei der Jugendhilfe).
- Besteht Rollenklarheit oder Rollenunklarheit? Können die Adressat*innen unterscheiden, mit wem sie es zu tun haben?
- Wer hat welche Aufgaben und besteht bei den beteiligten Professionen Rollenklarheit? Beispielsweise möchte die Polizei Hilfe anbieten und fühlt sich als Vertrauensperson, aber sollte sich die Polizei nicht auf die Gefährderansprache beschränken und zur Unterstützung an die JuhiS weiterverweisen?
- Wäre wegen mancher Bedenken eine räumliche Trennung vorteilhaft (komplett virtuelles HdJR oder sollte zumindest die Jugendhilfe nicht mit unter dem Dach sein)?

Nachfolgend referierte Leon Lohrmann einige Erkenntnisse aus den vorliegenden Evaluationen zu HdJR. Lediglich fünf der bis Ende 2022 gegründeten 48 Häuser wurden wissenschaftlich untersucht. Es gibt insgesamt wenig gesicherte Erkenntnisse, insbes. gibt es in Deutschland keine echten Wirkungsevaluationen mit validen Befunden.

Die Ergebnisse von Dessecker et al. aus Frankfurt am Main-Höchst sind nur sehr eingeschränkt nutzbar, da die Experimentalgruppe und die Kontrollgruppe quasi nicht miteinander vergleichbar waren. So zeichnete sich die Kontrollgruppe vor allem durch eine deutlich stärkere strafrechtliche Vorbelastung aus: Während fast zwei Drittel der jungen Beschuldigten des HdJR nur eine Eintragung aufwiesen, waren dies in der Kontrollgruppe nur 20 %. Auch der Anteil von Personen mit einer erhöhten Anzahl von Straftaten war in der Kontrollgruppe deutlich höher.[1]

Dennoch lassen sich einige vorsichtige Annahmen treffen. So deuten die Evaluationen auf eine Beschleunigung der polizeilichen und staatsanwaltlichen Bearbeitung hin.[2] Auch kann eine Verbesserung der Kooperation durch eine höhere Zufriedenheit der Mitarbeitenden festgestellt werden (wobei die unzufriedenen Mitarbeitenden auch gekündigt haben könnten). Das Bild der Sanktionsentwicklung ist sehr heterogen und lässt keine eindeutigen Aussagen zu. Gene-

---

[1] Dessecker, Bork et al., 2022 sowie Dessecker & Schäfer, 2023.
[2] Feuerhelm & Kügler 2003; Müller, Mutke & Wink 2008.

rell kann nicht angenommen werden, dass die Diversion durch ein HdJR zunehmen würde.[3]

Es gibt Anzeichen in den Forschungsberichten dafür, dass Jugendliche und Heranwachsende die Institutionen in den HdJR nicht immer klar voneinander unterscheiden können. Ein wesentlicher Kritikpunkt an der Forschung ist, dass es bislang keine Adressat*innen-Forschung gibt, d. h., die Perspektive der jungen Menschen fehlt.[4]

Nach der Diskussion wurden die Referenten um ein abschließendes Statement gebeten, wie die Professionalität der einzelnen Berufsgruppen in einem HdJR sichergestellt werden kann. Rüdiger Schilling führte ganz knapp dazu aus: „Schuster bleib bei deinen Leisten." Uwe Jung-Pätzold bezog sich für die Frage, ob und wenn ja, wie sich die Jugendhilfe an einem HdJR beteiligen sollte, auf Kriterien aus der Arbeitshilfe der Jugendhilfe im Strafverfahren:[5] 1.) Durch das zeitlich und räumlich enge Zusammenrücken muss die eigenständige und unabhängige, primär auf die Förderung des jungen Menschen ausgerichtete Rolle der Jugendhilfe gewahrt und erkennbar bleiben. 2.) Die organisatorische Einbindung der Jugendhilfe im Strafverfahren muss sich mit der sozialräumlichen Ausrichtung und der organisatorischen Stellung im Jugendamt vertragen. 3.) Ein beschleunigter Verfahrensgang muss dem jungen Menschen die Möglichkeit lassen, die einzelnen Verfahrensschritte angemessen zu reflektieren. 4.) Der Schutz der Sozialdaten muss ausreichend gewährleistet sein. Leon Lohrmann ging auf die Problematik der Teilnahme von Jugendrichter*innen an Fallkonferenzen ein, denn sie würden an einigen wenigen Standorten an diesen teilnehmen. Dies sieht er als sehr problematisch. Die*Der Jugendrichter*in setze sich durch die Teilnahme dem Risiko aus, dass sich bereits zu einem frühen Zeitpunkt im Ermittlungsverfahren durch die Präsenz der Strafverfolgungsbehörden in der Fallkonferenz Vorstellungen und Annahmen über die Person der*des Jugendlichen bilden, die die spätere Entscheidung beeinflussen können, was mit Blick auf § 24 StPO problematisch sei. Auch sei das Risiko, dass die Strafverfolgungsbehörden mit einer gewissen Erwartungshaltung an die*den Jugendrichter*in herantreten, um auf eine bestimmte Sanktion hinzuwirken,

---

3 Linz, 2013.

4 In der zwischenzeitlich veröffentlichten Evaluation des HdJR Leipzig wurden immerhin sechs Interviews mit Jugendlichen und Heranwachsenden geführt; bei einer so kleinen Anzahl ist die Aussagekraft gleichwohl gering. Die Hälfte der Befragten gab an, „keinen Überblick darüber zu haben, welche Person zu welcher Behörde gehörte" (Bender, Krumma et al., 2023, S. 116).

5 Goerdeler, 2009, S. 24.

jedenfalls nicht ganz von der Hand zu weisen. Schließlich betonte Marcus Schaerff, dass in den HdJR sichergestellt sein müsse, dass die jeweiligen Rollen und damit verbundenen Aufgaben und Funktionen der JuhiS und der Strafverfolgungsbehörden gewahrt und von den anderen Beteiligten entsprechend akzeptiert würden. Dies betreffe vor allem die aufseiten der JuhiS durch den engen Sozialdatenschutz stark eingeschränkte Befugnis zum Informationsaustausch mit Mitarbeiter*innen der Polizei. Daher sei darauf zu achten, dass an diese nicht aufgrund der möglicherweise informellen Atmosphäre (in der Teeküche o. Ä.) und gegenseitigen engeren Bekanntheit (auch unbeabsichtigt) geschützte Informationen preisgegeben würden.

Der Arbeitskreis endete mit einer abschließenden Abfrage bei den Teilnehmenden, wenn freie Wahl bestünde, wo sie am liebsten arbeiten würden: in einem realen oder virtuellen HdJR, einem HdJR mit räumlicher Trennung oder lieber ohne HdJR. 13 Personen votierten für ein reales HdJR, ein virtuelles HdJR favorisierten 9 Personen, ein HdJR mit räumlicher Trennung 8 Personen und 9 Personen wählten kein HdJR.

Literaturverzeichnis

Bender, R., Krumma, A., Neubert, J., Hoffmann, A., Bolesta, D., Führer, J. & Asbrock, F. (2023). Eine Evaluation des Hauses des Jugendrechts Leipzig. Ziele, Erfolge, Herausforderungen. Baden-Baden: Tectum.

Dessecker, A. & Schäfer, K. (2023). Jugendstrafverfahren im Haus des Jugendrechts Frankfurt am Main-Höchst und Legalbewährung. Zeitschrift für Jugendkriminalrecht und Jugendhilfe, 34 (3), S. 210–218.

Dessecker, A., Bork, J., Hatton, W. & Schäfer, K. (2022). Eine Untersuchung zur Legalbewährung nach jugendstrafrechtlichen Diversionsmaßnahmen am Beispiel des Hauses des Jugendrechts Frankfurt am Main-Höchst. Wiesbaden: Kriminologische Zentralstelle.

Feuerhelm, W. & Kügler, N. (2003). Das „Haus des Jugendrechts" in Stuttgart-Bad Cannstadt: Ergebnisse einer Evaluation. Mainz: Institut für sozialpädagogische Forschung.

Goerdeler, J. (2009). Jugendhilfe im Strafverfahren (JuHiS). Eine fachliche Empfehlung für die Handhabung der Mitwirkungsaufgabe nach § 52 SGB VIII der BAG JuHiS in der DVJJ. In J. Goerdeler & BAG Jugendhilfe im Strafverfahren in der DVJJ (Hrsg.), Jugendhilfe im Strafverfahren. Arbeitshilfe für die Praxis (S. 13–44). Hannover: DVJJ.

Linz, S. (2013). Häuser des Jugendrechts in Hessen. Ergebnisse der Begleitforschung für Wiesbaden und Frankfurt am Main-Höchst. Wiesbaden: Kriminologische Zentralstelle.

Müller, H., Mutke, B. & Wink, S. (2008). Unter einem Dach: neue Wege der Kooperation in der Jugendstrafrechtspflege. Das Haus des Jugendrechts Ludwigshafen. Mainz: Institut für sozialpädagogische Forschung.

Arbeitskreis 12: Restorative Justice im europäischen Vergleich – Aktuelle Entwicklungen und gute Praxismodelle

Susanne Zinke

Ergebnisse des Arbeitskreises

- Konkretisierung des § 155a StPO ist notwendig

Täter-Opfer-Ausgleich (neu)
- Die Staatsanwaltschaft und das Gericht sollen in jedem Stadium des Verfahrens die Möglichkeit prüfen, einen Ausgleich zwischen Beschuldigtem und Verletzten zu erreichen.
- In Fällen von insbesondere Körperverletzungsdelikten, Bedrohung, bei Eigentums- und Vermögensdelikten, auch unter Gewaltanwendung (Raub/Erpressung), oder anderen Formen interpersonaler Konflikte, die nicht lediglich Bagatellcharakter aufweisen, sollen sie darauf hinwirken.
- Dies gilt vor allem auch dann, wenn von Seiten der Täter und/oder der Verletzten ein solcher Ausgleich angeregt wird.
- Gegen den ausdrücklichen Willen der Verletzten darf die Eignung nicht angenommen werden.

- mehr Verpflichtung zum Prüfen von Möglichkeiten zum TOA in allen Verfahren in jedem Verfahrensstadium
- Zeugnisverweigerungsrecht für Mediatorinnen und Mediatoren
- flächendeckendes Angebot
- vollumfängliche Information von Betroffenen
- bundesweite verpflichtende Teilnahme an der Statistik
- Finanzierung von TOA muss bei jungen Menschen und Erwachsenen gewährleistet sein (Länderaufgabe?)

Arbeitskreis 14: Jugendforensik

Verina Speckin

Professor Dr. Frank Häßler, Kinder und Jugendpsychiater, Rostock und Dr. Angela Wenzel, Ärztin für Kinder- und Jugendpsychiatrie, Ahlhorn, Kreis Oldenburg, die freundlicherweise für die verhinderte Frau Dr. Mareike Schüler-Springorum eingesprungen war, referierten zum einen zu den Besonderheiten straf- und zivilrechtliche Regelungen für Kinder, Jugendliche und Heranwachsende, schilderten Fallbeispiele und diskutierten mit den Teilnehmenden, die überwiegend aus dem Bereich Jugendhilfe kamen, welche Forderungen an die Politik zu stellen wären, um es Kindern und Jugendlichen leichter zu machen, gesund und straffrei aufzuwachsen.

Professor Häßler erläuterte die Vorschriften zur Deliktsfähigkeit von Kindern und das im Familienrecht der Kindeswille spätestens bei zehnjährigen und älteren Kindern zu berücksichtigen sei. Er wies daraufhin, dass immer wieder die Diskussion, gerne vor anstehenden Wahlen aufflammt, dass das Strafmündigkeitsalter von jetzt 14 Jahren herabzusetzen sei.

Dabei wird immer wieder ausgeblendet, dass die Entwicklung von Individuen unterschiedlich verläuft und es nicht darum geht, ob jemand einzelne Aspekte gut beherrscht, sondern, ob jemand in der Lage ist, Bedürfnisse abzuschieben und vor einer Entscheidung das Für und Wider abzuwägen. Inzwischen ist wissenschaftlich anerkannt, dass die Hirnreifung des Menschen frühestens mit 25 Jahren abgeschlossen ist. Die Teilnehmenden waren sich darüber einig, dass es für die Persönlichkeitsentwicklung keine starren Grenzen gäbe. Daher ist individuell auf Fehlverhalten zu reagieren.

Faktoren, die Straffälligkeit begünstigen, sind neben Gewalterfahrungen, Armut und Bildungsferne auch mangelnde Intelligenz und ein kriminelles Milieu innerhalb der Familie. Wissenschaftliche Nachweise, dass es männliche Hormone eine besondere Gewaltbereitschaft auslösen, gibt es nicht. Soweit in § 3 Jugendgerichtsgesetz geregelt ist, dass die Fähigkeit, das Unrecht einer Tat einzusehen und nach dieser Einsicht zu handeln, zur strafrechtlichen Verantwortlichkeit führt, gilt dies bei Eigentums- und Rohheitsdelikten auch für Lernbehinderten. Erst wenn ein IQ unter 70 festgestellt wurde, ist das Vorliegen dieser Einsichtsfähigkeit genauer gutachterlich zu überprüfen.

Dringend geboten ist die Überarbeitung der längst veralteten Reifekriterien der sog. Marburger Richtlinien aus dem Jahr 1954. Ein neuer Kriterienkatalog muss die neuen und auch die globalen gesellschaftlichen Gegebenheiten berücksichtigen, damit die §§ 3 u. 105 JGG entsprechend ausgelegt werden können. Frau Dr. Wenzel erläuterte, dass die Anwendung von § 35 BtMG oder § 64 StGB als vorläufige Maßnahme auch der Vermeidung von Untersuchungshaft dienen kann.

Übersehen wird bei der Unterbringung häufig, dass in den Einrichtungen eine feste Tagesstruktur während der Behandlung fehlt und das Recht auf Bildung oder Teilhabe nicht gewährt wird. Eine Lobby, die sich für die Interessen der Patient*innen stark macht, fehlt ihrer Ansicht nach.

Professor Häßler und Frau Dr. Wenzel sahen beide starken Handlungsbedarf sowohl in den Maßregelvollzugskliniken für Jugendliche und Heranwachsende als auch für die geschlossene Unterbringungen in Fachkliniken für Psychiatrie.

So fällt für sie besonders auf, dass diese Einrichtungen in den verschiedenen Bundesländern ganz unterschiedlich ausgestattet sind. Eine heimatnahe Unterbringung ist häufig nicht möglich und die Beziehung zu den Familienangehörigen kaum aufrechterhalten. Elternarbeit gelingt dann nicht.

Um die Unterschiede in den einzelnen Bundesländern auszugleichen, empfiehlt der Arbeitskreis neue Einrichtungen zu schaffen oder länderübergreifende vertretbare Angebote. Im Umkreis von 200 km sollten entsprechende Einrichtungen vorgehalten werden, um die Familienbindung aufrechtzuerhalten und Eltern in die Behandlung mit einbinden zu können.

Ebenso sind die Kostenstrukturen für einen Platz in der Forensischen Klinik und einem Platz in einer geschlossenen Abteilung stark voneinander abweichend. Wenn der Kostenfaktor eine Bedeutung dafür hat, wo ein Kind oder Jugendlicher unterzubringen ist, kann dies dazu führen, dass die tatsächlich erforderliche Behandlung nicht erfolgt. Die Maßnahme muss sich am individuellen Bedarf und nicht an deren Kosten orientieren.

Beide Referent*innen legten dar, dass auch die Gutachtenqualität durch verbindliche Mindeststandards verbessert werden sollte und bei der Bestellung von Gutachter*innen auf deren Unparteilichkeit geachtet werden sollte. Insbesondere bei selbstständig tätigen Gutachter*innen kann die Gefahr bestehen, das Ergebnis zu sehr an das von der*dem Auftraggeber*in möglicherweise gewünschte Ergebnis anzupassen.

Weiter wurde der Wunsch an den Gesetzgeber herangetragen, im Rahmen des § 63 StGB, der die Unterbringung im Maßregelvollzug regelt, eine Höchstverweildauer für jugendliche Patient*innen und junge Erwachsene zu implementieren. Aktuell kann die Unterbringung nach § 63 StGB unbegrenzt bedeuten.

Da immer wieder von außen auf den Kostenfaktor hingewiesen wird, könnte es sich auch empfehlen, die Unterbringung nach § 64 StGB abzuschaffen und stattdessen eine flächendeckende Suchtbehandlung im Gesundheitssystem anzubieten.

Zum Abschluss wurde über die seinerzeit angedachte Herausnahme des Eigenkonsums von Marihuana und Cannabis aus dem Katalog der Betäubungsmittelgesetz geregelten Straftaten diskutiert.

Auf der einen Seite wurden die möglichen gesundheitlichen schweren Folgen des Konsums gesehen, auf der anderen Seite aber auch klar erkannt, dass die bisherige Strafbarkeit nicht davon abgehalten hat.

Anhang

32. Deutscher Jugendgerichtstag
Recht auf Jugend – 100 Jahre Jugendgerichtsgesetz

15. bis 18. September 2023 | Berlin
Programmablauf

Freitag, 15. September 2023

13:00–13:45 Uhr	Begrüßung durch Prof. Dr. Theresia Höynck, 1. Vorsitzende der DVJJ e. V.
	Grußworte und Videobotschaften
13:45–14:30 Uhr	1. Eröffnungsvortrag: *100 Jahre Jugend – Jahrhundert der Jugend oder ein vertanes Jahrhundert der Verwirklichung der Rechte junger Menschen* Prof. Dr. Wolfgang Schröer, Universität Hildesheim
14:30–15:00 Uhr	Pause
15:00–15:45 Uhr	2. Eröffnungsvortrag: *Spiegel des Jugendstrafrechts? 100 Jahre Strafrechtsentwicklung* Prof. Dr. Milan Kuhli, Universität Hamburg
15:45–16:30 Uhr	3. Eröffnungsvortrag: *Jugendgerichtshöfe – (auch) eine Frauensache* Dr. Anja Schüler, Heidelberg Center for American Studies der Universität Heidelberg
16:30–17:30 Uhr	Pause mit Verpflegung
ab 17:30 Uhr	Treffen der Berufsgruppen

Samstag, 16. September 2023

09:00–17:30 Uhr	Jubiläumsausstellung *100 Jahre JGG: Idee – Entstehung – Weiterentwicklung, Perspektiven auf das Gesetz und seine Grundlagen*
09:00–13:00 Uhr	Beratung in den Arbeitskreisen mit Kaffeepause

13:00–14:30 Uhr   Mittagspause

14:30–15:30 Uhr   1. Jubiläumsvortrag: *100 Jahre JGG – Bilanz einer Zeiten-wende*
                   Dr. Mario Bachmann, Universität Köln

15:30–16:30 Uhr   2. Jubiläumsvortrag: *Behutsames Verantwortlichmachen –
                   Der Erziehungsgedanke im Jugendstrafrecht*
                   Lukas Pieplow, Rechtsanwalt, Fachanwalt für Strafrecht,
                   RAe Wilke & Pieplow, Köln

16:30–17:30 Uhr   3. Jubiläumsvortrag: *„Blindflug"?! – Normsetzung und Nor-
                   manwendung in der Jugendkriminalrechtspflege im Lichte der
                   empiirischen Sanktions- ind Wirkungsforschung*
                   Prof. em. Dr. Wolfgang Heinz, Universität Konstanz

14:30–17:30 Uhr   Rahmenprogramm:
                   Dokumentarfilm: *„Kalle Kosmonaut"* (2022) und anschlie-
                   ßendem Gespräch mit den Regisseur*innen Tine Kugler &
                   Günther Kurth

Sonntag, 17. September 2023

09:00–17:30 Uhr   Jubiläumsausstellung *100 Jahre JGG: Idee – Entstehung –
                   Weiterentwicklung, Perspektiven auf das Gesetz und seine
                   Grundlagen*

09:00–10:15 Uhr   Forenvorträge 1–12

10:15–10:45 Uhr   Kaffeepause

10:45–12:00 Uhr   Forenvorträge 13–23

12:00–13:00 Uhr   Mittagspause

13:00–17:30 Uhr   Öffentliche Mitgliederversammlung der DVJJ e. V.

ab 19:30 Uhr   Abendveranstaltung, Heimathafen Neukölln

Montag, 18. September 2023

10:00–12:00 Uhr   Abschlussveranstaltung – *Blick in die Zukunft des JGG*
- Prof. Dr. Kirstin Drenkhahn, FU Berlin
- Prof. Dr. Ralf Kölbel, LMU München
- Pamela Busse, Kommunaler Sozialer Dienst Mülheim an der Ruhr, Sprecherin der BAG JuhiS
- Maria Kleimann, Direktorin des Amtsgerichts Neustadt am Rübenberge, Mitglied des Bundesvorstandes der DVJJ e. V.
- Tilman Wesely, KHK, LKA Niedersachsen, Fachspartenvertreter der Polizei

Moderation: Claudia Bender, Fulmidas Medienagentur GmbH, Berlin

Zusammenfassung und Verabschiedung
Prof. Dr. Theresia Höynck, 1. Vorsitzende der DVJJ e. V.

Übersicht Arbeitskreise

AK 1: (Ver-)Störendes Verhalten – Verstörende Beziehungen – Verstörende Erziehungskontexte – Herausforderungen an die Kooperation von Justiz, Jugendhilfe und KJPP

Referierende: Prof. Dr. Menno Baumann, Fliedner-Fachhochschule Düsseldorf – Intensivpädagogik, Soziale Arbeit, Schwerpunkt Kinder- und Jugendhilfe

Patrick Zobrist, Dozent und Projektleiter, Hochschule Luzern – Soziale Arbeit

Moderation: Dr. Regine Drewniak, wissenwasgutist: Beratung, Bildung, Evaluation

AK 2: Wer zuerst kommt ... Die Bedeutung der frühzeitigen polizeilichen Information der Jugendhilfe (im Strafverfahren) vor der Beschuldigtenvernehmung (§ 70 Abs. 2 JGG)

Referierende: Jürgen Kußerow, JuhiS Stadt Waltrop, Stellvertretender Spartenvertreter JuhiS

Bernd Holthusen, Deutsches Jugendinstitut e. V.

Protokoll: Dr. Annemarie Schmoll, Deutsches Jugendinstitut e. V.

AK 3: Kinder und Jugendliche in unruhigen Zeiten – Was brauchen sie? Wie begleiten wir sie? [World Café]

Referent: Matthias Heintz, Erziehungswissenschaftler, systemischer Familientherapeut, Beratung Plus Prävention, Gleichen

Moderation: Florian Gromoll, Projekt „(Be)Denkzeit", KJV e. V.

Marcus König, Diakonisches Beratungszentrum Vogtland

Anja Pokorný, Projekt „(Be)Denkzeit", KJV e. V.

AK 4:   Wie sprichst du denn mit mir? – Ziele und Methoden der Gesprächsführung in den am Jugendstrafverfahren beteiligten Berufsgruppen

Referierende: Tilman Wesely, KHK, LKA Niedersachsen, Fachspartenvertreter Polizei im GA

Stefan Lücke, Richter am OLG Celle

Thomas Krestel, Jugendhilfe im Strafverfahren, Landratsamt Ortenaukreis

Moderation: Konstanze Fritsch, BRJ e. V. Berlin

AK 5:   Förderkontinuum der Jugendhilfe – Schnittstellen zwischen Vollzug und den anderen am Jugendstrafverfahren beteiligten Berufsgruppen

Referierende: Prof. Dr. Frank Rose, Jugendrichter und Vorsitzender des Jugendschöffengerichts des Amtsgerichts Ratzeburg

Daniela Kundt, Jugendamt Stuttgart, Ambulante Maßnahme der Jugendhilfe im Strafverfahren, Bundesvorstand DVJJ e. V.

Moderation: Bill Borchert, Leiter der Jugendstrafanstalt Berlin

AK 6:   Spannungsfeld Migrationsrecht-Strafrecht-Jugendhilfe

Referierende: Prof. Dr. jur. Christine Graebsch, Dipl.-Krim., Hochschullehrerin für Recht der Sozialen Arbeit an der Fachhochschule Dortmund

Holger Dieckmann, Flüchtlingsrat Bremen

Moderation: Pamela Busse, Kommunaler Sozialer Dienst Mülheim an der Ruhr, Sprecherin der BAG JuhiS

Etienne Fischer, Landeshauptstadt Dresden

AK 7: **„Collateral Consequences" im Jugendstrafrecht – Zu den (straf-)rechtlichen Nebenfolgen eines jugendstrafrechtlichen Verfahrens**

Referierende: Andreas Guido Spahn, Richter am AG Rudolstadt

Dr. Erik Weiss, Universität zu Köln

Moderation: Stefanie Glück, Amt für Soziale Dienste Bremen, BAG JuhiS

AK 8: **Die Reform der bundesweiten Polizeidienstvorschrift 382 (PDV 382)**

Referierende: Werner Gloss, EPHK, Sprecher der BAG Polizei

Prof. Dr. Markus Thiel, Deutsche Hochschule der Polizei

Moderation: Werner Kunath, BAG Polizei

AK 9: **Cannabislegalisierung – Kontrollierte Abgabe von Cannabis und Veränderungen für Handlungsfelder der Jugendhilfe und Justiz**

Referierende: Dr. Jens Kalke, Wissenschaftliche Leitung, Zentrum für Interdisziplinäre Suchtforschung (ZIS) der Universität Hamburg

Anna Freiesleben, Fachstelle für Suchtprävention Berlin

Moderation: Michael Reckfort, Jugendhilfe im Strafverfahren Kreis Coesfeld, BAG JuhiS

AK 10: Frühe Verteidigung in Jugendstrafverfahren – Herausforderungen für Polizei, Justiz und Verteidigung

Referierende: Bernd Klippstein, Erster Staatsanwalt a. D., Freiburg i. Br.

Wolfgang Klein, KHK, Haus des Jugendrechts Paderborn

Dr. Toralf Nöding, Rechtsanwalt

Moderation: Prof. Dr. Florian Knauer, Friedrich-Schiller Universität Jena

AK 11: Häuser des Jugendrechts – Anspruch und Wirklichkeit

Referierende: Dr. Rüdiger Schilling M.A., Kriminologe und Polizeiwissenschaftler, EKHK a. D., Pforzheim

Uwe Jung-Pätzold, Abteilungsleiter Soziale Dienste, Jugend- und Sozialamt der Stadt Pforzheim

Dr. Marcus Schaerff (Ass.), Institut für Kriminalwissenschaften, Universität Münster

Leon Lohrmann, Institut für Kriminalwissenschaften, Universität Münster

Moderation: Prof. Dr. Brigitta Goldberg, Evangelische Hochschule Rheinland-Westfalen-Lippe, Bochum

AK 12: Restorative Justice im europäischen Vergleich – Aktuelle Entwicklungen und gute Praxismodelle

Referierende: Christoph Willms, Leiter des TOA-Servicebüros des DBH-Fachverband e. V. in Köln

Prof. em. Dr. Frieder Dünkel, Universität Greifswald

Prof. Dr. Ineke Regina Pruin, Universität Bern

Moderation: Susanne Zinke, Mediatorin und Vorsitzende der DVJJ-Landesgruppe Hessen

AK 13: Herausforderungen im Zusammenhang mit Jugendkulturen

Referierende: Klaus Farin, Autor und Jugendforscher, Stiftung Respekt! Berlin

Isabell Plich, Richterin am Landgericht, Hannover

Moderation: Lena Rudel, Lotse Kinder und Jugendhilfe e. V. München, BAG ASA

AK 14: Jugendforensik

Referierende: Prof. Frank Häßler, Direktor der Klinik für Kinder- und Jugendneuropsychiatrie und Psychotherapie, Universität Rostock

Angela Wenzel, Fachärztin für Kinder- und Jugendpsychiatrie und -psychotherapie, Chefärztin Diakonisches Werk Oldenburg

Moderation: Verina Speckin, Rechtsanwältin, Rostock, BAG Justiz und Anwaltschaft

Übersicht Forenvorträge

V 1   Zwang und Soziale Arbeit: Überall ist Zwang – ausgeliefert sind wir ihm nicht!

Referierende: Prof. em. Dr. Michael Lindenberg, Evangelische Hochschule für Soziale Arbeit & Diakonie Hamburg

Prof. Dr. Tilman Lutz, Hochschule für Angewandte Wissenschaften Hamburg

Moderation: Dr. Regine Drewniak, wissenwasgutist: Beratung, Bildung, Evaluation

V 2   Entwicklungen des Jugendstrafrechts im europäischen und internationalen Vergleich

Referent: Prof. em. Dr. Frieder Dünkel, Universität Greifswald

Moderation: Konstanze Fritsch, BRJ e. V. Berlin

V 3   Jugendhilfe- und Jugendstrafrecht – Nebeneinander und Wechselwirkungen, Entwicklungen, Brüche und aktuelle Konsequenzen

Referent: Prof. Dr. Thomas Trenczek, Ernst-Abbe-Hochschule Jena

Moderation: Bernd Klippstein, Erster Staatsanwalt a. D., Freiburg i. Br.

V 4   Jugend(hilfe) im Strafverfahren nach der JGG-Reform

Referierende: Dr. Annemarie Schmoll, Deutsches Jugendinstitut e. V.

Dirk Lampe, Deutsches Jugendinstitut e. V.

Moderation: Uwe Jung-Pätzold, Abteilungsleiter Soziale Dienste, Jugend- und Sozialamt der Stadt Pforzheim

V 5   Das jugendliche Gehirn und Kriminalität – Welchen Beitrag leisten neurowissenschaftliche Befunde zum Verständnis und Umgang mit juveniler Delinquenz?

Referentin: Dr. Angela Wenzel, Fachärztin für Kinder- und Jugendpsychiatrie und -psychotherapie, Chefärztin Diakonisches Werk Oldenburg

Moderation: Dennis Sögding, BAF e. V., Hannover

V 6   Prävention, Repression und Überwachung – Die Gesellschaft und das Recht im Sicherheitsmodus

Referent: Prof. Dr. Jens Puschke, Philipps-Universität Marburg

Moderation: Dr. Rüdiger Schilling, M.A., Kriminologe und Polizeiwissenschaftler, EKHK a. D., Pforzheim

V 7   Kriminalprognose bei jungen Personen, die straffällig wurden

Referent: Prof. Dr. Martin Rettenberger, Direktor der Kriminologischen Zentralstelle (KrimZ), Wiesbaden und Psychologisches Institut, Johannes Gutenberg-Universität (JGU), Mainz

Moderation: Etienne Fischer, Landeshauptstadt Dresden

V 8   „Collateral Consequences" – (Straf-)rechtliche Nebenfolgen eines jugendstrafrechtlichen Verfahrens im Lichte des § 2 Abs. 1 JGG

Referent: Dr. Erik Weiss, Universität zu Köln

Moderation: Lena Rudel, Lotse Kinder und Jugendhilfe e. V. München, BAG ASA

**V 9   Predictive Policing: Chancen und Risiken des algorithmisier-
ten Polizierens**

Referent: Dr. Simon Egbert, Universität Bielefeld

Moderation: Prof. Dr. Markus Thiel, Deutsche Hochschule der Polizei

**V 10   Jugendstärkung?! Das Kinder- und Jugendstärkungsgesetz
und seine Bedeutung im jugendstrafrechtlichen Kontext**

Referentin: Prof. Dr. Brigitta Goldberg, Evangelischen Hochschule Rheinland-Westfalen-Lippe, Bochum

Moderation: Janél Stieber, DVJJ e. V.

**V 11   Jugendliche und Glücksspiele: Spielanreize, Spielrisiken,
Spielexzesse**

Referent: Dr. Tobias Hayer, Universität Bremen

Moderation: Lena Deyerling, DVJJ e. V.

V 12   Aktuelle Entwicklungen im Jugendmedienschutz

Referent: Klaus Hinze, Vorsitzender der Bundesarbeitsgemeinschaft Kin-
der- und Jugendschutz e. V. (BAJ), Jugendschutzsachverständi-
ger und Länderbeisitzer des Landes Brandenburg bei der Prüfstelle für jugendgefährdende Medien

Moderation: Maxi Wantzen, Staatsanwaltschaft Itzehoe

**V 13   Erziehung im Jugendstrafvollzug. Pädagogische Grundlagen,
Widersprüche und offene Fragen**

Referent: Prof. Dr. David Zimmermann, Humboldt-Universität zu Berlin

Moderation: Stefanie Glück, Amt für Soziale Dienste Bremen, BAG JuhiS

V 14   Sexualdelikte im Internet – Rechtslage und praktische Probleme

Referentin: Isabell Plich, Richterin am Landgericht, Hannover

Moderation: Sebastian Las Casas dos Santos, Ambulante Betreuungen im Jugendstrafverfahren, Arbeiterwohlfahrt für die Region Osnabrück e. V., Haus des Jugendrechts Osnabrück

V 15   Aktuelle empirische Daten über Jugendgerichte und Jugendstaatsanwaltschaften – Das Jugendgerichtsbarometer 2021/22

Referent: Bernd Holthusen, Deutsches Jugendinstitut e. V.

Moderation: Uwe Jung-Pätzold, Abteilungsleiter Soziale Dienste, Jugend- und Sozialamt der Stadt Pforzheim

V 16   Clan-Kriminalität: Zur Konstruktion eines neuen Kriminalitätsphänomens

Referentin: Tamara Dangelmaier, wissenschaftliche Mitarbeiterin, Hochschule für Wirtschaft und Recht, Berlin

Moderation: Konstanze Fritsch, BRJ e. V. Berlin

V 17   Neue Rechtsprechung zum JGG

Referent: Prof. Dr. Christian Laue, Rechtsanwalt, Universität Heidelberg

Moderation: Werner Kunath, BAG Polizei

V 18   Verlauf der Jugenddelinquenz und Wirkungen formeller Kontrolle

Referent: Prof. Dr. Klaus Boers, Universität Münster

Moderation: Daniela Kundt, Jugendamt Stuttgart, Ambulante Maßnahme der Jugendhilfe im Strafverfahren, Bundesvorstand DVJJ e. V.

V 19   „To uphold the rights and safety of juvenile offenders subject to sanctions oder measures …" – Was internationale Menschenrechtsstandards mit dem Jugendkriminalrecht zu tun haben und warum ihre Bedeutung so groß ist

Referent: Prof. Dr. Frank Neubacher, Universität zu Köln

Moderation: Dr. Regine Drewniak, wissenwasgutist: Beratung, Bildung, Evaluation

V 20   Zusammenhänge zwischen Entwicklungstraumatisierungen und Gewaltstraftaten

Referent: Prof. Dr. Johannes Lohner, Hochschule für angewandte Wissenschaften Landshut

Moderation: Dennis Sögding, BAF e. V., Hannover

V 21   Die letzten NS-Prozesse – „100-Jährige" vor Gericht

Referentin: Anne Meier-Göring, Vorsitzende Richterin am Landgericht Hamburg

                        Maxi Wantzen, Staatsanwaltschaft Itzehoe

Moderation: Prof. Dr. Frank Rose, Jugendrichter und Vorsitzender des Jugendschöffengerichts des Amtsgerichts Ratzeburg

V 22 Jugendmaßregelvollzug

Referent: Prof. Frank Häßler, Direktor der Klinik für Kinder- und Ju-
              gendneuropsychiatrie und Psychotherapie, Universität Rostock

Moderation: Julia Fehrs, Ambulanter Justizsozialdienst Niedersachsen,
              Hannover

V23 Über die Jugend und andere Krankheiten

Referent: Klaus Farin, Autor und Jugendforscher, Stiftung Respekt! Ber-
              lin

Moderation: Michael Reckfort, Jugendhilfe im Strafverfahren Kreis Coes-
              feld, BAG JuhiS

Verzeichnis der Mitwirkenden

Mario Bachmann, Dr., Universität Köln, Institut für Kriminologie
Albertus-Magnus-Platz, 50923 Köln
Mario.Bachmann@uni-koeln.de

Menno Baumann, Prof. Dr., Fliedner-Fachhochschule Düsseldorf
Geschwister-Aufricht-Str. 8, 40489 Düsseldorf
baumann@fliedner-fachhochschule.de

Claudia Bender, Fulmidas Medienagentur GmbH
Albrechtstraße 15, 10117 Berlin
cbender@fulmidas.de

Klaus Boers, Prof. Dr., Universität Münster – Rechtswissenschaftliche Fakultät
Kriminologische Forschungsstelle
Bispinghof 24-25, 48143 Münster
krimfsboers@uni-muenster.de

Bill Borchert, Jurist, Sprecher der BAG der Jugendanstaltsleitungen und
besonderen Vollstreckungsleitungen der DVJJ; JSA Berlin
Friedrich-Olbricht-Damm 40, 13627 Berlin
bill.borchert@jsa.berlin.de

Pamela Busse, Sprecherin der BAG Jugendhilfe im Strafverfahren,
Stadt Mülheim a. d. Ruhr
Ruhrstr. 1, 45468 Mülheim
pamela.busse@muelheim-ruhr.de

Tamara Dangelmaier, wissenschaftliche Mitarbeiterin, Hochschule für Wirtschaft und Recht, Berlin
Alt-Friedrichsfelde 60, 10315 Berlin
tamara.dangelmaier@hwr-berlin.de

Lena Deyerling, wissenschaftliche Mitarbeiterin, Kriminologisches Forschungsinstitut Niedersachsen
Lützerodestr. 9, 30161 Hannover
Lena.Deyerling@kfn.de

Holger Dieckmann, Flüchtlingsrat Bremen
St. Jürgenstr. 102, 28203 Bremen
hd@fluechtlingsrat-bremen.de

Kirstin Drenkhahn, Prof. Dr., Freie Universität Berlin
Van't-Hoff-Str. 8, 14195 Berlin
kirstin.drenkhahn@fu-berlin.de

Regine Drewniak, Dr., wissenwasgutist
Schildweg 12a, 37085 Göttingen
mail@reginedrewniak.de

Frieder Dünkel, Prof. em. Dr., Universität Greifswald
Ernst-Loymeyer-Platz 1, 17489 Greifswald
duenkel@uni-greifswald.de

Stephanie Ernst, Prof. Dr., Hochschule Fulda
Leipziger Straße 123, 36037 Fulda
stephanie.ernst@sw.hs-fulda.de

Klaus Farin, Autor und Jugendforscher, Stiftung Respekt! Berlin
Lahnstraße 25, 12055 Berlin
klaus.farin@hirnkost.de

Julia Fehrs, Ambulanter Justizsozialdienst Niedersachsen, Hannover
Marienstr. 9-1, 30171 Hannover
julia.fehrs@justiz.niedersachsen.de

Etienne Fischer, Landeshauptstadt Dresden, GB Bildung, Jugend und Sport
Königsbrücker Straße 8, 01099 Dresden
efischer2@dresden.de

Anna Freiesleben, Fachstelle für Suchtprävention Berlin
Chausseestraße 128/129, 10115 Berlin
info@berlin-suchtpraevention.de

Konstanze Fritsch, Berliner Rechtshilfefonds Jugendhilfe e. V.
Mariendorfer Damm 38, 12109 Berlin
fritsch@brj-berlin.de

Werner Gloss, Polizeipräsidium Mittelfranken
Jakobsplatz 5, 90402 Nürnberg
werner.gloss@t-online.de

Stefanie Glück, Amt für Soziale Dienste Bremen, BAG JuhiS
Rembertiring 39, 28203 Bremen
stefanie.glueck@afsd.bremen.de

Brigitta Goldberg, Prof. Dr., Ev. Hochschule Rheinland-Westfalen-Lippe
Immunael-Kant-Str. 18–20, 44803 Bochum
post@brigitta-goldberg.de

Christine Graebsch, Prof. Dr. jur., Dipl.-Krim., Fachhochschule Dortmund
Emil-Figge-Str. 44, 44227 Dortmund
christine.graebsch@fh-dortmund.de

Florian Gromoll, Projekt „(Be)Denkzeit" – KJV e. V.
Hochschulring 2, 15745 Wildau
florian@kjv.de

Frank Häßler, Prof., MVZ der GGP Gruppe
Goerdelerstr.50, 18069 Rostock
frank.haessler@gmx.de

Tobias Hayer, Dr., Universität Bremen
Grazer Str. 2, 28359 Bremen
tobha@uni-bremen.de

Matthias Heintz, Erziehungswissenschaftler, BeratungPlusPrävention
Obere Str. 16, 37130 Gleichen
beratungpluspraevention@gmx.de

Wolfgang Heinz, Prof. em. Dr., Universität Konstanz
Holdersteig 13, 78465 Konstanz
wolfgang.heinz@uni-konstanz.de

Klaus Hinze, Vorsitzender der Bundesarbeitsgemeinschaft Kinder- und Jugendschutz e. V. (BAJ), Soziologe und Sozialarbeiter, Jugendschutzsachverständiger und Beisitzer des Landes Brandenburg bei der Prüfstelle für jugendgefährdende Medien
Dorfaue 1, 16767 Leegebruch
mail@klaushinze.info

Bernd Holthusen, DJI – Deutsches Jugendinstitut e. V.
Nockherstr. 2, 81541 München
holthusen@dji.de

Theresia Höynck, Prof. Dr., Universität Kassel
Arnold-Bode-Str. 10, 34109 Kassel
hoeynck@uni-kassel.de

Uwe Jung-Pätzold, Jugend- und Sozialamt Stadt Pforzheim,
Östliche Karl-Friedrich-Str. 2, 75175 Pforzheim
uwe.jung-paetzold@pforzheim.de

Jens Kalke, Dr., Wissenschaftlicher Mitarbeiter, Institut für interdisziplinäre Sucht- und Drogenforschung (ISD) der Universität Hamburg
Lokstedter Weg 24, 20251 Hamburg
kalkej@aol.com

Maria Kleimann, Amtsgericht Neustadt am Rübenberge
Ludwig-Enneccerus-Platz 2, 31535 Neustadt a. Rbge.
maria.kleimann@justiz.niedersachsen.de

Wolfgang Klein, KHK, Haus des Jugendrechts Paderborn
Ferdinandstr. 26-28, 33102 Paderborn
wolfgang.klein@polizei.nrw.de

Bernd Klippstein, Erster Staatsanwalt a. D.
Brombergstr. 7a, 79102 Freiburg i. Br.
bernd.klippstein@t-online.de

Florian Knauer, Prof. Dr., Friedrich-Schiller-Universität Jena
Carl-Zeiß-Str. 3, 07743 Jena
florian.knauer@uni-jena.de

Ralf Kölbel, Prof. Dr., LMU München
Veterinärstr. 1, 80539 München
ralf.koelbel@jura.uni-muenchen.de

Marcus König, Dipl. Sozialpädagoge (BA), Diakonisches Beratungszentrum
Vogtland, Ambulante Sozialpädagogische Angebote im Jugendstrafverfahren
Herrenwiese 9a, 08209 Auerbach
m.koenig@diakonieberatung-vogtland.de

Thomas Krestel, Landratsamt Ortenaukreis, Jugendhilfe im Strafverfahren
Uhlandweg 10, 77704 Oberkirch
thomas.krestel@gmx.net

Milan Kuhli, Prof. Dr. Dr., Universität Hamburg
Rothenbaumchaussee 33, 20148 Hamburg
milan.kuhli@uni-hamburg.de

Werner Kunath, Erster Kriminalhauptkommissar a. D., BAG Polizei
Wilhelm-Bock-Weg 23, 22297 Hamburg
wernerkunath@gmx.de

Daniela Kundt, Jugendamt Stuttgart
Wilhelmsplatz 8, 70182 Stuttgart (Mitte)
daniela.kundt@stuttgart.de

Jürgen Kußerow, Diplom Sozialarbeiter/Coach, JuhiS Stadt Waltrop
juergen.kusserow@gmail.com

Dirk Lampe, M. A., Internationale Kriminologie, Universität Bielefeld
Institut für interdisziplinäre Konflikt- und Gewaltforschung
Universitätsstraße 25, 33615 Bielefeld
Dirk.lampe@uni-bielefeld.de

Sebastian Las Casas dos Santos, „Ambulante Betreuung im Jugendstrafverfahren", Arbeiterwohlfahrt für die Region Osnabrück e. V.
Kollegienwall 28 a/b, 49074 Osnabrück
LasCasas@Osnabrueck.de

Christian Laue, Prof. Dr., Universität Heidelberg
Freidrich-Ebert-Anlage 6–10, 69117 Heidelberg
laue@krimi.uni-heidelberg.de

Michael Lindenberg, Prof. Dr., Ev. Hochschule für Soziale Arbeit & Diakonie
Horner Weg 170, 22111 Hamburg
lindenberg1954@gmail.com

Johannes Lohner, Prof. Dr. phil., Hochschule Landshut
Am Lurzenhof 1, 84036 Landshut
johannes.lohner@haw-landshut.de

Leon Lohrmann, Institut für Kriminalwissenschaften, Universität Münster
Bispinghof 24-25, 48143 Münster
l.lohrmann@uni-muenster.de

Stefan Lücke, Landgericht Hannover
Volgersweg 65, 30175 Hannover
stefan.luecke@justiz.niedersachsen.de

Tilman Lutz, Prof. Dr., HAW Hamburg, Department Soziale Arbeit
Alexanderstrasse 1, 20099 Hamburg
Tilman.Lutz@haw-hamburg.de

Anne Meier-Göring, Vorsitzende Richterin am Landgericht Hamburg

Frank Neubacher, Prof. Dr. iur., M. A., Universität zu Köln,
Institut für Kriminologie
Albertus-Magnus-Platz, 50931 Köln
f.neubacher@uni-koeln.de

Toralf Nöding, Dr., Rechtsanwalt
Alt-Moabit 62, 10555 Berlin
kontakt@rechtsanwalt-strafrecht.de

Judith Papenfuß
Rothenbaumchaussee 33, 20148 Hamburg
judith.papenfuss@uni-hamburg.de

Lukas Pieplow, Rechtsanwalt, Fachanwalt für Strafrecht, RAe Wilke & Pieplow
Neusser Str. 224, 50733 Köln
pieplow.lukas@netcologne.de

Isabell Plich, Landgericht Hannover
Voglersweg 65, 30175 Hannover
Isabell.Plich@justiz.niedersachsen.de

Anja Pokorný, Projekt „(Be)Denkzeit" – KJV e. V.
Hochschulring 2, 15745 Wildau
anja@kjv.de

Ineke Pruin, Prof. Dr., Universität Bern
Schanzeneckstrasse 1, 3001 Bern
ineke.pruin@unibe.ch

Michael Reckfort, Kreisjugendamt Coesfeld
Schützenwall 10, 48651 Coesfeld
Michael.Reckfort@kreis-coesfeld.de

Martin Rettenberger, Prof. Dr., Direktor der Kriminologischen Zentralstelle
(KrimZ), Wiesbaden und
Psychologisches Institut, Johannes Gutenberg-Universität (JGU), Mainz
Luisenstraße 7, 65185 Wiesbaden
m.rettenberger@krimz.de

Frank Guido Rose, Prof. Dr., Amtsgericht Ratzeburg
Herrenstr. 11, 23909 Ratzeburg
frank.rose@ag-ratzeburg.landsh.de

Lena Rudel, Lotse Kinder- und Jugendhilfe e. V.
Balanstr. 57, 81541 München
lena.rudel@lotse-jugendhilfe.de

Marcus Schaerff, Dr. (Ass.), Universität Münster
Institut für Kriminalwissenschaften
Bispinghof 24/25, 48143 Münster
schaerf@uni-muenster.de

Rüdiger Schilling, Dr., Erster Kriminalhauptkommissar a. D.
Pforzheim
ruediger.schilling@outlook.de

Annemarie Schmoll, Dr., Deutsches Jugendinstitut e. V.
Nockherstr. 2, 81541 München
schmoll@dji.de

Wolfgang Schröer, Prof. Dr., Universität Hildesheim
Institut für Sozial- und Organisationspädagogik,
Universitätsplatz 1, 31141 Hildesheim
schroeer@uni-hildesheim.de

Anja Schüler, Dr., Universität Heidelberg
Heidelberg Center for American Studies
Hauptstraße 120, 69117 Heidelberg
aschueler@hca.uni-heidelberg.de

Dennis Sögding, BAF e. V., Hannover
Wittenkindstr. 12, 30449 Hannover
soegding@baf-verein.de

Andreas Guido Spahn, Amtsgericht Rudolstadt
Marktstr. 54, 07407 Rudolstadt
andreas-guido.spahn@web.de

Verina Speckin, Schäning Nümann Speckin Rechtsanwälte PartGmbB
Bergstr. 10, 18057 Rostock
speckin@sns-partner.de

Janél Stieber, DVJJ e. V.
Lützerodestr. 9, 30161 Hannover
dvjj@dvjj.de

Markus Thiel, Prof. Dr. Dr., Deutsche Hochschule der Polizei
Zum Roten Berge 18–24, 48165 Münster
markus.thiel@dhpol.de

Thomas Trenczek, Prof. Dr. iur., M.A. soz., EAH Jena, FB SW
Carl-Zeiss-Promenade 2, 07745 Jena
thomas.trenczek@eah-jena.de

Maxi Wantzen, Staatsanwaltschaft Itzehoe
Feldschmiedekamp 2, 25524 Itzehoe
maxi.wantzen@web.de

Erik Weiss, Dr., Universität zu Köln
Albertus-Magnus-Platz, 50923 Köln
erik.weiss@uni-koeln.de

Angela Wenzel, Dr., Diakonisches Werk Oldenburg
Dr.-Eckener-Str. 1–5, 26197 Großenkneten
Angela.Wenzel@diakonie-ol.de

Tilman Wesely, Landeskriminalamt Niedersachsen
Am Waterlooplatz 11, 30169 Hannover
tilman.wesely@polizei.niedersachsen.de

Christoph Willms, TOA-Servicebüro des DBH-Fachverband e. V.
Josef-Lammerting-Allee 16, 50933 Köln
cw@toa-servicebuero.de

David Zimmermann, Prof. Dr., Humboldt-Universität zu Berlin,
Institut für Rehabilitationswissenschaften
Georgenstr. 36, 10117 Berlin
david.zimmermann@hu-berlin.de

Susanne Zinke, Sozialarbeiterin, Mediatorin, Vorsitzende der DVJJ Hessen
Samuel-Beckett-Anlage 12, 34119 Kassel
susanne.zinke@gmx.de

Patrick Zobrist, Hochschule Luzern – Soziale Arbeit
Werftestr. 1, CH-6002 Luzern
patrick.zobrist@hslu.ch